適應

ADAPTIVE MARKETS

Financial Evolution at the Speed of Thought

金融演化新思維

中研院院士・MIT講座教授
羅聞全 Andrew W. Lo ■著

許瑞宋 ■譯

獻給 Nancy、Derek 和 Wesley

目錄

羅聞全教授與其「適應性市場假說」

國立清華大學計量財務金融系　鍾經樊

　　本書的創見在於以「適應性市場假說」替代「效率市場假說」（理性投資人能充分運用市場信息），立基於神經科學與演化生物學近年來的理論與實證研究成果，作者認為生物演化取決於環境的環境決定論，完全可以適用到金融業界的運作與金融市場的演變。本書雖被列為科普書類而非學術專著，但身為名教授的作者仍旁徵博引大量文獻，讀者除了可習得一個全新的金融概念外，還可瀏覽跨越金融學、經濟學、生物學、神經科學、心理學、社會學、考古學、人類學、資訊科學等等諸多學問，在短時間內學到極多東西，物超所值，但也不得不承認實在不輕鬆。

　　本書作者羅聞全是麻省理工學院（MIT）講座教授，1960 年出生於香港，5 歲時由台灣移民美國紐約，24 歲獲得哈佛大學經濟學博士學位，1990 年 30 歲就成為 MIT 終身教授，並在 MIT 的史隆管理學院成立金融工程實驗室，由計量經濟學家轉變為一位金融學者，更成為金融工程領域的泰斗，現任包括紐約聯準會、美國 SEC（證券交易委員會）等政府機構的顧問、是包括 NBER（美國國家經濟研究局）等多個財經研究機構的研究員、甚至是至少兩家醫學研究機構董監事（看完本書便可知道羅教授在生物學及醫學上的知識

絕對是實至名歸），2004 年當選為中央研究院最年輕的院士，2012
年曾入選《時代》（*Time*）雜誌「全球百大最具影響力人物」。此
外，羅聞全教授學而優則商，成為避險基金 AlphaSimplex 集團的主
席兼首席投資策略師，並因而獲得全球風險管理專業人士協會
（GARP）所頒「2017 年度最佳風險管理業者」榮譽。

　　在本書中，作者首先指出學界現行的理性預期論和效率市場假
說，最多只是金融市場及其運作的初步描述，雖可成為推動數量龐
大指數基金與被動投資產業的理論基礎，但作為金融市場的指導原
則便有不能解決的內部矛盾，作者舉例指出，投資人在投資前可根
據效率市場假說，設想在市場信息完全揭露下為何尚未有人進行同
樣的投資，這種思維可以作為投資決策的重要參考，但卻不能說明
所有新投資構想為何沒有早就付諸實行，市場上為何還不時湧現新
的投資機會，更無法解釋為何市場上總是有人能夠持續的打敗市
場，事實上流通市場的存在本身就足以反證市場不太可能具有效率
市場假說所說的效率。

　　由於對效率市場假說不滿意，作者便轉向 1978 年獲得諾貝爾經
濟學獎的賽蒙（Herbert A. Simon）理論：賽蒙認為人類在心智上無
法勝任作為「理性經濟人」所須的最適化（Optimization），最多只
能發展出一些簡單的經驗法則以將複雜的決擇縮減至人腦能夠處理
的程度，由此做出的決策未必最好但可滿足需要，賽蒙稱呼經驗法
則為「框架法」（Heuristics，本書中譯為「捷思法」），並稱呼這個理
論為「有限理性」（bounded rationality），還發明一個新字 Satisficing
（混合 satisfy 和 suffice）來描述這種行為模式。在導入神經科學與演
化生物學的實證結果後，作者進一步將賽蒙理論推展為「適應性市

場假說」，主張人類的大腦所能做到不是經濟理性，而是如何適應環境以求生存：也就是所謂的「笨蛋，問題當然還是在環境！」

在適應性市場假說下，人類永遠無法確知現行的框架法是否最適，只能不斷試誤以由過去的經驗以及對最適結果的猜想進行抉擇，然後再由正反的回饋中驗證學習，由此逐步發展出新的框架法與心智經驗法則來解決持續的經濟挑戰，只要這些挑戰沒有太大變化，框架法便可修正到接近最適的解決方案，演化上成功的適應所要求的只是優於其他選項便可，不見得一定要是最適的。

適應舊有環境的框架法在環境改變後很可能會產生非最適行為，正因如此，在適應性市場假說下是不會將非最適行為歸為「非理性」，最多只能說是「適應不良」，身為演化產物的人類也就既不是理性也不是不理性。此外，許多經濟理論試圖以不同的動機論解釋人類的各種行為，例如自利動機或是利他動機，後者還常被認為是非理性，但在適應性市場假說下，作者認為人類的行為純粹是演化天擇的產物，而非源自什麼深邃的動機論。

適應性市場假說還主張，因為人類有能力進行抽象思考，特別是極具前瞻性的若則（if/then）分析，會從過去的經驗中學習並修正框架法，還能由過去的經驗預測未來，並對環境的改變預做準備，作者稱這種人類適應環境的模式為「以思維的速度進行演化」，類似生物演化過程中的物競天擇，但速度卻遠快於生物演化，換言之，天擇不僅適用於基因也適用於抽象思考。在適應性市場假說下，人類的適應行為完全是由過去環境所塑造，因而金融市場的動態是由人類與社會、文化、政治、經濟、自然環境的互動所驅使，而存活則是驅使競爭、創新、應變的終極動力。

可用數理分析的研究課題已逐漸枯竭

　　作者認為，對於金融市場的運作適應性市場假說要比現行效率市場更有說服力，在效率市場理論下，消費者的偏好是固定的，消費行為的改變都可歸因於價格的變動，由於價格已然反應所有的信息，消費者在其經濟決策的過程中就不再需要知道過去的環境狀況，以數學的用語來說，消費者的行為是「路徑獨立」的，消費者只需知道決策時點的當時狀況，完全不需過去環境的任何信息。

　　相對的，在適應性市場假說下，消費者會根據長久演化而來的人類的共通行為偏誤（人類行為穩定下來已有 6 萬年的歷史），並採行個人所發展出來的框架法與經驗法則來決定其行為，消費者的行為因而會反應過往演化與經濟環境，所以是「路徑相依」的。經由優勝劣汰的天擇過程，消費者的行為不見得是最適的或是理性的，但通常是夠好的，優於其他的可能選項。適應性市場假說容許所謂的理性行為與非理性行為並存，直到天擇開始發揮其作用決定最終的勝出行為。

　　作者也認為，大多數的經濟現象由於涉及複雜的系統，比較接近生物現象而非數理經濟理論所擅長處理的物理現象，特別是古典物理學雖有可能追尋一個宇宙萬物通用理論（經濟學絕無此可能），但並不善於解釋包含多個變量的體系，相對的，生物學對諸如競爭、合作、物種動態、生態學等複雜的生物系統現象都有相當成熟的物競天擇理論的分析基礎。作者還指出，以理性預期與效率市場假說為代表的數理經濟理論的發展，除了極大的深化我們對財經學理的認識，更在財政與貨幣政策、金融穩定等的政策應用上也展現

具體的成效。在金融學方面除了創造了金融工程學外，更對至少三個兆元產業（交易所的選擇權市場、櫃檯市場的衍生性金融商品及結構商品、以及信用衍生品）的建立與發展奠定堅實的基礎。但因這些極度成功案例所形成的思維模式卻也將經濟與金融研究侷限其中而不可自拔，也就是說，大多數的財經學者與業者也在研究環境的天擇下「適應」了這種講究數量模型的方法，懷疑甚至鄙視任何其他的研究方法，未能覺察數理分析已漸趨邊際產出遞減的階段，適於數理分析的研究課題已逐漸枯竭，很難再找到能夠以優雅的數學推導來闡述的財經概念。

投資模式的不同看法

在實務的層面上，現行效率市場假說就投資模式提出廣為人知的如下論點：一、投資的報酬與風險之間有正向關係，風險越大溢酬就越多；二、投資的預期報酬率與風險之間成線性關係；三、無法打敗市場，因而只需採行多角化的被動式投資；四、大類別的資產配置，特別是股債的分散，要比個別證券的選擇重要；五、投資人應長期持有股票。

相對的，適應性市場假說提出如下的建議：一、投資的報酬與風險之間的正向關係只在正常市場狀況下成立，由於投資人在面對極端風險時會有非理性的行為，承擔風險卻無對應報酬的情況不僅可能發生，還可能持續相當長的時間；二、根據風險大小來評估投資報酬只在特定市場條件下才準，瞭解市場參與者如何與市場環境應對與互動要遠比使用單一因子預測投資報酬更為有用，投資人並

非在單一的市場貝塔（風險程度）下追求單一的阿爾法（超額報酬），而是面對多種的貝塔下追求多種阿爾法；三、組合投資只在市場環境不變及投資人理性的狀況下才有效，但在投資環境不斷演進下，投資人必須更為關注多角化未能完全分散的風險以及新生的系統風險（集中度風險）；四、由於總體環境的改變與新金融機構的出現，原本各自存在且不甚相關的資產類別不再有清楚的界限，藉由資產配置控管風險的效率大不如前，必須更為積極的降低資產組合的波動（甚至須做多做空雙管齊下），除了要對更多資產類別進行多角化以分散風險外，亦須進一步關注投資策略過於類似所產生的新型系統風險；五、持有股票並獲得較高報酬率所需的時間超過大多數投資人的預期，若持有期間不夠長，股票報酬並不足以回報風險的承擔，投資人必須更積極的控管風險以確保短期存活。

　　對效率市場假說批評之餘，作者還順帶指出「行為財務學」雖能舉證效率市場假說的諸多異常，但因未考慮市場環境的影響，至今未能提出一個能夠完整說明金融市場運行的替代理論，對此作者指出，相對於效率市場假說可以解釋正常時期下金融市場的運作原理，但無法說明 2008 年完全違反市場效率的金融危機，相對的，行為財務學或許可說明金融危機的部分成因，但卻也難以充分解釋 2008 年前的長期榮景，兩種理論各有所長，但都無法回答如何避免未來的金融危機。

金融危機的不同觀點

　　此外，為探究金融危機發生的原因，適應性市場假說指出金融

體系並非一成不變的機械系統，而是諸多相互依賴的市場參與者在大環境中力求適應以圖生存繁衍的生態系統。2008 年金融危機之所以爆發，主要是因市場參與者歷經長期的安定環境後適應了安定環境，在心理層面上將貪婪合理化並壓倒了原應具有的戒懼謹慎，在實際操作上，既忽略環境的變化還低估環境變化所帶來的衝擊強度與持續時間，適應前期安定環境的舊有框架法不僅不再理性，反而成為將損失擴大到前所未有程度的肇因。

更具體而言，金融市場的參與者在適應高度競爭市場環境的過程中，為追求更高效率與利潤，自然而然的都趨向類似的框架法（亦即投資策略）進行投資與交易，導致原本並無關聯的資產類別衍生出新的關聯，原本低關聯的資產類別之間的關聯度也驟然大幅提升，金融體系中出現了承平期間所未見的緊密關聯（Tight Coupling，本書譯為緊密耦合）。對此現象作者引用社會學家斐洛（Charles Perrow）的一個舊理論：「在多種產業脈絡中，複雜與緊密耦合這兩個條件結合起來，就很容易發生災難。複雜是指一個系統由許多部分組成，它們之間的關係可能是高度非線性和難以理解的。緊密耦合是指系統要正常運作，每一個組成部分都必須表現完美—只要任何一部分失靈，整個系統就會停止運作。斐洛指出，複雜加上緊密耦合不但解釋了為什麼出現漏油、墜機、核反應爐爐心熔毀、化工廠爆炸之類的意外，還解釋了為什麼我們應預期這種意外將不時發生。」

作者對 2008 年金融危機前的金融環境緊密關聯提出一個例證：利率下跌、房價上漲、與房貸寬鬆個別來說不僅無害，還都極有助於經濟成長，但若同時出現，便形成信貸市場中的一個緊密關聯

（作者稱之為「再融資棘輪效應」Refinancing Ratchet Effect），成為引爆金融危機的定時炸彈。

　　本書作者還特別指出金融危機的爆發恰好印證了投資人對金融市場環境的適應不良，投資人在面臨股市崩盤、儲蓄腰斬巨大威脅時的恐懼反射，其刺激遠大於且速度遠快於意識心智的感知，人類千萬年演化而出的這種本能反應雖有助於．物種的生存，但尚未能完全適應金融市場，貨幣乃至於金融市場的出現到底只有短短數千年的歷史。作者藉由電腦模擬的驗證，顯現了所謂「流動性螺旋」（Liquidity Spiral）的問題，也就是投資大戶「市危馳優」（Flight to Quality）的現象：當金融危機爆發導致採行類似投資策略的許多投資組合管理人遭到重大損失，例如多個大型商業銀行在房貸與相關的信用曝險上的虧損，便幾乎同步而快速的平倉以結清損失部位，將大量部位兌現所形成的更大的市場流動性風險損失（折價損失），進一步逼使更多的投資組合管理人進行平倉，損失因而擴大蔓延直到不可收拾的地步，這是系統風險的真實呈現。作者指出各類型的投資人在適應微利市場的過程中逐漸發展出極為類似投資策略，信貸市場與量化投資市場之間隨之出現了前所未見的緊密連結，但投資人又未能對流動性螺旋發展出合理的應對策略，是導致系統風險的肇因。

　　根據適應性市場假說，作者總結性的建議金融市場的運作以及金融監理首重對變動市場環境的動態適應，但要適應必須先對市場環境的變遷具有高度的敏感度，為此也就必須不斷學習日新月異的金融知識，作為金融教育工作者的我對此只能舉雙手贊成。我還深

以為不論是金融從業者還是金融監理人員，若有機會閱讀此書，在對作者羅聞全教授的宏偉論述讚歎之餘，似乎也須改變原本自認還算適應的舊有框架法，深刻認知金融市場中唯一確定不變的就是金融環境一定會變，以嘗試更好的適應不斷改變的現實。

　　本書的最大特色是在堅實的理論與實證基礎上，對金融市場的運作提出一個嶄新的詮釋，不論是金融業者、監理人員、還是財經學者，看完本書後基本上都會對金融市場產生一個全新的看法，特別是金融業者與監理人員在短期內縱使不必然會改變行為，但因有了一個新認知，長期行為的改變幾乎不可避免，我認為此書的論點極有潛力成為金融業界的「遊戲規則改變者」（Game Changer）。對於像我一樣的學者而言，本書在學理上所提出的許多論證雖已然很有說服力，但因對現行金融理論非常像是一個很有破壞性的創新，必然會促成更多的理論爭辯與研究比較，我對這種學理上的躍進以及隨之產生的學術辯論有很大的期待。

巨靈章魚鯊與演化金融學

源鉑資本創辦人暨執行長　胡一天

　　資深金融市場人士，往往以生態系來比喻金融世界裡的各類池塘、沼澤、江湖與大海。在這些生態系統中有著形形色色的食物鏈、供應鏈、價值鏈與歧視鏈。基金、投行，券商、散戶，大魚吃小魚，小魚吃蝦米，是常態；私募、公募，衛星、明星，程式戰策士，華爾街巨獸對決互聯網巨頭，是新常態。

　　刺激生態系更迭演變的環境因素，舉凡經濟、科技、法規、文化、心理等層面。不論生態系如何變遷，受獲利動機與生存本能驅策，積極進取的資本家與企業家，總是在各種天敵與對手環伺之下，努力向各種鏈的上方移動。在這個高度競爭、適者生存的過程中，一個發人深省的物種，就是大白鯊。

　　可能在 1600 萬年前就現身地球的大白鯊，是海洋之中的頂級掠食者（alpha predator）。雖然尚無定論，許多研究指出，大白鯊可能是另一種史前巨牙鯊（megalodon）的演化近親或後代。化石證據指出，巨牙鯊體型可能長達 20 米，重達 30 公噸，以捕食鯨魚與其他小型鯊魚維生，是更為王霸的頂級掠食者。

　　冰河時期氣候變遷，適合巨牙鯊生存的熱帶與亞熱帶海域縮減，食物不足與繁殖困難導致巨牙鯊逐漸滅絕。以獵食海豹與海鳥

維生的大白鯊，為避免與巨牙鯊正面競爭，選擇在水溫較低的海域覓食，反而演化出較能有效維持新陳代謝的機制。在巨牙鯊滅絕後開始與更適合在冰洋生存的逆戟鯨競爭食物鏈頂端王座，並逐漸在不同海域各霸一方。

如果以大白鯊譬喻金融生態系中的頂級掠食者，印證金融生態系的演變，頗能啟發新觀點。

金融史上第一次有人被稱為「大白鯊」，是 1950 年代開始在華爾街展露頭角的埃文斯（Thomas Mellon Evans），中產出身，幼年喪父，但家庭淵源可不平凡：他的曾祖母，是曾連任哈定、柯立芝與胡佛三屆美國總統的財政部長、財力堪比福特與洛克菲勒的匹茲堡財閥梅隆（Andrew Mellon）的姑媽。梅隆的父親（也叫 Thomas）是梅隆金控（亦即今日紐約梅隆銀行的前身）的創始人。

1950 年代的美國經濟景氣，隨著戰士復員緩步回升，許多上市公司股價卻未有起色。股市中遍地機會，正是巴菲特發揚葛拉漢（Benjamin Graham）的價值投資心法尋寶的大時代。很多在十九世紀隨著西部大開發與鐵路擴張發跡的美國製造企業，已顯疲態。富二代無心接班，經營團隊老化，使得上市公司股價低於淨值，成為有野心的年輕資本家的收購目標。其中一個知名案例，就是以製造鐵路車頭起家的 H. K. Porter & Co.。

1866 年創辦於匹茲堡的 H. K. Porter，一直掌握著蒸汽車頭的利基市場，一戰後受惠於歐洲重建的訂單，生意興旺，直到第一代創始人於 1921 年以 81 歲高齡辭世後，業績每況愈下。年輕的埃文斯，關注這間經營不善的上市公司已久，默默地在場外收購 H. K. Porter

的債券，其中最大一筆債券的成交價，只有票面價值的 10%。

H. K. Porter 於 1939 年宣告破產，年僅 28 歲的埃文斯因為是最大債主，在破產重組之後成為大股東及董事長，利用二戰發了一大筆戰爭財，並在火車頭退出歷史舞台之後，成功將 H. K. Porter 轉型成一間金融控股公司，在 1940 到 1970 年代縱橫紐約股市，透過槓桿收購、資產重組、分拆上市等財技，累積驚人財富，形塑了一整代 Corporate Raiders（現在被美稱為 activist investors，維權投資人）的原始風貌。導演奧利佛・史東（Oliver Stone）的經典名片《華爾街》當中的角色蓋柯（Gordon Gecko），以及所有利用銀行貸款與垃圾債券收購公司私募基金，都可說是這位金融大白鯊的後代子孫。

金融大白鯊所以能在股市中屢有斬獲，除了如 alpha 掠食者一般快狠準的投資風格之外，在股市中存在的各種低效率情況、資訊不對稱與認知落差，讓眼光獨到、資本充足的投資人，有許多創造超額回報率，亦即金融經濟學家稱作 alpha 的機會。從更宏觀的視角觀察，市場中的 alpha 掠食者是由生態環境決定，而非僅由經濟條件定義。生態環境是比經濟更寬廣的場域，由歷史、文化、地理、氣候、科技、法律、道德、心理等複雜因素交織而成。物競天擇，適者生存，海洋霸主大白鯊一旦在沙灘擱淺，若不能在窒息前演化出在陸地存活的能力，就只能等死。

不一定是模型出問題，而是我們對事物理解不夠

在埃文斯縱橫股海的年代，華爾街的經營環境仍然非常「低科技」，訊息傳遞速度與市場交易效率遠遠不能與 21 世紀毫秒級運作

的電子化股市相比。1968 年華爾街出現過因為「文件塞車」(Paper Crunch)，導致證券無法順利結算交割的金融危機。有趣的是，正是在這麼一個金融市場效率低下的時代，投資理論大師法馬（Eugene Fama，2013 年諾貝爾經濟學獎得主）提出了效率市場假說。法馬認為，如果證券市場中的價格完全反映了所有可獲得的信息，那麼這個市場就是有效的。根據此一理論，股市中有無數人隨時在搜尋各種線索，企圖精準預測未來股價，在市場上低買高賣套利。如此理想化的股市存在的前提，有三項基本假設：

（一）市場偵測新資訊並立即反應在價格變化上，股價呈隨機漫步（random walk）；

（二）新資訊隨機出現，且好壞相伴；

（三）投資人理性獨立分析股票走勢，追求最大利潤。

回顧華爾街 Paper Crunch 危機史，所謂的效率市場，至少在金融市場摩擦力極高的時空背景中，只是理想化的心靈模型（mental model），並非持續存在的均衡穩態。股市如果有效率，哪有華爾街賺錢空間？金融大白鯊在市場中覓食，可不需要先計算某檔股票的 alpha 與 beta（一檔股票與大盤連動性的統計量度）。這個實戰派心照不宣的直覺、業界只做不說的公開秘密，卻被學院派認為是「異端邪說」。

美國麻省理工學院（MIT）金融學大師羅聞全教授在這部新書《適應：金融演化新思維》中指出，所謂「理性經濟人」的心靈圖像，其實並不準確。天擇賦予人類抽象思考能力，但人類行為仍然

受到生存與繁衍這兩股原力驅動，人類神經系統其實是在漫長演化過程中由各種試誤的力量形塑，人類行為與反應，有時仍然十分原始，金融市場的波動，會喚醒潛藏在人類基因當中的記憶，釋放人類老祖宗在黑暗叢林中的生存本能。這個演化生物學的觀點，可以用羅教授的「適應性市場假說」（adaptive market hypothesis）的五大要點概括：

（一）人類行為特徵是演化力量的產物，並非總是理性或非理性；

（二）某些經濟邏輯上非理性的行為，其實是演化邏輯上的試誤學習；

（三）人類抽象思考、前瞻預測及謀劃佈建的能力，是一種以思想速度進行的演化；

（四）金融市場的不斷變化是人類互動與適應環境的複雜回饋過程；

（五）求生存是驅動競爭、創新與適應的終極力量。

金融工程的祖師爺布雷克（Fisher Black）曾說：如果一個模型有缺陷，不一定是模型出問題，往往是我們對事物的認識與理解有問題。考慮互聯網科技對金融市場交易的影響，完全有理由懷疑金融工程師建構的數理模型無法與時俱進。適應性市場假說挑明了這個問題：我們對人性的理解，仍然十分幼稚。金融大海是人性貪婪與恐懼的總和，許多人性的面向不僅難以觀測，甚至遑論預測。人類如果連對自己的人性都缺乏充分深刻的認識，又如何能期待人類發

明的數理模型能夠描述、解釋與預測金融市場動向？羅聞全教授認為：金融市場並不遵循經濟學定律。金融市場是人類演化的產物，遵循的是生物學定律，關鍵在於不穩定環境中的適應行為。競爭、突變、創新、天擇等演化基本要素，形塑了人性與市場環境。

　　將金融市場想像成是一種物理現象，可以用某種嚴謹的數理模型描述預測，只是認識人性的一小步。許多量化對沖基金早已開始利用不斷在互聯網上被創造出來的大數據，建構一系列完全超越傳統財務分析範疇的指標，透過機器學習綜合分析，更精準掌握市場對未來股價趨勢的判斷，進而設計程式交易策略，利用金融衍生工具管理風險。這些看似非常「科學」與「工程」的操盤策略，其實是一種極為系統化的投機。

　　金融市場的博弈不是人類與上帝擲骰子，而是人類之間對賭心思。隨著資訊科技的演進，賭局已經演化成不同財力與計算力的人類之間的軍備競賽。人類挖空心思設計的程式，為了在市場博弈中勝出，不斷改善對人類行為的理解與預測，為原本就高度複雜的人類／市場互動增添了難以覺察的新維度。技術演進產生的新資訊與交易行為引發的心理反應，顯非數理金融模型的發明人所能預見，更非所有股市參與者可以輕易理解利用；在無法掌握可靠數據的情況下，行為風險控管基本上還只是一種難以實踐的理想。資訊不對稱造成市場不平衡，市場參與者以為價值的資訊，可能只是雜訊。因為人類不確定交易是基於資訊還是雜訊，金融市場才能應運而起。市場也許匯聚了群眾的智慧，但也可能放大暴民的瘋狂。如果程式設計者不只預測，而是企圖操控人類行為，將如何影響金融市場？

全球金融資本主義的新巨靈神

　　薩塞克斯大學（University of Sussex）的戴文奇（Robert Davidge）教授曾在 1992 年的論文《Processors as Organisms》中提出：目前所有的計算機都是建立在「馮諾曼架構」（Von Neumann Architecture）之上，亦即將微處理器與記憶體分開，把程式看作儲存在記憶體中，需要時才取出來驅動處理器的指令。戴文奇認為，應該把微處理器看成是數位有機體，記憶體其實是它的生存環境。在互聯網之前，微處理器彷彿生存在一維指令集空間之中，有了互聯網與雲計算之後，微處理器就進化成運動在二維／三維空間中的新物種。

　　這個觀點，對理解即將到來的 5G 物聯網世界中的金融市場頗具啟發性：當許多人對掌握在智能手機上癮，人類行為與決策愈發倚賴計算機與互聯網資訊科技時，一種人類與微處理器的「共生」（symbiosis）已經成為現實。微處理器透過移動通訊技術與雲計算平台構通，如同生物在感知環境並運動。但是數位環境，如同金融市場，是人為設計的架構，誰能控制環境，誰就控制了數位物種的生滅。關鍵是：人類是環境的控制者，還是受控制的物種？這樣的共生是互利，還是競爭？

　　如果更能控制科技的人類慾壑難填，難保不會加速思想演化，以「AI 擇」取代天擇，利用新科技在數位世界中進行基因改造工程，創造出類似章魚鯊的新物種在市場中掠食。如此一來，巴菲特念茲在茲的「金融界大規模毀滅性武器」將再次升級，人類文明該如何應對？在獸性與理性之間搖擺的人類能否善用控制環境的力量？這是個政治問題，更是個價值選擇問題：金融作為一項科技，

或許非關道德，但這並不意味著，使用金融與科技可以不在乎倫理道德。

當霍布斯（Thomas Hobbes）寫下《巨靈論》（Leviathan）時，這位以政治理論著名的數學家想像中的人類社會，是一個分布式的、由許多有機體結合起來的智能組織，權力來自於議會共識而非神授，忠誠有一定用處但非必須。霍布斯認為，這個分布式有機體，等於是一種嶄新的生命形式，而主權就是其靈魂。這個 17 世紀的素樸想像，對 21 世紀的人類非常有意義。互聯網科技與金融資本推動全球政治、經濟與社會秩序迅速變化，導致階級利益矛盾與各種統治危機。金融資本與科技發展若超越邊境與主權的限制，將產生一個極小的「贏者圈」和一大堆「其他人」。極少數統治精英若存在共同的道德標準、意識形態與遊戲規則，且願意以普惠大眾而非掠奪榨取的心態領導社會，民主尚可維繫。精英共識如果消失，社會又缺乏階級妥協機制，民主必定危殆不安。

全球金融資本主義這位 21 世紀的新巨靈神，一旦更深入的結合互聯網科技與基因工程，將有機會加速人類的演化。一旦「超人類」或是「後人類」出現，這些新物種可能不再認為自己是人類，也拒絕被人類社會的道德律法限制。更不會對那些在資本與技術實力遜於己的人類保有同理心。在金融市場中生滅的泡沫，可以視作一系列大規模生態滅絕的歷史軌跡。隨著全球化與數位化持續推進，這些人為造成的「生態浩劫」，或是熊彼得所謂的「創造性毀滅」，對人類社會的衝擊將愈來愈猛烈。

羅聞全說得好：金融必須要有目的，金融工程可以用來促進大規模投機，也可以用來為新藥研發募資。人類不應容許金融主宰目

標，而應該用目標來主宰金融。德國政治家俾斯麥曾說，政治是「創造可能的藝術」（the art of the possible）。順著這種思路，金融運作就是「創造可能的促進者」（the facilitator of the possible）。巨大的社會難題要求人類有效合作與運用集體智慧。金融運作是目前人類運用集體智慧的最高效手段。適應性市場假說指出，僅憑獲利動機不足以解釋市場在組織人類行為上的成就：人類受恐懼與貪婪驅使，但還有公平、正義與想像力。

這是一個很美的願景，沒人知道是否來得及在人類自我毀滅之前實現。如果人類繼續沈迷於不受節制的物質主義，不能直面人性弱點並試圖在掙扎奮鬥中超越人性限制，那麼金融與科技遲早會創造出波蘭科幻作家 Stanisław Lem 在經典名著《索拉力星》（Solaris）中象徵「歷史終結」的智能大海。

當人類仰望包覆索拉力星的智能大海，花上幾十年努力建構理解其奧妙的複雜理論時，潛藏在大腦深處最幽微隱晦的記憶卻被索拉力星的智能大海以超時空的神秘力量萃取出來，投射到現實當中與人類互動。所有慾念及想望，都不再遙不可及；所有衝突與奮鬥，都喪失意義。人類赫然驚覺，與異世界文明溝通的嘗試，只是顧影自憐的呢喃。人類其實並不想探索新世界，只想在自己的世界耽溺，卻又無法接受其不完美。以此借鑒金融大海中生生不息的波紋與泡沫，也許人類需要的，不是更好的理論與模型，而是一面更澄澈的明鏡。

挑戰十分巨大，我們依然在路上。

金融恐懼因素

恐懼是奇妙的好東西。數年前，一個名叫湯普森（Robert Thompson）的機師前往一家便利店，想買幾本雜誌。但他一走進店裡，因為感受到壓倒性的恐懼感，馬上掉頭離開。當時他完全不知道為什麼會這樣。[1] 他後來才知道，當時那家便利店被持槍搶劫；湯普森離開後不久，一名警官進入店裡，慘遭槍殺。在人身安全專家、暢銷書《恐懼的天賦》（*The Gift of Fear*）作者德貝克（Gavin de Becker）細心指導下，湯普森事後才意識到，當時有些情況可能引發了他的恐懼：儘管天氣炎熱，有名顧客穿著厚重的外套；店員全神注意那名顧客；一輛汽車歪歪地停在店門外，引擎還開著。但湯普森幾乎是立即決定離開那家商店，當時甚至沒意識到自己看到了任何異常情況。

我們的恐懼是一種精密儀器。神經科學家已經證明，我們的恐懼反射（fear reflexes）非常精細，而我們出於恐懼的反應，速度遠快於我們意識心智（conscious mind）的感知。人身安全受威脅時，我們的「戰或逃」（fight or flight）反應有助人類這個物種生存下去；這種反應的特徵包括血壓上升、反射反應加快和腎上腺素激增。德貝克指出，湯普森先生正是因此得以生存。

　　但是，原來我們在其他方面——情感上、社交上、財務上——受威脅時，也常常觸發相同神經迴路的反應，而這正是問題所在。雖然「戰或逃」反應在酒吧打鬥和戰場以外的情況下，有時可能對我們有用，但在股市崩盤、你的退休儲蓄價值腰斬時，這種反應對你肯定沒有幫助。留下應戰或逃離現場那種反射反應，是人類因應猛獸和其他環境威脅，在數十萬年的演化中形成的。相對之下，金錢的歷史只有數千年，以演化的尺度而言不過是一瞬間。人類創造的股票市場，歷史比金錢更短。智人（*homo sapiens*）還沒有時間去適應現代生活的各種新現實，這對投資人、投資組合經理人和其他人造成某些挑戰，但也造就某些機會。

　　我們需要一種思考金融市場和人類行為的新方式，而這正是本書要提出的。我將這種新思維稱為「適應性市場假說」（Adaptive Markets Hypothesis）。[2] 我用「適應性市場」一詞概括演化在塑造人類行為和金融市場中發揮的多重作用，用「假說」一詞將這個新框架與「效率市場假說」（Efficient Markets Hypothesis）連結起來並與之對照。效率市場假說是投資業界和多數金融學者接受的理論，它告訴我們世上沒有免費午餐，尤其是在華爾街：如果金融市場的價格已經充分反映所有相關資訊，試圖打敗市場便是無望成功的。你應該做的是將所有資金投入盡可能分散投資的被動式指數基金，長期投資在股票上。這種說法聽起來很熟悉，對吧？這正是現今商學院教的理論，也正是你的經紀商、理財顧問和投資組合經理人學的理論。2013 年，芝加哥大學金融學教授法瑪（Eugene F. Fama）正是因為這種效率市場理論，榮獲諾貝爾經濟學獎。[3]

　　適應性市場假說是基於這種見解：投資人和金融市場的表現，

比較適合以生物學而非物理學的框架來理解；那是一群活的生物為求生存彼此競爭，而不是一些無生命的物體受制於永恆不變的運動定律。這個簡單的事實有深遠的涵義。首先，它意味著要理解金融業的內部運作，演化原理（競爭、創新、繁殖、適應）比類似物理學的理性經濟分析更有用。它意味著市場價格未必總是反映所有可得的資訊，而是可能因為人類強烈的情緒反應（如恐懼和貪婪），不時偏離理性定價關係。它意味著承受市場風險並非總是能獲得市場報酬。它意味著長期投資在股票上未必總是好主意，尤其是如果你的儲蓄可能在短時間內損失殆盡的話。此外，它也意味著相對於開明自利（enlightened self-interest），變動不定的商業環境和各種適應反應，往往是驅動投資人行為和市場動態的更重要因素——暴民之瘋狂有時會壓倒群眾的智慧。

這並不是說理性的經濟學毫無價值；相反，金融經濟學仍是華爾街最重視的專業領域之一（尤其是如果你認為金融學博士的起薪具有指標意義的話）。暴民的瘋狂終究會平息，由群眾的智慧取而代之，至少在下一場衝擊擾亂現狀之前是這樣。從適應性市場的角度看來，效率市場假說並非錯誤——它只是不完整。情況就像盲人摸象那個寓言：五個失明的僧人第一次遇到大象，因為自小失明，他們對眼前的奇怪動物毫無概念。一名僧人摸到象腿，他的結論是「大象就像一棵樹」；另一名僧人摸到象鼻，他因此說「大象像一條蛇」。其他僧人因為摸到大象不同的部位，各有不同結論。每一名僧人的想法都局部正確，但他們全都未能得出正確的整體概念。我們需要一套更好的理論。

在某些情況下，市場確實看似有效率；這種情況就是投資人有

機會適應現行商業環境，而這種環境在足夠長的一段時間內保持相對穩定。如果你覺得前面這句話像是保單中的小字體附加說明，它確實是這樣；商業環境經常劇烈改變，而怎樣的時間才算「足夠長」則取決於許多因素。舉個例子，假設在 2007 年 10 月至 2009 年 2 月間，你所有的儲蓄都投資在標準普爾 500 指數上──該指數由 500 家美國大型上市公司構成，代表一個相當多元化的股票投資組合。在壓力沉重的那 17 個月間，你畢生的儲蓄會損失約 51%。你每個月看著自己的退休儲蓄蒸發數個百分點，真的能不動如山嗎？還是到了某個點，你的「恐懼因素」將支配你，導致你賣股套現？

雖然我們的恐懼反射或許可以保護我們的人身安全，這種本能反應對防止我們損失大量金錢幾乎毫無幫助。心理學家和行為經濟學家均承認，持續的情緒壓力會損害我們作出理性決定的能力。恐懼導致我們錯上加錯而非及時停損，導致我們在底部賣出並在頂部重新買進，導致我們掉入許多廣為人知的其他陷阱；這些錯誤打擊多數小投資人，也困擾不少金融專業人士。恐懼使我們在市場中變得脆弱。

這正是為什麼我們需要一個兼顧恐懼因素和理性行為、比較完整的新框架來思考金融市場。一如沒有一個盲僧能只靠自己得出大象的完整概念，我們必須綜合多個領域的洞見，才能完整地理解金融市場如何運作和為何失靈。

本書將闡述我在學術生涯中如何走過一趟知性旅程，得出適應性市場假說。這趟旅程並非一條直路通往目的地，有時我們將短暫探索其他學科，包括心理學、演化生物學、神經科學和人工智慧。這些探索並非無關宏旨，它們對解決理性市場論與行為證據之間的

明顯矛盾至關緊要。我們並非只能接受一種觀點並否定另一種，而是可以在一個連貫的適應性框架中調和對立的兩種觀點。

　　我們必須對人腦的運作方式、我們如何做決定、人類的行為如何演化和適應環境有所認識，才能真正明白資產泡沫、銀行擠兌和退休規劃。我們借助的每一個學科就像一名盲僧，無法提供一套完整的理論，但全部綜合起來，我們就能非常清楚地看見大象。

家庭觀眾請勿模仿

　　許多人面對金融市場的力量時，曾個別感到恐懼，但在 2008 這一年，全球金融危機使全世界嚐到了金融恐懼的滋味。投資銀行雷曼兄弟在這一年宣告破產，世界各地的股市應聲重挫，個人退休儲蓄帳戶嚴重受創。無論你是持有六成股票四成債券還是三成股票七成債券，你的損失都超出預期；你甚至可能不曾想過自己有一天會損失這麼多。只有幸運的少數投資人在 2008 年未受打擊，他們剛好都投資在美國公債上或持有現金，此外也有少數對沖基金經理毫髮未傷。年底時世人再受衝擊：馬多夫醜聞 2008 年 12 月曝光。馬多夫主導的這個龐氏騙局規模巨大，當年行騙的查爾斯・龐茲（Charles Ponzi）相較之下簡直不入流。在 2008 這一年，投資人再次學會畏懼市場。

　　為什麼我們會如此措手不及？部分原因在於權威人士告訴我們，這種事不可能發生。學者告訴我們，市場的理性程度和效率水準，是任何個別人士永遠無法企及的。他們說，畢竟市場價格充分反映所有可得的資訊。受歡迎的投資大師告訴我們，別想打敗大盤

了，也別想仰賴我們有缺陷的直覺。他們說，市場價格總是對的；我們大可拿出一張個股清單，以擲飛鏢的方式選出一組個股作為投資標的，因為這種做法的投資績效不會輸給投資專業人士。他們說，我們應該買進並持有一個相當多元化的股票和債券被動投資組合，最好是利用免收銷售費（no-load）的指數共同基金或指數股票型基金（ETF），而這種投資方式幾乎完全不需要我們動腦筋。市場已經考慮了所有因素。市場總是考慮所有因素。

這種理想主義的市場觀念仍然困擾專業的投資經理人，但其基本概念已有逾 40 年的歷史。長期從事財經新聞工作的索羅維基（James Surowiecki）稱之為「群眾的智慧」（他那本闡述此一概念的可喜著作正是名為《群眾的智慧》），恰恰顛覆了麥凱（Charles Mackay）「群眾的瘋狂」那個著名說法。[4] 數十年的學術研究指出，而且是具說服力地指出，試圖打敗市場是徒勞無功的愚行。資產的市場價格若出現任何形態或規律，尋求獲利的投資人將立即加以利用，然後資產價格必將恢復隨機波動。投資人創造出具有完美效率的市場。既然如此，為什麼不跟隨市場波動就好呢？這種理論不但替法瑪贏得諾貝爾經濟學獎，還成為如今管理數兆美元的指數基金產業的出發點。

這套理論的正式名稱就是效率市場假說，墨基爾（Burton Malkiel）1973 年出版的暢銷書《漫步華爾街》（*A Random Walk Down Wall Street*；註：繁體中譯本書名）首度將該理論普遍傳播給投資人。墨基爾是普林斯頓大學經濟學家，他告訴我們，長期而言，股價波動就像醉漢走路，路徑曲折、飄忽不定、不可預料，所以他那本著作以「隨機漫步華爾街」為書名。墨基爾提出這個顯然的結論：如

果股價走勢有如隨機漫步，為什麼要付錢給專業投資經理人呢？他建議讀者將資金放在標的多元化、收費極低的被動式共同基金上——數以百萬計的讀者確實這麼做了。

因為某種奇妙的機緣，墨基爾的著作出版一年後，普林斯頓一名前本科生創立了一家共同基金公司，其宗旨恰恰是為投資人提供墨基爾倡導的那種基金。你可能已經聽過這個人，他就是指數基金先驅約翰·伯格（John C. Bogle）。他當年的小型新創企業先鋒集團（Vanguard Group）如今管理超過 3 兆美元的資產，2014 年 12 月 31 日時雇用超過一萬四千人。[5] 先鋒集團發出的主要訊息是「家庭觀眾請勿模仿」，這也是它對廣大消費者最常提出的忠告。不要試圖打敗市場。利用標的多元化的股票指數基金，堅持買進後持有的被動投資方式，持有資產直到退休。

但是，現實中不乏投資人確實打敗市場的例子，以前和現在都有。有些著名的投資組合經理人決定性地大勝市場，例如巴菲特（Warren Buffett）、彼得·林區（Peter Lynch）和索羅斯（George Soros）。但你聽過詹姆士·西蒙斯（James Simons）嗎？1988 年，這名前大學教授創立了一檔基金，利用他自創的數學模型買賣期貨。在它的頭 11 年間，西蒙斯的「大獎章基金」（Medallion Fund）累計淨報酬 2,478.8%，年均 34.4%，此後也保持類似績效，但因為不再接受新資金投入，詳情不明。2016 年，《富比世》（Forbes）估計西蒙斯身家達 155 億美元，2015 年賺了 15 億美元。西蒙斯可不是靠投資指數基金致富的。如果說市場有效率，要如何解釋這種情況呢？

大鴻溝

2008 年之後，理財顧問和金融學者均顯得天真幼稚、智慧不足。數以百萬計的人忠誠地投資在有效率和理性的市場上，結果如何？在這場金融危機中，專業尊嚴受創最深的莫過於學術界。這場危機使專業經濟學家之間的決裂更難調解。鴻溝的一邊是自由市場經濟學家，他們認為我們全都是經濟上理性的成年人，受供應與需求法則約束。鴻溝的另一邊是行為經濟學家，他們認為我們全都是非理性的動物，受恐懼與貪婪驅動，一如許多其他哺乳類物種。

有些爭論完全是學術性的，但這一個不是。如果你相信人是理性的和市場是有效率的，你對許多問題的看法基本上已經確定，例如槍械管制（你會認為不必管制），立法保護消費者（消費者自己應該小心），福利方案（會產生太多非意圖結果），金融衍生商品監理（最好是容許市場百花齊放），應該投資在被動指數基金還是非常主動的對沖基金（只應投資指數基金），金融危機的起因（政府對房屋和房貸市場干預太多），以及政府是否應該有積極措施因應金融危機（政府在金融方面的首要作用，應該是產生和驗證資訊，以便資訊反映在市場價格上）。

這場金融危機變成一場意識形態大戰中的一個戰場。率先受傷的人包括美國聯邦準備理事會前主席葛林斯潘（Alan Greenspan）。記者伍德華（Bob Woodward）在他 2000 年出版的葛林斯潘傳記中，稱這位央行總裁為「大師」（Maestro），而這本傳記正是以此為書名。葛林斯潘 1987 至 2006 年間擔任聯準會主席，是史上最受敬重的央行總裁之一，史無前例地連續掌管美國央行五個任期之久——

無論是民主黨還是共和黨人擔任總統，他都獲得白宮大力支持。2005 年，來自世界各地的經濟學家和政策制定者在懷俄明州傑克森洞（Jackson Hole）舉行了一個特別會議，檢視葛林斯潘遺留的影響。經濟學家布林德（Alan Blinder）和雷伊斯（Ricardo Reis）當時認為：「雖然紀錄上有一些瑕疵，但整體而言，我們認為他很可能是歷來最優秀的央行總裁。」[6]

葛林斯潘堅信不受約束的資本主義，以身為哲學家暨小說家艾茵・蘭德（Ayn Rand）的門徒和親近友人為榮。蘭德的客觀主義哲學敦促追隨者以遵循理性和追求自利為最高宗旨。擔任聯準會主席期間，葛林斯潘多次積極反對約束衍生商品市場的倡議。2008 年的金融危機嚴重損害他的威信。這一年 10 月 23 日，危機使市場風聲鶴唳之際，葛林斯潘出席眾議院監督與政府改革委員會的聽證會，被迫承認自己的錯誤：「那些指望放款機構出於自利考量保護股東權益的人，包括我在內，如今都處於震驚不已、難以相信的狀態。」[7]面對金融危機，市場的理性自利一敗塗地。

對此震驚不已、難以相信的人並非只有葛林斯潘。從這場危機的深度、廣度和持續時間看來，許多經濟學家、政策制定者、監理官員和企業主管的判斷都錯了。怎麼可能發生這種事？怎麼可能發生在美國，世上最富有、最先進、教育程度最高的國家之一？

這問題的簡短答案，是金融市場並不遵循經濟學定律。金融市場是人類演化的產物，遵循的是生物學定律。突變、競爭和天擇的基本原理決定一群羚羊的生命史，同一套原理也決定銀行業的演化，雖然族群動態有所不同。

　　這些定律的關鍵，在於不穩定環境中的適應行為。經濟行為只是人類行為的一面，而人類行為是萬古以來不同環境下生物演化的產物。競爭、突變、創新和（特別重要的）天擇，是演化的基本要素。所有個體總是在競爭求存──雖然非洲莽原上的叢林法則沒有華爾街那麼凶險。既然如此，經濟行為往往比較適合以生物學框架去理解，也就不足為奇。

　　演化論與經濟學早有關聯。經濟學甚至可能是演化論的靈感來源。英國經濟學家馬爾薩斯（Thomas Malthus）深刻影響了達爾文（Charles Darwin）和達爾文勢均力敵的學術對手華萊士（Alfred Russel Wallace）。[8] 馬爾薩斯預測人口將呈現指數型成長，但糧食供給僅將線性成長。他因此認為人類最終必將面臨飢荒，可能因此絕種。難怪經濟學被稱為「憂鬱的科學」。

　　好在馬爾薩斯的理論有漏洞：他未能預料到技術創新大大提高了糧食產量──這些技術創新包括新的經濟金融技術，例如組建法人或公司、國際貿易和資本市場。但是，馬爾薩斯是率先認識到人類行為與經濟環境有重要關係的人之一。為了理解人類行為的複雜性，我們必須認識隨著時間的推移、在各種情況下塑造人類行為的各種環境，以及金融體系在這些不同環境下如何運作。最重要的是，我們必須明白金融體系有時如何失靈。學術界、產業界和公共政策長期以來均以理性經濟行為作為基本假設，以致我們忘了人類行為的其他方面，而這些其他方面與數學上精確的框架難以契合。

　　這問題在金融市場至為明顯，也至為麻煩。在近年這場金融危機爆發之前，市場價格似乎總是反映群眾的智慧。但自從危機爆發之後，金融市場在許多日子的集體表現，稱之為暴民之瘋狂比較恰

當。金融市場這種在智慧與瘋狂之間搖擺的雙重性格，並非一種病變。它只是人性的一種反映。

我們會調整行為以適應新環境（這是演化的要求），但行為之適應有短期也有長期（後者是指有足夠的時間演化），適應方式也未必有利於我們的財務狀況。現在看似不理性的金融行為，其實是未有足夠時間適應現代環境的行為。自然界的一個明顯例子是大白鯊：拜四億年的適應演化所賜，這種近乎完美的掠食者能在海裡以令人生畏的效率優雅遊走。但如果你將大白鯊放在多沙的海灘上，牠笨拙的掙扎將顯得可笑和荒謬。牠完全適應海裡的環境，但不適應陸上的環境。

不理性的金融行為就像沙灘上大白鯊的表現，是一種脫離了適當演化背景的人類行為。不理性的投資人與沙灘上的大白鯊之差異，在於投資人可用來適應金融環境的時間比較短，而且金融環境的變化速度快得多。經濟擴張與萎縮是個人和機構適應金融環境變化的結果，泡沫與崩盤則是變化太快的後果。在 1992 年的美國大選中，民主黨策略師卡維爾（James Carville）替柯林頓設計了這個簡潔有力的口號：「笨蛋，問題在經濟！」我希望說服大家相信這件事：生物學家應該提醒經濟學家：「笨蛋，問題在環境！」

宅宅的復仇

直到最近，演化論可應用在金融市場上這種想法大致遭金融經濟學家忽視，而這是可以理解的。過去五十年間，支配金融學術的是高度數學化的模型和方法，它們像物理學遠多於生物學。這些數

學方法在金融學界促成一波空前的創新潮，一如它們在物理學界的影響。學者和受過學術訓練的人創建的複雜量化模型，很快傳遍整個金融業。這些新的量化方法成為交易員、銀行業者、風險控管經理以至監理人員標準金融工具的一部分。

量化革命引發了華爾街的演化轉變。校友網絡遭電腦網絡取代。你懂些什麼變得比你認識什麼人重要。麻省理工和加州理工的畢業生發現，他們比哈佛和耶魯的畢業生更容易在華爾街找到工作；這是現代史上首見的情況。量化分析師（quants）掌握華爾街的新數學語言，懂阿爾法、貝他、均異最適化（mean-variance optimization）和布萊克休斯／默頓（Black-Scholes/Merton）選擇權定價公式，可以享有尊貴的地位和非常優渥的薪酬。這是宅宅的復仇（revenge of the nerds）。

但是，所謂物極必反，好東西極端化也會產生壞影響，金融數學化也不例外。金融學不是物理學，雖然兩者或許有相似之處，例如熱傳導物理學與金融衍生商品的數學有相似之處。金融與物理的差異，在於人的行為，以及演化在金融發展中的作用。偉大的物理學家費曼（Richard Feynman）在加州理工畢業典禮上演講時曾說：「想像一下，如果電子有感受，物理學的困難程度將提高多少。」最近這場金融危機告訴我們，投資人、投資組合經理人和監理人員確實有感受，雖然過去幾年間，這些感受是以失望和遺憾為主。金融經濟學比物理學困難多了。

因為奇特的金融工具涉及的風險難以理解，巴菲特曾指金融衍生商品是「金融界的大規模毀滅性武器」。[9] 但我們可以完全改變這個隱喻的涵義。核子物理學雖然衍生實際的大規模毀滅性武器，但

也帶給我們許多有益的貢獻，例如核能、磁振造影（MRI）和抗癌放射治療等技術。

　　無論是在金融界還是核子物理學界，我們選擇如何運用這些威力強大的技術，才是關鍵所在。這正是我們需要適應性市場假說的原因。我們需要一種新敘事來理解群眾的智慧、暴民之瘋狂，以及與思想同速的演化。

　　我們追尋這種新敘事的旅程，始於一場可怕的災難。如果市場真的反映群眾的智慧，市場對這場災難的反應將彰顯群眾高超的智慧。

第 1 章

現在我們是否都是經濟人？

市場對外行人來說很神秘，而這完全不是什麼新鮮事。數
百或甚至數千年來，人類一直嘗試了解市場的表現。

悲劇與群眾的智慧

　　1986 年 1 月 28 日星期二早上 11 點 39 分，挑戰者號太空梭從佛羅里達州卡拉維爾角甘迺迪太空中心升空 73 秒後爆炸。當時世界各地數以百萬計的人在看電視現場直播，包括許多兒童，他們是因為教師麥考利夫（Christa McAuliffe）成為挑戰者號太空梭首位平民乘客而被吸引。絕大多數美國人很可能在事發後一小時內，就已知道這次悲劇。如果你當時在看直播，你很可能還清楚記得自己身處何處和感受如何。

　　起初沒有人知道發生了什麼事。在當天下午的第一場記者會上，美國太空總署太空梭計畫副主任摩爾（Jesse W. Moore）表示，在全面的調查完成前，他不想揣測災難的起因。「我們必須蒐集所有資料並仔細檢視，才能針對這場國家悲劇得出結論。」[1]

　　在接下來的幾個星期裡，有關這場災難的唯一公開資訊，是取自太空總署視訊資料的一段影片。媒體根據那幾秒鐘的影片，開始揣測災難的起因。是那個裝滿液態氫和液態氧的大型圓筒形燃料箱出問題嗎？[2] 氫和氧著火容易釀成災難，興登堡號飛船空難（Hindenburg disaster）便是這樣。影片逐格分析顯示，挑戰者號爆炸前數秒，那個燃料箱出現火焰。爆炸起因可能是液態氧管線洩露、爆炸螺栓（explosive bolt）失靈，或是其中一個固態火箭推進器被燒穿……在太空總署公佈更多資料之前的幾個星期裡，傳聞滿天飛。[3]

　　災難發生六天後，雷根總統簽署第 12546 號行政命令，成立羅傑斯委員會（Rogers Commission）調查此事。該委員會由 14 名專家組成，陣容令人肅然起敬，包括登月第一人阿姆斯壯（Neil

Armstrong）、榮獲諾貝爾獎的物理學家費曼（Richard Feynman）、美國第一位女性太空人萊德（Sally Ride），以及傳奇試飛員葉格（Chuck Yeager）。1986 年 6 月 6 日，也就是災難發生五個多月後，在做了大量訪問、分析挑戰者號此次飛行的所有遙測資料、仔細檢視從大西洋打撈起來的太空梭殘骸、以及舉行了數次公開聽證會之後，羅傑斯委員會得出結論：挑戰者號爆炸，是因為太空梭右側固態火箭推進器上的 O 形環失靈（這種 O 形環如今臭名昭著）。[4]

O 形環是火箭推進器接口處的大型橡膠密封墊，很像水龍頭的墊圈。但是，橡膠遇冷會變硬，此時 O 形環便不再是有效的密封墊。費曼在某次記者會上做了一個簡單但令人難忘的示範：他將一個極富彈性的 O 形環放進冰水裡，數分鐘後取出並壓它，結果 O 形環碎裂了。

挑戰者號發射當天，佛羅里達州異常寒冷（冷到在發射前一天晚上，甘迺迪太空中心發射台上都結冰了），太空梭上的 O 形環顯然因此變硬。結果高壓熱氣在太空梭發射期間經由 O 形環洩出，在裝滿液態氫和液態氧的外部燃料箱上灼出一個洞，並導致火箭推進器鬆動，與外部燃料箱碰撞，最終引發致命的爆炸。

挑戰者號災難是慘痛的事故，也造成嚴重的財務後果。太空梭計畫涉及太空總署四家主要承包商：洛歇（Lockheed）、馬丁馬里耶塔（Martin Marietta）、莫頓賽奧科（Morton Thiokol）和洛克威爾國際（Rockwell International）。羅傑斯委員會公佈報告，對四家公司中的莫頓賽奧科是壞消息，因為該公司負責製造和操作火箭推進器。經過五個月的指責、調查和揣測之後，另外三家公司終於證實清白，想必因此鬆了一口氣。[5]

　　股市對各種消息的反應是冷酷無情的。投資人根據消息的好壞
買進或賣出股票，市場將消息反映到上市公司的股價上。公司出現
好消息時得到獎勵，出現壞消息時遭受懲罰，而傳聞產生的作用往
往不下於確鑿的資料。但是，市場消化消息並將它反映在股價上，
通常需要時間，也耗費一些力氣。因此，我們可以問一個簡單的問
題：市場花了多久才消化挑戰者號爆炸的消息，並將它反映在太空
總署四家承包商的股價上？是調查報告公佈後一天嗎？還是一個星
期？

　　2003 年，馬隆尼（Michael T. Maloney）和穆希林（J. Harold
Mulherin）這兩名經濟學家回答了這問題，答案令人震驚：股市懲罰
莫頓賽奧科，不是在調查報告公佈當天，不是在費曼以精彩的現場
示範說明 O 形環問題之後，而是在 1986 年 1 月 28 日當天，就在挑
戰者號爆炸後數分鐘之內。[6] 意外發生後，莫頓賽奧科的股價幾乎立
即開始下跌（見圖 1.1）。當天早上 11 點 52 分，也就是爆炸發生後
僅 13 分鐘，紐約證交所就被迫暫停莫頓賽奧科的股票交易，因為該
股的交易指令多到超過交易所系統的負荷。莫頓賽奧科午後恢復交
易時，股價已下挫 6%，當天收盤時跌幅擴大至接近 12%。相對於該
股以往的表現，這是非常異常的情況（見表 1.1）。莫頓賽奧科 1986
年 1 月 28 日的成交量，是之前三個月日均成交量的 17 倍。[7] 洛歇、
馬丁馬里耶塔和洛克威爾國際的股價也下跌，但它們的跌幅和成交
量小得多，在統計上也不算異常。

　　如果你對股市的運作方式看法悲觀，你可能會懷疑發生了最壞
的情況：莫頓賽奧科和太空總署的知情人士意識到發生了什麼事，
因此在事發後立即開始拋售該公司的股票。但是，馬隆尼和穆希林

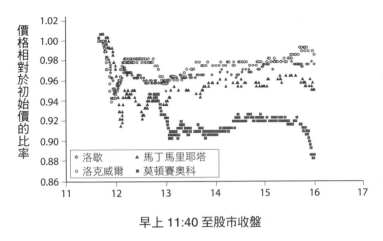

早上 11:40 至股市收盤

圖 1.1 挑戰者號 1986 年 1 月 28 日早上 11 點 39 分爆炸後，四家太空梭主要承包商的股價盤中表現，直到股市當天下午 4 點收盤。資料來源：Maloney and Mulherin (2003, figure 1)。四個價格系列均根據它們在早上 11:40 的價格標準化。

表 1.1

挑戰者號 1986 年 1 月 28 日早上 11 點 39 分爆炸前後一段短時間內，四家太空梭主要承包商的股價表現和變動百分比

時間	莫頓賽奧科	洛歇	馬丁馬里耶塔	洛克威爾國際
股價表現（美元）				
11:30am	37.25	47.25	35.38	34.75
正午	暫停交易	44.50	34.25	32.75
12:36pm	35.00	45.00	32.50	34.13
1:00pm	34.38	45.00	33.00	33.25
股價變動百分比				
11:30 至正午	暫停交易	-5.82%	-3.18%	-5.76%
正午至 12:36	-6.04%	1.12%	-5.11%	4.20%
12:36 至 1:00	-1.79%	0.00%	1.54%	-2.56%

註：莫頓賽奧科正午時沒有價格，因為紐約證交所 11:52 am 至 12:44 pm 間暫停該股的交易。該股在挑戰者號爆炸後的第一筆交易出現於納斯達克（Nasdaq），時間為 12:36 pm。

資料來源：Maloney and Mulherin (2003, table 2)。

找不到 1986 年 1 月 28 日出現內線交易的任何證據。更令人震驚的是，莫頓賽奧科當天市值萎縮約 2 億美元，幾乎剛好等於該公司因為此事而承受的賠償、和解金和未來的現金流損失。

羅傑斯委員會獲得世上最聰明的一些人協助，花了五個月確認事故起因，股票市場卻在短短數小時內做到了。這麼神奇的事，究竟是怎麼發生的？

針對這種現象，經濟學家有個名稱。我們稱之為「效率市場假說」。想像一下，數以萬計的專家結合他們的知識、經驗、判斷力和直覺，專注做一件事：針對某一時刻某公司的股價，提出最準確的估計。假設這些專家全都追求自身的利益。他們的估計越準確，動作越敏捷，賺到的錢越多。股票市場其實大致正是這麼一回事。

效率市場假說的要義相當簡單：**在一個有效率的市場中，資產的價格充分反映有關該資產的所有可得資訊。**但這個簡單的概念有廣泛的涵義。在 1986 年那一天，股市不知為何，就是能夠在數分鐘之內，綜合有關挑戰者號事故的所有資訊，得出正確的結論，並將它反映在那家顯然負有最大責任的公司的股價上。而且，市場不需要參與買賣的人掌握有關航天災難的任何專門知識，就能做到這件事。太空梭爆炸看來是因為莫頓賽奧科公司製造的燃料箱出了問題，而結果正是這樣。《紐約客》（*The New Yorker*）商業專欄作家索羅維基認為這是群眾展現智慧的一個例子。[8]如果效率市場假說是正確的（從挑戰者號的例子看來，它無疑是正確的），群眾的智慧有極其深遠的涵義。

漫步歷史

　　市場對外行人來說很神秘，而這完全不是什麼新鮮事。數百或甚至數千年來，人類一直嘗試了解市場的表現。至少在四千年前，人類就有使用貨幣的記錄，而雖然我們無法確知，很可能在不久之後，就有人想出戰勝市場的方案。西元前 600 年左右的一個古代例子流傳至今。古希臘哲學家泰利斯（Thales）據稱曾因為預期橄欖大豐收，藉由囤積壟斷了希俄斯島（Chios）上的橄欖壓榨機市場。預測成真時，泰利斯向當地橄欖農夫出售壓榨機的使用權，因此賺了一大筆錢，證實了亞里斯多德的這句話：「哲學家想發財並不困難，但這不是他們在乎的事。」[9]

　　貨幣是一種數字概念。我們想知道自己有多少錢時，就會數一下。久而久之，人類自然發展出新的數學形式來追蹤記錄金錢。隨著數學變得愈來愈複雜，投資人開始利用這些比較先進的方法來分析市場的表現。這種現象出現在許多不同的文化。例如 K 線圖（又稱陰陽燭）是至今仍流行的一種技術分析法，以歷史價格圖的幾何分析為基礎，源自日本江戶時代（當時日本仍由幕府將軍統治），當時的人開發出這種方法來分析稻米期貨。[10]

　　金融市場價格最早的數學模型之一來自賭博界。這是有道理的，因為金融投資和賭博皆涉及計算風險與報酬之取捨。這個模型首先出現於 1565 年的《機率遊戲論》（*Liber de Ludo Aleae*），這是義大利著名數學家卡丹諾（Girolamo Cardano）所寫的賭博課本──卡丹諾也是哲學家、工程師和占星家，是典型的「文藝復興人」。卡丹諾針對投機這件事提出一些非常明智的忠告，直到現在仍值得我們

遵循：「賭博最基本的原則是條件平等，例如對手、旁觀者、金錢、處境、骰盒和骰子本身，都必須平等。倘若偏離平等原則，如果條件有利於對手，你是傻瓜；如果條件有利於你，你是不義之人。」[11] 這種不偏袒賭局中任何一方的「公平博弈」，被稱為「鞅」（martingale，或譯「平賭過程」）。[12] 我們都不想當傻瓜，也沒有很多人想做不義之人。

鞅是個非常微妙的概念，位處許多數學和物理概念的核心，但它在這裡的意義則是意外地簡單。在公平的博弈中，你贏多少或輸多少，無法靠研究你過去的表現來預測。如果研究過去的表現可以預測盈虧，則博弈並不公平，因為你可以在勝算對你有利時增加押注，在勝算對你不利時減少押注。如此一來，你將能佔得相對於對手的小幅優勢，一段時間之後可以將你的優勢產生的獲利投入賭局中，長期下來將能賺到很多錢。這並非只是理論。有些非常聰明的人想出方法預測 21 點遊戲中紙牌的表現，或是根據輪盤珠子過去的表現預測它將落在什麼位置，藉此發了一筆小財（其中一人將於第 8 章出場）。[13]

現在假設你不是在賭桌上佔有小幅優勢，而是在預測市場表現這件事上佔有優勢。即使只是極小的優勢，你也將能創造驚人的財富。多年來，成千上萬人試圖創造出某種系統來打敗市場。他們多數慘敗。金融市場的歷史上充斥著過度自信、結果遭市場挫敗的投資人。1900 年，法國一名數學博士生認為自己發現了這當中的原因。

他就是巴舍利耶（Louis Jean-Baptiste Alphonse Bachelier, 1870–1946），當年在索邦學院攻讀博士，師從大數學家龐加萊（Henri Poincaré）。巴舍利耶大學本科主修物理數學，但撰寫博士論文時選

擇分析巴黎股市，尤其是在巴黎交易所買賣的認股權證的價格。認股權證是一種金融契約，賦予持有人在指定的期限之前，以約定的價格買進某檔股票的權利；情況不利時，持有人可以放棄行使權利。這種以固定價格購買股票的保證消除了一種不確定性，賦予認股權證持有人額外的財務彈性。

這種保證值多少錢？這是投資人關心的關鍵問題。答案取決於標的股票在認股權證到期之前的價格表現。

巴舍利耶發現了股價一種很不尋常的特徵。此前許多研究者試圖預測股價波動的形態。巴舍利耶認識到，這種方法假定市場中有一種不平衡的情況。任何股票交易都有買賣雙方；為了達成交易，雙方必須先同意一個價格。交易必須是公平的，因為沒有人想當傻瓜。如果有一方持續佔有優勢，交易將無法達成。巴舍利耶因此得出結論：股價的波動必須像是完全隨機那樣。

現在回到卡丹諾的公平博弈概念。博弈可以很簡單，例如擲硬幣也是一種博弈。在公平的博弈中，過去的表現絕不能保證未來的結果。每擲一次硬幣，你不是贏錢（擲出正面）就是輸錢（擲出反面）。現在想像一下你一再玩這個公平的遊戲，贏了向前走一步，輸了退後一步。（你可能必須在人行道或走廊做這件事。）這種公平遊戲不可預測的性質，將展現在一種不確定的二步舞上：你腳步蹣跚，時而前進，時而後退，就像醉酒的司機想走直線給警察看那樣。公平博弈的盈虧，都像醉漢走路那樣，必然是隨機的——而如巴舍利耶發現，股市中的價格也是這樣。巴舍利耶的發現，我們現在稱之為股價的隨機漫步模型。

巴舍利耶的分析超前其時代數十年。事實上，巴舍利耶領先愛

因斯坦針對布朗運動（微小粒子在流體中的隨機運動）所做的非常相似的分析五年之久。[14] 但是，從經濟學家的角度來看，巴舍利耶所做的遠多於愛因斯坦。[15] 巴舍利耶提出了一種有關市場表現的一般理論，而該理論的立足點是投資人絕不可能靠分析過去的價格變化獲利。因為市場中的隨機價格波動是一種鞅，巴舍利耶得出結論：「投機客的數學期望值是零。」換句話說，打敗市場在數學上是不可能的。

不幸的是，巴舍利耶的研究成果此後多年一直不受重視，原因不明。他的論文《投機理論》（*Théorie de la Spéculation*）1914 年終於出版，獲得法國科學界的讚賞，但好評並不熱烈。巴舍利耶後來無法在第戎大學獲得終身教職，因為著名的機率理論家萊維（Paul Lévy）提出負面的推薦信。此後巴舍利耶在法國東部城市貝桑松一間小型教學大學度過他職業生涯的餘下歲月。[16] 巴舍利耶的理論當年不受重視，很可能是因為它在當時太前衛了——對物理學家來說太像金融學，對金融學者來說太像物理學。

巴舍利耶的理論重見天日的故事，說出來令人難以置信。數十年後的 1954 年，芝加哥大學的傑出統計學教授薩維奇（Leonard Jimmie Savage）在大學圖書館意外看到巴舍利耶的論文。他如獲珍寶，寫信給數名學術界同儕，提醒他們注意巴舍利耶被世人遺忘的寶貴理論。收信人之一是薩繆爾森（Paul A. Samuelson），他可能是 20 世紀影響力最大的經濟學家。我們可以毫不誇張地說，這封信改變了金融史的方向。

效率市場之誕生

　　現代經濟學如此數學化的一大原因正是薩繆爾森。要列出薩繆爾森首先賦予數學形式的所有經濟學概念，幾乎是不可能的事。每一名經濟學家都有一種典型風格，而薩繆爾森的典型風格深受美國物理數學家吉布斯（Josiah Willard Gibbs）影響。薩繆爾森將物理學概念應用在經濟學所有領域，而經濟學感激地接受了它們。他 1941 年的博士論文毫不客氣地以《經濟分析之基礎》（*Foundations of Economic Analysis*）為標題，立即成為該領域的經典著作。他 1948 年出版的教科書就以《經濟學》（*Economics*）為書名，如今仍然印行，已出到第 19 版。[17] 薩繆爾森以機智幽默、妙語如珠著稱，1970 年榮獲諾貝爾經濟學獎，當時完全沒有人對此感到意外。在他漫長傑出的職業生涯中，薩繆爾森以自己的方式重新塑造了經濟學。2009 年，他以 94 歲的高齡辭世。

　　我們且回到 1950 年代。經薩維奇提醒之後，薩繆爾森立即明白巴舍利耶的理論意義重大。他在 1960 年代初將研究重心轉向金融，講課、參加研討會和公開演講時經常提到巴舍利耶。[18] 如果說巴舍利耶解釋了隨機漫步模型如何運作，薩繆爾森則是著手解釋為什麼市場價格的波動像是隨機的。

　　薩繆爾森因為對芝加哥期貨市場一個非常實際的問題有興趣，找到了上述問題的答案。芝加哥期貨市場的商品交易商全都知道，小麥的價格有一定的形態。小麥現貨價通常在秋季收割至翌年春季之間，因為儲存成本而上升，然後在下一次收割的前夕下跌，因為市場預期將出現供過於求的情況。天氣的變化也每天影響小麥的價

格。但在 1953 年，經濟學家肯德（Maurice Kendall）藉由統計檢定，證明小麥價格的波動看來是隨機的。[19]

薩繆爾森察覺到這當中的矛盾：如果天氣影響穀物的價格，穀物價格怎麼可能是隨機波動？[20] 薩繆爾森知道，天氣的形態雖然複雜，但天氣變化不是隨機的，季節的更替也不是隨機的。在薩繆爾森看來，巴舍利耶的隨機波動論似乎證明太多東西了。

薩繆爾森以一種非常快捷和優雅的方式解決了這個難題——這正是他在經濟學上的典型個人風格。他利用歸納這種數學方法，證明有關一項資產過去價格變化的所有資訊，都已經反映在該資產現在的價格上。資產現價已經將該資產迄今已知的所有資訊納入考量，包括天氣的變化和儲存成本之類。一切都已經考慮到了。因此，如果你想預測資產接下來的價格，過去的價格變化完全不能提供有用的資訊。

薩繆爾森的推論是這樣的：如果投資人現在就能充分考慮未來事件對資產價格的所有潛在影響，未來的價格變化就無法根據現有的任何資訊來預測——如果現有的資訊可用來預測未來的價格變化，投資人應該已經用了那些資訊。因此，價格波動必然是不可預料的。如果市場在處理資訊上是有效率的（也就是價格充分反映所有市場參與者的預期），資產價格接下來的變化必然是不可能預料得到。這個概念相當微妙，但它顯然與卡丹諾的軟概念和巴舍利耶的隨機波動論有關。薩繆爾森 1965 年發表了一篇影響深遠的論文，其標題俐落地概括了他的見解：「適當反映預期的價格隨機波動之證明」（Proof that Properly Anticipated Prices Fluctuate Randomly）；不過，這概念我們如今普遍稱為效率市場假說。[21]

　　因為覺得效率市場假說太簡單，薩繆爾森將它束之高閣，多年之後才發表論文。他後來表示：「我必須承認，多年來我的想法搖擺不定，有時覺得它顯而易見、意義不大（而且幾乎可說是相當空洞），有時又覺得它有廣泛的非凡意義。」[22]

　　效率市場假說並非薩繆爾森一個人的創見。幾乎同一時間，芝加哥大學金融學教授法瑪（Eugene F. Fama）獨立地研究出這套理論。法瑪成為金融學者是相當意外的事：他是強壯的第三代義大利裔美國人，高中年代是運動健將，1950 年代末在塔夫斯大學（Tufts University）主修羅曼語。[23] 根據法瑪自己的說法，他「厭倦了改寫伏爾泰」，於是去修了一科經濟學，人生為之改變。在塔夫斯大學最後一年的日子裡，法瑪蒐集道瓊工業指數每天的數據，希望建立預測股價的數學模型。雖然本科生法瑪未能找到方法打敗市場，數據導向的統計分析後來成為他在經濟學上的個人風格標誌。

　　在芝加哥大學攻讀博士期間，法瑪繼續研究股市，當時芝大是少數幾家利用現代數位電腦從事金融研究的大學之一。法瑪找到股市隨機波動的有力統計證據。自然中許多隨機過程產生的結果接近常態分佈——又稱高斯分佈（Gaussian distribution），但更流行的說法是鐘形曲線，因為這種分佈畫出來是對稱的鐘形曲線。你甚至可能修過特別嚴屬的老師以這種曲線替學生評分的課：成績最好的 2.5% 學生得到 A 級，隨後的 13.5% 學生得 B，中間的 68% 得 C，隨後的 13.5% 得 D，成績最差的 2.5% 得 F；這種結果就非常接近常態分佈。法瑪發現，股票投資報酬的異常情況，遠多於常態分佈下的異常情況。法瑪蒐集到的股票報酬分佈出現我們現在所稱的厚尾（fat tails），情況就像得到 A 級學生並非常態分佈下的 2.5%，而是多

達 10% 那樣。[24]

1965 年，在發表了博士論文之後，法瑪向金融分析師社群解釋他壯大中的隨機波動論，首次將「效率市場」（efficient market）一詞引進金融詞典：

> 「效率」市場是這樣的：許多理性、追求獲利極大化的人在市場中積極競爭，每個人都努力預測個別證券未來的市場價值，而所有市場參與者都能近乎自由地取得當前重要的資訊……在效率市場中，一般而言，競爭將導致新資訊對內在價值的影響「即時」充分反映在實際價格上。[25]

法瑪將他的效率市場假說概括在這句非常著名的警句中：在效率市場中，「價格充分反映所有可得的資訊。」

法瑪賦予效率市場假說一種實踐意義，最終震動了整個金融業。在芝大同事羅伯茲（Harry Roberts）建議下，法瑪將市場效率分為三種類型：弱式（weak）、半強式（semistrong）和強式（strong），對應愈來愈大量的資訊。[26]

在弱式效率市場中，價格充分反映歷史價格所含的所有可得資訊；因此，利用過去的價格預測未來的價格變化，例如技術分析中的「頭肩頂」形態和 K 線圖，是沒有用的。

在半強式效率市場中，利用公開資訊（例如一家公司的盈利、營收和股價淨值比之類）選股也是沒意義的。

最後，在強式效率市場中，連非公開的內線消息也無法用來創造有利可圖的交易策略。

　　法瑪一舉將華爾街技術分析師、基本面分析師、自營交易員和對沖基金經理的工作貶得一文不值。如果市場價格已經反映所有可得的資訊，聘請產業分析師或基金經理人還有什麼意義呢？難怪華爾街接受現代金融經濟學的速度如此緩慢。

　　此後多年，法瑪和他的弟子發表了大量的博士論文和期刊文章，針對市場效率做了一次又一次的實證檢驗，結果似乎都支持效率市場假說——無論是弱式、半強式，還是強式。[27] 在學術界，一篇論文的重要性，通常是以其他學者引用它的次數來評斷。法瑪最常被引用的論文之一，是 1969 年與費雪（Larry Fisher）、顏森（Michael Jensen）和羅爾（Richard Roll）合寫的，常被稱為「FFJR 論文」。[28] 這篇論文簡單但出色的分析迷倒了金融學術界，但華爾街專業人士為之震驚，原因值得我們仔細說明。

　　經濟學一直有個問題：經濟學家很難做對照實驗來檢驗理論。經濟學有許多精細的理論，複雜程度不下於物理學理論，但我們幾乎不可能將整個經濟體放在實驗室裡做實驗。經濟學家因此必須仰賴複雜的統計檢定，在現實的雜訊中尋找明確的理論訊號，而經濟學家的這種工作常常受挫。

　　但我們有時很幸運，可以在原始資料中發現「自然實驗」，也就是恰恰在我們想研究的領域，只有一個因素改變了。此時我們就能直接應用科學方法，比較對照組（基準情況）與實驗組（改變後的情況）。

　　法瑪等人在股市中發現這樣一個自然實驗，而且這個實驗還特別漂亮。他們發表的 FFJR 論文探討股票分割對股價的影響。股票分割若是一股分為兩股，股東持有的每股舊股將變成兩股新股。除了

每股的價格改變外,這種股票分割什麼都沒改變。上市公司這麼做,主要是為了降低每股的價格,使一般投資人有能力參與買賣。但過去的情況顯示,股票分割往往伴隨著股息增加,很可能是因為股價上漲促使公司分割股票,正是因為公司業務成功、盈利不斷成長。因此,在股市歷史上,公司宣佈股票分割應該是好消息,股價應該因此上漲。

FFJR 檢視 1927 年 1 月至 1959 年 12 月間 940 次股票分割如何影響股價,發現兩個非常明確的規律:公司宣佈股票分割當天,股價顯著上漲,但在股票分割實際發生當天沒有明確的方向。市場獎勵宣佈股票分割的公司,理由應該是該公司的股息料將增加,但市場的獎勵幾乎是立即發生。另一方面,股票分割實際發生時,市場完全不在意。(如果 FFJR 的分析使你想起馬隆尼和穆希林有關挑戰者號爆炸如何影響承包商股價的研究,那是有道理的,因為馬隆尼和穆希林使用的統計方法,正是法瑪等人率先提出的。)

FFJR 因此斷定,在公司宣佈股票分割當天,股價充分反映了當時的所有可得資訊。這再次確認了效率市場假說,因此也可說是再次賞了華爾街從業者一巴掌。更慘的是,FFJR 還證明了一件事:你無法利用這種規律在消息宣佈當天交易獲利。只有內線消息能使你在市場中佔得優勢,而內線交易是違法的——但別忘記,在法瑪的強式效率市場假說中,內線交易也是無效的。因為這種研究,參與撰寫 FFJR 論文的顏森 1978 年誇口:「經濟學中沒有其他主張比效率市場假說獲得更可靠的實證證據支持。」[29]

拜他有關效率市場假說的研究所賜,法瑪成為他那個世代影響力最大的金融經濟學家之一。主張自由市場的芝加哥經濟學派通常

使人想起它最雄辯的代表人物傅利曼（Milton Friedman），但拜法瑪所賜，效率市場假說已成為它至少是同樣矚目的一個標誌。

透視效率市場

薩繆爾森和法瑪這兩位經濟學家思想風格非常不同，但他們得出了有關效率市場的相同結論。法瑪著迷於電腦、數據和統計分析，薩繆爾森在治學上則是力求優雅和單純，而且深受物理學啟發，兩人通往效率市場假說的學術路徑因此截然不同。但是，他們各自的效率市場假說版本都有相同的禪理般反直覺興味：市場越是有效率，市場中的價格變化序列越是隨機。最有效率的市場是那種價格變化完全隨機和不可預料的市場，但這種市場不是自然產生的偶然結果。它是市場參與者嘗試利用他們掌握的資訊獲利的直接結果。這種促成隨機性的強制力，在社會科學中是獨一無二的。[30]

為了明白效率市場的奇蹟如何出現，我們來做一個思想實驗。假設你是咖啡機製造商 Koffee Meister 的投資人，而該公司剛推出最先進的小巧型卡布奇諾咖啡機 Cino Bambino。假設你剛好也是咖啡機設計專家，而且決定要測試 Cino Bambino。

經過認真的測試和工程分析之後，你斷定這款新咖啡機有嚴重的安全問題。你雖然不情願，但仍決定賣出手上的 Koffee Meister 股票，因為你認為安全問題一旦暴露出來，該股將受到嚴重打擊。你的這些行動會有影響。在安全問題為公眾所知之前賣出股票，本身就可能導致該股市價下跌，因此將你的分析結果反映在股價上。

但是，除非你持有 Koffee Meister 某個顯著百分比的股票，你賣

出股票不大可能對股價有持久的影響。畢竟每天都有很多人因為許多不同的理由，買賣 Koffee Meister 的股票。但如果你是 Koffee Meister 的一名大股東（這可能正是你花那麼多時間和精力測試新咖啡機的原因），你的售股決定大有可能損害股價。

事實上，即使你手上沒有任何 Koffee Meister 的股票，你可能仍想利用自己取得的資訊押注。你可以做空 Koffee Meister。做空比典型的股票交易複雜一點，但也不是複雜很多。你先借入 Koffee Meister 的股票，以現價賣出，期望在自己的預期證實正確時，以較低的價格買回那些股票，還給當初借給你股票的人，而你的獲利就是你買賣這些股票的價差（扣除借用股票涉及的費用）。

如果其他投資人也認為 Koffee Meister 新咖啡機有嚴重的安全問題（他們可能經由其他方式得出相同的結論），他們很可能也將賣出手上的股票；在此情況下，Koffee Meister 股票市價累計承受的影響將相當大。因為像你這樣的精明投資人，市價成為一種反映所有市場參與者的資訊和見解的加權平均值，而權重是每一名參與者願意為自己的信念投入的金額。

效率市場假說告訴我們，市場將群眾的智慧清楚呈現出來。在開明自利（亦稱「貪婪」）驅動下，投資人大軍將非常積極地利用哪怕只是極小的資訊優勢。值得指出的是，「貪婪」對經濟學家來說不是貶義詞。支撐經濟學的一個基本假設，是所有個體都將在某種預算限制下，自然地盡可能提高他們的預期效用。這是貪婪在這裡的意思，而它不是壞事。但行為當然有它的社會面向，而極度的貪婪可能有負面的道德和倫理涵義，雖然經濟學家一般不考慮這些問題。市場中（貪婪的）交易者將他們的資訊反映在市價上，但在此

過程中，他們將迅速消除起初促使他們買賣的獲利機會。因此，基於資訊的交易無利可圖，因為必然已經有人搶佔先機，把握了那些獲利機會。

效率市場假說藉由簡單的經濟推理，得出其反直覺的結論。卡丹諾的軼、巴舍利耶的隨機波動、薩繆爾森的證明，以及法瑪的統計分析，全都通往同一個結論：價格必須充分反映所有可得的資訊。但是，效率市場假說並非孤立地出現。它是金融經濟學新量化運動的一部分，而該運動的重要成果還有馬可維茲（Harry Markowitz）的最佳投資組合論（optimal portfolio theory），夏普（William Sharpe）的資本資產定價模型（第 8 章將談到），以及布萊克、休斯和默頓的選擇權定價公式。這些重要發現相隔數年陸續出現，闡明了市場行為多個世紀以來一直神秘的某些面向。但是，在新量化金融學運動的所有發現中，效率市場假說是最耀眼的寶石。

這些深奧的發現不但改變了經濟學家對金融市場的看法，還使大眾更容易參與這些市場。拜效率市場假說所賜，投資人在崇拜和追隨投資大師之外，還有一種民主的選擇。你可以投資在被動式、低費用、廣泛分散投資的共同基金上，不必指望投資經理人替你選股（反正這些經理人也不大可能打敗市場）。只要小心一點，你仍有可能打敗一週風頭人物。而如果你的財務狀況或風險承受能力改變了，你可以調整投資組合，利用那些闡明金融風險與報酬的新學術理論——又或者雇用新類型的投資顧問，也就是熟悉這些新理論的專家。

我們可以毫不誇張地說，效率市場假說造就了指數共同基金產業的出現——如今該產業的規模已達數兆美元，而且仍繼續強勁成

長。現代金融經濟學以一種透明得多、有系統得多的投資程序，取代了華而不實的選股者和預測者。成功的技術使人們得以做一些他們以前無法想像自己做得到的事，上述的新金融技術也是這樣。它促成金融的民主化，但一如所有新技術，它也造成新的風險（後面的章節將談到）。

所謂的理性預期

法瑪對效率市場假說還有第二個洞見：該假說有「雙重性格」。效率市場假說實際上是二合一的假說：第一個假說是關於市場參與者可以得到**什麼**資訊，第二個假說是關於價格**如何**充分反映那些資訊。早期針對效率市場的檢驗著重「什麼」的問題，評估各種類型的資訊是否反映在市場價格上。但「如何」的問題（也就是市場如何實際將資訊反映在價格上）同樣重要，而且在數學上遠遠沒那麼顯而易見。

金融市場以非凡的方式反映新資訊。為了充分理解這一點，我們必須繞道去一個意想不到的地方：18世紀的肉豬市場。早在1776年，亞當斯密就在《國富論》中以肉豬的價格說明供給與需求。[31]豬價的波動在剛獨立的美國至為明顯。美國的西部擴張史也是豬肉的歷史：從殖民年代的維吉尼亞火腿到「世界屠豬城」芝加哥崛起，再到愛荷華的里肌豬排和現在的明尼蘇達午餐肉罐頭。

美國人最初會愛上肉豬有簡單的經濟原因，這原因當年眾所周知。當年許多美國人務農，而許多農夫種玉米。但是，因為玉米售價太低、運輸費用太高，農夫運玉米到市場出售賺不了什麼錢。農

夫因此有兩種方法利用玉米營利：以玉米養豬出售，或是釀造威士忌。但當年釀造威士忌必須承受重稅，還往往是違法的。所以許多農夫開始養豬，希望靠賣豬賺錢。

因此，農夫和投機客都想找出豬價漲跌的形態。賓納（Samuel Benner）是早年的技術分析師之一，自稱是俄亥俄州農夫，1876 年首度出版著作《賓納對物價未來漲跌的預言》（*Benner's Prophecies of Future Ups and Downs in Prices*）。[32] 儘管書名富神秘色彩，賓納對肉豬和其他商品的價格週期提出了準確的觀察。這些商品的價格看來真的有漲跌週期，而非隨機波動。「在低價年週期中，豬價交替下跌兩年和三年。（譯註：也就是豬價下跌兩年後回升，下次回落時跌三年，再下次是跌兩年，再再下次跌三年，依此類推。）」賓納寫道：「平均價格連續兩年近乎相同，是非常罕見的。」

在 1920 年代，美國政府的預測人員仿效賓納，希望以簡樸的方式掌握市場智慧。在美國農業部新成立的農業經濟局，研究員哈斯（G. C. Haas）和伊澤克爾（Mordecai Ezekiel）開發出一個豬價預測模型。[33] 但是，他們遇到一個重要的理論問題，而這問題有重大的實踐涵義。

經濟學最重要的基本概念之一，是價格由供給和需求決定。這概念既簡單又深刻。兩股對立的力量彼此互動，決定了適當的價格。商品的生產者（供應者）願意隨著商品市價上升而增加供應量，而另一方面，商品消費者（需求者）的傾向恰恰相反：他們的需求量隨著商品價格上升而下降，隨著價格下跌而增加。以縱軸為價格、橫軸為數量畫圖，生產者願意接受的價量組合將是一條從左至右向上傾斜的曲線，而消費者願意接受的價量組合則是一條向下

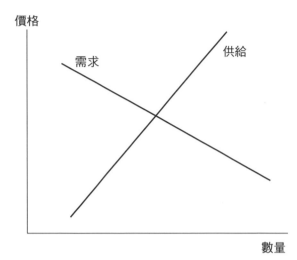

圖 1.2 供給與需求曲線

傾斜的曲線。這就是圖 1.2 中著名的供給曲線和需求曲線。

　　兩條曲線只有一個交會點，那是堪稱「經濟天堂」的狀態：它是唯一能同時滿足生產者和消費者的價格（P*）與數量（Q*）組合。換句話說，在 P* 這個價格，生產者願意供應 Q* 這麼多商品，而在在 P*，消費者正是想要 Q* 這麼多。對經濟學家來說，這是最接近雙贏的一種狀態。經濟學家將這個平衡點稱為「均衡」，他們在這個供給與需求的交會點「發現」了商品的價格。

　　哈斯和伊澤克爾對他們的豬價週期預測有個重大疑問。豬價週期波動一再重複，違背商品供需有個獨一無二的穩定均衡狀態這種理論。不知為何，豬價似乎總是錯過這個均衡狀態。政府的模型顯示，豬與玉米價格比率的波動週期約為四年。資深研究員哈斯致力提高預測的統計準確性，伊澤克爾則希望以標準的經濟學供需理論建構豬價週期模型的基礎。

　　作為預測者，伊澤克爾希望盡可能準確地描述肉豬的供給和需求曲線。但作為經濟學家，他也希望解釋成千上萬名農夫和買手如何年復一年地導致豬價偏離最合適的經濟天堂水準。而作為公務員，伊澤克爾希望保護農夫免受豬價的不必要波動傷害。他致力了解當時世人在這問題上所知的一切。

　　對於商品價格如何隨著時間的推移而變化，經濟學供需理論幾無著墨。但在 1934 年，也就是發表其研究八年之後，伊澤克爾在英國經濟學家卡爾多（Nicholas Kaldor）的評論中，看到解開豬價週期迷團的希望。[34] 一如現在，當時的經濟學研究是一種國際事業：卡爾多闡述了美國人舒茲（Henry Schultz）和義大利人里奇（Umberto Ricci）不久之前分別撰寫的兩篇德文論文。舒茲和里奇各自獨立研究了這問題：如果沿著供需曲線進行的價格發現過程並不平順也非瞬間完成，而是在非連續的時段中進行（例如像遊戲那樣分多個回合），情況會如何？

　　舒茲和里奇驚訝地發現，在這種情況下，價格傾向圍繞著均衡點呈現週期波動。在某些情況下，價格甚至徹底偏離最合適的均衡點。卡爾多將此稱為「蛛網」（cobweb）理論，因為由此產生的供需圖看起來像蜘蛛網（見圖 1.3）。

　　伊澤克爾立即看到，蛛網理論有助解開他的豬價週期謎團，對解釋其他商品的週期波動也有幫助。[35] 因為它有重要意義，我們來逐段說明圖 1.3 中的蛛網。假設我們起初處於失衡狀態，與代表經濟天堂的供需交會點有若干距離：豬農決定這一季供應 1,000 頭豬。以這數量（Q_0），農夫期望每頭豬能賣 100 美元，也就是供給曲線顯示的 P_0。但是，根據需求曲線，消費者願意為這 1,000 頭豬支付的

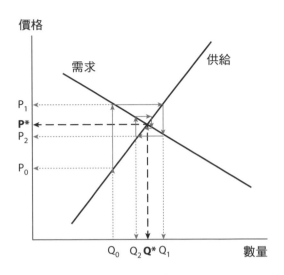

圖 1.3 最終達致均衡（P*, Q*）的豬價週期「蛛網」模型。起點為 Q_0，預期價格為 P_0；實際價格為 P_1，產生供給 Q_1；Q_1 產生實際價格 P_2，依此類推，持續調整，直到供給與需求在（P*, Q*）相等。

價格高得多，結果市場上的實際價格是每頭 200 美元（P_1）。

豬農對此感到意外，希望供應更多豬──畢竟根據供給曲線，如果每頭豬能賣 200 美元，他們願意供應 2,500 頭（Q_1）。但因為本季的豬都已賣出，豬農只能決定下季增加供應。到了下一季，豬農供應 2,500 頭豬，但每頭只能賣到 125 美元（P_2），因為在這種供應量下，消費者只願意付這個價格。

但是，以每頭 125 美元的價格，豬農只願意供應 1,250 頭豬（Q_2），而這正是他們在下一季所做的。當然，他們降低了供應量之後，又意外地發現每頭豬賣到的價格高於 125 美元，因為市場上只有 1,250 頭豬。

這種高估和低估的形態一季復一季出現，但圖 1.3 顯示，實際價

格與預期價格的差距逐季縮窄，直到差距變得微不足道：此時豬農得到的價格，正是他們根據供應量預期的價格。市場一旦達致均衡（P*, Q*），豬農和消費者均對在 P* 這價格、供應和消費 Q* 頭豬感到滿意。此時一切都很好。經濟天堂就在人間。

當然，這是對豬市高度程式化的描述，現實中的情況混亂得多，但這種描述確實能反映這個市場的基本特徵。因為養豬需要頗長時間，豬農在肉豬上市接近兩年之前，就必須決定生產量。如果他們對未來豬價的預期完全是基於現行豬價，而起點並非均衡點（P*, Q*），肉豬的價格和數量將隨著時間的推移而波動：供需失衡的情況一季復一季，不是供過於求就是供不應求。

但是，如圖 1.3 顯示，市場最終達致均衡狀態的理想情況，只是多種可能結果之一。倘若如圖 1.4a 顯示，供給和需求曲線的斜率略為改變，價格與數量將一直波動，永遠無法達致均衡狀態——這是經濟苦難。如果供需曲線像圖 1.4b 那樣，價格和數量將向外盤旋，也就是生產者的暴利或虧損將愈來愈大，消費者暴食或飢餓的程度也愈來愈嚴重，最終市場將徹底崩潰——這是經濟煉獄。

經濟天堂與經濟煉獄的差別，是蛛網模型的一個關鍵要素造成的，那就是預期。因為豬農預期下一季的豬價與本季市價相同，他們的供應下一季得到的價格總是出乎他們的意料。伊澤克爾本人巡訪整個美國，向農夫和投資人說明他的豬價週期研究，希望隨著買賣雙方獲得更多資訊，他們的見識將有助平抑豬價週期波動。但事與願違。事實上，在二戰之後，豬價週期波動甚至變得更顯著。[36]真的沒有辦法打破這種惡性循環嗎？

這問題的答案要到 1961 年才出現。這一年，卡內基美隆大學工

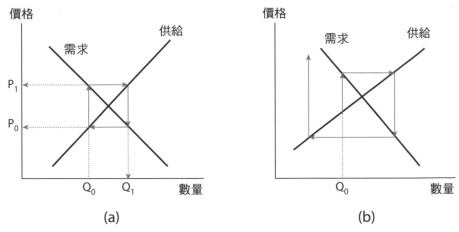

圖 1.4 豬價週期的兩種「蛛網」模型：（a）永久波動和（b）失控型波動。

業管理研究所（GSIA）默默無聞的助理教授穆斯（John Muth）發表了一篇論文，不但解開了這個謎團，還改變了隨後數十年現代經濟學的發展方向。

　　GSIA 如今已易名為泰珀商學院（Tepper School of Business），當年是個不尋常、非傳統的地方。它創立於 1949 年，選擇專注於管理、作業研究和相對不具學術魅力的其他課題，而非傳統商學院重視的課題。根據 GSIA 的使命，其教職員致力分析一些世俗的產業問題，例如生產排程：企業如何規劃未來的生產安排？一如薩繆爾森有關芝加哥期貨的問題和伊澤克爾有關豬價週期的問題，這問題的答案有意料之外的深遠意義。

　　GSIA 部分教職員，尤其是後來榮獲諾貝爾經濟學獎的賽蒙（Herbert Simon），認為企業僅利用它們可取得的部分經濟資訊做預測，而且推理能力也有限。賽蒙稱這理論為「有限理性」（bounded rationality），本書第 7 章將較具體討論該理論。其他經濟學家，例如

芝加哥大學的傅利曼，則認為企業根據以往的銷量預測未來的需求。這種常識理論名為「適應性預期」（adaptive expectations），因為企業根據以前的情況調整自身預期、適應現實環境。圖 1.3 和 1.4 的蛛網模型是適應性預期的一種特例：上季的豬價支配本季肉豬的供給。

　　穆斯則採用一種完全不同的思考方式。如果豬農和肉豬買家剛好也是經濟學家，那將如何？如果他們一如伊澤克爾所期望，完全明白蛛網模型背後的理論，那將如何？如果這些個體能完全準確地測定圖 1.3 和 1.4 中的供給與需求曲線，而且能算出兩條曲線的交會點，那將如何？

　　在這種情況下，肉豬不會有機會短缺或過剩，因為農夫會供應 Q* 頭豬並期望每頭賣得 P* 元，而買家也願意以 P* 的價格買進 Q* 頭豬。市場將處於永久的均衡狀態。即使某種外來衝擊導致市場暫時失衡（例如某種疾病使所有肉豬死掉四分之一），市場中所有人都將觀察到這件事，然後理性地重新算出新的均衡狀態。事實上，市場參與者重新規劃本身就將令市場達致新的均衡狀態。

　　穆斯認為，所有的理性豬農（事實上是所有的理性商人）唯一的理智預期，應該是經濟均衡所指的預期，也就是所謂的理性預期。[37] 根據其他類型的預期所做的任何決定，必將產生比較不好的結果。

　　穆斯提醒我們，這種脈絡下的「理性」，僅指與經濟學理論中完全理性（perfect rationality）的假設有相同的結果。他寫道：「我們說這種預期『理性』，是冒著將這個純描述性假說與對企業應該怎麼做的見解混淆的危險……這並不是聲稱企業家的規劃工作縝密周全，

也不是說他們的預測無懈可擊或他們的預期全都一樣。」根據穆斯的想法發展理論的人，往往忽略了他的這番提醒。

穆斯聲稱，豬價週期和蛛網模型之類的經濟現象，完全不是錯誤的預期假以時日造成的結果。穆斯認為複雜的經濟系統本質上就是會以週期表現回應外來衝擊（就像很重的石頭掉落在床墊上時，床墊呈現的動態那樣），即使未受干擾的系統並無固有的週期行為。穆斯指出，如果做統計分析，我們沒有真正的理由偏好蛛網模型而非理性預期模型。整體而言，農夫對於要生產多少有理性的預期。他們是經濟人（*Homo economicus*），也就是完全理性的人，至少根據經濟學的定義是這樣。

穆斯的理性預期理論是一種反理論（antitheory）。該理論基於三個前提：「（1）資訊是珍貴的，而經濟體系一般不會浪費資訊。（2）預期形成的方式具體取決於描述經濟的相關系統的結構。（3）除非是基於內線消息，『公開預測』（public prediction）對經濟體系之運作並無重大影響。」[38]

這些見解精神上顯然與效率市場假說有關。根據穆斯的反理論，其他經濟理論的預測能力幾乎是無用的，但也不完全無用。穆斯戲稱，理性預期「不同於直指經濟學的邊際生產收益是零」，但這只是因為相對於整個市場，個體所做的預期較差。

穆斯的理性預期論文在 1961 年堪稱相當激進，經濟學界起初不大知道該如何評價它。龐斯（William Pounds）是穆斯在 GSIA 的老同事，1966 年成為麻省理工史隆管理學院院長，他確信穆斯寫那篇論文是在開一個古怪的玩笑。「我深信穆斯是在取笑經濟學界。」[39] 賽蒙是 GSIA 最受尊崇的教授之一（雖然不無爭議），他後來擁護穆

斯的發現，儘管他的有限理性論與理性預期截然不同：「穆斯提出這理論顯然值得榮獲諾貝爾獎，雖然我不認為它正確地描述了現實世界。嚴格而言不正確的見解，有時可以具有重大的科學意義。」[40]

經濟學界不是追求名氣和榮譽的人會想進入的領域；不過，儘管穆斯提出了重要的理論，他甚至在自己的業界也默默無聞。穆斯的論文確實並未非常清楚地說明他自己的理論，而穆斯也並未致力推廣它，但他理應因此獲得更多賞識。現實卻是穆斯 1964 年離開卡內基美隆，轉到密西根州立大學，後來再轉到印第安納大學。將穆斯的理論發揚光大並在此過程中改變了經濟學界的人，是卡內基美隆 GSIA 另一位教授盧卡斯（Robert Lucas）。故事在這裡戲劇性地擴大，因為在 1970 年代，盧卡斯擴大應用理性預期論，遠遠超出它原本的產業規劃脈絡，創造出一套大理論，可替代偉大的英國經濟學家凱因斯所創、人們普遍接受的總體經濟理論。[41]

總體經濟學視經濟為一個完整體系加以研究。因為經濟體是自足系統（我花的錢落入某個人的口袋，後者拿這些錢向其他人購買商品，依此類推），研究個別市場產生的洞見往往不適用於整個經濟體。總體經濟學有個存在已久的理論名為菲利浦曲線（Phillips Curve），它闡述失業率與通膨率之間的關係。該理論不難解釋：高失業率時期通常伴隨著低通膨率，低失業率時期通常伴隨著高通膨率。菲利浦曲線提醒政策制定者：政府政策壓低失業率是以推高通膨率為代價，政策壓低通膨率則是以推高失業率為代價；政府調整這兩個指標的其中一個，另一個就成為問題。

但在 1970 年代，菲利浦曲線遇到了嚴重問題：它失效了。美國同時出現高失業率和高通膨率。政策制定者甚至發明了「滯脹」

（stagflation）這個新名詞來描述這種情況。此外，聯邦準備理事會傳統的凱因斯式政策看來不能解決問題。

在 1976 年，盧卡斯以穆斯的理性預期框架為起點，提出菲利浦曲線並非一種因果關係的見解。他指出，如果經濟體中的個體有理性預期，旨在壓低失業率但推高通膨率的政府政策，可能無法產生政策制定者期望的效果。尤其是如果企業預期政府的干預推高通膨率，它們將立即將此因素納入它們的規劃中，結果將出現新的均衡狀態，但失業率可能完全不會降低。

此番見解被稱為「盧卡斯批判」，對凱因斯總體經濟學及其政策制定效用幾乎是致命的一擊。盧卡斯批判似乎解釋了為何政府政策在滯脹時期既未能壓低失業率，也無法壓低通膨率。在隨後數十年間，盧卡斯及其學生支配了總體經濟學這個領域，而理性預期則獲學術界、央行官員以至許多監理官員和政策制定者奉為新的正統理論。

因為他在理性預期方面的研究，盧卡斯 1995 年榮獲諾貝爾經濟學獎。隨後這一派還有四名學者榮獲諾貝爾經濟學獎，他們連同盧卡斯以經濟人（完全理性的經濟人）的形象重塑了現代總體經濟學。[42]

穆斯的情況又如何？儘管理性預期論大獲成功，很少人知道穆斯這個人。在 1980 年代初一次有關理性預期革命的訪談中，盧卡斯被問到當代人不夠重視穆斯原本那篇論文的問題。盧卡斯對此感到困惑。「我們當然知道這篇論文。穆斯當時是我們的同事。我們真的不覺得它重要……或許他因為沒人注意它而感到沮喪。你寫出那麼激進的論文，然後有人拍拍你的頭說『好有趣』，然後什麼事都沒發

生，這應該是很特別的經驗吧。」[43]

　　穆斯後來在印第安納大學也一直默默無聞；他在那裡教運營管理，直到 2005 年去世。

效率市場之應用

　　我們已經看到效率市場假說和相關的理性預期論如何成為經濟學中最重要的範式。如果人類如此理性，如果群眾如此有智慧，如果市場如此有效率，我們似乎應該能夠利用這種力量做其他事。在馬隆尼與穆希林有關挑戰者號爆炸的分析中，我們已經看到，紐約證交所蒐集資訊的能力非常驚人。或許在理論上，我們可以駕馭這種驚人的力量，將市場當成新聞聚合器（news aggregator）加超級電腦利用。

　　事實上，現實中已經有這種市場。它們被稱為預測市場（prediction markets），因為它們的功能恰恰是作出預測。預測市場的結構非常簡單：它們只需要創造出一種金融證券，在特定的未來事件發生時支付 1 元，事件沒發生則什麼都不付。拜群眾的智慧和效率市場的力量所賜，這種證券的市價反映市場對特定未來事件發生的可能性之評估。

　　舉個例子，假設有檔證券是在波士頓紅襪隊贏得美國職棒世界大賽時支付 1 元，在其他情況下則什麼都不付。如果該證券的價格是 1 元，這意味著市場認為紅襪隊必將贏得世界大賽，價格是零則意味著市場認為此事不可能發生，價格介於零與 1 元之間可視為紅襪隊有可能贏得世界大賽——該證券的現價反映市場眼下對此事發

生的可能性之評估。

　　這種市場反映的機率不同於抽象的數學機率：它們非常實在，涉及實實在在的金錢。基於金錢邏輯的力量，你的預測越準確，職棒賽季結束時你將賺到越多錢；因此，群眾中每一個人都大有理由明智行事。如果效率市場假說成立，市場價格將充分反映群眾中所有可得的資訊。這真是蒐集資訊的極佳方式。而且應用範圍並非僅限於紅襪隊贏得世界大賽的可能性；想像一下，我們可以創立預測市場，蒐集有關恐怖主義事件、流感爆發、核危機和總統選舉的資訊。

　　這聽起來或許有點科幻，但在現代民調技術面世前，美國在19世紀至20世紀初便廣泛利用預測市場預測選舉結果。[44] 羅德（Paul W. Rhode）和史壯夫（Koleman Strumpf）記錄了這些早期原型——它們是利用標準化合約押注的市場。這種市場因為非常流行，美國的大報在選舉季進入熱絡階段期間，會刊出每天的市價。在1920和1930年代，「投注專員」（betting commissioners）組成的專業公司在華爾街設立辦公室運作。

　　當年人們普遍認為預測市場產生有關總統選舉形勢最準確的資訊，而且通常遠在投票日之前就能預測出贏家。即使在最不尋常的1916年總統選舉中（休斯〔Charles Evans Hughes〕挑戰尋求連任的威爾遜總統），預測市場顯示，兩位候選人的差距在投票日傍晚之前已縮窄至大致平手；考慮到美國在1916年甚至還沒有商業電台，這實在是非常突出的表現。

　　《紐約時報》在1924年的大選之後寫道：「總統選舉最可靠的預測者是華爾街。總統競選最後兩週期間的押注賠率，幾乎總是在投

票日證實是合理的。原因很簡單：華爾街賠率反映一大群人極其公正的判斷；這些人拿出真金白銀，極度冷靜地判斷柯立芝與戴維斯〔美國 1924 年總統選舉中的兩位主要候選人〕的勝出機會，就像他們判斷蟒蛇銅礦和伯利恆鋼鐵的獲利前景那樣。」[45]

網路時代來臨之後，預測市場有所復興。愛荷華電子市場（Iowa Electronic Markets，前身為愛荷華總統選舉預測市場〔Iowa Presidential Stock Market〕）可能是最著名的研究預測市場，可追溯至 1988 年的美國總統選舉，[46] 但商業預測市場也已經流行起來。許多此類市場的表現可媲美或優於傳統的預測方法；例如在 2010 年仲夏，愛荷華電子市場正確地預測到很少人預期的情況：共和黨將掌控眾議院，但民主黨將繼續控制參議院。

另一方面，在某些惡意特別強烈的政治競賽中（例如 2012 年的美國總統選舉），有些人試圖操縱預測市場，以求替他們支持的候選人贏得「動能」，就像不擇手段的交易員試圖以某些手段推高「水餃股」的價格那樣。雖然這實際上無法影響選舉結果（至少因為這些市場規模相當小），這種做法在預測市場自我修正之前，確實短暫損害了其效用。不過，預測比較準的人最終還是賺到較多錢（代價由市場操縱者承受），一如效率市場假說的預測。

但預測市場只是效率市場假說的一種可能應用。我與前麻省理工同事、行銷學教授達漢（Ely Dahan）某次閒聊，結果發現一種意想不到的應用。達漢告訴我，他剛完成一篇論文，內容是如何根據消費者調查結果進行複雜的計算，藉此推斷消費者對不同款式的自行車打氣筒的偏好。調查研究是行銷的必要作業，而抽取一個具代表性的消費者樣本是非常複雜和成本高昂的。

　　我因為是專門研究金融市場的經濟學家，提出了可預料的建議：「你是否可以換一種做法：設立一個人為的市場，以市場參與者可以買賣的證券代表不同的打氣筒，然後看哪一檔證券最終價格最高？」我的構想是安排學生在我們的史隆交易實驗室（Sloan Trading Lab）買賣虛構的自行車打氣筒業者的股票——該實驗室是一個大型的電腦實驗室，配有產業級交易設備，包括電話系統、電腦螢幕和數據來源；學生可以在這裡彼此買賣虛構的證券，作為我們的資產評價和風險管控課程的部分活動。

　　達漢對此有懷疑，而他大有道理。預測市場根據未來事件的結果，向預測準確者支付真金白銀。在我的構想中，錢不是問題（我們可以在交易實驗室設立輸贏不大的預測市場），但這個實驗沒有具體的事件可以作為輸贏的根據——不像其他預測市場，可以看紅襪隊是否贏得職棒世界大賽或哪一名候選人贏得總統選舉。

　　除了我身為金融經濟學家的自然傾向外，我對我的構想有信心是因為兩個原因。第一個是當時的科技股泡沫，它在達漢和我 1999 年首次談到這件事時尚未破滅。網路公司即使沒有營收、盈利或資產，股票市場仍然可以評估其價值並買賣其股票。如果股市可以替這些「概念」公司的股票定出價格，股市應該可以評估出幾乎任何東西的價值。而如果股市可以評估出概念公司的價值，為什麼不能評估出概念本身的價值？

　　我對市場有信心的第二個原因，是我與麻省理工大腦與認知科學系教授波吉（Tommy Poggio）和兩名優秀學生 Nicholas Chan 與 Adlar Kim 曾針對人為市場做過一些相關研究。我們四人利用採用非常簡單交易策略的演算法交易員，做金融市場的電腦模擬，產生我

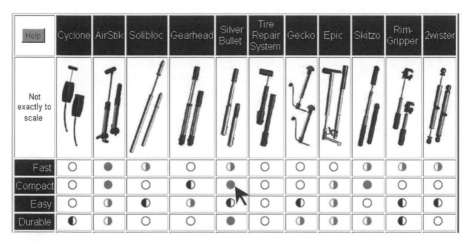

圖 1.5 概念證券交易應用在消費者對 11 款自行車打氣筒的偏好上。資料來源：
Dahan et al. (2011)

們在紐約證交所觀察到的許多形態。我們對市場在我們的模擬交易
員之間取得和整合資訊的能力印象深刻。由此看來，如果我們認為
在實驗室環境下設立一個簡單的股票市場，由人類互相買賣一些概
念也是可行的，應該不是離譜的想法。

　　我們決定與達漢合作測試這種構想。我們的做法很簡單：我們
設計了一個非常基本的網頁式交易螢幕，讓實驗參與者買賣 11 家虛
構公司的股票，每家公司代表一款自行車打氣筒（圖 1.5）。達漢已
經藉由非常詳細的問卷調查、焦點小組訪談、計量經濟分析和其他
費時耗錢的市場研究方法，測量了消費者對這些打氣筒的偏好。至
於實驗參與者，我們利用了學術界最大的自然資源：學生。

　　圖 1.6 是我們為這個實驗建立的交易網站的一個螢幕截圖，我們
稱該實驗為「概念證券交易」（Securities Trading of Concepts）。我們

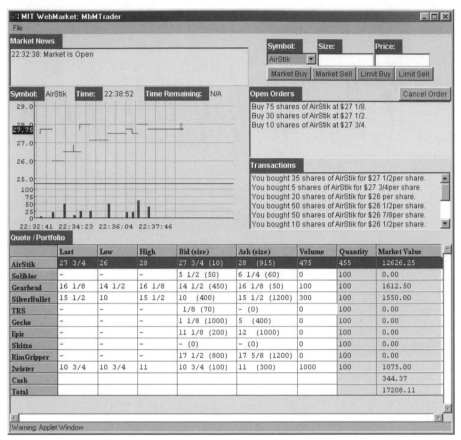

圖 1.6 概念證券交易的交易螢幕。資料來源：Dahan et al. (2011)

一開始為每一名實驗參與者提供每一家公司相同數量的股票和相同
金額的實驗室內部使用現金，以便這些新進交易員處於相同的起跑
線上。然後在我們喊一聲「開始」之後，參與實驗的學生有約五分
鐘時間盡可能賺最多的錢。我們送禮券給那些在這段短暫但劇烈的
交易時間中賺到最多錢的學生。

　　我們的發現相當驚人。交易開始兩三分鐘之後，交易系統中的
市價已經清楚地替產品排出名次。我們的概念證券交易僅利用 28 名

學生，花總共 10 分鐘時間爭奪價值數百美元的禮券，結果產生的產品排名與傳統消費者調查產生的排名有高達約 85% 的相關性（完美的相關性為 100%）。相對之下，標準的消費者調查通常需要數百人參與，成本高達數萬美元（或更高），而整個作業可能需要多個星期才能完成。由此看來，群眾的智慧確實便宜得多，至少如果你能利用市場機制獲取這種智慧的話。

我們對自行車打氣筒實驗如此成功感到非常意外，起初不敢相信實驗結果。我們找來新的參與者重做實驗，得出相同的形態。隨後十年間，我們針對其他消費品（例如汽車、筆記型電腦包、電玩系統）做類似實驗，結果每次都發現，概念交易提供的資訊與成本高得多的測量消費者偏好的方法非常相似。最後我們累積了足夠多的實驗結果，確定我們並非只是幸運，於是在 2011 年將我們的發現發表於《行銷研究期刊》（*Journal of Marketing Research*）。[47]

因為這些經驗，我知道效率市場假說並非只是不切實際的學術理論。群眾的智慧確實存在，而拜薩繆爾森、法瑪、穆斯、盧卡斯和許多其他經濟學家所賜，我們如今明白市場如何提供這種智慧。有效率的市場是整合資訊非常有力和實用的工具，能比所有已知的其他方法更快和更便宜地做到這件事。市場實際上就像一部巨大的超級電腦，而該電腦各部分由我們所知的最聰明的計算機 —— 人腦——組成。

藉由效率市場的力量，我們蒐集和我們的未來有關的所有資訊，預料我們環境中的所有潛在變化，而我們的預期是理性的，價格則充分反映所有可得的資訊。拜效率市場所賜，人類已經遠遠超越利用簡單石器、穴居和狩獵採集的社會——這種說法誇張嗎？我

認為不誇張。就許多方面而言，智人在過去數千年間已經自我改造為理性的經濟人，而現代金融市場大有可能是直立行走或對生拇指的當代版本。

　　那麼，經濟人的成員該如何理解 1980 和 1990 年代的存貸危機、網路泡沫、2008 年的金融危機，以及我們每天都做的各種愚蠢的財務決定？

第 2 章

如果你那麼聰明，為什麼卻沒錢？

桑默斯某次就課徵證券交易稅的問題演講之後，一名惱怒的投資銀行業者問他：「如果你那麼聰明，為什麼卻沒錢？」桑默斯立即反擊：「我也想問你：『如果你那麼有錢，為什麼卻不聰明？』」

否定隨機漫步論

　　1986 年秋，我在賓州大學華頓商學院第二年擔任金融學助理教授時，接獲演講邀請。這是我第一次收到這種邀請，演講場合是美國國家經濟研究局（NBER）每年舉行的一個著名會議。我同意在這次會議上演講時，完全沒想到這是替自己挖坑。

　　每個專業都有它古怪之處。對一名新博士和年輕的大學教師來說，接獲 NBER 的邀請是天大的事。NBER 的會議是全美各大學志趣相投的經濟學家的重要聚會。年輕教師尚未獲得享有工作保障的終身教職，他們在 NBER 的首次演講有如意義重大的成年禮。他們向學界同儕簡短介紹自己的原創研究，然後大會指定的「評論人」（discussant）——通常是同一領域比較資深的學者——上台提出評論和批判，最後開放現場觀眾提問。這實際上如同我的大聯盟甄試。

　　這種甄試順利的話有如迷人的新人亮相派對，不幸的話則像失控的兄弟會新人凌辱儀式。如果在 NBER 的會議上表現出色，你幾乎已經替自己在重要大學取得終身教職鋪好了路；但如果失敗了，你可能被迫積極聯繫華爾街的獵頭公司——這並不可恥，但如果你渴望過相對優雅的學者生活，這確實是重大挫折。

　　我們的會議會使一般外行人昏昏欲睡，這是經濟學被稱為「憂鬱科學」的另一原因。而雖然我們的會議可能散發學術和友好氣息，衝突與爭論少得像冥想靜修活動，但學者教養的表面之下是局內人才能充分體會的激情。在典型的學者心理狀態中，缺乏安全感、嫉妒、好鬥、厚顏、愛出風頭、自戀和報復心強全都是重要特徵。而教授往往具有極強的競爭心。一項有關各行業中男性平均睪

丸酮水準的著名研究顯示，演員和美式足球聯盟球員的睪丸酮水準最高，其次是醫師，而教授居第四位，高於消防員和推銷員。[1]

　　學術界吸引競爭心如此強的人投入，原因很簡單：學術工作很重要的一部分，就是證明自己在同儕中智慧出眾。要做到這一點，最常見的兩種方法是提出自己的偉大見解，又或者摧毀別人的偉大見解。當然，要在學術階梯上向上爬，前者是比較好的方法；但如果你能指出著名學者學術工作上的重大缺失、成功動搖現狀，你也可以在學術界爬到較高的位置。

　　但是，挑戰同儕必須做得很有技巧，就像雷射手術那樣精準、不見血和不留疤痕。僅僅指出別人的缺失是不夠的；如果做得粗魯，可能予人笨拙的印象，甚至使人覺得批評者處境非常窘迫。批評必須是溫文爾雅、彬彬有禮的：先講客套話，例如「某教授這篇論文刺激思考，我看得津津有味，但是……」，然後才讓鐵錘打下來。做得好的話，人們會覺得你的批評比你所批評的更聰明、更有見地，而你的批評對象原本得到的敬重將轉移到你身上。國王已死；新王萬歲。

　　我們來看 1950 年代一場語言學會議發生的事。演講者是牛津大學著名哲學家約翰・奧斯丁（J. L. Austin），他提出了以下奇特觀察：在多數現代語言中，雙重否定可以表達肯定的意義（例如「我並非不喜歡香蕉」可以指「我喜歡香蕉」），但沒有一種語言會以雙重肯定表達否定的意思。接著他以很好的口才闡述了此一經驗事實的各種語言學涵義，並得意洋洋地談論了基於此一事實的未來研究方向，然後邀請現場觀眾提問。率先獲得發言機會的是哥倫比亞大學同樣傑出的哲學家摩根貝沙（Sidney Morgenbesser），他以戲謔的

口氣說出「是啊，是啊」，徹底破壞了奧斯丁的演講。

摩根貝沙一舉證明了兩件事：奧斯丁的說法有致命的缺陷；他能當場提出如此巧妙的反駁，實在是才華出眾。[2]

1986 年我在準備我的 NBER 演講時，對這一切毫無所知。當時我剛和我的同事、華頓商學院另一名助理教授麥金利（Craig MacKinlay）合寫了一篇論文。我們剛完成針對巴舍利耶隨機漫步假說（隨著時間的推移，股市價格的波動是不可預料的）的一項新統計檢定。我們打算利用 NBER 的會議，向同儕證明我們作為金融經濟學家的數學能力。當時金融學已被高度數學化的模型和方法支配了五十年，而麥金利和我非常希望參與這個豐富的傳統。我們完全沒想到我們即將挑戰整個金融學界。

除了第 1 章提到的 FFJR 利用的股票分割那種罕見的例外情況，經濟學研究無法做對照實驗，檢驗經濟學理論因此比檢驗自然科學理論麻煩得多。統計檢定是我們退而求其次的方法。我們假定某個假設成立（科學家稱該假設為「虛無假設」），然後問自己這問題：倘若該假設成立，我們有多大的機率看到實際發生的事？如果答案是「機率極低」，我們可以認定虛無假設不合理，應該否定它。不過，我們通常需要很多觀察才能得出這種結論。這正是這種方法稱為「統計」檢定的原因。

新的科學結果多數利用了方法上的創新（照理說，如果不是這樣，該結果應該已經有人發現了），而我們針對隨機漫步假說的新檢定也不例外。我們利用了有關隨機漫步的一個深奧數學事實：波動範圍與開始和結束之間的時間成比例；時間越長，波動範圍越大。[3]這是符合直覺的。想想那個不幸被截查的醉酒司機：他在警察注視

下腳步蹣跚，努力走出直線；平均而言，他在兩分鐘內偏離直線的幅度，是他在一分鐘內出現的幅度的兩倍。講得精確點，如果你測量 10 天的隨機漫步變異數（「變異數」是精確測量這種波動的數學指標），它將是 1 天隨機漫步變異數的 10 倍。

這在金融學上意味著什麼？自從馬可維茲 1952 年提出投資組合論以來，多數投資人認為一檔股票的價格變異數代表該股的風險。換句話說，一檔股票在市場中的波動越是混亂無序，其風險越大。但對長期投資人來說，股價的「醉酒」漫步衍生出一個令人清醒的結論：如果股價真的像隨機漫步那樣波動，根據變異數的數學，投資風險將緊隨投資期延長而增加。[4]

我們針對隨機漫步假說的檢定正是檢驗上述關係：兩週的股票投資報酬變異數，是否正如隨機漫步論所講，正是一週投資報酬變異數的兩倍？我們採用真實的數據做這項檢定，用了一個具廣泛代表性的美國股市指數 1962 年 9 月 6 日至 1985 年 12 月 26 日、超過二十年的數據。

結果令我們難以置信。

我們的結果顯示，兩週報酬的變異數是一週報酬變異數的三倍，而不是隨機漫步論所預測的兩倍。這就像隨著時間的過去，那個倒霉的醉酒司機醉得愈來愈厲害。而且這種結果絕非僥倖。如果股價真的隨機波動，我們觀察到這種結果的可能性有多大？這正是統計的力量發揮作用的時候。根據我們的計算，我們的結果完全隨機發生的機率約為 100 兆分之 3。[5]這真的不大可能發生——你今年在美國被閃電擊中的機率（根據美國國家氣象局的資料，機率為 775,000 分之一），比這大 4,000 萬倍左右。

我們的結果暗示，打敗大盤是有可能的，但麥金利和我並未因此立即額手稱慶。我們的第一個念頭是：「我們是否犯了程式設計錯誤？」我們各自從頭編寫程式。而且重寫了兩次。但我們每次都得出相同結果。如果我們當時有更多時間深思這些結果的涵義，我們很可能不會在 NBER 會議上報告這篇論文，但我們當時有時間壓力。我們把論文草稿寄給評論人；他是非常資深和受敬重的金融經濟學家，因為在這領域有豐富的研究經驗，獲會議組織者選為這次演講的評論人。

會議順利展開。麥金利和我決定由我上台演講，他留在觀眾席上予我精神支持。我先報告我們的數學分析，然後在我預定時段的最後幾分鐘報告了檢定結果（見表 2.1）。

我講完後，輪到評論人上台。他遵照傳統，先講客套話：「羅教授和麥金利教授這篇論文刺激思考，我看得津津有味」。然後他的鐵錘便打了下來：「但是……」

現在的評論人幾乎不可能講我們當年那位評論人所講的話，因為那種話很可能導致演講者與評論人嚴重衝突。那一天我們的評論人冷靜自信地斷言：「兩位作者必定是在他們的實證計算中犯了程式設計錯誤，因為這些結果意味著美國股市中有巨大的獲利機會。」

要羞辱會議演講者有很多方法，指責他們犯了程式設計錯誤是特別嚴重的羞辱，如同以粗話問候他們的母親。在這種場合，我們除了說「不對，我們沒有犯這種錯誤！」外，沒有其他方法反駁。在此情況下，爭論便取決於雙方的信譽。我們只是兩名助理教授，在學術界仍是菜鳥，沒有名譽可言；因此，當時的強弱對比，有如前拳王泰森（Mike Tyson）在擂台上對上他的按摩師。

表 2.1

隨機漫步假說的變異數比率檢定，以等值權重和市值加權的美國股市指數 1962 年 9 月 6 日至 1985 年 12 月 26 日間的週報酬計算

時段	基本觀測 數目 nq	結合以形成變異數比率的基本觀測數目 q			
		2	4	8	16
A. 等值權重的 CRSP 紐約與美國證交所指數					
1962 年 9 月 6 日至	1216	1.30	1.64	1.94	2.05
1985 年 12 月 26 日		(7.51)*	(8.87)*	(8.48)*	(6.59)*
1962 年 9 月 6 日至	608	1.31	1.62	1.92	2.09
1974 年 5 月 1 日		(5.38)*	(6.03)*	(5.76)*	(4.77)*
1974 年 5 月 2 日	608	1.28	1.65	1.93	1.91
至 1985 年 12 月 26 日		(5.32)*	(6.52)*	(6.13)*	(4.17)*
B. 市值加權的 CRSP 紐約與美國證交所指數					
1962 年 9 月 6 日至	1216	1.08	1.16	1.22	1.22
1985 年 12 月 26 日		(2.33)*	(2.31)*	(2.07)*	(1.38)
1962 年 9 月 6 日至	608	1.15	1.22	1.27	1.32
1974 年 5 月 1 日		(2.89)*	(2.28)*	(1.79)	(1.46)
1974 年 5 月 2 日	608	1.05	1.12	1.18	1.10
至 1985 年 12 月 26 日		(0.92)	(1.28)	(1.24)	(0.46)

資料來源：Lo and MacKinlay (1988)

　　事情還沒完。我們的評論人落井下石，進一步說明我們的結果對預測股價的涵義——就像我們沒想過（或甚至是沒能力思考）這問題似的。他的結論是我們的結果不可能是真的：這種可預測性不可能存在，否則早就應該有人發現了——這是效率市場學派一再講的那種話。如果將學術語言翻譯成大白話，他實際上是說：「如果你們那麼聰明，為什麼卻沒錢？」

　　我無言以對。在我當時仍然短暫的學術生涯中，我不曾受到這種差辱。如果我臉皮夠厚（而且已經取得終身教職），我當時應該仿效經濟學家桑默斯（Lawrence Summers）。桑默斯某次就課徵證券交易稅的問題演講之後，一名惱怒的投資銀行業者問他：「如果你那麼聰明，為什麼卻沒錢？」桑默斯立即反擊：「我也想問你：『如果你那麼有錢，為什麼卻不聰明？』」

　　但我當然沒說這種話。我只是說：「不對，我們沒犯任何程式設計錯誤。」然後我望向麥金利，看他是否有話要補充。他因為憤怒，臉漲得通紅，嘴唇顫抖，重申我們沒犯程式設計錯誤。其他與會者努力理解剛發生的事，現場一片沉默，氣氛令人非常不舒服。

　　數名同事會後對我們受到這種不合理的打擊表達慰問。認識我們的人表示，我們很可能是對的。但是，我們等了數週，才有一些其他與會者告訴我們：因為受當天會議的火花刺激，他們決定利用同一資料集重做我們的檢定，結果證實我們是對的。

　　正如我們斷定，我們的結果經得起學界的檢驗。我們的論文最終發表於一份新創的學術期刊上，後來還得獎。[6] 幾個月後，我們甚至收到評論人的信；他在信中承認我們的發現有重大意義——在學術這一行，這是我們能期望的最接近道歉的東西了。誰會想到金融學術工作可以這麼刺激呢？

風險 vs. 不確定性和艾斯伯格矛盾

　　在我們的論文中，麥金利和我無意中觸及經濟學的一個禁忌：我們質疑經濟理性的假設，也就是質疑經濟人已成為人類中最重要

的種類這假設。不過，在麥金利和我否定隨機漫步假說之際，另一群學者忙著從截然不同的方向否定市場理性論。這群學者從不曾假定人是理性的。他們因為看過聰明人在太多實驗中做出非常不智的決定，因此認為經濟人假設只是一廂情願的經濟學觀點。

這些異端者構成行為學派。他們有些是心理學家，有些甚至自稱是經濟學家，但他們全都是正統經濟學的局外人。他們的研究揭露了人類決策中隨處可見的不理性行為，從中可以看到一些一致的新形式。這些行為不但不理性，還往往顯然不利於當事人的經濟福祉。

行為學派認為，投資人行為模型若是仰賴個體會做出理性選擇這假設，則必然完全錯誤——效率市場假說尤其如此。群眾的智慧有賴個別投資人的錯誤互相抵銷。但是，如果我們全都出現以相同方式一貫不理性的特定行為模式，個體的錯誤有時不會互相抵銷。例如浴室的體重計若是失準、必然給出偏高的讀數，你用它多稱幾次體重並計算讀數的平均值，並不能得到比較準確的體重數。就投資行為而言，個體的不理性行為是可以互相加重的，結果可能是暴民的瘋狂取代了群眾的智慧。麥金利和我的發現（隨機漫步論不成立），就是這種瘋狂的表現之一。但它還有許多其他表現。

市場理性的正統觀點開始動搖，與事關重大的冷戰有關。蘭德公司（RAND）是總部設在加州聖塔莫尼卡的傳奇（有些人會說是惡名昭彰）智庫。蘭德創立於 1948 年，旨在維持二戰時期美國建立的科研與軍事規劃的緊密關係。[7] 作為美國領先的技術研究機構，蘭德吸引了許多科學領域「最出色的」學者加入（總部附近的一些加州海灘應該也有助蘭德招攬人才），安排他們研究冷戰最迫切的問

題。蘭德特地在其科研人才中納入經濟學家：事實上，歷年來有 22 位諾貝爾經濟學獎得主曾在蘭德工作。

　　蘭德曾雇用的優秀年輕經濟學家之一，是不同凡響的艾斯柏格（Daniel Ellsberg）。艾斯柏格曾是美國海軍陸戰隊連長，他以最優等的成績從哈佛畢業後自願加入海軍陸戰隊，服役期滿後回到哈佛從事研究工作。指揮問題和日趨緊張的冷戰刺激了艾斯柏格的學術興趣。擔任哈佛研究員期間，艾斯柏格在波士頓公共圖書館為大眾做系列演講，主題是冷戰時期不確定情況下的政治決策。該系列演講被戲劇性地稱為「強制的藝術」（The Art of Coercion），由公共廣播電台 WGBH 播出，奠定了艾斯柏格作為新銳理論家和公共知識分子的聲望。[8]

　　雖然著作不多而且未完成博士學位，艾斯柏格學者加軍人的經驗組合使蘭德公司無法抗拒。1959 年，蘭德聘請了艾斯柏格，而他很快便埋首於核戰戰略規劃的細節。在那種溫室環境中，艾斯柏格常常口若懸河，喜歡在研討會上或對著同事高談闊論，但一些同事對此頗不耐煩，敦促他以學術風格寫出他的見解。他後來終於寫出〈風險、含糊性與薩維奇公理〉（Risk, Ambiguity, and the Savage Axioms）這篇簡短但傑出的論文，成為他拖延已久的哈佛博士論文的核心部分。[9]艾斯柏格以一個簡單明瞭的思想實驗，指出其他理論家在理解風險上的一個重大缺陷。我每年教企管碩士管理財務學（Managerial Finance）時，都向學生講解這個思想實驗，效果非常好。

　　想像這樣一個遊戲。賭場一張桌子上有一個美觀的銅甕，裡面有 100 顆球，50 顆是紅色的，50 顆是黑色的。你被要求選一種顏色。你的選擇會被記下來，但不會透露給任何人。賭場的人隨後從

銅甕裡隨機抽出一顆球，如果這顆球的顏色就是你選擇的顏色，你將贏得 10,000 美元。如果不是，你不會得到任何獎勵。

假設你只能玩這個遊戲一次。你會選什麼顏色？而你願意為了玩這個遊戲付出多少錢？我問我的企管碩士學生時，起初他們通常略為傾向選擇紅色（事實證明紅色在心理上比黑色更有吸引力，至少在美國是這樣），但很快就會有學生大聲表示，選什麼顏色其實沒差別，因為勝出機會都是一半——這當然是對的。我問學生願意為了玩這個遊戲付出多少錢時，許多學生的出價略低於 5,000 美元，也就是略低於這個遊戲的獎勵期望值（你有一半機會得到 10,000 美元，一半機會得到 0 元，平均值因此是 5,000 美元）。

現在想像我們玩同一個遊戲，但這一次銅甕裡的 100 顆球顏色比例不明：可能是 100 顆黑球，可能是 100 顆紅球，也可能是兩者之間的任何一個紅黑比例。假設遊戲規則完全不變，只是改用這個銅甕。

我要求企管碩士學生出價玩這個遊戲時，願意出價的人大幅減少，而且往往只有寥寥幾個出價高於 4,500 美元。我問他們為什麼那麼少人願意出價時，他們毫不猶豫地答道：因為完全不知道勝出機率有多大，他們對於出價玩這個遊戲感到比較不安。這些學生願意承受風險，但如果風險不確定，他們就比較不願意玩。但是，如今在多數字典中，「風險」與「不確定性」是同義詞——既然如此，我們怎麼可能說風險有不確定性呢？

我問那幾個出價高於 4,500 美元的勇敢學生為什麼出價那麼高，他們通常說，在他們看來，勝出機率與之前的遊戲完全相同。但既然我完全沒講紅球黑球比例如何，怎麼可能是這樣呢？有個特別聰

明的學生解釋，紅／黑比例有 101 個可能：100/0、99/1、98/2，依此類推，最後是 1/99 和 0/100。因為她沒有理由認為這 101 種情況的可能性各有不同，她給予它們相同的權重。她計算全部情況的獎勵期望值之平均值，得出 5,000 美元的期望值，與第一個遊戲相同。

　　此時班裡有另外幾名學生大力搖頭表示不同意。我問他們為何不同意時，一名疑心重的學生表示，這種推理方式假定沒有人利用資訊。他說：如果我跟他玩這遊戲，他不是應該假定我將選擇一種可以降低他勝出機率的紅黑球比例嗎？他舉例說，我知道多數人傾向選擇紅色，這是我肯定可以用來對付他的資訊。

　　我答道，沒錯，我可以試著這麼做，但他不是也知道這傾向嗎？既然如此，我怎麼知道他不會做出對我不利的選擇呢？那麼，我知道他知道這傾向，這一點又有何影響？而現在因為我向他解釋了這些情況，他知道了我知道他知道這傾向。依此類推。在這個佈滿鏡子的心理大廳裡，待我們為了智取對方而精疲力盡時，第二個遊戲看來不再那麼明確不同於第一個了。

　　事實上，這兩個遊戲的勝出機率完全相同，都是 50%，而在詳細說明了為何必然如此的所有理由之後，我再次問班上學生：多少人願意付出相同的金額玩這兩個遊戲？即使經過如此徹底的討論，只有幾名學生舉手。我問其他學生為什麼不舉手，他們羞怯地承認，他們就是對這麼做感到不安。

　　這正是這個思想實驗想指出的重點，它如今被稱為「艾斯伯格矛盾」（Ellsberg Paradox），因為它正是源自艾斯伯格那篇重要論文。思想與感覺不同。即使你思想上知道兩個遊戲的勝出機率相同，你對兩者的感覺就是不一樣。人們對於在日常活動中承受風險習以為

常，但如果涉及的風險有不確定之處，他們會立即變得比較審慎和保守。對未知情況的恐懼是最強烈的其中一種恐懼，而我們的自然反應是盡可能遠離那些未知情況（一如我們在本書引言中所見）。這種反應在數學上未必正確，但它是根深柢固的人性反應。事實上，這種反應是如此的根深柢固，以致我可以在一班又一班學生中做同一個實驗，然後非常確定每一年都得到學生相同的反應。你應該自己試做這實驗，看看結果如何。這種行為偏誤預示了有關情緒與理性之間令人驚訝的關係的一個重要見解（第 4 章將探討）。

　　近一個世紀前，經濟學家奈特（Frank Knight）將風險與不確定性的一個有用區別引入經濟學詞典：他將那種可以測量或量化的隨機性稱為「風險」，而不可以測量或量化的隨機性則稱為「不確定性」。[10] 根據奈特的定義，輪盤、21 點和樂透彩券涉及的是風險；在我們的太陽系以外尋找有智慧的生命、尋求以核融合作為新的能源，或與俄羅斯打核戰涉及的是不確定性。（艾斯柏格自己對風險與不確定性的區分，可能導致他在越戰期間，將蘭德公司列為最高機密的「五角大廈文件」洩露給《紐約時報》。）

　　奈特重新定義風險與不確定性，是出於完全務實的原因：他想解釋為什麼有些企業家賺得巨額財富，有些卻拮据到僅能勉強生存。奈特的答案很簡單。在那些涉及奈特風險的產業，業務的隨機性可以測量、也會被測量，而競爭的力量最終將導致超額利潤縮減至零，因為業務將大宗商品化（commoditized）。但是，涉及奈特不確定性的產業（例如利用未證實可行的全新技術的產業）則無法輕易大宗商品化，因為業務的隨機性必定是無法量化的。這種未知的未知數（unknown unknowns）驅使我們多數人離場。但這也正是產

生億萬富翁的環境。很多人會想起祖克柏（Mark Zuckerberg）和臉書。在臉書面世之前，社群媒體在商業上成功的機率有多大？在完全沒有先例或數據的情況下，你如何估算這種機率？人性根本不容許我們對不確定性無動於衷。財富偏愛勇者，而市場價格反映我們規避不確定性的天生傾向。

贏的感覺雖然爽，輸的傷害更痛

風險與不確定性的區別乍看可能顯得微妙，但人類還有更微妙而且根深柢固的心理偏誤。實驗心理學家康納曼（Daniel Kahneman）和特沃斯基（Amos Tversky）都是經濟學的局外人，他們研究這些心理偏誤，成就了自己的事業，而且根本改變了科學家對人類決策過程的看法。康納曼與特沃斯基的合作，是現代史上最偉大的科研夥伴關係之一。兩人的合作緊密到在發表研究成果時，他們會以擲硬幣的方式決定誰當第一作者──這方法非常符合他們的研究焦點：不確定情況下的決策。

特沃斯基和康納曼均曾替以色列國防軍效力，這種經驗決定了他們日後的研究領域。康納曼年輕時協助設計以色列戰鬥單位的人員甄選程序，特沃斯基則是戰爭英雄，1956 年曾救出一名被爆炸裝置纏住的士兵，英勇表現獲得嘉獎。在 1960 年代末耶路撒冷一個研究生研討會上，兩人決定蒐集人類數學判斷出錯的例子，也就是那種大幅偏離「理性」方案的情況。他們明確看到，人類面對結果不確定的經濟抉擇時，會出現奇怪但系統性的行為偏誤。康納曼和特沃斯基開始在實驗環境下檢驗這些系統性偏誤。

　　站在財務的角度，損失厭惡（loss aversion）是這些偏誤中最重要的其中一個。我們做那種結果難料、風險不小的抉擇時，多數人更重視避免損失而非爭取獲利。面對風險時，我們厭惡損失的程度遠大於簡單的數學所預料。損失厭惡在我們的行為中「渾然天成」，以致我們難以察覺。康納曼和特沃斯基在實驗環境下去蕪存菁，冷酷地突顯出這種偏誤。以下這個例子是我略為改編康納曼和特沃斯基在史丹佛做過的一個實驗──我在我的課堂上做這個實驗，而因為我的學生主要是企管碩士生，習慣處理較大的金額，我將實驗中的獎勵提高了幾個數量級。[11]

　　假設你正考慮兩個投資機會，要在 Alfa 和 Bravo 兩家公司中選一家投資。投資 Alfa 肯定能賺 24 萬美元，投資 Bravo 則有點像賭博：有 25% 的機率賺 100 萬美元，75% 的機率賺 0 元。如果你必須選一家，你會選哪一家？在數學上，投資 Bravo 的獲利期望值為 25 萬美元，高於投資 Alfa 的獲利，但這對你可能沒有很大的意義，因為你將得到的獲利是 100 萬美元或 0 元，而不是這個期望值。

　　無論你選哪一家，似乎都談不上對或錯。你選哪一家都不會輸錢，你的選擇只是反映你個人的風險承受能力。

　　在這種情況下，多數人會選擇安全的 Alfa、放棄風險較大的 Bravo，儘管選擇 Bravo 有不小的機會得到顯著較大的獲利。這是說明損失厭惡（一鳥在手勝於二鳥在林）的一個典型例子。自 18 世紀起，我們開始認識這種厭惡，而率先闡述這問題的是偉大的瑞士數學家丹尼爾·白努利（Daniel Bernoulli）。經濟學對此的標準解釋是我們並不直接思考金錢，而是考慮金錢對我們的效用。隨著我們變得比較富有，新增一元對我們的用處略為縮減──這種作用足以使

我們覺得投資 Bravo、享有 25% 的機率獲利 100 萬美元，比不上投資 Alfa、穩賺 24 萬美元。

　　現在來看這主題的變奏。假設有另外兩個投資機會：Charlie 和 Delta 兩家公司。投資 Charlie 肯定會損失 75 萬美元，投資 Delta 則有 25% 的機會損失 0 元，但有 75% 的機會損失 100 萬美元。無論你選擇哪一家公司，期望值都是損失 75 萬美元。你會選哪一家？

　　面對這問題，多數企管碩士學生的反應是可預料的：「謝謝，我們兩家公司都不想投資。」但在現實中，兩害相權取其輕的情況並不罕見：兩個選項都不好，而我們必須選那個沒那麼不好的。那麼，哪一個沒那麼不好？多數人認為是 Delta。被追問原因時，他們通常說：「因為選 Delta 還有機會全身而退，選 Charlie 則肯定會輸錢。」

　　這種選擇出人意表，因為它與我們根據先前經驗所預測的恰恰相反。Delta 的損失期望值與 Charlie 完全一樣，但也含有較大風險──儘管如此，多數人選擇了風險較大的 Delta。他們變成了積極冒險的人，不再是尋求避險的人！不是說「一鳥在手勝於二鳥在林」嗎？面臨損失時，多數人願意為了避免損失而承受大得多的風險，即使承受額外風險並未獲得較高的預期報酬補償。相對於可能在叢林裡被很多根刺刺到，如果在叢林裡也有可能完全不被刺到，多數人顯然更不喜歡確定會被一根刺刺到（雖然只有一根）。

　　學者以外的人為什麼應該關注損失厭惡？因為這種行為偏誤可能造成特別嚴重的財務後果。為明白此中原因，我們來看多數人選擇的 Alfa-Delta 組合。這組合等同這樣一項投資：投資人有 25% 的機率獲利 24 萬美元，75% 的機率損失 76 萬美元（Alfa 肯定將貢獻 24 萬美元的獲利，Delta 有 25% 的機率損失 0 元，在此情況下你將

獲利 24 萬美元；但 Delta 有 75% 的機率損失 100 萬美元，在此情況下抵掉 Alfa 的獲利 24 萬美元，你的淨損失為 76 萬美元）。比較一下不受歡迎的 Bravo-Charlie 組合：它有 25% 的機率獲利 25 萬美元，75% 的機率損失 75 萬美元。相對於多數人選擇的 Alfa-Delta，Bravo-Charlie 的獲利與損失機率相同，但你若獲利，將贏得 25 萬而非 24 萬美元，而你若損失，將損失 75 萬而非 76 萬美元。

換句話說，順境時 Bravo-Charlie 比 Alfa-Delta 多賺 1 萬美元，逆境時則少賠 1 萬美元。事實上，Bravo-Charlie 在數學上等同 Alfa-Delta 加 1 萬美元的現金。現在你還想選擇 Alfa-Delta 嗎？如果是，你應該馬上找我，讓我幫助你達成你的投資目標。理性的人顯然應該選 Bravo-Charlie。如果我們以對比如此鮮明的方式說明這兩個選項，所有人都將選擇 Bravo-Charlie 而非 Alfa-Delta，但也只有在我們以這種框架說明此中利害時才是這樣。

因為記錄這種框架效應和許多偏離理性的人類行為，康納曼 2002 年榮獲諾貝爾經濟學獎，1996 年逝世的特沃斯基未能分享榮耀（諾貝爾獎只頒給在世的人）。這突顯了兩位非經濟學家的傑出研究貢獻。

我必須告訴大家，我的企管碩士學生很討厭這個例子。我證明他們非常不理性之後，馬上就會有人舉手發言。典型的反應是憤怒地表示：「這不公平：你告訴我們 Alfa 和 Bravo 時，並沒有提到 Charlie 和 Delta ！」

我通常告訴他們兩件事。首先，人生是不公平的，你最好現在就習慣。第二，這個例子沒有你可能以為的那麼不自然。在一家跨國組織中（有志氣的企管碩士生多數希望加入這種組織），倫敦辦事

處可能面對 Alfa 或 Bravo 的抉擇，香港辦事處則面對 Charlie 或 Delta 的抉擇。有些抉擇在地方的層面可能無所謂對錯，但在整個集團全球的層面則截然不同，絕對有對錯之分，而我們其實傾向做出錯誤的選擇。

無限注德州撲克、流氓交易員與監理官員

職業賭客早就知道這些事實。撲克是技術和運氣同樣重要的遊戲，但認真的玩家幾乎總是對自己玩撲克的方式設定嚴格的限制，例如限制自己的資金額、彩池規模、一次玩多久，以及輸多少錢就必須離場。關鍵在於他們坐下來玩之前就設定了這些限制，然後在觸及限制時無論自己感覺如何都遵守自定的規則。這些規則全都是為了對抗人性中根深柢固的行為偏誤──這種偏誤會導致你在輸錢時押上全副身家，在運氣正好時拿了錢就跑。

正是因為這種根深柢固的行為偏誤，無限注德州撲克這種遊戲才會如此危險，因此也就非常刺激。在無限注遊戲中，玩家加注時可以將手上所有籌碼全押進去。這麼做的後果可能是災難性的，即使是職業玩家也不例外。全押的誘惑可能極度強烈。例如在電視真人秀《高注撲克》（*High Stakes Poker*）的第四季（相關影片很容易在網路上找到），億萬富翁、太陽馬戲團執行長拉里貝代（Guy Laliberté）與職業賭客本尼曼（David Benyamine）在後者全押之後，創造出一個 1,227,900 美元的彩池。本尼曼緊張地說：「希望這不代表我押上了自己的生命。」但事實當然是他押上了他的生命。幾個非常緊張的時刻過去之後，出現了意料之外的結果：拉里貝代經過協

商，慷慨地容許彩池縮減，讓本尼曼脫離困境，而他自己僅保留
238,900 美元。如果你做得到，這實在是不錯的表現。

　　華爾街交易員太了解人性這一面了。新進交易員學到的第一課
是「果斷停損，放手讓利潤擴大」。換句話說，虧損時要抑制自己過
度冒險的傾向，賺錢時則應該抑制自己過度厭惡風險的傾向。這似
乎是簡單的忠告，但要付諸實行卻意外艱難，尤其是在你面對持續
擴大的虧損、承受巨大壓力的時候。

　　由此便講到柯維耶（Jérôme Kerviel）悲哀的故事，他是著名投資
銀行法國興業一名資淺的股票衍生商品交易員。2008 年 1 月，柯維
耶造成法國興業 49 億歐元（當時約值 72 億美元）的交易損失；他
據稱利用他對法興後端作業和會計系統的廣博認識，對上司隱瞞他
的交易損失。法興宣稱，柯維耶 2006 年末開始隱瞞他的交易損失，
當時金額相當小；但事情逾一年後曝光時，他已累積了超過 700 億
美元的未經授權投資，而法興必須承受巨額損失結清這些部位。[12]

　　雖然法興對外詳細說明這名年輕交易員如何得以偷偷建立如此
巨額的部位，柯維耶質疑法興的說法。[13] 不過，這種病態行為背後
的心理不難說明。最初的虧損使欠缺經驗的交易員恐慌起來。他並
未結清部位、為虧損承擔責任，而是選擇了心理上沒那麼痛苦的做
法：他增加押注，希望市場走勢逆轉，助他收復失土。這種菜鳥級
錯誤名為「加倍投入」（doubling down），與「果斷停損」恰恰相
反。不過，加倍投入有時真的有效，此時交易員對自己免於墜入深
淵如釋重負。果真如此，這名交易員便學到了錯誤的教訓，以為面
對虧損時加倍投入是明智的做法。下一次他輸錢時（一定會有下一
次），他再度加倍投入，但這一次他運氣不好，虧損不減反增。怎麼

辦？此時他已無法選擇認賠，因為加倍投入的決定肯定將導致公司炒掉他（後果甚至可能更嚴重）。

他就是這樣跨過盧比孔河，走上不歸路：一名抱著好心但驚慌失措的年輕交易就此變成重罪犯。雖然他知道這是不對的，但他仍選擇了心理上遠沒那麼痛苦的路：盡可能隱瞞虧損，並再度加倍投入，希望上天搭救，屆時一切都將得到寬恕。這種恐慌下的扭曲邏輯會自我強化，而且永無止境。小額虧損就是這樣迅速滾出虧損數十億美元的大災難。柯維耶雖然是造成最大虧損的流氓交易員，但他絕不獨特。他除了有很多前輩，也有後來者，包括阿多波里（Kweku Adoboli；瑞銀，2011 年，虧損 23 億美元）、皮卡諾納奇（Boris Picano-Nacci；法國儲蓄銀行，2008 年，虧損 7.51 億歐元）、陳久霖（中國航油，2005 年，虧損 5.5 億美元）、魯斯納克（John Rusnak；愛爾蘭聯合銀行，2002 年，虧損 6.91 億美元）、濱中泰男（住友商事，1996 年，虧損 26 億美元），以及李森（Nick Leeson；霸菱，1995 年，虧損 8.27 億英鎊）。

損失厭惡的問題並非僅限於交易員和投資人，任何人面對以下這種抉擇都可能出現這問題：眼前有兩條路，一條是承受確定的損失，另一條風險較大，但有可能逃過一劫。甚至連負責金融機構監理工作的人，例如銀行監理官員，也可能承受這種壓力。

銀行監理官員看到一家銀行遇到麻煩時（例如該銀行某些放款已違約），他必須做一個決定：要求該銀行籌措額外的資本，又或者繼續觀望，看銀行問題資產的價值能否回升。對監理官員來說，要求銀行籌措資本是代價高昂的事。銀行的反應總是負面的，而且此舉總是可能導致客戶對銀行喪失信心，有引發擠兌的風險，而擠兌

正是銀行增加資本希望防止的。更糟的是，此舉在事後可能顯得理據不足，導致外界對監理官員的能力失去信心，並使官員所屬的機關在政治上受到抨擊。

這就構成典型的損失厭惡狀況：監理官員採取行動必定會有損失，繼續觀望的風險較大，但有可能避免損失。保持觀望、期待銀行的資產升值以避免代價高昂的監理行動，是另一種形式的加倍投入，而後果也類似。

監理寬容（regulatory forbearance）的現象或許由此而生：監理官員被動或主動配合銀行業者，高估銀行資產的價值以免銀行違反最低資本要求。有些經濟學家宣稱，監理寬容對最近這場金融危機負有部分責任；[14] 他們仔細說明可能促成監理寬容的因素，例如全球監理機關之間的競爭，以及監理的政治經濟環境。[15] 但損失厭惡可說是這當中比較平凡的因素：監理官員如果認定銀行的資產價值已經顯著萎縮，他必將有所損失；如果他維持對銀行資產價值較高的估計，他將承受較大的風險，但這麼做在心理上沒那麼痛苦。雖然有關金融危機之前多年間銀行和其他金融監理官員的行為，我們仍有很多教訓可以吸取，[16] 我們不應排除這種可能：監理官員反應太慢，只是因為他們太人性了。

機率對應與三月瘋

損失厭惡只是特沃斯基和康納曼之類的心理學家發現的許多行為偏誤之一。一如人類的眼睛容易受視錯覺影響，人腦也容易受有關風險和機率的錯覺影響。事情涉及風險時，連簡單的決定也可能

變得艱難。

　　我們可以利用一個我稱為「靈通熱線」（Psychic Hotline）的簡單遊戲，再次說明此一事實。在這遊戲中，你坐下來對著一個電腦螢幕，字母 A 或 B 每隔 60 秒出現在螢幕上。你在字母出現之前預測將出現的字母，按下 A 鍵或 B 鍵代表你的預測。如果猜對了，你可以得到 1 美元，但猜錯了會輸 1 美元。這遊戲將重複很多次，你的累計盈虧因此將有增減，實際情況取決於你的預測有多準。這似乎不是特別吸引人的遊戲，但只要你看過賭客坐下來玩吃角子老虎機，投入一個又一個硬幣，一玩就是幾個小時，你就知道遊戲不必很精彩也能強烈吸引人。這種機器被稱為「獨臂強盜」（one-armed bandits）不是沒有原因的（第 3 章將談到老虎機令人上癮的特質）。

　　玩這遊戲的最佳策略是什麼？答案當然取決於螢幕上的字母如何產生（以及你是否真的有靈通）。例如倘若每次顯示什麼字母是正反面機率相等的擲硬幣結果，則你按 A 鍵或 B 鍵都沒關係，因為無論你按哪一個，猜中的機率都一樣。在這種情況下，結果是不可預料的，你的決定因此不能影響你的累計盈虧——長期而言，你應該不會賺到錢。如果金魚能夠利用防水的鍵盤按 A 鍵或 B 鍵，你的表現應該與金魚差不多。

　　現在假設我們改變遊戲的機率：螢幕上 75% 的時候出現 A，25% 的時候出現 B，但每次出現什麼跟下一次沒有關係，字母出現的次序因此不會有某種整體模式。在這種情況下，你應該怎麼玩這遊戲？

　　簡單的數學就能告訴我們答案：假設沒有人告訴你機率，你玩了幾輪之後，發現 A 出現的頻率顯著高於 B，此後你應該一直按 A

鍵，以便盡可能提高你的累計盈餘。在此情況下，你猜中 A 的機率總是大於猜中 B。

這是正確的答案，但多數人卻不是這麼做。

自 1950 年代以來，實驗心理學家就一再找人做實驗，讓他們面對上述那種處境。[17] 即使簡單的數學就能告訴我們最佳策略，多數人仍會一時選 A、一時選 B，刻意採用一種長期而言賺錢較少的策略（相對於一直選 A 而言）。

更有趣的是，這些人約 75% 的時候按 A 鍵，25% 的時候按 B 鍵；也就是說，他們的選擇對應遊戲中 A 和 B 出現的頻率。為了了解這種形態有多可靠，心理學家在實驗中途將 A 和 B 出現的機率從 75/25 改為 60/40。結果顯示，多數受試者逐漸改變他們的行為以模仿 A 和 B 出現的新頻率。真是太古怪了！這些人會刻意改變行為，改用另一個不理想的策略。但這種行為最奇特之處，在於它並非僅限於人類——科學家發現，靈長類動物、鴿子、魚、蜜蜂和螞蟻都有類似表現。[18]

心理學家將這種行為稱為「機率對應」（probability matching）。機率對應不但有壓倒性的實驗證據，在心理實驗室之外也有現實意義。

例子之一是二戰期間，負責執行對德國轟炸任務的美國陸軍航空軍的機師和機員。[19] 每次出發前，轟炸機機員必須做一個選擇：要背降落傘還是穿上防彈衣？當時的降落傘比現在笨重得多，而在採用克維拉（Kevlar）這種材料之前，防彈衣也非常累贅，因為內層必須縫入鋼板。機員因此不能兩者都穿上身，必須選擇一樣。降落傘是機員在轟炸機被德軍高射砲擊落時逃生所需要的，防彈衣則是

為了保護機員的身體，因為高射砲的高爆彈產生的碎片往往會穿透轟炸機機身。

　　飛行員知道，轟炸機被擊落的可能性顯著低於被高射砲火擊中。他們也知道，每一次轟炸任務應該都與上一次無關，因此無法根據上一次的情況預測新任務出問題的機率。因此，理性的選擇是每一次都穿防彈衣。但這並不是飛行員的選擇。他們實際上有時背降落傘，有時穿防彈衣，兩者的頻率比例與他們被擊落和被高射砲火擊中的機率比例相若──換句話說，他們也出現機率對應的情況。雖然軍中長官對這種行為感到失望，他們無法改變機員的選擇，因為這種可能致命的任務是自願參與的，機員獲准自行決定背降落傘或穿防彈衣。

　　相對之下，第二個例子無傷大雅，最近上了《紐約時報》的版面。[20] 每一年在美國的「三月瘋」（March Madness）期間，數以百萬計的球迷瘋狂投入預測全美大學體育協會（NCAA）男子籃球賽的活動。每一輪最準確的預測贏得該輪的彩金，每年投入這種活動的金錢以十億美元計。事實上，這種活動衍生出「球賽預測學」（bracketology）這門非正式科學。

　　先為不了解情況的讀者說明一下：NCAA 籃球錦標賽由 64 支大學籃球隊打 32 場單淘汰賽，勝出的 32 隊再打 16 場單淘汰賽，依此類推，直到最後一場比賽產生冠軍。64 隊分四個區，每區 16 隊，編排種子，然後由每區種子排名最高的一隊對排名最低的球隊，由排名第二高的球隊對排名倒數第二的球隊，依此類推。比賽場次可以畫出一個樹狀圖，勝出和落敗的球隊有如一棵大樹的樹枝，球迷根據場次表預測哪些球隊晉身下一輪。[21]

照理說，兩支對賽球隊的種子排名相差越大，排名較高的球隊越有可能勝出——經驗顯示這是正確的，雖然偶爾也會爆出令人難忘的冷門結果。因此，如果你想正確預測最多場比賽的結果，每一場都選排名較高的球隊勝出是不錯的策略。球賽預測學甚至不屑地將這種策略稱為「chalk」。

懷俄明大學的麥克雷（Sean M. McCrea）和印第安納大學的赫特（Edward R. Hirt）這兩名心理學家決定研究相對於純粹看排名的chalk 策略，美國人預測 NCAA 籃球賽的表現如何。[22] 麥克雷和赫特不缺數據：ESPN 運動網在其網站上蒐集了 2004 和 2005 年超過 300 萬份球賽預測。兩名心理學家發現，這些人預測勝出球隊的表現不如 chalk 策略（2004 年兩者的準確率為 75.2% 對 87.5%，2005 年則是 72.9% 對 75%），而且他們顯然試圖在預測中模擬爆冷門的機率。這個機率對應的例子賦予「三月瘋」一詞新的含義。

人類作為預測機器

現在你的反應很可能跟我剛讀到這些行為偏誤時一樣：如果我們會被「靈通熱線」這種東西愚弄，人類要不就是地球上最蠢的生物（跟金魚差不多），要不就是因為某些原因而出現這種看似不理性的行為。好在答案是後者，否則就太傷我們自尊了。機率對應和損失厭惡不是完全隨機的表現——以不理性的行為而言，它們都太系統性了

請容我在此概括提出一種解釋（本書隨後章節將較深入探討）：**許多行為偏誤是我們預測未來、事先計劃的天生傾向應用在錯誤的**

情況上造成的。展望未來、事先計劃是我們最強大的能力，也是智人成為地球上支配性物種的主要原因。但是，這些能力的運用方式如果完全超出它們原本的目的，我們就可能做出蠢事。一如大白鯊在沙灘上笨拙掙扎，我們的行為偏誤可能是原本明智但脫離了最相關背景的行為。

毫無疑問，人類往往非常渴望在沒有模式的情況中找到某種模式。如果所處環境含有可預料的元素，我們不難想出簡單的經驗法則來遵循。例如在靈通熱線那遊戲中，假設我們在每次預測錯誤之後都改變我們的預測，也就是在負回饋出現時改變做法，無論我們當時怎麼做。如果螢幕上出現的字母改變了代表進入「新模式」，也就是接下來多數時間出現的將是新的字母（例如原本多數時間出現 A，如今變成多數時間出現 B），則上述法則（每次預測錯誤之後改變預測）的預測成績可能好過一直按 A 鍵。我們可以看到，因為渴望避免得到負回饋，我們的行為可能偏離理性模式，變成比較像機率對應——即使結果其實完全不可預料，而機率對應其實不是理想的做法。

這些尋求與模式對應的法則就是所謂的「捷思法」（heuristics）——該詞是經濟學家賽蒙（Herbert Simon）普及的，而本書稍後將再談到他。捷思法是心理捷徑，並非總是精準，但在多數情況下通常足以幫助我們完成任務。捷思法非常微妙：人類學習捷思法時，也會使用它們。捷思法暗中運作的經典例子之一是「小數法則」（Law of Small Numbers）；這是特沃斯基和康納曼最早的發現之一，是他們 1970 年代初注意到其他心理學家當中的這種行為後發現的。[23] 一如經濟學，心理學仰賴統計檢定來證明研究結果。數

學告訴我們，一個統計樣本中數據點越多，結果正確的可能性越高。另一方面，我們的行為捷思法卻告訴我們，少量數據就夠了。康納曼和特沃斯基發現，即使心理學家非常熟悉統計抽樣的方法，他們仍持續犯錯，高估了小樣本的統計意義。這正是科學家強調「零星事例不算是數據！」的原因之一。即使科學家受過訓練、了解這種偏誤，也可能犯這種錯誤。

特沃斯基和康納曼將小數法則擴展至較廣泛的「代表性」概念。[24] 人們為什麼會在隨機模式中找到規律？他們利用**代表性捷思法**（representativeness heuristic），不假思索地假定一個小樣本可以代表整體。換句話說，他們被他們有限的數據誤導，作出錯誤的預測。

我們暫且回到賭博的世界。許多運氣不好的賭客在看到輪盤或雙骰子（craps）遊戲連續多次出現對自己不利的結果之後，會堅稱遊戲被操縱了。代表性捷思法可以解釋他們的表現。

我們來看另一個思想實驗：一名倔強的賭客在拉斯維加斯正式賭場裡輸了錢之後，在停車場裡與人賭擲硬幣。他看到硬幣連續四次擲出正面之後，堅持認為有人作弊。畢竟公平的硬幣擲出正面和反面的機率都是 50%。這名賭客顯然不知道代表性捷思法。事實上，公平的硬幣略多於 6% 的時候會連續四次擲出正面，而只要擲 20 次，連續四次擲出正面的機率超過 50%。但因為代表性捷思法，許多人希望看到正面反面平均交替出現的結果。他們認為公平的硬幣應交替擲出正面和反面。

人類的認知似乎並未經過適當的調適以便作出正確的機率推論。一如那名惱怒的賭客，許多人對某些方面的機率感到驚訝。著名的「生日問題」是另一個例子。一個派對需要有多少人出席，其

中兩人同一天生日的機率才超過 50％？許多人難以相信這問題的答案。你先猜猜看，再看書末附註中的答案──是不是遠低於你所想的人數？[25] 最常見的猜測是 183 人（也就是 365/2），但這是以下這問題的答案：「一個派對需要有多少人出席，其中一人與你同一天生日的機率才超過 50％？」[26] 但那不是我們的問題。原本的問題與你無關，而從這例子中，我們可以看到人類行為偏誤最常見的原因之一：我們傾向將事情個人化；在某些情況下，這是合理的，但在其他情況下則不合理。

代表性捷思法也解釋了為什麼人們相信有連勝的好手氣──例如股市大師可以接連選出賺大錢的股票，又或者球員在籃球場上有時「手感發燙」。籃球迷和籃球員均相信有手感發燙這種事，也就是相信有時一名球員可以連續展現驚人的投籃命中率，但數學家可能會認為這只是運氣。1985 年，吉洛維奇（Thomas Gilovich）、瓦隆（Robert Vallone）和特沃斯基（這一次沒有康納曼）著手研究是否真有手感發燙這回事。[27] 三位學者獲得接觸費城 76 人隊的空前便利，包括可以訪問教練，而球隊上下所有人都確信不時會有球員手感發燙。

職業運動這領域可以找到大量精心記錄的行為數據，而在這個例子中，費城 76 人隊的統計員記錄了每一名球員在 1980–81 年球季所有費城主場比賽中的每一次三分球投籃。研究結果否定了手感發燙論：他們查遍所有數據，都找不到球員接連投籃特別精準或連續比賽的表現呈現某種模式的跡象，統計檢定也未能找到任何「連續性」跡象。事實上，76 人隊的球員投籃命中之後，下一次投籃的表現很可能略差於上次。

　　為求安全，三位學者也分析了波士頓塞爾提克隊 1980–81 和 1981–82 球季所有的罰球投籃。結果顯示，該隊每一名球員罰球第一投與第二投的表現都沒有顯著的相關性。三位學者最後找來康乃爾大學男子和女子籃球隊的球員做實驗，結果 26 名球員只有一名展現出具統計意義的發燙手感。

　　為了替實驗增添一個經濟面向，康乃爾球員被要求以真錢押注下一球的表現。他們可以押「高」，也就是投入較大額的金錢，代表他們對自己的預測很有信心，也可以押「低」，代表他們對自己的預測信心不大。儘管押上金錢而非只是說說而已，這些球員還是無法預測自己或隊友的投籃表現。

　　三位學者因此得出結論：籃球場上所謂的手感發燙不過是一種認知錯覺，但它是非常有力的錯覺，仍為球員和球迷所相信。吉洛維奇、瓦隆和特沃斯基盡力研究之後可以確定的是，籃球員投籃命中的機率與他之前的表現無關。

　　這故事有個意想不到的轉折。具統計意識的籃球迷經常思考這問題：為什麼他們看到的球場上的發燙手感極少呈現在數據上？他們的推論是各次投籃之間未必互不相關：如果場上有球員手感似乎開始發燙，對手將會因應情況作出調整，加強針對這名球員的防守，迫使他在較困難的情況下作出較難命中的投籃。哈佛大學三名學生 ── 波思克斯基（Andrew Bocskocsky）、伊茲科維茲（John Ezekowitz）和史坦（Carolyn Stein）──建立一個模型，利用 1980 年時尚未面世的技術，分析 NBA 2012–13 年球季的立體光學追蹤數據，以確定每一記投籃（總共超過八萬三千記）的難度。[28] 將投籃難度納入考量後，他們發現 NBA 球員確實有手感發燙這回事。但

是，球員手感發燙時投籃命中機率的增幅非常小，只有 1%。籃球迷是利用小數法則，誇大了一種非常小的作用。

試圖預測**一切事物**這傾向對人類來說是福也是禍。它解釋了人類為什麼在各種極端環境下（從北極圈到月球表面）都能生存，但它也意味著我們有時會賦予可能是隨機和不可預料的事件某種意義。我們對這種我們錯誤賦予的意義作出預設反應時，便可能顯得非常愚蠢，就像一個人在腳趾踢到咖啡桌腳後，因為怒擊桌子而手腕斷裂那樣。

不過，只知道這一點是不夠的。我們或許知道自己做了什麼，但也必須了解我們怎麼做和為什麼那麼做。

打倒一個理論要靠另一個理論

雖然損失厭惡、機率對應、小數法則和代表性捷思法在某些情況下顯然是不理性的，它們並不構成人類心理的完整理論。這些偏誤是視錯覺的心理版本。一如人眼有時嚴重高估了圖片前景中小物件的尺寸，人腦有時也會嚴重高估不確定情況下的小風險。當然，視錯覺不是有關人類視覺的一種完整理論，但它們在現實中仍有重要影響。例如因為飛現象（phi phenomenon）這種視錯覺，連續出現的靜止圖像會使我們產生運動的錯覺，而這直接促成電影和電視的發展。同樣道理，前述的行為偏誤不是有關經濟行為的完整理論，但它們在現實中仍有重要影響，並提供了有關經濟行為的完整理論應該是什麼模樣的線索。

效率市場假說存在於完全理性的經濟人世界裡。但只有該假說

最熱心的信徒才真正相信人類在經濟上是理性的。多數經濟學家知道，人類容易出錯，也容易出現判斷力不濟、頭腦不清楚之類的問題。但是，效率市場假說的信徒會說，人類的不理性對市場行為沒什麼影響，因為在追求獲利的過程中，市場中比較理性的買家和賣家會迅速消滅這種不理性。

艾斯伯格、特沃斯基、康納曼和主流經濟學以外的許多其他學者已經證明了一件事：在現實中許多情況下，經濟不理性並未被消滅。從這些行為捷思法看來，經濟行為的巨大差異源自我們感知世界的方式出現系統性瑕疵，以及我們根據這些錯覺做些什麼（後者更重要）。例如我們看到，損失厭惡可以輕易解釋流氓交易員的現象——這些交易員造成驚人的虧損，嚴重偏離市場高效運作的狀態。

人類的決策方式顯然並非理性人概念假定的那麼有條理。遺憾的是，這些孤立的發現並不足夠。經濟學中有句話說：「打倒一個理論要靠另一個理論。」經驗上的異常現象無論多麼普遍或戲劇性，並不構成一個理論。即使特沃斯基和康納曼提出他們的展望理論（prospect theory），認真地挑戰預期效用的標準經濟學理論，經濟學家仍覺得這不夠成熟。[29] 為什麼人們面對獲利會厭惡風險，面臨虧損時卻希望冒險？這種行為的根本原因是什麼？

這不是要批評行為經濟學或心理學。完全不是。拜康納曼和特沃斯基所賜，我們如今很清楚流氓交易員做了些什麼和監理寬容是什麼，但兩者的「如何」和「為何」問題較難回答，也更重要。例如人類的行為如何令我們傾向耍無賴？為什麼某人變成流氓交易員，另一人卻成為成功的對沖基金經理人？主流經濟學家會說「因為他們想這樣」，而比較正式的說法是「因為這可以使他們的預期效

用函數極大化」。但這種解釋難以令人滿意。

文化衝擊

1986 年，麥金利和我經歷我們在 NBER 的成年禮時，我們在會議上遇到的懷疑反映當時金融學術界的狀態。結果我們在接下來十年裡花大部分時間做這件事：我們希望找到證據，證明我們的研究結果只是數據問題造成的異常現象。我們當時只是區區助理教授，完全無意挑戰整個金融學術界。雖然在學術界當頑童某程度上是有魅力的，但作為一種事業發展策略，這是相當冒險的。畢竟許多頑童長大後變得神憎鬼厭。

但是，雖然盡了力，我們還是無法否定對隨機漫步假說不利的證據。我們起初以為我們的結果可能是因為我們採用了週報酬率，因為以前支持隨機漫步假說的研究是用日報酬率。但我們很快發現，即使改用日報酬率，否定隨機漫步假說的證據同樣有力。我們檢視市場數據本身可能存在的偏差，例如因為錯誤假定所有收盤價發生在同一時間造成的微妙誤差。（像蘋果公司如此活躍的個股會一直交易至市場收盤，也就是美國東部標準時間下午 4:00，而例如 Koffee Meister 這種股票的最後一筆交易則可能發生在下午 3:55。）我們也研究價格不連續的影響：當年股價的一個「跳動點」是八分之一美元（0.125 美元），這可能製造出一些有趣但虛假的價格形態。最後，我們甚至利用高級的數值模擬技術（類似那種用來設計飛機機翼和核武器的技術），檢驗我們的統計方法的誤差。但這些方法全都無法解釋我們的實證發現。

　　最後，我們終於明白我們的統計檢定為什麼否定了隨機漫步假說。事實上，股市數據當中確實有一種微妙的形態，一種以前的文獻不曾記錄的形態。個股 XYZ 本週的價格波動對預測個股 ABC 下週的價格波動有顯著作用。根據效率市場假說，這種形態當然根本不應存在。

　　我們清楚看到，問題不在於我們的實證分析，而是在於其他人根據我們的結果作出的推論 —— 例如這種市場中有無限的獲利機會、投資人是不理性的，諸如此類。在後見之明幫助下，加上比較徹底的文獻回顧，麥金利和我發現，我們的研究並非第一個否定隨機漫步論的研究。但是，學術界基本上忽略了以前的研究，以致我們在自己的論文發表之後才發現那些研究。（那些研究從不曾出現在我們任何一個研究所課程的閱讀清單上，而當年我們還不能使用 Google 尋找它們。）[30] 一如我們，我們的同儕都被訓練根據經典的市場效率論研究市場數據。效率市場假說如此雅緻，實證上又非常成功，因此製造出巨大的煙霧，籠罩著學術界所有人。但是，隨著我們檢視所有角度的證據，並且排除其他解釋，我們眼前的煙霧逐漸消散。

　　這種煙霧從何而來？傳奇交易員和壁球冠軍倪德厚夫（Victor Niederhoffer）在他常有不敬之語的迷人自傳《投機客養成教育》（ *The Education of a Speculator* ）中，為這問題提供了可觀的洞見。[31] 倪德厚夫是芝加哥大學商學院 1960 年代的博士生，隨機漫步假說當時正是在那裡首度應用在金融市場。他寫道：

　　　　我親自見到的一件事典型地呈現了這理論及其追隨者的態

度，值得紀念。四名最受敬重的金融學研究生與兩名教授
合作；這兩名教授如今被視為有資格贏得或提名諾貝爾獎，
但他們當時相當焦躁，有如第一次約會的孩子那麼不安。
這六名精英一起研究交易量對股價波動的可能影響，這是
我研究過的題目。我在哈斯凱爾大樓（Haskell Hall）三樓
圖書館的樓梯間看到這六個人在那裡檢視一些電腦輸出資
料。他們的聲音飄進我的耳朵裡，從大樓的石牆上傳出回
聲。一名研究生指著一些資料問兩名教授：「嗯，如果我們
真的有發現，那該怎麼辦？這時候我們可就麻煩了，因為
我們的發現將違背隨機漫步模型。」比較年輕的那名教授答
道：「別擔心，這不大可能發生，但如果真的發生了，我們
會想辦法解決的。」
我簡直不敢相信自己聽到這種話——這裡有六名科學家，
他們竟然公開表示希望自己沒有發現，繼續無知。我忍不
住脫口而出：「你們對自己的研究全都保持如此開放的態
度，我真高興。」我走過他們身邊時，幾乎忍不住笑出來。
我聽到他們低聲咀咒我。[32]

　　倪德厚夫的結論是：「學者往往非常後知後覺。」就隨機漫步假
說而言，我們很難不同意這見解。

　　事實上，倪德厚夫的診斷很可能不夠深入。隨著時間的推移，
我不情願地得出以下結論：隨機漫步假說獲得近乎無異議的廣泛支
持，但與我們的實證發現有衝突，這主要是因為經濟學家像虔誠的
教徒那樣深信效率市場假說。許多經濟學家並非只是相信效率市場

假說，還視之為不容置疑的教條。我們因為經驗不足，在 NBER 的會議上抵觸了現代金融經濟學的這個根本信念──我們根本不知道那麼多。我們隨後很快發現，效率市場假說是「王道」，任何偏離這個範式的見解都會被視為異端邪說，受到不留情面的駁斥。

　　我們的研究結果為什麼那麼離經叛道？經濟學建立人類行為模型的正統方式，是假定人類在行為上像完全理性的經濟人，以那種可以加減計算的方式衡量自身行動的後果，就像後果可以化為金錢衡量那樣。歷史、文化和社會規範與經濟人的決定沒有關係，他們總是正確地考慮到其他人的行動以及現在和未來商業環境狀態。最重要的是，無論在什麼情況下，經濟人總是作出最好的選擇。幾乎所有現代金融經濟學理論都以這些假設為基礎，而效率市場假說尤其如此。

　　因為這些假設嚴重違反我們接觸人類的主觀經驗，經濟學可以建立人類行為模型或許令人驚訝。經濟學神奇之處，在於這些假設多數時候確實可以相當好地解釋多數經濟行為。事實上，因為它們能有效地捕捉人類的行為，多數經濟學家本能地選擇利用這些正統假設的解釋，捨棄那些不用這些假設的解釋。幾乎沒有經濟學家真的相信個體的實際表現總是像經濟人，但所有經濟學家都接受訓練，學習那些假定個體的表現總是像經濟人的方法。

　　金融學術界這種自我維持的正統理論造成一種學術壟斷，只能靠局外人的創見來打破。當然，具有這種創見的局外人不一定會參與學術辯論。他們有些會把握「美國股市中的巨大獲利機會」，一如我們在 NBER 會議上的評論人宣稱會發生的那樣。記住這問題：「如果你那麼聰明，為什麼卻沒錢？」本書第 8 章將談到一名電腦科學

家，他是金融學術界的局外人，不曾接受經濟學術訓練，毫無疑問地證明了隨機漫步假說不成立，因為他建立了一檔對沖基金，利用此一事實賺得驚人的財富──此事發生在 1986 年，也就是麥金利和我在 NBER 報告我們的論文那一年。

隨機漫步假說站不住腳。至於原因為何，確實有個答案，但我們必須繞到神經科學和演化生物學這兩個領域，摸摸大象的另一部分，才能找到答案。

第 3 章

如果你那麼有錢，為什麼卻不聰明？

……為什麼人類對有關金錢的事很難保持理性？神經科學的答案是：大腦並不「理性地」處理獎勵或損失。

探索人腦的運作

一如大腳野人、尼斯湖水怪和外星人綁架事件，經濟人原來也是一種傳說。人類在市場上展現出太多互相增強的非理性行為。但是，行為學派的勢力仍不如效率市場假說的追隨者。為什麼呢？因為行為學派至今仍未提出令人信服的替代理論。記住，打倒一個理論要靠另一個理論。即使是傑出的凱因斯（他廣泛的興趣包括醫學心理學和精神病學）也只能在 1936 年訴諸「動物本能」（animal spirits）解釋人性：「一種不由自主的行動衝動，不是考慮量化利益乘以量化機率的加權平均值之後的結果。」[1]

動物本能是個令人回味的隱喻，但作為一種解釋，它是非科學的，也不是一種能與經濟人概念競爭的理論。[2] 但凱因斯有一點是對的：要真正明白經濟行為，我們必須向內探索人類的心理。站在經濟學家的立場，問題是心理學家有太多行為理論了。因為心理學以實證觀察和臨床實踐為根，心理學家從來不覺得有必要將他們所有的理論整合到一個相互一致的統一框架中。另一方面，經濟學家則以經濟學能夠在自相一致、數學嚴謹的單一框架中解釋廣泛的相互作用為榮。

要打敗漂亮的經濟人理論，我們需要一個新框架。為了建立這個新框架，我們將從深入探索人類的行為做起。作為人類，我們的主觀經驗告訴我們：我們並非總是理性行事，我們的行為甚至並非總是符合我們自身的利益。我們全都曾經在強烈的情緒或巨大的壓力下做過一些事後後悔的決定，甚至曾經在自己說不出理由的情況下做過事後後悔的決定。換句話說，我們全都做過蠢事。但是，檢

視主觀自我可以產生的見解也僅此而已。作為一個物種，我們似乎特別擅長在事後合理地解釋我們的行為動機。事實上，我們或許可以說人類是「善於合理化的動物」而非「理性的動物」。為了建立一個能夠解釋人類這種解釋者的新理論，我們必須研究人類行為本身的引擎，也就是我們的大腦——人類身體非常複雜的一部分。

典型的人類大腦重量略低於三磅，但它由約860億個高度互聯、名為「神經元」的神經細胞和許多種至今未明的相關細胞構成。許多人誤以為大腦是單一器官。事實上，早在 1909 年，德國解剖學家布洛德曼（Korbinian Brodmann）便發表了一個人類大腦圖，根據細胞類型分為 52 個獨特區域（見本書內頁彩圖 161 頁）。如今我們已將多數大腦區域與特定的功能聯繫起來，例如視覺（第 17–19 區）、聽覺（第 41 和 42 區）和觸覺（第 1–3 區）。不過，我們現在不必關注那麼多具體的神經解剖結構，只需要關注與金融決策特別相關的三個人腦基本功能：恐懼、痛楚和愉悅。

神經科學的顯微鏡

在 X 光機和電腦斷層掃瞄器之類的醫療設備面世前，神經學家以間接方式了解大腦的運作，例如直接觀察腦功能異常的情況，也就是觀察有神經障礙問題的病人（例如因為大腦有腫瘤或損傷）。假設大腦第 3 區長腫瘤的病人手臂失去感覺，如果長類似腫瘤的其他病人也有相同狀況，則觸覺很可能與大腦第 3 區有關。在行的神經學家結合客觀的生理檢驗與病人的主觀陳述（以及屍體解剖結果），確定大腦各部分的功能。

　　大腦功能的另一個重要資訊來源涉及針對動物的所謂「摘除」實驗。在這種實驗中，實驗者以手術破壞老鼠、猴子和其他動物腦部特定區域，藉此了解這些動物的行為受到什麼影響。做這種實驗不是為了滿足虐待狂，而是希望藉由探索動物的腦部運作，了解人類大腦的組織方式。在維護動物權益人士的強烈反對下，這種研究的爭議性大增，因此也已經顯著減少。

　　但是，近二十年間，拜新的非侵入性醫學成像技術所賜，神經科學研究大有進展。科學家如今可以在受試者做一些簡單的事，例如閱讀、心算或看電腦螢幕時，間接觀察受試者的大腦活動。功能性磁振造影（fMRI）是這種成像技術中最流行的一種。做過磁振造影（MRI）的人都了解這當中的基本程序。受試者躺在一張狹長的桌子上，桌子滑入由大磁鐵環繞的金屬管中。MRI 機通常相當狹窄（見內頁彩圖第 161 頁），金屬管內因此通常會裝一個側角鏡在受試者臉部上方，使受試者可以看到 MRI 機外面的一個電腦螢幕；實驗者可以在該螢幕上展示各種圖像。

　　金屬管內產生強磁場，使受試者血液中含鐵的血紅素分子發出自己的磁場，而 MRI 機可以偵測到這些磁場。（血紅素是血液中的特殊蛋白質，負責將氧氣輸送到身體各部分。）不帶氧的血紅素分子對磁場的反應比帶氧的血紅素分子來得強烈。神經學家在一段時間中拍攝很多張 MRI 圖像，可以藉此產生顯示大腦中血氧濃度即時變化的影片；這就是所謂的功能性磁振造影（fMRI）。

　　神經學家推斷，在大腦中的活躍區域，神經元比一般情況需要更多氧氣，氧合血因此會湧入該區域。但隨著大腦活動用掉氧氣，氧合血紅素的水準會下降，而去氧血紅素的水準相對於之前會上

升，產生 fMRI 影像上的強烈對比。相對之下，大腦不活躍區域的對比弱得多。受試者閱讀、聽音樂或心算期間，fMRI 影像上大腦「亮起來」的部分代表大腦變得活躍的部分。

當然，fMRI 這方法有有其局限。其空間解析度相對於人腦的微細構造顯得特別不足。fMRI 可以偵測沙粒大小的腦組織，但要偵測一小組神經元的活動，這仍遠遠不足。fMRI 的即時解析度更差，因為它需要幾秒鐘才能建立單一圖像。[3]fMRI 實驗有點像在頻寬不足的情況下斷斷續續接收電視節目影像：你希望能大致掌握情節，但必將錯過很多對話。

此外，即使在最有利的條件下，fMRI 也只能為研究者提供腦部活動數據。這有點像在僅有的資料是每個街區用電量的情況下，研究紐約市的運作。研究者必須有特別高超的技術，才有望利用這種資料發現金融區或百老匯大道的主要功能，而他們基本上無從發現感恩節遊行之類的事件。[4]

毫無疑問，fMRI 的作用是革命性的：研究者得以利用前所未有的方法，觀察大腦「黑盒」裡面的情況。連同其他方法，例如電腦斷層掃瞄（CAT）、正子造影術（PET）和腦磁波儀（MEG），fMRI 近二十年間已經改變了神經科學和心理學。我們可以毫不誇張地說，這些新技術對神經科學的貢獻有如顯微鏡對生物學和粒子加速器對物理學的貢獻：它們打開了全新的研究領域。有關神經科學的潛在發現，我們幾乎是連皮毛都還沒掌握，但拜 fMRI 的應用所賜，我們已經展開這趟漫長的旅程。

恐懼

1937 年，也就是凱因斯引進「動物本能」這說法的第二年，兩名科學家做了神經科學史上影響力最大的其中一個摘除實驗。入籍美國的德裔心理學家克魯爾（Heinrich Klüver）和美國神經外科醫師布西（Paul Bucy）希望藉由測試烏羽玉仙人掌中的活性化合物麥司卡林（俗稱仙人掌毒鹼）造成的視幻覺涉及大腦哪些部分，了解大腦如何處理視覺信息。在一組實驗中，布西摘除了獼猴大腦外側皮層的顳葉。人類的顳葉位於大腦略高於耳朵的位置。

克魯爾和布西發現了驚人的事情：在手術之後，這些猴子看東西的能力並未受損，但認出東西的能力嚴重受損。他們的報告寫道：「飢餓的猴子無區別地拿起眼前的各種東西，例如一把梳子、一個膠木旋鈕、一顆向日葵種子、一顆螺絲釘、一根棍子、一塊蘋果、一條活蛇、一根香蕉，以及一隻活老鼠。牠把每一件東西都拿到嘴邊，不能吃就丟棄。」猴子也喪失恐懼感，見到人類和蛇都表現得非常平靜。克魯爾和布西稱這種表現為精神盲（psychic blindness）。[5]那些猴子的視力顯然並未受損，但牠們看到東西已經不再像以前那樣產生特定的情緒反應，那些東西對牠們也失去了固有的特質意義。

克魯爾和布西發現了一個重要結果：大腦某個區域負責識別物體的情緒反應。我們傾向將圖像識別視為一種不涉及情感的純理性行為。如今利用電腦辨識圖像日益普遍，而如果我們發現，用來掃瞄車輛超速照片、辨識車牌號碼的軟體會因為認出某些號碼而有情緒反應，我們難免感到不安（這是最輕描淡寫的說法）——但是，這恰恰是大腦中發生的事。為什麼那些猴子會出現「精神盲」狀

況？在他們的實驗中，克魯爾和布西移除了猴子大腦中的杏仁核，而它是大腦將記憶與恐懼聯繫起來的必要部分。

杏仁核是大腦深處一個獨特的小結構。在人腦中，它的位置大概是進入眼睛和耳朵的兩條線相交之處。一如多數大腦結構，杏仁核是一對的。早期的解剖學家認為它長得像一顆杏仁，它因此被稱為杏仁核。跟隨克魯爾和布西研究方向的科學家猜測大腦學會恐懼涉及杏仁核。但是，要到 1970 年代末，才有第一批利用「恐懼制約」（fear conditioning）技術的的神經生理研究檢視杏仁核與恐懼如何相關。

什麼是恐懼制約？這必須從制約講起。許多人都知道巴夫洛夫（Pavlov）和他的狗：這名俄羅斯科學家每次餵他的狗都搖鈴，結果這些狗受鈴聲制約，以致巴夫洛夫一搖鈴，牠們就會流口水，即使巴夫洛夫不餵牠們。這是涉及刺激和反應的典型心理實驗。巴夫洛夫的狗起初面對一種非制約刺激（狗糧），產生一種非制約反應（流口水）。一段時間之後，巴夫洛夫的狗將制約刺激（鈴聲）與非制約刺激聯繫起來，發展出一種制約反應（在鈴聲制約下流口水）。

恐懼制約與典型的巴夫洛夫制約不同之處，在於它以一種負面刺激（例如電擊）替代非制約刺激（例如狗糧）。制約性恐懼學習比其他形式的學習快得多，可能只需要單一事件，而相對於其他形式的學習，它幾乎是永久的。同一類型的恐懼制約可以發生在各種動物身上，並非僅限於老鼠、猴子和其他哺乳動物。你幾乎肯定經歷過某種形式的恐懼制約——因為意想不到的驚嚇，你永久地厭惡與這種驚嚇有關的情況。我也有這種經驗。我因為過敏，在美好的春夏日子會有點恐懼，因為我在這種季節比較容易過敏，而我害怕其

後果──眼睛發癢、容易流淚、鼻塞、流鼻水，以及竇性頭痛。我其實喜歡多霧和多雨的天氣，跟我多數朋友不一樣，而我不知道為什麼，直到我了解恐懼制約這回事。

恐懼制約使科學家得以確定大腦如何將信息轉化為恐懼。1979年，卡普（Bruce Kapp）和他在佛蒙特大學的團隊首度發表研究結果，指出有證據顯示杏仁核中心的損傷破壞兔子身上的恐懼制約。[6] 當時在紐約康奈爾大學醫學院的李寶（Joseph LeDoux）受此啟發，著手研究大腦確切如何處理恐懼制約刺激。在其著作《腦中有情》（The Emotional Brain）中，李寶敘述他如何發現「恐懼路線圖」。[7]

李寶先藉由恐懼制約令一些老鼠變得害怕某種聲音，然後在這些老鼠大腦裡製造損傷。神經學家因為已經了解大腦如何處理聽覺訊息，所以掌握了聽覺神經傳導路徑。李寶發現，破壞大腦皮層較高級的聽覺功能不影響恐懼制約。他為此感到困惑：如果恐懼並非利用聽覺神經傳導路徑，恐懼路線圖是怎樣的？

為了找出答案，李寶在進入聽覺傳導路徑之前的聽覺丘腦注入一種特別的化學示蹤劑。那裡的神經元吸收了這種橙色的示蹤劑，經由窄長的軸突將它輸送到聽覺路徑的下一站。李寶將老鼠大腦切片並著色，以確定示蹤劑的最終下落。他後來寫道：「亮橙色粒子在深藍色背景下形成流線和斑點。我有如看著一個陌生的內在空間。」李寶發現有四個大腦區域含有示蹤劑。當中三個區域刻意破壞也不影響老鼠對恐懼制約的反應。第四個區域是杏仁核。杏仁核原來是恐懼路線圖的最終目的地，而這條路線完全避開大腦中信息流動的正常路徑。

李寶的發現和數百名科學家的後續研究揭示了非常重要的一件

事。恐懼有如大腦裡與生俱來的火警警報器，遇到危險時會開啟灑水系統和致電消防部門，有時反應快到我們的意識跟不上。杏仁核直接連上腦幹——人體所有肌肉的總控制板。我們的恐懼反應會觸發內分泌系統釋出腎上腺素和皮質醇到血液裡，使我們心跳加快、血壓升高、警覺性提高。拜這種從恐懼到身體運動的神經捷徑所賜，我們有時得以在還沒意識到有人試圖打我們時，就避開了針對我們的拳擊。正是因為這種神經捷徑，本書引言提到的機師湯普森才可以在還不知道原因的情況下，轉身離開那間可能致命的便利店。這種天生的自動行為對生存極度有用，尤其是在我們面臨人身威脅時。如果你頸後毛髮豎起，那是你的恐懼本能發揮作用，此時你應該提高警惕。

　　但是，如果脫離適當的脈絡，我們這種「恐懼電路系統」的作用可能適得其反。在某些情況下，它甚至可能致命。如果湯普森不是受訓成為合格的民航機師，在便利店救了他性命的那種本能反應如果用在開飛機上，很可能早就要了他的命。

　　駕駛飛機一點也不自然；機師需要數百小時的訓練，才能克服人類天生的本能。舉一個例子：經驗不足的機師太常見的一個錯誤，是在飛機失速時傾向將操縱桿往後拉以免飛機墜毀。操縱桿往後拉可以使飛機頭指向上方，因此當飛機開始下墜時，我們的本能自然是引導飛機向上。不幸的是，在這種情況下，我們的本能恰恰是錯誤的。飛機頭指向上方會降低飛機的空速，如此一來，飛機失速幾乎就無法避免，機師也就難逃一劫。反直覺但正確的做法，是把操縱桿向前推，使飛機頭指向下方；如此一來，飛機將下墜但其空速將提升，「攻角」得以降低、機翼的升力得以增強，機師就可以結束

飛機失速狀態，重新提升飛機的高度。[8] 機師必須確保下墜的角度和速度不過分，否則飛機還來不及產生足夠的升力，就已經墜毀了。這種平衡動作幾秒內就必須完成，這正是為什麼一個人必須完成數百小時的訓練才能成為機師。在不自然的現代環境中，我們有時必須克服我們天生的恐懼反應。

這或許可以稱為恐懼的邏輯。大腦中恐懼反應的路徑避開了較高級的大腦功能，包括我們通常認為與理性有關的功能。這路徑通往一個特定的中心，處理刺激的情感意義。我們害怕某些東西的原因在我們的意識、理性心智之外，我們畏懼那些東西是因為我們別無選擇。我們在心理上天生就是這樣。我們行動、思考、得出結論和做決定時，情緒腦（emotional brain）總是在幕後起作用。

恐懼與風險感知息息相關，這種關係在兩者不再相關時便突顯出來。有一種罕見疾病名為類脂質蛋白沉積症（Urbach-Wiethe disease），由單一基因突變造成。此病患者皮膚通常特別粗糙（包括眼皮可能長出珠狀小瘤），聲音嘶啞（因為喉頭受影響），有時大腦某些部分還會出現鈣沉積，化學上類似硬水漬。因為不明的原因，患者的鈣沉積常出現在杏仁核，導致它功能失常。

有名女性患者在神經科學文獻中被稱為 SM，她大腦中的一對杏仁核在童年末期或青少年時期失去了功能。除了不會恐懼外，SM 的智力和情緒反應都很正常。她記憶中僅有的恐懼事件發生在她 10 歲之前。根據她的自述，她唯一一次「害怕到腸絞痛」，是她小時候被朋友養的杜賓犬逼到牆角。她無法辨識恐懼的表情。[9] 研究者也無法使她受恐懼制約。為了測試這一點，實驗者曾出其不意地響起一百分貝的號角聲，希望引發 SM 的恐懼反應。[10] 蜘蛛、蛇、鬼屋、恐怖

和懸疑電影，這些東西都完全嚇不到她。[11]

　　因為欠缺「恐懼的天賦」，SM 成為許多犯罪活動的受害者——與機師湯普森的經歷恰恰相反。在特別嚴重的一次事件中，SM 晚上一個人沿著沒人的公園走回家，有名男子示意她過去他當時所坐的長椅。他推倒 SM，拿出刀子指著她的喉嚨，喊道：「我要砍你！」SM 的回應是：「如果你要殺我，你必須先過我上帝的天使那一關。」那個男人放了她，SM 繼續一個人走回家，一點也不害怕。在沒有杏仁核和恐懼感的情況下，人類無法理性地判斷風險。毫無畏懼真的非常不理性。

　　回到金融的脈絡，恐懼顯然可以在個人的投資決策和風險控管，國家的經濟政策和監理，以及危機應對中發揮有益的作用——如果我們能適當平衡恐懼與其他考量的話。對損失金錢的「理性」恐懼促使投資人因應預期報酬，積極管控他們的風險。另一方面，失控的恐懼將導致投資人迅速以跳樓大拍賣的價格賣出所有高風險資產，將它們換成政府公債和現金，而這可能不利於他們達成長期目標。恐懼經驗可能制約投資人，使他們做出恰恰錯誤的財務決定：一朝被蛇咬，十年怕草繩。我們已經看到，對巨大部位造成虧損的極度恐懼可能促使流氓交易員加倍投入，寄望於收復失土的渺茫機會。

　　在較大的層面上，如果我們容許我們的恐懼本能支配我們對金融危機的反應，我們很可能將對我們的杏仁核產生的反應感到後悔。這教訓不僅適用於投資人，對監理官員和政策制定者同樣有效——這些重要人士的恐懼反應對金融體系的影響，可能遠大於市場中任何一名參與者。

　　心理學家斯洛維奇（Paul Slovic；康納曼和特沃斯基的同事）曾深入研究人在經歷強烈情緒時對風險的感知。斯洛維奇發現，一種持續的情緒偏誤影響我們對風險的反應。[12] 如果一項政策的潛在風險和效益被設計為引起負面的情緒反應，人們會高估風險並低估效益；如果政策被設計為引起正面的情緒反應，人們會高估效益並低估風險。我們的個人恐懼導致我們誇大那些強烈影響我們情緒的風險。舉個例子：我們以為我們在意外中死亡的風險比中風而死的風險大 25 倍，但事實上，我們中風而死的機率是在意外中死亡的兩倍。[13] 因此，我們傾向過度關注緊急醫療，並忽略可以降低中風風險的預防措施，例如吃得健康一些和定期運動。

　　斯洛維奇發現，連政策制定專家也未能避免這種他稱為情意捷思（affect heuristic）的偏誤。環球航空 TWA 800 號班機的悲劇便是一個例子。1996 年 7 月 17 日，800 號班機從紐約甘迺迪國際機場起飛數分鐘後，在長島海岸對出上空爆炸。經過四年的努力，包括從大西洋撈起殘骸重組飛機的 95%，美國國家運輸安全委員會（NTSB）得出結論：爆炸是因為飛機中央油箱內的燃油氣霧著火，可能是被一個遭腐蝕的電子燃油指示器產生的火花點燃。NTSB 因此提議規定油箱加裝一個裝置，在燃油逐漸減少時注入惰性氮氣，降低爆炸的風險。[14]

　　但是，由聯邦調查局（FBI）負責的爆炸事件刑事調查，則集中關注一個令人極度難受的假說：飛機是被恐怖份子以炸彈或飛彈摧毀的。雖然 FBI 的調查最終認為此事與恐怖份子無關，公眾和政策制定者的恐懼使他們嚴重高估了這種風險。

　　飛機爆炸短短八年後，柯林頓總統成立白宮航空安全與防衛委

員會；「防衛」一詞反映政府擔心此次爆炸是有心人刻意造成而非意外的悲劇。該委員會花了略多於一個月的時間，就提出非常進取的連串政策建議，主要著眼於改善航空防衛，包括引進先進的爆炸物偵測技術和爆炸物偵測犬，以及加強訓練執法人員偵測爆炸物。事發僅兩個半月後，柯林頓總統簽署採納這些建議的法案，而相關措施也獲得撥款。[15] 但是，這些建議與 800 號班機爆炸事件毫無關係，也無法防止 2001 年 9 月 11 日的事件。

　　人類在逆境時誇大風險、順境時過度樂觀這種根深柢固的表現，是否曾導致一些政治和金融危機？我們將在第 9 章和第 10 章再討論這個非常有趣的問題。

痛楚

　　在 21 世紀我們這種環境下，杏仁核辨識出的許多「威脅」事實上不會危害性命。但我們的生理反應可能還是一樣。我們有時仍會感受到腎上腺素引起的「戰或逃」反應（心跳明顯加快），即使當下我們不必戰鬥也不必逃跑。我們的主觀精神狀態壓倒了客觀現實。這正是人在經受情感創傷之後應避免做重要決定這個常見和明智忠告的神經科學基礎。

　　負面情況除了在大腦裡引起恐懼反應，還可能使我們感受到痛楚。看似無害的事，例如被某個社群排斥，刺激大腦的區域可能與身體疼痛相同。加州大學洛杉磯分校（UCLA）社會認知神經科學實驗室的艾森伯格（Naomi Eisenberger）和李伯曼（Matthew D. Lieberman），以及普渡大學社會心理學家威廉斯（Kip Williams）曾

刻意使一群受試者覺得自己被別人排斥，然後利用 fMRI 技術找出受試者受此刺激時大腦最活躍的區域。[16]

在實驗室中如何使受試者覺得自己遭受排斥？在上述實驗中，受試者是 UCLA 的學生，他們被送進 MRI 機器裡，然後被告知他們將與另外兩個同樣身處 MRI 機器裡的人玩一個名為 Cyberball 的合作式電腦遊戲，而實驗者將觀察他們玩遊戲時神經活動如何協調。但這些話是騙受試者的。Cyberball 其實是威廉斯設計的一個心理測驗，目的是測量受試者遭受排斥時的反應。另外兩名玩家其實是電腦程式模擬的；根據程式設計，它們將排斥受試者，使他們無法充分參與遊戲。

艾森伯格、李伯曼和威廉斯發現，遭受排斥會刺激當事人大腦的背側前扣帶迴和腦島。神經學家知道，大腦這兩部分也負責處理身體疼痛，而它們在當事人被排斥（因此產生「社交疼痛」）的程度加重時會變得更活躍。艾森伯格和李伯曼的實驗室後來有一項研究發現，摯愛的親友喪生（女性受試者最近有相熟的親戚死於乳癌）也會刺激大腦這些部分。[17]

甚至是社會大眾認為不好的某些情緒，也會引起與身體疼痛類似的神經反應。人們有時會談「妒忌之痛」，因此，日本放射線醫學總合研究所的高橋英彥發現妒忌像身體疼痛那樣刺激背側前扣帶迴，也就應該不令人意外。[18] 大人常對小孩說：「棍棒和石頭可能打斷你的骨頭，但辱罵絕對傷不了你。」但事實上，情感創傷（受傷的感覺、失落感、尷尬、羞恥）可能引起與斷骨相同類型的神經反應。

身體疼痛與情感上的痛楚是兩回事，但兩者之產生可能涉及大腦中相同的部分。許多喪失摯愛親友的人曾談論他們的一種奇怪經

驗：雖然身體沒有受傷，但他們因為喪親而產生身體疼痛的感覺。
如今我們開始理解這現象背後的神經科學基礎。艾森伯格、李伯曼
和威廉斯的結論是：「社交疼痛（social pain）的神經認知功能類似身
體疼痛，它提醒我們注意自己在社會關係上受到的傷害，使我們得
以採取修復措施。」

愉悅與貪婪

　　神經科學已經證明，恐懼和痛楚與人腦中的決策密切相關。那
麼，比較正面的感覺（例如幸福、快樂、成就感和愉悅）又如何？
多數經濟決定確實是基於比較正面的理由。畢竟 19 世紀英國經濟學
家傑文斯（William Stanley Jevons）談市場交易時，是說這是「雙方
需求一致」的結果，而不是「雙方的恐懼一致」。神經科學對快樂的
感覺也有一些見解。

　　1954 年，蒙特婁麥基爾大學研究者奧德茲（James Olds）和米爾
納（Peter Milner）在活老鼠大腦的中隔區植入電極。這些老鼠被放
在有一個控制桿的盒子裡，壓下控制桿可以向老鼠的大腦輸送低壓
的 60 週（60-cycle）交流電。這些老鼠的表現相當驚人：它們選擇一
再壓下控制桿，讓自己的大腦受電流刺激；曾有老鼠一小時內壓下
控制桿近兩千次。

　　對神經學家來說，這是強烈暗示大腦中有個「快樂中樞」
（pleasure center）。奧德茲和米爾納審慎排除了以下可能：老鼠壓下
控制桿，是為了讓電流降低大腦被植入電極造成的疼痛。[19] 學者此
後針對多種動物做了很多次電極研究（包括幾個倫理上受質疑、以

人類為受試者的實驗），希望找出快樂中樞的確切位置。

但是，情況比神經學家起初所想的複雜。大腦看來是有一個「酬賞系統」（reward system）而非單一的快樂中樞，而該系統有許多不同的路徑。在心理學中，「酬賞」是指可以使某種行為更可能出現的任何正面事物。酬賞可以是食物如此基本和實在的東西，也可以是心智滿足如此抽象和無形的東西。令人驚訝的是，這些不同的酬賞（食物、性、愛、金錢、音樂、美）全都似乎利用相同的神經化學訊號──多巴胺。

多巴胺是一種簡單的化合物，在神經科學上曾被認為幾無意義，直到 1957 年瑞典科學家卡爾森（Arvid Carlsson）證明它其實是一種神經傳導物質。卡爾森對免子施以蛇根鹼（reserpine），這種藥已知能消耗神經傳導物質，結果免子動彈不得。卡爾森認為免子無法動彈是因為欠缺一種未知的神經傳導物質。他替免子注射左多巴（L-DOPA），免子將這種化學品轉化為大腦裡的多巴胺，結果恢復了活動能力。拜此發現所賜，希臘裔美國神經學家克齊亞（George Cotzias）後來成功醫治巴金森氏症患者，神經學家薩克斯（Oliver Sacks）則得以醫治長眠病患 ── 事跡記錄在薩克斯名著《睡人》（*Awakenings*）中。[20] 卡爾森因為此一發現，2000 年榮獲諾貝爾醫學獎。[21]

使用左多巴的病人有一種奇特表現：他們往往染上賭癮。這是大腦的酬賞系統涉及多巴胺的初步線索之一。研究者發現，成癮藥物導致大腦釋出多巴胺到伏隔核──這是大腦的一部分，與奧德茲和米爾納植入電極的中隔區相距不遠。（人類的伏隔核位於前腦底部附近，前額後方數吋處。）

　　多數神經學家認為大腦酬賞系統的輪廓如今已大致確定。多年來，神經解剖學家已發現大腦中八條不同的多巴胺路徑，包括一些與複雜的行為（例如集中注意力和學習）有關的路徑。這誘使我們推測：多巴胺在大腦中的用途和路徑多樣性反映我們有多種方式感受到快樂，而我們感受到恐懼則只有一條路徑。現代的神經成像技術在這裡真正大派用場。我們可以即時追蹤愉悅的行為刺激大腦哪些部分。

　　那麼，賺錢這種簡單的樂趣又如何？ 2001 年，布里特（Hans Breiter）在哈佛醫學院和麻省綜合醫院領導的一個團隊，利用 fMRI 技術研究人類贏錢和輸錢時的大腦即時狀態。[22] 在布里特的實驗中，受試者獲發 50 美元玩一個簡單的賭博遊戲。他們眼前的螢幕出現一個電腦模擬的轉盤（類似兒童桌上遊戲使用的那種），有三種機率相同的可能結果，而轉盤有三種：「好」轉盤的三種結果是賺 10 美元、賺 2.50 美元和賺 0 美元；「中等」轉盤的三種結果是賺 2.50 美元、賺 0 美元和損失 1.50 美元；「壞」轉盤的三種結果是賺 0 美元、損失 1.50 美元和損失 6 美元。[23]

　　受試者不知道轉盤會轉出什麼結果，而結果看起來是隨機的。但事實上，結果已預先設計好，每名受試者在實驗結束時都將賺得 78.50 美元。因為 fMRI 掃瞄無法瞬間完成，轉盤每次轉動都被設計成需要六秒鐘才得出最終結果，時間足以讓 fMRI 捕捉到受試者在「期待」階段的大腦活動。結果確定之後，箭頭會再閃亮六秒，時間足以讓 fMRI 捕捉到受試者在「結果」階段、認清獲利或虧損時的大腦活動。

　　布里特和他的同事發現，隨著受試者得到的獎勵增加，其大腦

非常明確的某些部分也變得更活躍。連結神經系統與內分泌系統的下視丘變得活躍，被稱為 sublenticular extended amygdala 的部分杏仁核也活躍起來。杏仁核的這部分似乎負責處理恐懼反應出現之前的情緒反應。這強烈誘使我們從這種大腦激活模式中看到勝利在即之際的緊張期待。

最後，金錢獎勵刺激釋放多巴胺到酬賞系統中的腹側蓋區（ventral tegmental area），也刺激伏隔核。對布里特來說，這種激活模式顯得非常熟悉。事實上，他數年前就在古柯鹼成癮者和第一次使用嗎啡的人身上發現相同的模式。贏錢（甚至不需要很多錢）對當事人大腦的作用，與癮君子吸食古柯鹼或病人獲得注射嗎啡相同。在這些情況下，多巴胺都被釋放到伏隔核，結果是強化了相關行為。重複足夠多次之後，與釋出多巴胺有關的動作就變成一種習慣。如果是吸食古柯鹼，我們稱之為毒品成癮。如果是賺錢，我們稱之為資本主義。**我們對金錢獲利最基本的反應在人類生理機能中是根深柢固的。我們顯然本能地知道：貪婪是好事。**

為了進一步探討這種貪婪概念，我們必須回到第 2 章提到的特沃斯基和康納曼的展望理論。這兩位心理學家發現，我們面對潛在獲利時會害怕和厭惡風險，面對虧損風險時卻變得貪婪和勇於冒險。我們已經知道杏仁核和恐懼反應在風險厭惡（risk aversion）中的角色，但如我們所見，我們對獲利的反應並非我們對損失的反應之簡單鏡像（a simple mirror image）。有關愉悅的神經科學對尋求冒險的行為是否有解釋？

為了回答這問題，史丹佛大學的庫南（Camelia M. Kuhnen）和努森（Brian Knutson）跟隨布里特的實驗，做了另一項 fMRI 研究。

[24] 庫南和努森設計了一個名為「行為投資配置策略」（Behavioral Investment Allocation Strategy, BIAS）的金融電腦遊戲，安排受試者在玩遊戲時接受 MRI 掃瞄。玩家有三個投資選項：一檔「安全」的債券和兩檔價格隨機波動的高風險股票。玩家不知道的是，兩檔股票有一檔是「好」股票，價值總是上升；另一檔是「壞」股票，價值總是萎縮。此外，「好」股票提供的獎勵高於「安全」的債券：前者報酬一輪平均是 2.50 美元，後者的報酬則是穩定的 1 美元。

　　庫南和努森發現了一個非常有趣的形態。玩家犯冒險的錯誤時，例如選了「壞」股票而非「好」股票，他們的伏隔核在做這決定之前活躍了起來，而這正是大腦對嗎啡、安非他命和金錢獲利有反應的部分。相對之下，玩家犯厭惡風險的錯誤時，例如選了「安全」的債券而非「好」股票，大腦中活躍起來的卻是完全不同的另一部分——前腦島。腦島與大腦對痛楚和其他負面感覺的反應密切相關，前腦島則似乎與厭惡有關，無論厭惡是因為聞到臭味、看到聞到臭味者的表情，還是看到骯髒噁心的畫面（例如嚴重的污染或血淋淋的殘肢）。[25] 由此看來，厭惡風險的投資人處理金錢損失風險的神經路徑，與他們看到極度噁心的東西時利用的神經路徑相同；尋求冒險的投資人處理潛在獲利的神經路徑，則與古柯鹼之類的藥物利用的酬賞路徑相同。

　　這對財務決策的涵義是明確的。多巴胺系統失衡很容易導致當事人增加冒險，例如巴金森氏症患者若接受左多巴治療，可能會染上賭癮。不過，即使是普通人或一般投資人，只要金錢上小有獲利，神經系統也會受到類似吸食古柯鹼那樣的刺激。經濟人展現的那種理性的冒險行為，顯然是伏隔核受貪婪的快感刺激，前腦島產

生痛楚或厭惡感，以及杏仁核受恐懼刺激之間的一種微妙平衡。

想像一下這一切在典型投資人身上的作用。我們已經看到，恐懼學習可以在心理上癱瘓投資者。但即使沒有恐懼反應，一連串的不幸損失也可能導致投資人因為精神上的痛楚而變得厭惡風險，可能就像小孩子變得厭惡某些「噁心」的新食物那樣。fMRI 研究顯示，受試者參與顯然不公平的遊戲，他們的前腦島會活躍起來，因為他們對自己被騙感到強烈的厭惡；這種結果很能說明問題。[26]

另一方面，如果冒險的活動與金錢獲利有關，當事人若在投資上經歷了一段幸運的時期，其大腦中可能形成一種非常危險的正回饋環路。這可能導致投資人變得非常冒險，承受遠高於經濟人願意承受的風險，而當事人要改變這種行為模式，可能一如癮君子戒掉古柯鹼那麼困難。

事實上，有個產業已經非常認真地看待這些神經科學發現，那就是賭業。吃角子老虎機是賭場中遙遙領先、最受歡迎的賭博形式。一如文化人類學家史庫爾（Natasha Dow Schüll）在她 2012 年的著作《致癮設計：拉斯維加斯的機器賭博》（*Addiction by Design: Machine Gambling in Las Vegas*）中指出，現代的老虎機是精心設計來引發玩家特定神經反應的。[27] 即使老虎機吐出多少獎金是完全隨機的（絕大多數老虎機都已經不再是機械式的，賭博結果因此是由電腦晶片控制），老虎機的設計會使玩家產生掌控情況的錯覺。玩家可以非常快速地贏錢——這是為了維持贏錢與多巴胺刺激之間的緊密關係。玩家輸錢則被刻意呈現為差點贏錢——這很重要，因為正如劍橋大學的克拉克（Luke Clark）最近以 fMRI 研究證明，大腦在當事人差點贏錢時仍會產生酬賞刺激，只是沒有真的贏錢時那麼強

烈。[28] 老虎機附近的環境也經過設計，盡可能防止賭客產生焦慮或其他負面感覺。這些因素結合起來便使老虎機容易成癮（臨床意義上的成癮）——在美國，估計超過 300 萬人有賭博方面的身心障礙；這因此也是重要的社會問題。

測量交易員的生理反應

毫不令人意外的是，事情如果涉及太大的痛楚或快樂，理性決策就可能消失無蹤。但是，即使心理學家和行為經濟學家在 1980 和 1990 年代記錄了愈來愈多異常情況，這些證據起初未能說服許多金融經濟學家。沒錯，投資人做蠢事、亂投資的例子很多，但這與效率市場假說無關。效率市場假說關注「聰明資金」（smart money），關注專業交易員——他們每天替主要金融機構買賣價值以百萬美元計的金融商品。此外，MBA 學生在電腦實驗室中參與精心設計的實驗，期間的表現可能與訓練有素的高薪交易員在交易檯上的表現毫無關係。如果經濟人聚集在地球上某處，那一定是華爾街；因此，如果我們想觀察這些稀有動物的行為，我們應該看華爾街的情況。

1999 年，我和博士後研究員列賓（Dmitry V. Repin）正是決定以這種方式回應行為金融學的批評。[29] 我們接觸一家大型商業銀行，問他們能否容許我們測量他們的專業交易員實際買賣時的即時生理特徵。我們希望看到現實中的理性金融行為，記錄其特徵，以便與一般人的表現比較。如果我們能辨明經濟人的獨特特徵，並解釋這些特徵與一般人如何不同和為何不同，那不是太好了嗎？

雖然這主意似乎很瘋狂（記住，那是在 1999 年，當時生物特徵

量測學尚未興起），該銀行同意我們測量該行 10 名自願參與研究的外匯和利率衍生商品交易員。我們利用可攜式生物回饋設備（見內頁彩圖 162 頁），測量那 10 名交易員工作時的膚電傳導、血壓、心率、呼吸和體溫變化。那些笨重的設備在當時是最先進的，但如今利用一個以藍芽技術連接智慧型手機的手錶（內置晶片和感測器），就可以測量這些情況（而且更準確）。

心理學家許多年前便發現，這些生理狀態數據可用來了解受試者的心理狀態（包括恐懼、貪婪和其他強烈的情緒反應）；心理學的一個分支因此誕生，如今被稱為心理生理學（psychophysiology）。事實上，基於生物回饋的冥想或壓力與痛楚管控技術非常仰賴這種技術。

這些交易員追蹤變動不定的市場數據（例如匯率）、買賣出價和已成交的交易，對吸引人注意的市場事件（異常的曝險和市場波動）作出反應，而我們則安靜地觀察。這是交易員在工作場所第一次以這種方式接受觀察：他們坐在自己的交易檯前，身體連著幾個感測器（見內頁彩圖 162 頁）。

我們在尋找什麼？我們希望找到生理特徵與證券價格之間的相關性，藉此了解人類生物表現與市場活動之間是否存在任何有系統的關係。例如以前的心理學研究告訴我們，膚電傳導小幅增加（利用貼在交易員手掌上的電極測量）與情緒變得激動有關（在極端情況下，你的手掌會大量出汗，在開始激動之後頗長時間仍然如此），而這理應伴隨著市場的大幅波動發生。

我們將交易員分為兩組：一組具有豐富經驗，一組的經驗為中等或少量。經濟人的表現理應不受市場歷練多寡影響，但我們的測

量結果顯示，經驗較豐富的交易員不自覺地展現出與經驗較少者不同的情緒反應。市場出現可能具有重大意義的事件時（例如價格大幅波動或趨勢反轉），交易員經驗較少者的血容積脈波振幅（blood volume amplitude）、體溫和膚電傳導出現顯著較大的變化。雖然所有交易員（包括經驗最豐富的那些）對重大市場動態都有反應，我們發現，經驗較少的交易員心理上對市場的短期變化比較敏感。此外，在市場出現極端變化之後，經驗較豐富的交易員情緒迅速回到正常狀態，而經驗較少的交易員不但比較激動，停留在激動狀態的時間也長得多。

這項研究確立了這種可能：我們或許可以利用可能與金融市場活動有關的人類生理特徵，即時量化金融決策。我們完成這項研究之後，在麻省理工遇到一件有點可怕的事。我教 MBA 金融入門課時，慣常地安排學生在史隆管理學院的交易實驗室玩一個交易模擬遊戲。我決定請幾名自願的學生在交易時接受生理測量，藉此分析我研究交易員心理生理學的一些心得。我看著筆記型電腦展現兩名學生交易時的生理特徵數據，注意到一些熟悉的情況。一名學生的膚電傳導圖呈現不規則的隨機波動，另一名學生的圖與我在那家銀行看到的資深交易員的圖非常相似——市場波動期間膚電傳導處於較高的水準，除此之外相當穩定。

交易模擬遊戲結束時，我問那兩名學生自己是否有做交易。膚電傳導圖呈現不規則波動的學生說沒有，另一名學生則說，他來麻省理工讀書之前，在某家大型投資銀行做了五年的政府公債交易工作。這真令我震驚。有關一個人的金融決策能力，我們還可以從他們的生理反應中看到什麼？

優秀交易員的素質

當然，此處真正有意思的問題是：這些研究結果當中，有什麼可以用來改善交易員的表現？當時我們無法回答這問題，因為我們未能取得那些交易員的累計績效數據──這些非常個人的資料掌握在銀行少數高層手上。但在我和列賓所做的第二項研究中，我們取得一群當沖客的交易盈虧資料。[30] 我們這項研究是與史丁巴格（Brett Steenbarger）合作，他是精神病學家，也是熱情的交易員。我們研究的那些當沖客參加了著名專業期貨交易員拉斯克（Linda Bradford Raschke）舉辦的為期五週的線上課程，拉斯克慷慨地容許我們招攬80名學員自願填寫有關他們的情緒狀態和交易行為的每日調查問卷。

在那25天期間，我們要求他們做一系列特定的假想交易，以及做他們想做的真實交易（假設我們沒有在觀察他們）。在交易期開始前和結束後，我們研究這些交易員的人格特質，看是否可以找出某種「交易員典型性格」，結果是找不到。顯然並非所有交易員都是那種超級進取的「宇宙主人」。

但是，我們將某些人格特質與他們的財務報酬聯繫起來，就發現了一種有趣的形態。交易員如果自稱對虧損和獲利都有比較強烈的反應，他們的績效顯著較差。此外，「內在性」（internality）指數較高的人，也就是比較傾向認為人生中各種事件是自己造成而非際遇使然的人，交易績效也顯著不如內在性指數較低的人。這些形態對我們了解優秀交易員的素質有幫助：優秀的交易員看來比較能夠控制自己的情緒反應，包括有能力避免因為交易虧損而過度自責，或因為交易獲利而過度自滿。

　　認真看過這些結果之後，我開始比較了解交易的心理，明白為什麼交易員面對悲慘的情況時還非常喜歡開玩笑——他們必須對那種容易情緒激動的情況保持某程度的抽離。曾經有個學生告訴我，他當外匯交易員的第一天，一名相當資深、負責指導他的交易員這麼忠告他：「孩子，你必須記住三件事。第一，這不過是錢而已。第二，這不是你的錢。第三，如果他們炒掉你，他們必須付你遣散費。」雖然是玩笑話，但這當中確實有智慧。如果你對盈虧太上心，認為你每天的損益是自己造成的而不是運氣使然，你很快就會身心耗竭，無法再做明智的財務決定。當然，這種事是說時容易做時難。

　　你問金融交易員為什麼做某宗交易而不做另一宗，他們常常無法解釋。他們利用他們的直覺，而這正是我們的兩項研究最終測量的東西。我們非常迅速地做出直覺決定，對這種決定幾乎沒有認知上的控制或意識——我們做這種決定時，並不是正在有意識地「思考」它們。金融交易無論是在專業交易室還是你的書房裡做，確實會動用在前額葉皮質進行的較高級大腦功能（邏輯推理、數字計算和計劃）。而我們也知道，這些功能可能被源自杏仁核的強烈情緒反應如恐懼和貪婪壓倒。交易員正是可能因為這種情緒短路現象而失控。

　　在此同時，我們的研究顯示，情緒確實也產生某種影響，連經驗最豐富的交易員也受影響。如果我們考慮演化和天擇的作用（第 5 章將詳述），我們就能解釋這些發現與理性市場的矛盾。在非常競爭的金融交易世界裡，失敗的交易員會輸很多錢，然後就被淘汰了。從情緒對他們決策的影響看來，情緒是決定金融交易員演化適應能力的因素之一。

　　我們對金融交易員的即時測量為個人行為在財務決策中的作用再添一些證據。我們知道，外部因素如我們經歷的陽光量或白晝長短，甚至是地磁活動，都可能影響情緒。這些性格和生理測量只是揭露財務決策最終驅動因素的第一步。經濟人頭腦所想的東西比我們起初以為的多得多。

以神經通貨思考金錢

　　如果我們接受經濟人不存在，那還有一個問題：為什麼呢？為什麼人類對有關金錢的事很難保持理性？神經科學的答案是：大腦並不「理性地」處理獎勵或損失。有關金錢的事在大腦觸動的恐懼和貪婪神經路徑，與所有其他事物相同。雖然金錢有悠久的歷史，但相對於人類這個物種在地球上存在的時間，它其實是一種新奇事物。我們正利用我們古老的大腦來回應新事物。這並不令人驚訝。大自然非常節約，經常重複利用既有的生物解決方案應付新挑戰。

　　但是，我們古老的神經生理機能可以闡明我們新的經濟行為。現代很多懷疑經濟學的人批評經濟學利用相同的價格尺度，評估完全不同的事物之價值。例如經濟學家不但比較蘋果與橘子（比較兩者的價格是很容易的），還比較蘋果與六個月後可能得到的橘子，甚至比較吃一個橘子與玩西洋跳棋的滿足感。許多經濟學批評者對此激動不已，但價值評估對經濟學極為重要。借用經濟學的術語，每一個人都有他獨特的偏好順序。我們所有人都有能力替各種東西排序，從價值最低到價值最高排出一條直線，但每個人的順序各有不同。作為心理學理論，這有一些缺陷，但作為經濟學理論，它的效

用非常好。不過，這理論在神經生理學層面真的正確嗎？

本世紀初，貝勒醫學中心的蒙泰格（Read Montague）和埃默里大學醫學院的柏恩斯（Gregory Berns）致力研究大腦如何將財務獎勵轉化為一種內部的精神「通貨」（currency）。蒙泰格和柏恩斯推論，大腦必須用一種共同的評價尺度來比較不同的結果。因為人類可能出現的行為範圍極大，他們認為大腦需要一種代表價值的單一內部尺度來選出適當的做法——儘管以經濟人的標準而言，這種做法未必是理性的。

2002 年，蒙泰格和柏恩斯檢視神經生理數據，找到大腦中一個接收多巴胺的結構，它似乎將酬賞反應（reward response）轉化為神經活動，其方式神奇地令人聯想到布萊克休斯／默頓選擇權定價模型。[31] 這發現震驚科學家，因為選擇權是金融衍生商品市場重要的一部分（該市場買賣的是與未來事件結果掛鉤的複雜合約）；經濟學家對布萊克休斯／默頓模型評價極高，休斯和默頓因此榮獲 1997 年諾貝爾經濟學獎（布萊克 1995 年去世，未能共享此榮譽）。常有人將選擇權市場的爆發性發展歸功於選擇權定價迷你計算機於 1970 年代興起。人類的大腦中是否有一個相當於選擇權定價計算機那樣的東西？

我全部都要，現在就要

但事情並非那麼簡單。金融專業人士熟知現值與未來值（future value）的差異。如果某項資產未來才能取得，我們通常會認為其價值低於它如果現在就在手上的價值。例如你現在錢包裡的百元鈔

票，價值略高於一年後才能拿到的百元鈔票。兩者價值的百分比差距被稱為折現率。根據經濟學理論，無論某段時間是發生在現在、明年還是未來十年，經濟人都應該對該段時間應用相同的折現率。但多數人衡量未來值的方式是不一致的。如果可以選擇，我們多數人會選擇現在就拿到 100 元，而不是一個月後拿到 200 元。但是，如果兩個選項是一年後的 100 元或 13 個月後的 200 元，我們多數人會選擇 13 個月後的 200 元。經濟學家將這種行為稱為「雙曲型折現」（hyperbolic discounting），但有關這道理，多數讀者比較熟悉的是「一鳥在手勝於二鳥在林」這句俗語。相對於完全理性的經濟人，我們短期而言比較衝動，長期而言比較理性──一名被寵壞的八歲小孩曾在我監督的一個生日派對上說：「我全部都要，現在就要！」

現實中人類展現的折現曲線像雙曲線（非常重視眼前的資產，傾向低估未來資產的價值），這也正是這種表現被稱為雙曲型折現的原因。相對之下，經濟人會認為二鳥在林勝於一鳥在手，因為在林二鳥的預期現值高於在手的一鳥。但我們只靠天生的本能，根本就不會完全理性地做這種心算。因此，隨著時間的推移，我們會做出經濟上不一致的選擇。

不令人意外的是，效率市場理論之父法瑪有一個非常聰明的方法避免掉進雙曲型折現陷阱。法瑪接獲演講或參與商業活動的邀請時，用一個簡單的標準決定是否接受：無論事情是在多遠的未來，他都問自己，如果這件事是在下週，他會接受嗎？如果會，他就接受邀請，否則他就禮貌地拒絕。這個簡單的法則可以確保他無論考慮多遠的事，總是採用相同的折現率。

但是，雙曲型折現使單一精神通貨論受到質疑。蒙泰格和柏恩

斯提出他們的研究發現之後不久，一些證據顯示，大腦似乎有不同的神經系統負責評估不同時期的金錢獎勵。麥庫爾（Samuel McClure，蒙泰格的一名前研究生）提供亞馬遜禮券給參與 fMRI 研究的普林斯頓學生，檢視他們的雙曲型折現行為。這些學生確實傾向選擇馬上到手但金額較少的禮券，捨棄金額較大但一段時間之後才能拿到的禮券。即時的金錢獎勵優先刺激多巴胺系統，延後的獎勵則刺激前額葉皮質——大腦的這一部分與「理性」思考有關（下一章將討論）。[32] 麥庫爾假定大腦中有兩個系統起作用：一個處理即時獎勵，另一個處理較長遠的獎勵。

　　麥庫爾的雙系統雙曲型折現假說真的正確嗎？其他神經學家不是很確定。紐約大學神經科學中心的凱寶（Joseph Kable）和格萊齊（Paul Glimcher）檢驗該假說：他們維持 fMRI 研究受試者的即時獎勵不變（經由簽帳卡得到 20 美元），同時改變未來獎勵距離現在的時間，最長是 180 天。他們發現，「即時」訊號的強度因應未來獎勵的變化而改變。[33] 後續研究促使他們認為大腦只有單一神經系統處理不同時期的價值折現，呈現一條相對於最早獎勵的雙曲線。

　　神經科學已經證明，人腦以不一致的方式處理不同時期的價值。我們天生的傾向是短期比較苛求，長期比較淡漠。站在經濟學家的角度，大腦中有系統可以解釋這種現象是相當驚人的事。下一章將說明這些系統為何存在，以及它們如何影響財務決定。

　　但是，獎勵或酬賞並非全都一樣。我們人類主觀地理解這一點，因此就有「不要拿蘋果跟橘子比」這種出於常識的批評。多巴胺系統如此複雜，意味著大腦有多種方式可以感受到酬賞。因為參與某個實驗而得到禮券，你的大腦處理這種獎勵的方式，會與它處

理其他獎勵——例如吃自己喜歡的食物或享受母親溫暖的微笑——有所不同。

不過，大腦確實可以比較不同類型的酬賞，也必須這麼做。一名美國的外匯交易員如果為了盯著亞洲匯市，放棄精美的晚餐或與家人共度美好黃昏，他正是做了這種主觀價值的比較。我們甚至有可能算出這種取捨涉及的確切金額。2010 年，史密斯（David V. Smith）及其團隊在杜克大學認知神經科學中心利用 fMRI 技術，檢視 23 名異性戀年輕男性的大腦活動。[34] 這些年輕男子可以選擇看陌生的迷人女性臉孔或實驗者承諾提供的金錢之圖像。研究者不但找出了受試者確切利用大腦哪一部分作這種比較（前額葉皮質某個部位），還能算出受試者心中的「兌換價」——平均一張臉孔 4.31 美元。

自從大腦成像技術於 21 世紀迅速發展以來，學者針對主觀價值做了數以百計的 fMRI 研究。因為這課題累計了大量研究結果，有學者利用統合分析（meta-analysis）方法，發表分析相關論文的論文，幫助學界理解這些研究結果。巴特拉（Oscar Bartra）、麥奎爾（Joseph T. McGuire）和凱寶 2013 年的統合分析得出以下結論：在實驗者檢驗的所有類別中，主觀價值都是以相同方式編碼（encode），在同樣的系統中刺激大腦同樣的區域。[35]

這些研究結果很好地說明了我們有關大腦的知識近年迅速演變。短短數年間，學者根據既有的神經生理學知識，提出了單一神經通貨這個有力的假說，而該假說很快受到質疑，但隨後又因為基於新技術的聰明實驗的發現而得以鞏固。我們知道，這故事尚未結束。例如我們仍不清楚大腦在哪裡比較各種主觀價值，也不清楚這種精神通貨在個別神經細胞的層面如何編碼。[36] 科學家仍在研究這

些問題，而各位閱讀本章時，學界的共識大有可能又改變了。不過，我們探索神經科學的原因仍然一樣：人類的行為不是一個黑盒子，我們看似荒誕的行為是可以合理解釋的，即使這種解釋必須不時更新。

現代神經科學的應用能力正逐漸增強。有些科學家認為我們對大腦的認識已經足以支持我們積極主動地利用神經科學，尤其是神經成像研究。他們認為我們與其尋找與經濟行為有關的大腦區域，不如反其道而行，利用大腦的活動預測經濟行為。我們進行特定行為之前，大腦某些區域會活躍起來，尋求冒險與伏隔核便是一個例子。心理學家努森和經濟學家博薩茨（Peter Bossaerts）認為這種預期反應可用來創造一種決策的「生理約束」（physiologically constrained）理論，一種以大腦活動作為輸入項的經濟行為模型。[37]

這不是一種新構想。事實上，開創性經濟學家賽蒙（Herbert Simon）在 1970 年代便曾致力於類似研究，試圖利用當時的人工智慧技術，模仿人類決策過程中的內部心理。但是，現在的 fMRI 和其他成像技術可以直接測量大腦裡的活動。懷疑者可能認為這是不切實際的想法，畢竟沒有電腦程式可以完全反映人腦的複雜性——至少目前做不到；但誰知道十年後情況如何呢？不過，經濟學家有個簡單的說法可以回應這種質疑：我們已經用了一個極度簡化的人類行為模型——經濟人完美優化的行為。

本章提到的例子說明了一個令人遺憾的事實：究其內在，人類真的不是很理性的動物。如凱因斯指出，我們被我們自己的動物本能支配了。恐懼與貪婪、愉悅與痛楚是財務行為的關鍵驅動因素。神經學家已經證明，金錢獲利刺激的酬賞神經路徑與古柯鹼相同，

而財務損失引發的戰或逃反應與當事人身體受攻擊時相同。這些反應與生俱來，在人類生理機能中根深柢固。雖然我們常常可以靠教育、歷練或遺傳上的好運氣克服我們的生物本能，在承受巨大壓力的情況下，絕大多數人會出現激動但仍可預料的行為。我們的行為「不理性」不代表這些行為是隨機和沒有理由的。即使是最不理性的行為，無論是出現在市場、政治領域還是個人生活中，背後通常有某種令人信服的理由——而該理由通常有某種生物學基礎。

在這個神經科學的美麗新世界，理性還有容身之處嗎？事實上是有。在下一章，我們將說明經濟人確切存在於人腦中何處，以及我們在動物界如何獨一無二。

第 4 章

敘事的力量

我們有一種極度人性的傾向：喜歡以動機解釋世事。我們
看到一個硬幣連續四次擲出正面，馬上就會認為有人作弊。

理性的新意義

　　1970 年代中，一名 35 歲的成功商人受劇烈頭痛和注意力難以集中困擾。醫生診斷他長了腦膜瘤，一顆小橘子那麼大的腫瘤從下方壓迫他的大腦額葉。切除腫瘤的手術成功，但病人一些健康的額葉組織也遭切除。他的智力、運動技能和語言能力都完好，但他從手術中復原後，周遭的人很快發現，他的性格大大改變了。他在工作上完全失去分寸感：他可能花整天時間在一些不重要的瑣事上，例如選擇寫信給客戶使用的字體，同時忽略了迫切的任務──例如把信寫好並寄出去。早上決定穿什麼衣服或晚上選擇一家餐廳吃飯，這種事可能耗費他數小時。他很快被公司炒掉，隨後他試著自己做生意，但也很快接連失敗，然後他太太離開了他。他再婚，但很快又離婚。

　　神經學家達馬西奧（Antonio Damasio）在愛荷華大學遇到他時，這名曾經成功的商人正爭取恢復領取身心障礙補助。因為所有其他醫師都認為他身心健全，政府取消了他的補助。從外表看來，這個人完全是裝病以逃避責任。[1]

　　達馬西奧懷疑其他醫師的診斷。他安排這名病人接受腦部掃瞄，利用當時的新成像技術，包括我們之前提過的一些，例如電腦斷層掃瞄攝影、磁振造影和單光子發射電腦斷層掃瞄（SPECT）。掃瞄結果顯示，這名病人 ── 達馬西奧的著作《笛卡兒的錯誤》（*Descartes' Error*）將他化名為「艾略特」（Elliot）──大腦皮層左右額葉有非常局部的損傷，其位置在額頭較低處後方數厘米處。

　　達馬西奧推斷，艾略特大腦這一小部分與較高級的決策功能有

關。艾略特接受專門的心理和性格測驗均表現正常，這一點與額葉受損的其他病人不同。不過，達馬西奧與病人大量交談之後，開始認為艾略特除了決策能力受損外，還有其他問題。雖然艾略特是個令人愉快、甚至相當機智的談話對象，他談到自己的不幸時顯得相當冷漠。達馬西奧進一步探究，發現艾略特看起來幾乎總是很淡定：從不悲傷，從不焦慮，從不急躁，只曾非常短暫地生氣。達馬西奧利用心理測驗測量艾略特對暴力圖像的生理反應，證實他確實有這種奇怪的缺陷。經過一系列的檢驗之後，艾略特本人向達馬西奧證實他的這種轉變：「以前有些話題會引起我的強烈情緒，但如今我完全不會有反應，無論是正面還是負面的反應。」達馬西奧將艾略特的這些狀況暫稱為「後天反社會」（acquired sociopathy）。[2]

缺乏情緒反應以某種方式影響艾略特，導致他在日常生活中作出種種不理性的選擇。根據艾略特和類似病人的情況，達馬西奧得出這個意義重大的結論：情緒在人類認知中的作用，對理性至關緊要。[3] 換句話說，若想完全理性，我們不能沒有情緒。

達馬西奧原本的研究距今已超過三十年，但其結論仍使許多人大感驚訝，尤其是經濟學家。畢竟市場價格之所以不理性地偏離基本面，不正是因為貪婪和恐懼，或凱因斯所講的動物本能嗎？如果沒有貪婪和恐懼，我們理性的大腦不就能得出正確的結論，不會產生第 2 章提到的那些行為偏誤？

為了回答這問題，我們必須比較精細地認識情緒的本質和情緒在決策中的作用。神經學家和心理學家對此有共識，提出了一種簡單但令人信服的解釋。情緒是動物（包括人類）利用的一種工具，可以提升動物從自身環境和經歷中學習的效率。因為有情緒，我們

可以學習得比較有效率。

在涉及恐懼的學習中，情緒的作用至為明顯。如前所述，恐懼制約使動物只需要一次經驗，就能將新刺激與負面結果聯繫起來。這種聯繫非常牢固，可以終身不忘——甚至人類也是這樣。我們提過的機師湯普森因為可以感受到恐懼，救了自己一命；另一方面，那個無懼的 SM 正是因為無法感受到恐懼，有幾次差點被殺。恐懼是一種非常有效率的學習機制。

在艾略特這例子中，他連感受輕微情緒的能力都失去時，學習過程中的一個回饋環路就被切斷了。在艾略特看來，真的是一切都一樣。達馬西奧認識到，這種無差別感使艾略特無法作出合理的判斷。站在神經科學的角度，情緒有助形成一個內部的酬賞與懲罰系統，使大腦得以選出一種有利的行為。站在經濟學的角度，情緒有助動物（同樣包括人類）利用一種基本貨幣或價值標準，分析眼前各項選擇的成本效益。[4]

但如果情緒並非我們不理性的根源，如果我們想保持理性其實不能沒有情緒，那麼不理性的根源是什麼？神經科學提供了一種線索。神經學家已經證明，情緒是我們的「第一反應」，戰或逃反應尤其如此。一如機師湯普森的例子顯示，我們對事物的情緒反應來得極快，而我們往往很久之後才能清楚說明這些反應。[5]

人體中的火警警報器和自動灑水系統

極端的情緒反應可能導致理性思考徹底短路。這在神經科學上是可以解釋的。杏仁核受到強烈刺激，似乎會抑制前額葉皮質的活

動，而前額葉皮質與邏輯思考和推理能力有關。[6]（本章稍後將再談前額葉皮質。）站在生物學的角度，這是有道理的。非常強烈的情緒是一種提醒我們應戰的生理警報，必須立即處理，因為事情可能攸關性命。如果一頭灰熊正向你衝過來，你受驚並拚命逃離現場，要比你有能力解開微分方程式重要（即使你是麻省理工的學生也是這樣）。你比較高級的大腦功能（例如語言和邏輯推理）此時很自然地受抑制，直到威脅解除。

當然，在我們的主觀感受中，情緒反應是另一回事。我們可能完全不覺得大腦是利用情緒反應幫助我們生存下去。如果你曾經氣到幾乎說不出話來，你已經體驗過這種作用。一種比較常見的例子涉及性吸引力。你被某人吸引，決定策劃一場「偶遇」，以便自己施展魅力，使對方答應跟你約會。你為此準備了好幾天，剪了個好看的髮型，選好一套漂亮的衣服，而且準備了一些機智的妙語，一再排練。你終於等到自己精心計劃的那一刻。你開口講話，然後開始失控，變得辭不達意；雖然準備了很久，此時你就像個胡言亂語的白痴。為什麼會這樣？

因為大腦負責情緒反應的部分暫時支配了你。語言能力由前額葉皮質負責，但你的「情緒腦」抑制了它，令你無法好好說話。採用神經科學的術語，我們會說情緒刺激對前額葉皮質產生一種拮抗作用。在當事人的主觀感受中，這種情況可能像情感與理性在交戰；在神經生理學上，情況恰恰是這樣。愛情確實會愚弄我們。

人類的行為取決於大腦各部分之間的精細協調。這種互動可能極度微妙複雜。且以微笑為例。我們多數人可以輕易分辨自然的笑與強裝的笑。[7]為什麼呢？答案與大腦的組織有關。自然的笑是大腦

的前扣帶迴皮質產生的，涉及臉部某些不隨意肌，這些肌肉不受有意識的運動控制。強裝的笑則完全是一種刻意的行為，源自大腦的運動皮質。這與真心的笑不同，因為臉部的不隨意肌不參與；這些肌肉不動，當事人的表情因此顯得僵硬做作。適時作出特定表情需要精湛的技巧和很大的努力，曾接受史特拉斯堡（Lee Strasberg）「方法演技」訓練的人可以為此作證。榮獲奧斯卡金像獎的演員如傑克尼柯遜（Jack Nicholson）和梅莉史翠普（Meryl Streep）必須喚起他們某些激動的經歷，才能產生電影某一幕要求的真實情緒反應。這種反應刺激相關的不隨意肌，產生正確的臉部表情；表情不夠真實可能被立即發現，斥為「爛演技」。

　　不理性的行為又是怎樣一回事？如前所述，大腦中有專門功能的各部分彼此互動，產生某些行為，提高當事人在特定環境下的生存機會。這是「恐懼天賦」的基礎。智人在動物界中獨特之處，在於他們藉由學習和應用更有用的行為，成功適應新的處境。我們的大腦能做到這些事，是靠大腦許多有專門功能的部分協調合作，產生有效的平衡。但是，隨著人類所處的環境逐漸改變，大腦各部分的相對重要性也改變了。大腦這些部分遇到它們無法有效處理的情況時，我們就會出現「不理性」的行為。

恐懼因素與金融財務

　　我們知道，打倒一個理論要靠另一個理論。神經科學以人腦的功能為基礎，提供了一個有關理性和不理性行為的理論。那麼，這個有關不理性行為的理論如何應用在金融財務上？

　　請容我講述神經科學用來測量財務理性與不理性的簡單測驗。自從達馬西奧做了他的開創性研究之後，愛荷華大學成為理性行為相關神經症狀的研究重鎮。本書第 3 章提到的無懼女病人 SM 正是在這裡接受研究。曾師從達馬西奧的貝沙拉（Antoine Bechara）也是在這裡設計了如今稱為「愛荷華賭局作業」（Iowa Gambling Task）的實驗。[8] 這個實驗的靈感有一部分來自康納曼和特沃斯基的一些實驗，但貝沙拉希望利用一種比較接近現實的決策作業，他因此選擇一種類似撲克牌的遊戲。

　　參與愛荷華賭局的目標有如參與金融市場交易，就是盡可能避免輸錢、盡量多贏一些錢。實驗受試者——「玩家」——獲提供面值 2,000 美元、相當逼真的玩具鈔票，而他面前有 A 至 D 四副紙牌。玩家選擇任何一副牌，揭開一張牌，牌上印著的正數或負數就是他這一次贏或輸的金額。這個簡單的遊戲含有賭博的精髓。

　　玩家事先不知道的是，那四副紙牌都被實驗者操控了。A 和 B 這兩副牌多數時候會讓玩家每次贏 100 美元，但 A 這副牌偶爾會使玩家一次輸數百美元；玩家如果一再選擇揭開 A 的牌，長期下來會輸錢。B 這副牌也類似，但它懲罰玩家的次數較少，不過每次的懲罰更大，會使玩家輸 1,250 美元。C 和 D 這兩副牌則通常讓玩家每次贏 50 美元：C 這副牌偶爾懲罰玩家一個不大的金額，D 懲罰玩家的次數較少，但每次會使玩家輸 250 美元，但兩副牌長期下來都不會導致玩家輸錢。

　　正常玩家（對照組）通常會先試玩每一副牌，然後因為被較高金額的獎金吸引，集中玩 A 和 B 這兩副牌，直到他們認識到，集中玩這兩副牌會輸錢。他們通常會在頭 30 張牌之內認識到這一點，然

後就改為玩 C 和 D 兩副牌，但有些喜歡冒險的玩家偶爾還是會選擇玩 A 和 B。玩到第 100 張牌時，實驗者就停止遊戲。

　　如前所述，我們的神經系統天生使我們容易產生賭博的衝動。但正常玩家投入愛荷華賭局，最後通常會選擇理性的策略。但是，腹內側前額葉或杏仁核受損的人（艾略特是前一種情況，SM 是後一種）會採用完全不同的策略。他們一開始與正常玩家一樣，會先試玩每一副牌，看看哪一副的報酬比較好。但是，他們隨後會一直堅持集中玩 A 和 B，即使這兩副牌顯然會導致玩家輸清光。他們真的輸清光（這是必然的）後，實驗者借給他們更多錢，但他們還是選擇集中玩 A 和 B。前額葉受損的人即使自稱「不愛冒險」，也總是比自稱「喜歡冒險」的正常玩家更傾向選擇玩 A 和 B。他們無法從自身的財務損失中吸取教訓。[9]

　　這是一種非常系統性的不理性。如果這種行為出現在大腦並無損傷的人身上，心理學家無疑會視其為一種行為偏誤。這些實驗證明，人如果欠缺某些情感能力，處理風險的能力會受損。神經系統具有這種缺陷的玩家看到 A 和 B 兩副牌提供較高的獎金，但未能認清這個重要事實：它們的風險高得多，根本划不來。那些病人受損的大腦結構對當事人理性地權衡風險與報酬至為重要，而這種權衡取捨正是金融財務決策的關鍵所在。

　　理性在神經學上的定義與個人所處的環境有密不可分的關係。人如果失去體驗情感的能力，行為就會變得比較不理性。我們認為的「理性」行為，其實是大腦多個部分經過複雜協調的結果。如果大腦這些部分失衡，例如使我們變得太無懼或太貪婪，我們就會出現失衡的行為——我們稱之為不理性的行為。但這些失衡的行為不

是隨機的。它們只是不適合當事人所處的環境，一如鯊魚擱淺在沙灘上。

　　金融市場的環境又如何？因為市場受許多人的不同想法影響，支配市場的既可能是群眾的智慧，也可能是暴民之瘋狂，失衡的行為理應反映在市場上。因此，我們不應該對以下這些現象感到意外：冬季陽光不足，股市的價格傾向因此受抑制；[10] 如第 3 章指出，交易員情緒反應太多或太少，績效通常不如情緒反應不多不少的交易員；[11] 交易員在他們的睪丸酮高於一般水準時，通常獲利較多。[12] 新興的神經經濟學研究證明，這些例子以神經生理學的角度重新解釋，可以為我們提供一種理解理性與不理性較為深刻和豐富的基礎。

我知道你知道我知道

　　雖然神經科學清楚證明人類的決策過程與經濟人那種超級理性的表現相距甚遠，這重要嗎？效率市場假說暗示，這可能不重要。想想有許多人參與交易的現代金融市場。如果某個交易員情緒激動之下做了錯誤的決定，比較理性的其他交易員應該會看到這個機會，然後輕鬆藉此獲利。因為投機客積極利用其他人哪怕只是輕微的錯誤獲利，個人的不理性遲早會從市場消失。換句話說，「聰明資金」最終應將消滅「愚笨資金」。

　　當然，群眾智慧主導市場這種理想情況並非總是能維持。暴民之瘋狂有時可能像病毒一樣感染整個市場，但市場看來理性的時候遠多於不理性。不過，如果人類理性本身有生物上的限制，那又如何？

　　修過經濟學的人都知道，價格由供給和需求決定。每一筆經濟交易都有買方與賣方，兩者試著達成彼此滿意的協議，達致傑文斯所稱的「雙方需求一致」。經濟學家將這種協商稱為價格發現過程，第 1 章的豬價週期「蛛網」模型正是描述這種過程。但是，這種協商並非總是以買賣雙方以某個價格完成交易為結果。如果賣方拒絕將要價降至買方願意支付的水準，就不會有交易。目前 eBay 上那塊要價 100 美元的傑雷諾（Jay Leno，著名電視主持人）頭像薯片，如果賣家不願降價，可能永遠賣不出去。拒絕降價可能是賣方的理性決定，但也可能反映賣方不夠了解買方願意付什麼價格。

　　在運作良好的市場中，價格發現過程要求參與者投入某程度的因果推論：「如果我這麼做，其他人將這麼做，屆時我將這麼做……」這種連續推論要求當事人掌握心理學家所稱的「心智理論」（theory of mind），也就是必須有能力理解對手的心智狀態。想想買賣雙方之間最基本的談判形式：討價還價。即使是最簡單的價格發現過程，買賣雙方都必須理解對方的動機。我們必須對另一方在想什麼有某種見解。

　　事實上，要達致效率市場假說和理性預期論假定的均衡價格，推論鏈（chain of reasoning）必須是無限的。在蛛網模型中，價格圍繞著供給和需求曲線盤旋，直到它達致經濟天堂狀態。這就像買方與賣方困在一個鏡廳裡：賣方知道買方知道賣方知道買方知道……要價太高了。換句話說，市場達致均衡狀態需要一種相當複雜的心智理論，應該也需要高水準的抽象思考能力。

　　令人驚訝的是，里佐拉蒂（Giacomo Rizzolatti）在帕爾馬大學領導的研究團隊 1990 年代初的一項偶然發現證明，「心智理論」並非

只是心理學家利用想像力虛構出來的東西，它還是大腦固有的一種神經生理現象。[13] 里佐拉蒂的團隊利用貼在一隻獼猴大腦特定部位的微電極，發現特定神經元對他者的「鏡像」（mirrored）動作有反應。例如獼猴握緊一件東西時，其前運動皮質某個神經元會發射訊號，而當牠看到人類實驗者握緊一件東西時，同一個神經元也會發射訊號。這是直接的物理證據，證明這隻獼猴可以根據自身經驗理解他者的行為，甚至跨物種也可以。簡而言之，這隻獼猴的大腦中本來就有一種基本的「心智理論」。

里佐拉蒂發現這種「鏡像神經元」（mirror neurons），是完全意料之外的事。雖然有些神經學家曾戲言有「祖母神經元」（看到祖母時會發射訊號的神經元），沒有神經學家預料大腦中有特定結構會根據自身經驗對他者的行為作出相同反應。事實上，里佐拉蒂的發現因為太特別，尊貴的科學期刊《自然》（*Nature*）拒絕刊登其文稿，因為《自然》的編輯認為該發現欠缺「普遍意義」。[14] 儘管如此，里佐拉蒂的團隊利用正子造影術（PET），很快就發現人類也有鏡像神經元。一如我們在演化上的遠親獼猴，人類看到他者的動作也會有神經元活躍起來，我們因此得以直接體驗他者的動作。「我感受到你的痛楚」，這句話比我們所想的更真實。

如我們所見，神經學家通常藉由研究大腦特定部分受損的個體之行為，確定大腦那些部分的功能。在鏡像神經元的研究中，這種做法是反過來了。我們了解鏡像神經元的表現，但還不知道它們如何影響行為。里佐拉蒂和一些學者提出一個假說：自閉症與大腦的鏡像神經元機制出現缺陷有關。患自閉症的人常常難以理解其他人的動機，因此也就難以建立社交關係。英國神經學家巴隆柯恩

（Simon Baron-Cohen）認為自閉症是神經不健全的心智理論造成的。[15]

我們可以從自身的經歷中看到這種缺陷如何影響理性。我們在兒童時期全都經歷過自己的心智理論不健全的階段。在四歲之前，我們通常無法理解這種事：我們因為親身的經歷而知道某些事情不真實，但竟然有人（可能是我們的爸爸或媽媽）認為它們是真的。這是兒童心理發展的一個著名階段。當然，對於其他人可能搞錯了某些事情，成年人多數處之泰然。而作為父母，我們知道四歲以下的小孩心智上無法理解我們可能搞錯事情，多少可以得到安慰，尤其是在我們面對小孩某些行為時——如果不是明白兒童的心智限制，我們會認為這些行為不合理（或不理性）。

但是，多數小孩到了四歲，就有能力處理心理學家所稱的初級錯誤信念（first-order false belief）。在這年紀，我們的大腦已經發展到我們可以明白其他人可能持有錯誤的看法。多數兒童，包括唐氏症兒童，都在四歲左右達到這個成長階段，但自閉症兒童就不是。這是通往健全「心智理論」的重要一步。四歲的孩子多數能理解這種陳述：「艾倫以為他的聖誕禮物是用紅紙包起來，但其實是用綠紙」——這是初級錯誤信念的一個例子。但四歲的孩子多數無法理解這種陳述：「貝芬妮認為艾倫以為他的聖誕禮物是用藍紙包起來，而艾倫以為他的聖誕禮物是用紅紙包起來，但其實是用綠紙」——這是次級錯誤信念的一個例子。理解次級錯誤信念的能力需要多幾年時間培養，但小孩到七歲時通常就具有這種能力。這意味著他們的心智理論已經相當成熟，不但可以推斷另一個人的心智狀態，還可以推斷另一個人對某人心智狀態的推斷。在意圖的鏡廳中，四歲

的孩子可以看清一層的鏡子，七歲的孩子可以看清兩層的鏡子。[16]

這個鏡廳有多深？我們可以基於純理論理由，揣測人類有「無限倒退」（infinite regress）的潛力，雖然我們極少動用這種能力。畢竟英語文法上可以支持無限層的子句，例如這句童謠「This is the cat that killed the rat that ate the malt that lay in the house that Jack built」（這隻貓殺了吃掉傑克所建房子裡的麥芽的那隻老鼠）。另一方面，我們可以試著創造一個有關第三級錯誤信念的思想實驗（例如「克萊頓認為貝芬妮認為艾倫以為……」），然後就會發現這是相當困難的事。事實上，心理測驗已經證明，一般成年人回答有關第五級心智理論的問題時，會開始犯大錯。[17]我們的「理性」看來僅限於四級的心智理論。

如果多數人在意圖的鏡廳中只能看清四層的鏡子，西洋棋特級大師卡斯帕洛夫（Garry Kasparov）又如何？卡斯帕洛夫雖然被視為史上最優秀的棋手之一，一般對弈時也只能預見未來三至五步。[18]相對之下，最終戰勝卡斯帕洛夫的電腦「深藍」通常可以預見未來16步。

心智深度不足對效率市場假說構成嚴重問題。設想這樣一種情況不是很困難：正確了解相隔五層的某個人的意圖，有重要的財務意義——事情可以是複雜的併購交易、奇特的金融衍生交易，甚至是美式足球聯盟（NFL）選秀和交易。但是，如果除了極少數像西洋棋特級大師那樣的高手外，沒有人可以一念（a single thought）掌握這種意圖鏈（就像三歲兒童無法理解他媽媽不知道他的毯子在哪裡那樣），參與這種交易的人怎麼可能總是理性地尋求自身利益極大化？簡短的答案是：他們沒辦法。

如果你是效率市場假說的忠實信徒，你可能會說，其他投資人會利用這名投資人不夠明智的行為獲利。但是，如果事情涉及第六級心智理論，其他投資人怎麼可能做到這件事？雖然套利和獲利動機可以幫助投資人把握別人犯錯的機會，投資人還是必須能夠看出有人犯了錯。在許多情況下，這種期望根本不切實際。市場歷史充斥著「理性」投資人犯錯的例子——他們對自己的判斷信心十足，直到他們不曾考慮或無法理解的資訊導致他們慘敗。

換句話說，因為我們的理性在生物層面上太受限了，效率市場假說不可能在所有可能情況下總是成立。

經濟人與左腦

智人或許不是經濟人那種超級理性、完美優化行為的物種，但我們的不理性表現遠非無方向的隨機行為。事實上，我們有一種極度人性的傾向：喜歡以動機解釋世事。我們看到一個硬幣連續四次擲出正面，馬上就會認為有人作弊。如特沃斯基和康納曼證明，我們作這種即時判斷一般不動用邏輯或數學，而是利用捷思法。但如果有人要求我們解釋自己的判斷或行為，我們通常可以編造出看似合理的理由。無論你是否相信，這種行為也是神經科學可以解釋的。

1960 年代，神經學家斯佩里（Roger Sperry）針對因為罹患某種嚴重癲癇而接受治療的病人，做了極有意義的一系列研究。癲癇發作時，隨機的異常信號像電暴（electrical storm）一樣不時傳遍整個大腦。這些信號導致病人抽搐和肌肉收縮，偶爾也會失去意識，嚴重的狀況稱為「癲癇大發作」。頑性癲癇是最嚴重的其中一種癲癇，

（文接 169 頁）

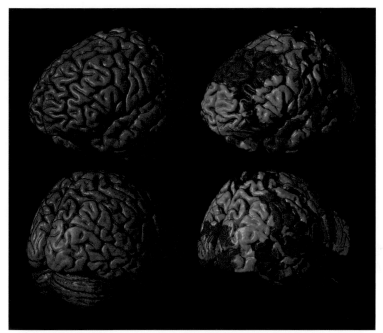

圖 3.1 兩個角度的人類大腦和布洛德曼大腦區域彩色圖。
資料來源：奧勒岡大學大腦發展實驗室研究助理 Mark Dow

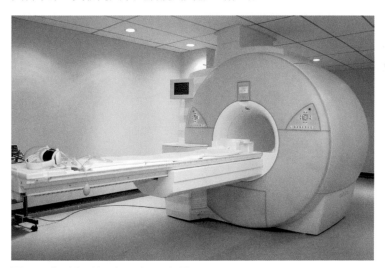

圖 3.2 典型的磁振造影（MRI）機器。
資料來源：Ezz Mika Elyn/Shutterstock.com

圖 3.3 羅聞全與列賓使用的心理生理測量設備。

資料來源：Lo and Repin (2002)

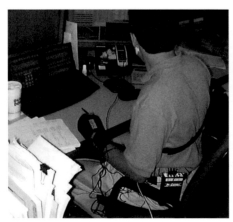

圖 3.4 某大型商業銀行金融交易員即時心理生理狀態研究的實驗安排。

資料來源：Lo and Repin (2002)

(a)

(b)

圖5.1 (a)樺尺蛾（Biston betularia）和(b)黑色樺尺蛾（Biston betularia f. carbonaria）。
Olaf Leillinger 拍攝

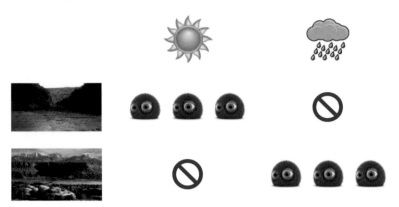

圖 6.1 毛球兩種築巢決定的結果。如果毛球在河谷築巢,在陽光燦爛的情況下,可以生存下去的毛球孩子是三個;在下雨的情況下,毛球的孩子全都無法生存。如果毛球在高原築巢,在陽光燦爛的情況下,毛球的孩子全都無法生存;在下雨的情況下,可以生存下去的毛球孩子是三個。

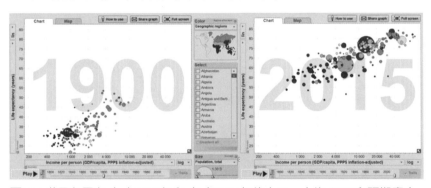

圖 8.3 世界各國在(a)1900年和(b)2015年的人口、人均GDP和預期壽命。資料來源:http://gapminder.org

圖 10.4 Jinx Taylor(左)與 James Callahan(右),以及 Taylor 父親 John G. Taylor 上校(1912–1998)購買的玉雕品。Callahan 為《古董巡迴秀》替這些玉雕估價,認為價值可達 107 萬美元。該電視節目於北卡州羅里市拍攝時,Taylor 將這些玉雕帶來估價。這一集節目 2010 年 1 月播出。照片由美國公共廣播電台 WGBH 的 Jeff Dunn 拍攝,由《古董巡迴秀》提供。

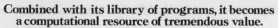

圖 10.7 德州儀器的 SR-52 可編程式計算機，1975 年推出，被芝加哥選擇權交易所的交易員用來以布萊克休斯／默頓公式計算選擇權價格。照片由德州儀器提供。

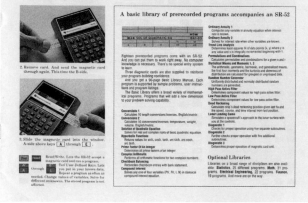

圖 11.3 核心邊陲網絡圖：（a）2009 年《綜合撥款法》修改的美國法典中各節；（b）《陶德法蘭克華爾街改革法》修改的美國法典中各節；（c）美國法典第 12 類「銀行與銀行業」。藍點代表邊陲的節，紅點代表核心。資料來源：Li et al. (2015)。

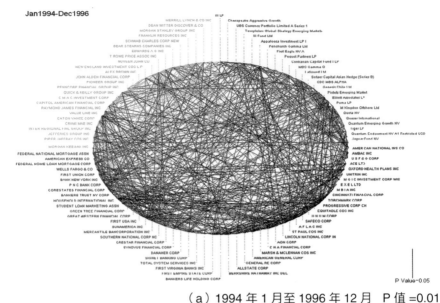

(a) 1994 年 1 月至 1996 年 12 月　P 值 =0.01

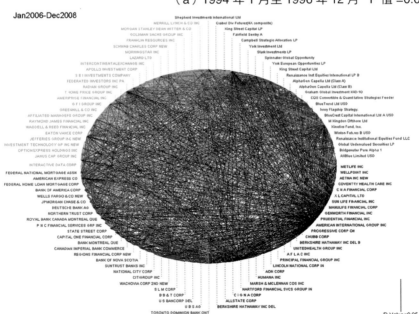

(b) 2006 年 1 月至 2008 年 12 月　P 值 =0.05

圖 11.4 銀行（藍色）、經紀自營商（綠色）、對沖基金（紅色）和保險公司（黑色）之間的互聯程度：(a)1994–1996 年和（b）2006–2008 年。資料來源：Billio et al. (2012)。

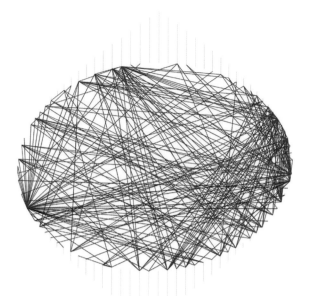

（a）5 月 16 日至 6 月 24 日　P 值 =0.01

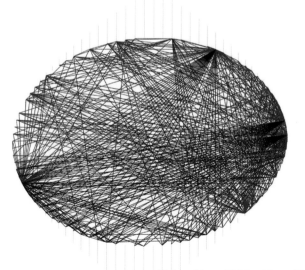

（b）5 月 17 日至 6 月 27 日　P 值 =0.01

圖 11.5 銀行（紅色）和保險公司（藍色）報酬率與主權債信用違約交換利差（黑色）的格蘭傑因果關係（Granger causality）網絡圖：（a）2016 年 6 月 24 日，英國脫歐公投之前；（b）2016 年 6 月 27 日，英國脫歐公投之後。

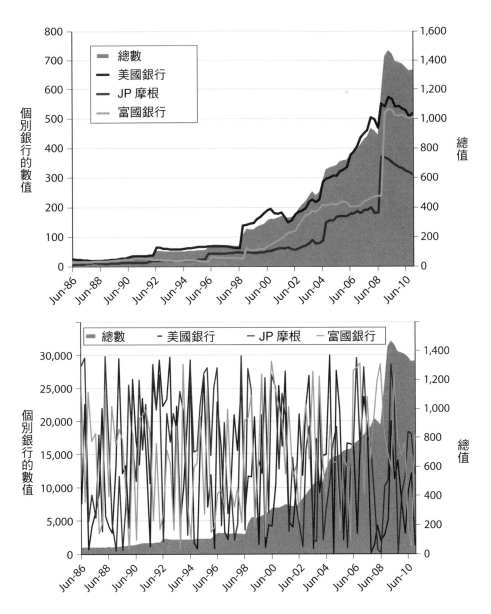

圖11.7 以安全多方計算方法算出美國銀行、JP摩根和富國銀行的不動產放款總額。圖（a）顯示三家銀行的原始時間序列資料（線圖）和放款總額（紫色圖）；圖（b）顯示三家銀行加密的時間序列資料（線圖），這些數字加起來可以得出與原始資料相同的放款總額。資料來源：Abbe, Khandani, and Lo（2012）。

會令人衰弱並危及生命。

斯佩里開始研究時，頑性癲癇的唯一治療方法是切斷大腦左右半球之間的主要神經管道，也就是切斷胼胝體。這種方法聽起來可能像放血之類的野蠻手術，但它真的有效。切斷連結大腦左右半球的神經，導致癲癇發作的放電就無法跨越大腦左右半球，癲癇也就不會發作。這種手術名為胼胝體切開術，如今因為有更有效的其他治療方法，已經很少做。即使在 1960 年代，斯佩里、他當時的學生葛詹尼加（Michael Gazzaniga）和其他同事也只能徹底研究 10 名做了這種切開左右腦手術的病人。但即使樣本這麼小，他們還是推斷出大量有關大腦如何運作的事實。

斯佩里的實驗利用了一個奇特的人體事實：我們的視覺與大腦左右半球是交叉對應的：右眼及其視野與左腦連結，由它負責處理右眼視覺；左眼及其視野與右腦連結，由它負責處理左眼視覺。在斯佩里的實驗中，他向左右腦分離的受試者展示圖像，每次僅限一隻眼。左眼接收的訊息傳送到右腦，右眼接收的訊息傳送到左腦。但因為受試者的胼胝體已經被切開，左腦與右腦接收的訊息無法互通，結果受試者便出現一些非常奇怪的行為。

舉個例子：實驗者向一名受試者的左眼（對應右腦）展示一張人臉圖片，她可以正確地認出人臉，但同樣的圖片向她的右眼（對應左腦）展示，她就表示什麼都看不到。另一方面，實驗者向她的右眼展示文字，她可以立即正確讀出那些文字，但向她的左眼展示相同的文字，她就表示什麼都看不到。換句話說，她的左腦可以閱讀文字但無法認出人臉，而她的右腦可以認出人臉但無法閱讀文字。

藉由這些簡單精緻的實驗，斯佩里及其同事得以作出以下推論：

左腦專門負責語言、說話、數學和解決問題（我們通常稱之為「智慧」行為），右腦則負責辨別臉孔、空間能力、情感和集中注意力。因為這些發現，斯佩里 1981 年榮獲諾貝爾醫學獎。

但是，事實證明斯佩里假定的大腦分工並非那麼絕對。後來的研究已經證實，大腦比我們所想的更複雜。就腦外傷而言，視病人的年齡和大腦受損的程度而定，斯佩里以為僅由左腦或右腦負責的許多大腦功能，可以在大腦另一邊重生，情況類似一般人右手受傷之後，可以學會比較熟練地運用以前較少用的左手。採用神經科學的說法，大腦具有很高的可塑性。

就本書而言，有關左右腦的最重要發現之一，與第 2 章提到的機率對應遊戲有關。你可能還記得，在「靈通熱線」遊戲中，受試者被要求預測電腦螢幕上將出現字母 A 還是 B。如果 75% 的時候出現 A、25% 的時候出現 B，受試者會選擇效果不理想的「機率對應」做法：75% 的時候選 A、25% 的時候選 B──平均而言，這種做法 62.5% 的時候選對。完全理性、尋求獲利最大化的人會堅持一直選 A，結果是 75% 的時候選對。

葛詹尼加（曾是斯佩里的學生）及其同事研究靈通熱線遊戲，發現了非常奇特的現象。簡化的左右腦理論宣稱左腦是聰明、「理性」的腦半球，右腦則是直覺、「感性」的腦半球。但是，如果找來左右腦分離的受試者，僅對他們的右眼展示這遊戲，他們會採用機率對應的做法；如果僅對他們的左眼展示遊戲，他們會推斷出最佳策略，堅持每次都選 A。[19] 這結果與流行的左右腦理論所預測的恰恰相反。「理性」的左腦與右眼連結，但選擇了機率對應。「感性」的右腦與左眼連結，但選擇了最佳策略。

　　但是，實驗者聰明地修改實驗，發現上述結果有一種重要例外：如果靈通熱線遊戲使用臉孔而非字母，右腦就不再選擇最佳策略，而是也選擇機率對應。[20] 關鍵差別在於右腦辨識臉孔，左腦辨識文字。雖然基本資料其實一樣，以臉孔而非字母代表資料導致擅長辨識臉孔的右腦也選擇機率對應。

　　這是怎麼了？為什麼大腦專門負責辨識文字或臉孔的部分那麼容易就被愚弄，掉入機率對應的陷阱？

　　在他迷人的著作《大腦、演化、人》（Human）中，葛詹尼加敘述了他針對被稱為「P.S.」的左右腦分離病人所做的一個實驗；葛詹尼加在 1970 年代與李寶（當時是葛詹尼加的研究生，後來就是他發現「恐懼路線圖」）一起研究這名病人。[21] 在美國佛蒙特州伯靈頓市一個積雪的拖車屋停駐場，實驗者向病人 P.S. 的右眼展示一張雞爪的圖片（因此是 P.S. 的左腦處理相關訊息），向他的左眼展示一張雪堆的圖片（因此是 P.S. 的右腦處理訊息）。然後實驗者要求 P.S. 從他面前的一些額外圖片中選出最相關的圖片。P.S. 的左手選了一張鏟子的圖片，右手邊了一張雞的圖片。這結果符合預期，因為左右腦各自處理所見的圖片，然後選出相配的圖片──鏟子配雪堆，雞配雞爪。

　　但葛詹尼加要求 P.S. 解釋他選擇那兩張圖片的原因，卻得到完全意料之外的答案。P.S. 答道：「啊，很簡單。雞爪和雞是一起的，然後你需要鏟子來清理雞舍。」這解釋勉強說得通，但不是多數人會提出的說法，而葛詹尼加知道真正的原因。P.S. 被要求解釋他的選擇時，其左腦為左手的選擇創造出一種看似合理但不正確的解釋，而不是直接說「我不知道」。語言和智能通常是左腦的功能。因為做了

左右腦分離手術，P.S. 的左腦完全不知道那張導致他的左手選了鏟子圖片的雪堆圖片。他的左腦只能看到雞爪的圖片。但是，P.S. 被要求解釋時，他的左腦創造出一種敘事來解釋這個非如此無法解釋的動作，而這敘事與左腦實際看到的東西相符。大腦「聰明」的部分也是大腦負責創造敘事的部分。

葛詹尼加在其著作中提供了許多這種例子：實驗者以某種方式刺激左右腦分離的病人，病人被要求解釋自己的反應時，創造出一種敘事；這種敘事似乎說得通，但其實是完全不相關的錯誤解釋。葛詹尼加喜歡的一個例子來自病人 J.W.：實驗者向他的右腦展示「微笑」一詞，向他的左腦展示「臉孔」一詞。如葛詹尼加所述：「他的右手選了一張笑臉的圖片。我問他為什麼這麼做。他說：『你想要什麼，悲傷的臉嗎？誰想看一張悲傷的臉？』」[22]

葛詹尼加根據這些實驗的結果，得出以下結論：大腦右半球負責有關現實的人、事、時、地（也就是純事實部分），大腦左半球負責解釋如何（how）和為何（why）。我們的左腦非常出色地完成這件事，創造出與觀察到的資料相符的敘事──但這種敘事並非總是正確。

在一個比較原始的層面上，「靈通熱線」實驗中的機率對應似乎正是這麼一回事。大腦負責理解文字符號的部分試著將這些符號納入一種有關預期的敘事中：75% 的時候出現 A，25% 的時候出現 B。大腦負責辨識臉孔的部分也試著將那些臉孔納入一種敘事中：75% 的時候出現有鬍子的男性臉孔，25% 的時候出現載帽子的女性臉孔。這不是那種致力優化的行為，但它產生一種有關未來的一致敘事。從這個角度來說，機率對應是一種非常原始的敘事形式。

　　這種創造敘事的能力對我們所稱的「智能」至為重要。記住，我們人類與其說是「理性的動物」，不如說是「善於合理化的動物」。我們所理解的世界不是無序的一些物與事，而是一串串的物與事——我們希望它們能像故事那樣通往某種結局。我們選擇最佳行為的能力，看來和我們提出最佳敘事的能力有關，而所謂最佳敘事，就是我們對世界的多種解釋中看來最合理的那個。說到底，我們的大腦裡面可能真的有經濟人，而他扮演文學評論家的角色。

擔當執行長的前額葉皮質

　　我們已經介紹了神經科學的一些突破，但仍然沒怎麼談到大腦各部分如何以多種方式互動，產生我們觀察到的人類行為。回到有關財務金融的問題，我們對恐懼和貪婪生理上如何產生的認識如今大有長進，但對於某個人看到自己的養老金投資組合價值萎縮 20%將有何反應，我們可以說什麼呢？雖然這種事件確實可能觸發當事人的戰或逃反應，我們知道不是每個人都會有相同的反應。有些人會恐慌，然後立即將所有資產換成現金；有些人則可能不動如山。

　　對於這些個體的差異，神經科學可以提出任何見解嗎？這是經濟學家可以提出的最有意義的問題，但也是神經學家最難回答的問題。不過，大腦組織的層級結構看來可以提供部分答案。

　　就控制行動而言，大腦某部分在某些特別情況下可以凌駕另一部分。一如軍隊中的指揮鏈，權力取決於等級，但大腦各部分的等級並非無論何時都固定，也並非遇到任何狀況都保持不變。我們可以如何確定神經系統各部分的等級？舉個例子：許多不同的物種都

有杏仁核，我們因此可以說杏仁核對動物在許多不同環境下求生至為重要。這意味著杏仁核在某些情況下應該可以凌駕大腦其他部分；因此，在足夠危險的情況下，我們的恐懼反應理應凌駕大腦較高級的功能。

沿用我們的軍事比喻，一排士兵負責掃蕩一座可能由敵人佔領的建築物時，領軍的中尉負責指揮，士兵將立即果斷奉行中尉的命令。但是，如果他們執行任務期間遇到炸彈，中尉將立即把指揮權交給炸彈小組的技師，因為對方才有處理炸彈的專門技術。處理炸彈期間，包括中尉在內的整排士兵都將聽命於這名技師；指揮鏈暫時改變，以便最有效地處理迫在眉睫的威脅。威脅一旦解除，他們就恢復正常的指揮鏈。在這個比喻中，杏仁核就是炸彈小組的技師。

大腦像經驗豐富的一排士兵那樣適應各種狀況。這種適應能力的一個極端例子，是 27 歲攀山者羅斯頓（Aron Lee Ralston）的非凡故事，他經歷的折磨記錄在其著作《127 小時》（*Between a Rock and a Hard Place*）和丹尼鮑伊（Danny Boyle）扣人心弦的電影《127 小時》（*127 Hours*）中。2003 年 4 月 26 日，羅斯頓獨自一人在猶他州東南偏遠地區的藍約翰峽谷（Blue John Canyon）攀登一段三呎寬的裂縫，期間一塊八百磅重的卵石滑落，將他的右臂壓在裂縫的牆上。他被困住五天，最後用一把不鋒利的小刀將右臂從肘部下方切斷，就此脫困。[23] 這故事之所以驚人，是因為羅斯頓非常具體地計劃自我截肢，直接克服人類逃避痛楚的最基本本能，自願使自己承受極度的痛楚。他如何完成此一壯舉？羅斯頓能克服避免痛楚的本能，是因為他在大腦中創造出另一種敘事──該敘事雖然包含非常折磨人的自我截肢情節，但比孤獨死在峽谷裡誘人得多。羅斯頓創造該

敘事所利用的機制，我們人人都具備。

　　羅斯頓能生存下來，有賴他大腦中的前額葉皮質。人類的前額葉皮質就在我們非常大的額頭後方。雖然其他哺乳動物也有類似的結構，人類的前額葉皮質是最大、最複雜的。[24] 利用我們豐富的想像力創造複雜的假設性敘事，這種能力是人類這個物種最重要的優勢之一，而且就我們所知，這種能力看來是人類獨有的。神經學家已經證明，人類許多獨特的能力——例如語言、數學推理、複雜的計劃、自我控制和延宕滿足——也源自前額葉皮質。正因如此，前額葉皮質有時被稱為「大腦總指揮」（executive brain）。

　　一如一家高效企業的執行長，前額葉皮質負責制定組織的願景，監督各部門和下屬的表現，以及衡量各部門目標的成本效益、決定資源如何配置。前額葉皮質致力提高達致組織總目標的機會，同時保護組織免受現行和潛在的威脅傷害——有時會在緊急情況下凌駕「董事會」的意願。這裡所講的企業層級結構並非只是一種有用的比喻，它實際上是人類神經生理運作的一部分。

　　人腦因為具有這些籌劃和執行功能，人類得以從事遠比其他物種複雜的行為。我們觀察其他動物的行為，就能看清此中差別。相對於人類，動物的可預測性高得多。大白鯊發起攻擊之前，會繞著獵物遊走；加拿大雁冬天會遷移到南方；活在海裡的太平洋鮭魚會回到牠們出生的淡水河流產卵。雖然人類也展現某些可預料的特徵（例如美國新英格蘭地區有相當一部分人也會遷往南部過冬），我們的前額葉皮質可以產生的行為遠比動物多樣，因為我們有能力想像出許多不同的敘事，並從中選出自己想要的。

　　這種能力可以促使我們做出神奇的事，就像羅斯頓那樣。是什

麼救了羅斯頓？這是他自己的說法：

> 一個金髮碧眼的三歲男孩穿著一件紅色 polo 襯衫，穿過陽
> 光下的實木地板，向我跑過來。我直覺知道那是我未來的
> 家，而男孩是我的孩子。我彎下身，以左手抱他，用我沒
> 有前臂的右手平衡他，將他舉到我的肩膀，兩人一起笑出
> 來⋯⋯然後這景象瞬間消失了。我回到峽谷中，男孩的歡
> 笑聲還在我腦海裡迴盪，在潛意識裡向我保證：無論如何，
> 我將脫離眼前的困境，生存下來。雖然之前我已接受自己
> 將在救援人員來臨前死在這裡，現在我相信自己將活下來。
> 因為這個信念，因為這個孩子，一切得以改變。[25]

2003 年發生意外時，羅斯頓尚未結婚或訂婚，也沒有孩子。但是，人類就是有這種非凡的想像力，可以創造出如此具體的假設性敘事，然後克服看似不可能克服的困難，將這種想像化為現實。六年後的 2009 年 8 月，羅斯頓與查斯蒂（Jessica Trusty）結婚，兩人的第一個孩子李奧（Leo）2010 年出生。

心理學家已經研究過人類大腦為了長期利益而選擇短期受苦的能力──雖然涉及的事遠遠沒有羅斯頓的經歷那麼戲劇性。自 1960 年代末起，美國心理學家米歇爾（Walter Mischel）在史丹佛大學做了一系列的實驗，受試者為逾六百名學齡前兒童。[26] 每個小孩都獲派一盤棉花糖和其他糖果，實驗者讓他們做一個選擇：馬上吃掉糖果，又或者等幾分鐘，待米歇爾離開房間後再回來，屆時可以得到雙倍的糖果。實驗的具體做法有時略有變化，例如實驗者可能要求

這些小孩在等待期間想「趣事」或「傷心事」。米歇爾會離開房間
15 分鐘，期間那些小孩的舉動都會被錄影。在眼前那些糖果誘惑
下，這些孩子一般等不到三分鐘就開始吃，但也有幾個小孩可以等
足 15 分鐘。

　　多年後，米歇爾無意中觀察到一種形態：馬上吃糖果的小孩學
業成績比較差，能夠延宕滿足的小孩學業成績比較好。後續研究顯
示，比較衝動的孩子 SAT 分數（美國大學收生考慮的一個關鍵條件）
較差，能延宕滿足的孩子分數通常較高。令人驚訝的是，這些受試
者四十年後延宕滿足的能力（或無能）還是一樣。[27] 此時現代的大
腦成像技術已經面世，而研究結果顯示，那些四十年前可以頂住棉
花糖誘惑的人，前額葉皮質比較活躍。另一方面，那些比較衝動的
人則是大腦相對原始的一部分比較活躍，那就是伏隔核所在的腹側
紋狀體，而大腦這部分與成癮行為密切相關。為什麼大腦有一個演
化上比較古老的部分與衝動和成癮有關？這有個簡單的解釋：紋狀
體與習慣之形成有關，無論習慣是好是壞。如果前額葉皮質是執行
長，紋狀體便是執行人員——他學會如何處理公司的例行事務，以
便做好日常管理工作。

　　這不是搞笑的比喻。近年的研究顯示，紋狀體會做學習過程中
需要的成本效益分析。在麻省理工的麥高文大腦研究所和大腦與認
知科學系，德羅歇爾（Theresa M. Desrochers）、Ken-ichi Amemori 和
格雷比奧（Ann M. Graybiel）發現，獼猴（人類演化上的遠親）在學
習過程中，紋狀體會積極地將成本效益分析化為一種神經訊號。[28]
這些獼猴沿著一個綠點網格移動牠們的眼睛，完成後獲得獎勵，藉
由強化作用學會正確的眼球連續運動。一如發現鏡像神經元的實

驗，這項研究利用有記錄功能的先進微電極，貼在獼猴大腦特定部位，監測獼猴學習過程中的神經訊號。德羅歐爾、Amemori 和格雷比奧分析這些訊號，發現紋狀體中的神經元將成本與效益綜合成一種訊號，而隨著獼猴所學的動作變得比較熟練，這種訊號也變得比較明確。

　　我們的前額葉皮質是了不起的神經系統器官：在漫長演化史中的一瞬間，它使人類得以支配世界，足跡擴散至地球上幾乎所有類型的環境，甚至是月球。大腦可以提供給經濟學家的最接近經濟人的東西，就是前額葉皮質。如果經濟行為者真的「在某種預算限制下盡可能提高預期效用」，或「藉由二次規劃優化投資組合」，或「在動態議價中耍策略詭計」，或展現經濟學理論（如理性預期論或效率市場假說）預測的其他奧祕行為，他們將是利用前額葉皮質做這些事。

　　但一如任何生物的任何器官，前額葉皮質也有生物機能上的限制。雖然它是獨特和令人讚嘆的，但它無法即時運作或無限期運作。它不善於同時執行多項任務——這一點與多數人所相信或期望的不同。[29] 它不大能夠規劃幾步之後的情境，也難以應付數級之後的心智理論。它會很快創造出看似合理的敘事，而不是承認無知。壓力會損害它的表現。[30] 事實上，在某些情況下，前額葉皮質會完全停止運作——如前所述，由杏仁核處理的強烈情緒可能抑制前額葉皮質的功能。有些人聽到震撼消息後昏倒，是因為血壓驟降令前額葉皮質完全停止運作，導致他們失去意識。

　　講回養老金投資組合價值萎縮 20% 的例子，有些投資人會因此立即將所有資產換成現金。幾乎所有金融專業人士都會告訴你：這

是恐慌性拋售，未必是最好的做法。那麼，如果投資人面對這種情況決定什麼都不做，那又如何？他們也可能經歷了腎上腺素激增導致的典型反應：心跳加快，手心出汗，血管擴張。但他們因為有能力想像未來，創造出一種假設性敘事，相信市場數年之後就能收復失土（此時他們遠未退休），得以壓下起初的本能反應。這是拜想像力和前額葉皮質的功能所賜。

預言自我實現的力量

人腦內含一種預見未來的敘事預測機器。我們在現實中根據這些預測行事——例如在金融投資方面，我們根據我們對市場的預測賣出或持有手上的股票。如果這些預測是成功和有用的，我們傾向延續我們的行為；但如果預測失敗，我們比較可能停止我們的行為並修改我們的預測。若能掌握比較好的敘事，我們將有較大的機會得到較好的結果。但是，我們仰賴敘事預測未來，這種做法有一種微妙的缺陷。我們的大腦會不自覺地利用我們的敘事預測塑造我們的行為，使我們預測的結果比較可能實現，而一如葛詹尼加那些左右腦分離的病人，我們甚至永遠不會注意到自己的這種做法。

1950 年代末，心理學家羅森塔爾（Robert Rosenthal）發現其博士論文的研究實驗設計出現了嚴重錯誤。他不自覺地將他的人類受試者分組，而分組方式會導致他們的反應自動證實他的發現，而不是科學地檢驗他的假說。這種問題被稱為實驗者偏誤（experimenter bias），幾乎在他的學術生涯開始前就毀了他的學術事業。正是因為這種問題，可靠的實驗設計仰賴隨機化試驗和雙盲試驗，以免實驗

者不自覺地操縱實驗來證實受檢驗的假說。

其他研究者會從這種危險情況中吸取教訓，在設計下一個實驗時小心避免再犯錯誤。羅森塔爾則選擇了不同的做法：他決定徹底改變他的研究焦點，致力解釋實驗者偏誤如何發生。

在他的一個經典實驗中，羅森塔爾向 12 名研究生提供兩組實驗室白老鼠。[31] 他告訴這些學生，其中一組老鼠受過訓練，能迅速走出迷宮，是「聰明鼠」；另一組老鼠則被養成特別不善於破解迷宮，是「笨鼠」。這些學生很快發現，羅森塔爾所言正確：聰明鼠破解迷宮的速度，比笨鼠快 40%。

但這個實驗其實還有第 13 個人參與研究。這名研究者在其他學生不知情的情況下，秘密替羅森塔爾參與實驗：「聰明鼠」與「笨鼠」其實沒有差別，都是從一名標準供應商那裡隨機挑選的。羅森塔爾想測試的，其實是那些學生而非老鼠。拿到「聰明鼠」的學生做了一些事，哄誘那些老鼠盡快破解迷宮；拿到「笨鼠」的學生則有點漫不經心，結果他們的老鼠需要較長時間破解迷宮。對老鼠表現的敘事預期導致羅森塔爾的學生不自覺地創造出一個自我實現的預言。

此後三十年間，羅森塔爾繼續研究這種微妙的偏誤，他將這種偏誤稱為「畢馬龍效應」（the Pygmalion effect）——畢馬龍是古希臘神話中那個著名的雕塑家，他愛上自己創作的少女雕像。[32] 研究者在管理、法院系統、老人長期照護和學校這些領域均發現畢馬龍效應存在的證據，在學校更是一再發現。如果老師對學生有正面的期望，認為學生是可造之材，學生的表現通常比較好；如果老師對學生有負面的期望，學生的表現則通常較差。[33] 老師的期望直接影響

學生的表現，產生一種預言自我實現的循環，而因為期望一再獲得
證實，這些老師沒有理由改變他們的行為。

費克羅拉——史上最好的小學三年級老師

老師的期望對學生如何重要，我有親身經驗。1968 年，我是紐
約市皇后區普通公立小學「P.S. 13」的三年級學生，非常幸運地被編
在費克羅拉（Barbara Ficalora）的班裡。費克羅拉女士改變了我的一
生。她身材高 ，笑容燦爛，留賈桂琳甘迺迪那種髮型，予人溫暖
但有威嚴的感覺，是小學三年級生心目中的模範老師。她講話時我
們全都專心聆聽，而雖然班裡有接近 30 個學生，她似乎總是像在對
我們每個人個別講話，使我們覺得自己很特別，得到老師的欣賞和
關心。費克羅拉老師為我做了一件特別的事：她任命我為「本班科
學家」（Class Scientist）。

我至今仍不確定自己如何得到這個可羨慕的職位——我只知道
我沒有去申請這個職位。費克羅拉老師可能注意到，我對放在教室
後方的磁鐵和鐵屑極有興趣。又或者她知道我從學校圖書館借走的
科學書特別多。也有可能是她感受到我對課程某些部分（尤其是涉
及數字和背誦的部分）的沮喪和不耐煩。

無論出於什麼原因，費克羅拉老師觀察到我的某些特質，促使
她每天給我一些時間自己做簡單的實驗，例如利用一顆檸檬、一個
指南針和一些銅線製作電流計，或是利用電池、燈泡和開關做出並
聯和串聯電路。最好的一點是我每次做完實驗，可以向全班同學解
釋我學到的東西。以今天的科技標準衡量，那些實驗真的有點無

聊，但對 1968 年的八歲孩子來說，那些東西令人興奮不已。這麼多年之後，我回想那些實驗的細節，仍然可以感受到研究有所發現的興奮感。

這故事特別之處，在於我整個兒童時期都受數學學習障礙困擾（我的哥哥和姐姐是那種典型的亞裔學生，我卻不是）。我背乘法表背得非常辛苦：無論我如何努力，就是無法記得 6 乘 7 或 7 乘 8 是多少。即使是現在，我還是必須停下來想一想，才能確定 7 乘 8 是 56。雖然我閱讀能力很好，其他科目都有好成績，數學在我中小學期間一直是我的剋星。小學二年級時，老師曾寫便條給我母親，說我可能「遲鈍」（當年的常用說法），可以考慮尋求額外的協助。

當年我母親靠一份秘書的收入在紐約獨力撫養三個小孩，根本沒有時間或金錢可以安排我接受專家的檢測──即使她能找到剛好掌握這種技術的專家，即使當時已經有這種檢測（事實上是還沒有），她也負擔不起。換作是現在，任何一名兒童精神科醫師幾乎都一定會說，我那種情況是溫和的讀寫障礙（講得更準確點是算術障礙），也很可能會說我有注意力不足過動症（ADHD）。但當年這種知識尚未面世。在 1968 年，如今很有名的《精神疾病診斷與統計手冊》（DSM）才出到第二版，只有 119 頁，而該手冊除了「智能障礙」（Mental Retardation）那一節之外，和我的症狀最相關的一節看來是「特定學習障礙」（Specific Learning Disturbance）。但那一節是空的，只是用來收納無法歸入其他症狀的學習問題。如今 DSM 已出到第五版，內容逾 900 頁，重約 4 磅，含有許多詳細的學習障礙條目，而且提供特別用來評估兒童的診斷法。

當年我的老師和輔導主任只是說我「遲鈍」。這令我非常沮喪。

母親很確定我並非智能不足（她說我跟她和哥哥姐姐爭吵，每次都非常能言善道），所以她只是鼓勵我盡力而為，並要求我姐姐在週末和假期給我一些額外的數學題操練（真是太好了，要做更多功課；這正是每個過動的八歲男孩都想要的）。

這正是為什麼獲任命為本班科學家對我如此重要。費克羅拉老師憑空創造出這個職位，及時幫了我一個大忙：她使我能靠具體的成就增強自信，而不是對我講一些連八歲孩子都能看穿的空洞稱讚。成為班裡的科學家也促使我每週替自己設定新目標和更高的期望，因為我希望每次報告都做得更好——畢竟本班科學家必須有表現！雖然受學習障礙困擾，我在費克羅拉老師班裡表現出色，而我相信這經歷播下了我現行學術事業的種子。我獲得機會以自己的卑微方式超越預期，而這足以補償我在數學方面所受的困擾。

雖然擔任本班科學家使我重新相信自己數學不行也可以成功，我在數學方面仍然舉步維艱。因為這個弱點，我必須比同學努力得多。但是，到了高中時期，神奇的事發生了。我接觸到「統一現代數學」（Unified Modern Mathematics），也就是所謂的「新數學」課程，此後我在數學上的表現，就像擱淺的鯊魚回到大海裡（我們應該讓牠脫離沙灘了）。

在 1970 年代美國的教學大實驗中，標準的高中數學課程（代數、幾何、三角）被一些抽象課題（例如集、群、環、體）取代了。事後回顧，人們普遍認為新數學課程實驗慘敗——雖然這課程在佛羅里達州布勞沃德郡重新試行，似乎取得某程度的成功。1970 年代多數高中生（和他們的老師）被這些抽象概念搞得頭昏腦脹，但導致我受算術障礙困擾的神經生理狀況如今卻對我大有幫助，使

我比同學更快更清晰地掌握數學概念。這種轉變相當驚人：我的數學成績幾乎是一夜間就從 C 級跳升至 A 級。此時我才意識到自己的大腦運作方式可能與多數人不同。

我估計費克羅拉老師對這些微妙的學習問題沒什麼概念。但她因為願意包容我的缺點、培養我的好奇心和學習熱情，使我得以正面地努力，彌補自身的局限。我常想，如果我小學三年級遇到其他老師，不知道會怎樣——例如倘若我的老師是某天來代課的那個女士，她看到有同學未經許可便講話，就威脅要狠狠打他一頓。這種老師大有可能打走我的學習熱情。感謝上帝賜我費克羅拉老師。如果我們一直跟學生說他們遲鈍和數學不行，他們最終會相信自己真的是這樣，即使這不是事實。

我一生中有幸遇到許多激勵我、指導我的好老師，每次我做一些值得他們尊重的事，我都希望感謝他們：除了我母親 Julia Lo，還有 Henrietta Mazen、Sharon Oster、Andy Abel、Dick Caves、Nobu Kiyotaki、Jerry Hausman、Whitney Newey、Bob Merton 等等。但一切始於 1968 年我遇到費克羅拉老師。我將永遠感激她賜予我的愛、智慧和終身學習的熱情。

畢馬龍效應顯示，敘事預期可以在我們不知不覺的情況下改變我們的行為。這正是為什麼要找出最正確的敘事，接受外部的多元觀點檢驗非常重要，無論事情是有關某項金融資產的價值、太空梭災難的起因、某個科學理論的有效性，或是一名成績落後的學生之前途。敘事不接受獨立的檢驗，我們就無法判斷敘事是否正確，無法知道我們是否只是創作了一個具說服力但純屬虛構的故事。

敘事能力就是智能

我們已經對大腦某些部分有所了解，知道它們如何互動以產生人類的行為，如今我們終於可以回答（至少是暫時回答）歷來最大的問題之一：什麼是智能？借助近年神經科學研究的成果，答案意外簡單：**智能就是建構好敘事的能力。**

但什麼是「好敘事」？我想說的是可以準確預測結果的敘事。換句話說，好敘事可以準確地指出：「如果 X 發生，Y 將接著發生。」講白了，這就是因果關係。**智能就是針對現實提出準確的因果描述的能力。**

這個定義看起來或許已經夠清楚，但它含有幾個重要的微妙之處。首先，準確與否很大程度上取決於脈絡。在某些情況下，例如有關駕駛，準確性是相當簡單的問題，由物理定律決定。如果兩輛汽車以 100 公里的時速迎頭相撞，後果是很明確的，因為力量等於質量乘以加速度。但是，如果是預測股市的表現，每天準確率若達 55%，一年下來將可積累巨額的獲利，即使你有 45% 的時候預測錯誤。

以下談一個比較實際的例子。不久之前，我開車走麻省收費公路（Massachusetts Turnpike）去上班。我的車開在三車道的中線時，注意到左邊超車道上有輛車忽然向中線切過來，顯然是為了避開其車道上的一個大坑洞。我在自己大腦中建構了這個敘事：「如果我開在超車道上，那個坑洞會損害我的車，或導致一場事故。」從那天起，我走這條公路，在威斯頓（Weston）之前路段都避開超車道。

注意，我不必親身開車經過那個坑洞，就可以提醒自己避開

它。這個敘事僅存在於我的大腦裡──但因為我的前額葉皮質能夠產生和評估這個純假設性敘事並據此行事，我可以完全不必親身體驗那個坑洞就改變自己的行為。藉由避開超車道，我降低了自己的車子爆胎或捲入事故的可能性，而這有賴我創造這個假設性敘事並據此行事的能力。

很聰明，對吧？當然，我的敘事可能不正確。麻省收費公路局可能很快就修好了那個坑洞；果真如此，我的敘事導致我選擇比較慢的車道，耗費較多的時間和汽油。但因為我已經使用麻省收費公路很多年，我可以利用我的前額葉皮質預測公路坑洞的情況。我觀察到，坑洞通常不是一天就能修好，但因為麻省收費公路很多車行走，坑洞通常不會需要超過一個月才修好。另一方面，我可以相當自信地預測，典型的麻省收費公路坑洞會損害我的車。敘事是否有效總是取決於脈絡。在許多情況下，尤其是在金融財務應用上，「如果 X 發生，Y 可能接著發生」已經稱得上是非常聰明的敘事。

敘事另一微妙之處，在於「如果 X 發生，Y 將接著發生」可能相當複雜。X 可能遠非「超車道有坑洞」那麼簡單。回到麻省收費公路的例子，我內心的敘事可能是這樣：「如果我發現那個坑洞已經是一個星期前的事（X1），而且如果我上班快遲到了（X2），而且如果路上車輛不多（X3），我可能使用超車道，承受那個坑洞還沒修好的風險。」好敘事的定義對 X 或 Y 的複雜程度完全沒有限制。

科學理論是好敘事的一種特例。愛因斯坦的狹義相對論是非常複雜的敘事，花了愛因斯坦多年時間創造它，而即使到了現在，還是極少人真正完全明白它，儘管很多常見的電子設備有賴該理論是正確的。事實上，愛因斯坦這個理論對一些尚未發生的情況提出非

常明確的預測，而我們目前還遠遠沒有能力檢驗這些預測。例如一名太空人若乘坐太空船離開地球，以光速 90% 的速度前往約 10 光年外、可能圍繞著恆星天苑四運轉的那顆大行星，然後立即返回地球，這趟行程將耗費 22.2 年，但愛因斯坦告訴我們，這名太空人的身體僅將老了 9.7 年。這是驚人精確和奇異的敘事，而我們這輩子都不可能體驗。但我們有很好的理由相信它是準確的，因為這個敘事的其他元素已多次經過嚴謹的檢驗並證實準確——這證明人類具有非凡的智能。

　　智能就是敘事預測的能力，這概念非常接近霍金斯（Jeff Hawkins）提出的定義。霍金斯發明了 Palm Pilot（掌上型個人數位助理），後來成為神經學家。霍金斯在其著作《創智慧》（*On intelligence*）中指出，智能由記憶和預測這兩種能力構成。他認為人腦大部分組織都致力於這兩種活動。人腦皮質的微觀解剖結構顯示，皮質由數以百萬計非常規律的皮質柱構成，每個皮質柱有少量神經元；這使霍金斯想起矽晶片上電子記憶體和邏輯電路非常規律的結構。霍金斯認為這些皮質柱是支持人腦預測能力的基本單位。在他闡釋智能的記憶預測框架中，我們運用我們的記憶找出某些形態，以便根據當前情況和行動計畫預測未來的結果。「這些預測是我們的想法，它們與感官輸入結合，就成了我們的感知。」[34] 在這個記憶預測模型中，智能以至人類意識的本質是預測。

　　如果霍金斯的記憶預測模型正確（雖然它令人信服，但目前仍只是一個假說），我的大腦皮質便是由數以百萬計的微型預測機器構成，它們可以運用巨量的記憶，而它們的組織方式是為了方便快速找出複雜的形態，使我得以創造相對準確（但必然不完美）的有關

未來的敘事，而這種敘事將決定我的行為。換句話說，記憶預測模型是產生好敘事的引擎。

霍金斯的記憶預測模型乍看似乎太有限，無法解釋人類思想的多樣性。難道人腦不過是個了不起的搜尋引擎？狹義相對論的深度，看來與有關在麻省收費公路上開車的敘事根本不同。但是，如果仔細檢視，霍金斯的模型暗示兩者其實沒那麼不同。我們暫且扭轉霍金斯有關神經元與電腦運算的類比，來做一個比較數學的思想實驗。

多數讀者很可能知道，電腦以二進元電子方式儲存資料。也就是說，電腦裡每一「位元」的資料都有兩種可能狀態：0 或 1（又或者「關或開」，像電燈開關那樣）。大腦由 860 億個高度互聯的個別神經元構成——採用電腦術語就是大腦約有 86G 的神經元。我們暫且假設一個神經元就像電腦裡的一個位元。如果我們說一個神經元活躍時是「1」，不活躍時是「0」，則任何一刻你大腦的狀態——你的思想狀態——可以由 860 億個 0 或 1 代表。

人腦可以有多少種不同的思想狀態？在這個思想實驗中，這問題變成是：「860 億個 0 或 1 可以有多少個不同的組合？」因為每個神經元有兩種可能狀態，答案是 2 乘以 2 乘以 2——總共乘 860 億次，也就是 $2^{86,000,000,000}$ 種可能狀態。這數字大到不可思議——事實上，我們只能抽象地考慮它。

相對之下，可觀測宇宙裡只有約 2^{250} 個原子；因此，人腦可以出現的思想狀態數目比可觀測宇宙的原子總數大 285,999,999,750 倍——這數字有超過 250 億位數。[35] 相對於人類思想狀態的潛在多樣性，有關在麻省收費公路上開車的敘事與狹義相對論的差異並不

顯著。人腦可以建構近乎無限種敘事——雖然當中有用的敘事非常少。

霍金斯之類的電腦科學家，尤其是那些研究人工智慧的人，早就做過這種計算。電腦科學打從一開始就被神經科學強烈吸引——麥卡洛克（Warren McCulloch）和皮茨（Walter Pitts）1943 年提出神經元的第一個數學模型，當時第一台數位電腦正在開發中。[36] 早期的電腦科學家以為將智慧行為編寫成電腦程式並不難，可惜他們搞錯了。

最早期的人工智慧開發努力試圖由上而下模仿人類的思想。畢竟邏輯是一種敘事形式，而電腦非常擅長邏輯。事實證明，人類覺得非常困難的很多事情，對電腦來說相對容易。例如第一個令人信服的西洋棋電腦下棋程式「Kotok-McCarthy」，是科托克（Alan Kotok）1962 年在麻省理工創造的，是他的學士學位作品。當時人們認為精通西洋棋是人類智能的極致表現。但短短 35 年後，IBM 電腦「深藍」就打敗西洋棋世界冠軍卡斯帕洛夫。現在我們可以下載一個西洋棋程式到我們的智慧型手機上，而且這種程式可以輕易打敗絕大多數人類棋手。在人工智慧這領域，下棋基本上是個已經解決的問題。

另一方面，人工智慧也只是發展到這種程度：一萬六千台電腦連接起來，可以辨識出 YouTube 影片中的貓——這是三歲小孩憑直覺就能做到的事。[37]

為什麼電腦科學家要創造出真正的人工智慧是那麼困難？如我們所見，人類的思想並非只是頂層的符號抽象作業（symbolic abstraction），像在螢幕上移動數字或在棋盤上移動棋子。我們的

「理性」思想是浮在複雜的情感和敘事海洋上。非常弔詭的是，早期的原始電腦處理人類智能的極致表現（下棋、邏輯、數學），比處理人類生活的基本事務輕鬆得多。

隨著電腦科學的發展，電腦如今已有能力模仿更多的人類基本能力，例如語音辨識和語音合成。我們已經開發出整合型專家系統，例如 iPhone 的 Siri，或 IBM 超級電腦「華生」（Watson）──華生在美國電視益智問答節目「危機情境」（Jeopardy!）中勝出，它回答問題的能力媲美聰明的成年人，但其方式完全不像人類。人工智慧的發展已達到多個里程碑，但仍未克服最大的難題：產生真正的智慧行為。但是，隨著數種不同的研究路徑匯聚，人工智慧可能正逼近其目標。

1987 年，人工智慧先驅、已故麻省理工教授閔斯基（Marvin Minsky）出版重要著作《心智社會》（*The Society of Mind*）。[38] 閔斯基在書中全面闡述他對人類智能的看法，提出他對如何以機器形式複製人類意識和智能的見解。自 1950 年代起，閔斯基從數個不同角度──軟體、硬體、演算法、應用──研究人工智慧。他不滿於機械式模仿人類的行為，致力追尋一些更基本的東西。他曾說過，他的最終目標不是創造一台他可以引以為榮的電腦，而是創造一台能以他為榮的電腦。

在《心智社會》中，閔斯基指出，複雜的思想是大腦許多相對簡單的組件彼此互動的結果。這見解聽起來應該很熟悉。人類思想的複雜性並非源自大腦任何單一組件，而是源自它們之間可能發生的許多互動。閔斯基的著作以「心智社會」為書名，是指心智由這些簡單組件的「社會」構成。在閔斯基看來，我們的智能是拜這個

社會中可能出現的組合非常多樣所賜。「我們的智能源自什麼神奇訣竅？訣竅就是沒有訣竅。智能的力量源自我們巨大的多樣性，而不是源自任何單一的完美原則。」[39] 現代神經科學證明閔斯基的心智社會論有一定的道理——例如我們已經看到，我們的經濟理性實際上是我們的恐懼與貪婪之間的微妙平衡。但這是否已經完整解釋了智能問題？

人工智慧另一巨人、麻省理工教授溫斯頓（Patrick Winston）則認為人工智慧的前途在於敘事。對溫斯頓來說，人類智能就是講述、理解和重新組合故事的能力——他稱之為「強故事假說」（Strong Story Hypothesis）。[40] 人類不但為自己創造故事，還彼此分享故事。故事使我們能夠以非常豐富的方式互相交流。講述和理解故事需要複雜的符號思維，這是智人獨有的能力（至少我們目前知道是這樣），而故事強化了我們作為靈長類動物的社會性。講故事可能始於簡單的口述傳統，但拜書面語言的發展所賜，我們的敘事可以準確地利用以前講過的故事。書面語言成為一種智能放大器。如果沒有以往累積的書面知識，愛因斯坦不可能創造出狹義相對論如此複雜和優美的敘事。[41]

預測機器、心智社會、講述和理解故事的能力——在人工智慧和神經科學開始邁向相同的智能概念之際，還有一個問題未解。神經學家告訴我們，我們有非常精緻的心智機器可以完成各種任務。電腦科學家告訴我們，大腦許多簡單的組件結合起來，可以產生複雜巧妙的行為。但是，大腦組件這些不同的組合最初是如何確立的？它們如何針對我們不曾遇過的情況產生行為？

答案既簡單又極度複雜：這是演化和試誤（trial-and-error）的簡

單力量造就的。拜四億年的天擇所賜，大白鯊成為海洋中近乎完美的獵食者。人類行為的起源不同之處，僅在於我們這個物種調整適應環境的時間沒那麼長，以及因為科技加速發展，我們所處的環境如今正快速改變。智人在非洲莽原上面對人身威脅的「理性」反應，未必能有效應付身處紐約證交所交易大廳面臨的財務威脅。

甚至我們最「理性」的心智行為，其實也是對以往環境的適應。但要充分體會這觀點的意義，我們必須再次繞道——這一次是拜訪演化生物學的世界。

第 5 章

演化革命

智人（和隨之而來的經濟人）崛起並持續支配世界，解釋
這現象所需要的演化理論的最後一部分，是我們的認知過
程如何演化，也就是人類的思想如何演化。

動物園的一天

多年前，我大兒子學會走路不久，我收到前往華府參加某會議的邀請。兒子和太太陪我前往，以便我們週末時一起觀光。這趟行程的高潮是參觀華府的國家動物園：這個動物園設計得非常好，展出的動物幾乎看不完，還有非常著名的大熊貓。吸引我兒子的主要是「大猩猩之家」。當時他最喜歡的書是拉曼（Peggy Rathmann）的繪本《晚安，大猩猩》（*Good Night, Gorilla*）；這本書的故事非常溫馨，講一隻溫和的大猩猩釋放其他動物，在晚間帶領牠們到動物園管理員所住的地方露營。[1] 一如我們預期，兒子非常喜歡大猩猩之家，而對我來說，那一次的經驗意義重大。

我們一家三口站在一群紅毛猩猩前面，其中一隻看來是牠們的雄性首領，另外還有一隻成年猩猩，以及一隻小得多的幼兒猩猩。那隻雄性首領走到分隔我們與猩猩的鐵欄前面，和我們異常接近，可能是想討些花生或爆米花。我不加思索地搶到前面，將兒子拉離鐵欄。此舉想必嚇到雄性首領的伴侶，牠立即走到小猩猩前面，像是要阻擋我的進犯。

人腦以神秘的方式運作。恰恰在那一刻，我清楚看到效率市場假說和行為學派對它的批評可以如何調解。事實上，我立即明白了兩件事──對我來說，這兩件事理應一直顯而易見，但在那一刻之前，我從不曾想到它們。

首先，那隻擋在小猩猩前面的成年猩猩很可能是小猩猩的母親，而牠的反應和我完全一樣：面對潛在威脅，牠本能地設法保護牠的孩子。我和牠有如彼此的鏡像。因為我們都是靈長類動物，有

共同的祖先，我們有一些根深柢固的共同行為模式並不令人意外——我對此感到意外或許才教人意外。在動物園的那一刻，我意識到我的行為必然有很深的根源。

第二，儘管如此，我與猩猩母親之間顯然有巨大的鴻溝。我們站在鐵欄的兩邊。那天晚上，我和家人回到飯店，思考在動物園遇到的事，想想它如何替我解開了一個長期以來的學術難題，決定有天寫一本相關著作，當中將提到這件事，而我最終真的執行這個寫作計畫。至於猩猩母親則繼續在動物園生活，每天過著幾乎一樣的日子，得到妥善的照顧，但終身被囚禁。如今基因組分析顯示，人類與猩猩有 97% 的 DNA 是一樣的。[2] 這 3% 的差異真的意義巨大。它解釋了為何在鐵欄的一邊，一隻好奇的靈長類動物靈機一動、有所領悟，而在鐵欄的另一邊，另一隻差不多好奇的靈長類動物卻不是這樣。

要了解市場為何有時有效率、有時卻不理性（以及何時有效率），關鍵在於了解這 3% 的差異從何而來。答案當然是演化。

演化革命

確切而言，什麼是演化？簡而言之，演化是指一個族群（population）的特徵出現可以代代相傳的變化。必須注意的是，我在這裡用「族群」一詞，是取非常廣義的意思，並非僅限於該詞的生物學意思。我用族群一詞，可以指生物或無生命物體，或甚至是軟體之類的無形之物。我上研究所第一年時，曾向學長借往年的資格試考卷影印，然後發現我的影本幾乎看不清內容，因為它是多代

研究生傳下來的影本的影本的影本。（全錄〔Xerox〕是財星五百大公司顯然是有原因的。）玩過傳話遊戲的人都知道，一句話經過幾個人相傳之後，內容可能大幅改變；連鎖信、當代傳奇和流言蜚語也難逃類似命運。這些變化全都是一種演化，而要評斷哪些類型的變化對理解金融市場最有意義，我們需要一種演化理論。

事實上，演化理論不難提出。想想我當年的考卷影本：因為每一次影印多少都會干擾原本的圖像，影本難免愈來愈模糊。多代之後的影本看起來可能像波洛克（Jackson Pollock）滴了顏料在紙上（譯註：波洛克是美國畫家，抽象表現主義運動的重要人物，以「滴畫法」著稱）。我可以提出「羅氏影印演化論」：每一代的影印都會造成干擾，直到影本完全不可辨識。

但生物世界的演化就不是這樣。自現代科學誕生以來，有人提出了許多生物演化理論，但只有一個經得起時間的考驗，那就是達爾文的天擇演化論。[3] 我們已經看見達爾文演化論在現實中的運作。在一個生物族群中，個體自然互有差異，身體特徵反映它們的基因遺傳。而在特定環境中，這種差異將導致個體的後裔數目各有不同。隨著時間的推移，一般而言，比較適應環境的個體會有較多後裔，比較不適應的個體則後裔較少。結果是比較適應環境的個體具有的特徵在整個族群中變得比較普遍，整個族群適應環境的能力因此增強。

達爾文的理論看似簡單，但它的意義非常深遠。達爾文開始研究演化時，科學家完全不知道生物特徵如何代代相傳，也不知道是什麼導致個體之間互有差異。當時科學家還沒發現 DNA，不知道這種複雜的分子像老式收報機紙帶那樣儲存我們的遺傳訊息；化學家

還在爭論比較基本的問題，例如有關分子的形狀。但是，達爾文藉由仔細檢視生物證據，成功推斷出生物演化必然涉及的真相。

我們現在知道，所有生物都有深刻的相似處，即使肉眼不能立即看清這種相似處。所有生物都利用非常相似的遺傳密碼「讀取」自身的 DNA，而 DNA 的複雜結構 1953 年才由華生（James Watson）與克里克（Francis Crick）發現。如今科學進步了六十多年之後，地球上所有生物的 DNA 成了一本我們已經學會閱讀的書。我們可以直接看到，一如相關的人有相關的 DNA 序列，相關的物種也有相關的 DNA 序列。現代遺傳學和分子生物學證實了演化論，而達爾文不靠這兩門科學，就神奇地提出了他的演化論。

為了充分說明達爾文演化論簡易強大的特質，我們來看樺尺蛾（學名為 Biston betularia）的迷人故事。這種夜行飛蛾生活在北半球溫帶地區，包括英國和美國。典型的樺尺蛾身體和翅膀為白色，有很多深色斑點（見內頁彩圖 163 頁圖 5.1a）。這些斑點產生保護色作用，使樺尺蛾停留在長著地衣的淺色樹皮上休息時，掠食者幾乎無法看見牠們。不幸的是，這種保護色作用在英國工業革命期間喪失了，因為工廠燒煤造成污染，黑煤灰鋪天蓋地。在這種黑色背景下，樹上的白色樺尺蛾必然像超級盃派對上的一盤新鮮小吃那麼顯眼，很快就被吃掉了。

但是，樺尺蛾族群中的自然變化產生了黑色樺尺蛾（學名為 Biston betularia f. carbonaria，見內頁彩圖 163 頁圖 5.1b）這個突變種。1848 年，人類第一次在英國工業城市曼徹斯特採集到黑色樺尺蛾。數十年間，牠們就遍佈曼徹斯特地區。一百年後，牠們成為英格蘭東北部最常見的樺尺蛾類型。美國的工業大城也出現類似情況。在

美國，自然變化產生了學名為 *Biston betularia f. swettaria* 的另一種黑色樺尺蛾。這種樺尺蛾的最早記錄是 1906 年出現於賓州東南部，而到 1950 年代，牠們是匹茲堡和底特律地區遙遙領先的最常見樺尺蛾類型。

是假設故事還是科學事實？

演化論批評者往往表示，樺尺蛾的例子不過是一種「假設故事」（just-so story），是吉卜林童話故事的科學版──是對生物特徵一種煞費苦心的事後解釋，永遠無法證實或否定，但成了一種科學信條。〔譯註：英國作家吉卜林寫過童話作品《原來如此故事集》（*Just So Stories*），講述一些動物最顯著的特徵（例如駝峰和象鼻）從何而來。〕根據這種觀點，演化論擁護者不過是自創了一套基於信念的說法來解釋生物的演變。在伏爾泰的諷刺小說《憨第德》（*Candide*）中，潘格羅士博士不厭其煩地提醒他的學生：「這是所有可能的世界中最好的一個，這裡的一切都是為了最好的境界而存在。」批評者指責演化論者像潘格羅士，主張動物調整適應的方式總是最適合當地環境，而牠們所處的生態系統是所有可能的生態系統中最有效率的。

雖然「假設故事」這種批評表面看來不無道理，批評者忽略了有關演化真正運作方式的幾個關鍵點。[4] 科學理論衍生可以檢驗的預測，達爾文演化論與吉卜林解釋「豹為什麼有斑點」的童話不同之處，在於它可以提供有關樺尺蛾的預測：如果白色樺尺蛾死亡和黑色樺尺蛾崛起是天擇的結果，環境改變可能扭轉此一趨勢。這個預測可用數種方式檢驗，而它確實通過了檢驗。

　　第一次檢驗是自然發生的。雖然世界上仍有許多地方大量燒煤，產生嚴重的煤灰污染，英國和北美的工廠已不再燒煤，改用了其他能源，工業污染因此減輕，當地的樹皮回到工業革命之前長著地衣的淺色狀態。不久之後，全黑色樺尺蛾的數目大減，原本的白色樺尺蛾復興。演化論的預測證實正確。

　　因為不滿足於這個自然實驗，自 1950 年代起，英國多個世代的生物學家利用重複的實地實驗檢驗這個假說：樺尺蛾顏色迅速變化是掠食者造成的。[5] 這種實驗的基本設計很簡單：測量淺色和深色樺尺蛾的數目，用淺色或深色材料將樹幹樹枝包起來，數週之後再測量淺色和深色樺尺蛾的數目，看看是否有顯著變化。當然，這種實驗困難之處，在於必須剔除與演化無關的因素之干擾。不過，一系列的這種對照實驗產生了非常明確的結論：演化論是對的。

　　因為科學社會學方面的問題，事情曾經有所變質。樺尺蛾是演化即時發生的著名例子，一些批評者因為追求轟動效應或意識形態方面的原因而抨擊相關研究，斷言研究者無能或學術作弊。（還記得第 2 章的「程式設計錯誤」指控嗎？）針對最初實驗的批評提高了相關研究的學術意義，彰顯了科學的自我修正性質。在這些指控刺激下，科學家做了進一步的實驗，結果只是增強了演化論的可信度，使它變得更難駁斥。早期對樺尺蛾的觀察再次得到確認：樺尺蛾如果不能融入背景，很快將被掠食者優先吃掉。這種天擇的速度相當快，足以解釋樺尺蛾類型呈現的迅速變化有餘。

　　演化論與信念無關，這是它與許多想替代它的理論的關鍵差別。演化論涉及的唯一信條是忠於科學方法：一個理論有多好，全看其預測是否可靠。只要有一項預測被數據推翻，該理論就可以拋

棄，也應該拋棄，而學術界將致力研究下一個理論（只要世上還有努力爭取終身教職的助理教授，就一定會有新理論）。

因為科學是人類投入的一種事業，有些科學家有時可能很難說服，尤其是如果他們曾參與創造或擁護某種舊理論的話。不過，一如演化，科學本身也是一種受天擇制約的持續過程。薩繆爾森（Paul Samuelson）常說：「科學在一次又一次的葬禮中進步。」這是轉述偉大物理學家普朗克（Max Planck）的話，簡練但有點可怕地描述了汰舊換新的科學發現過程。更好的理論最終勝出，科學知識緩慢但穩當地積累，每次涉及一項預測。

事實上，要衡量科學理論的力量，方法之一是看該理論產生多少項準確的預測。無論如何衡量，演化論都是具有巨大解釋力的理論。自達爾文 1859 年出版《物種起源》以來，演化論已產生非常多正確的預測，涉及的脈絡非常多樣，從微生物的行為到整個生態系統毀滅的涵義皆有；正因如此，演化生物學家多布然斯基（Theodosius Dobzhansky）才說：「若不採用演化論，生物學的一切都說不通。」

擇選的威力

人們對演化的一個常見誤解，是以為演化是一種刻意或有確定方向的發展，追求某種理想目標或更高級的生存形式。天擇雖然確實傾向淘汰生殖能力較差的個體，但這是一種被動的損耗過程。電影導演伍迪艾倫（Woody Allen）曾說：「成功有 80% 不過是現身。」站在演化的角度，他低估了成功的本質約 20%。

　　深色與淺色樺尺蛾的例子，清楚證明了演化並無某種最終目標。事實上，傑出的演化理論家邁爾（Ernst Mayr）寫道：「有些生物學家會因為發現這件事而感到非常震驚：嚴格來說，天擇不是一種擇選過程，而是一種淘汰和分化生殖（differential reproduction）的過程。每一代當中適應得最差的個體先被淘汰，適應得比較好的個體則有較大的機會生存和繁殖。」[6] 如果你覺得這種過程像試誤（trial and error），那是因為它就是試誤。

　　令人驚訝的是，試誤可以成為一股非常強大的力量。天體物理學家愛丁頓（Arthur Eddington）1928 年曾提出這個思想實驗：「如果一大群猴子一直敲打字機，牠們可能打出大英博物館裡的所有書。」[7] 我們來稍微簡化一下：一隻猴子一直敲打字機，多久才能打出整本莎劇《哈姆雷特》（Hamlet）？我們直覺地知道這需要很久的時間，遠遠超過猴子的一般壽命。但如果有一種秘訣，或許只需要嘗試數百次，一隻隨機打字的猴子就能快速打出一本可讀的《哈姆雷特》來。

　　秘訣在於利用擇選的威力。方法如下：猴子每次純粹靠運氣在適當位置打對一個字母，打對的部分都留下來供猴子繼續試打。在這種情況下，猴子打出來的無意義文字很快將開始變得像英文句子，然後接近伊莉莎白時期的英文，然後突然間變成莎士比亞本人寫的文字──如果不出現排字錯誤的話。

　　如果你找不到一隻隨機打字的猴子（多數猴子打起字來其實不是隨機的），這個實驗不難用電腦來模擬。事實上，演化生物學家道金斯（Richard Dawkins）接近三十年前用他家裡的電腦做過類似的模擬，以哈姆雷特描述一朵雲的短句「Methinks it is like a weasel」（我覺

得它像一隻黃鼠狼）作為目標文字。道金斯僅試了 43 次，最初毫無意義的一堆字母就分毫不差地變成了哈姆雷特那句話。[8]

為什麼這個完全隨機的過程可以如此迅速地產生可讀的文字？我們保留與《哈姆雷特》內文相符的字母，就是在擇選可以拼湊出《哈姆雷特》內文的文字。利用擇選的威力，我們保留最佳結果，然後藉由一個大規模的平行試誤過程進行更多試驗。情況就像我們同時玩成千上萬個猜單詞遊戲（Hangman），找出我們想要的每一個字母。無論單詞有多長，每個字母最多只需要猜 26 次，因為英文只有 26 個字母。但因為莎士比亞使用的字母超過 26 個，而且我們是隨機選字母，產生《哈姆雷特》的內文需要較久的時間，但也不是久很多。

擇選可以非常有力地解釋許多其他現象，並非僅限於生物學。航空界有句名言：「世上有老機師，也有愛冒險的機師，但沒有又老又愛冒險的機師。」這句話相當準確：機師如果太冒險，很快就會被禁飛──也有可能遭遇某種比較永久的結局。擇選過程就像一種過濾器。最初的族群與一段時間之後的族群若有差異，某種擇選過程很可能已經發生：法學院某屆新生與該屆的畢業生，馬拉松參賽者與馬拉松完賽者，以至婚禮自助餐開始前的食物與吃剩的食物，都是這樣。藉由仔細的觀察和分析，我們往往可以發現過濾器的一些特質（例如婚禮來賓認為烤雞比鮭魚好吃得多）。過濾器有時比較神秘或任意（例如有個馬拉松選手因為踩到香蕉皮而無法完成比賽；有個法學院學生因為決定去當神父而沒畢業）。

人類早就了解擇選的力量。數千年前，人類就發現他們可以根據自己喜歡的動植物特徵進行篩選，決定哪些動植物可以大量繁

殖。因此，多個世紀以來，種植者利用野生甘藍培植出青花菜、球芽甘藍、花椰菜、羽衣甘藍、球莖甘藍、綠葉甘藍，以及高麗菜。聰明的養狗人甚至創造出能幫人類做事的狗種，例如能幫人類銜回獵物或牧羊的狗，而這一切遠在有關遺傳或動物行為的科學理論出現前就發生了。生物學家將這種過程稱為人擇（artificial selection）。

但人擇出現之前有天擇（natural selection）。大自然本身是擇選的執行者。這說法可能有點迂迴，但多數寵物主人熟悉的一個例子，是馴養的動物在野外自生自滅的結局。牠們多數很快死掉——野外的生命篩選相當嚴酷。不過，有些寵物可以在野外生存下來並繁殖後代，但牠們生存下來的原因可能各有不同。有些動物能生存下來是因為有比較厚的毛皮，有些是因為對野外的病毒有很強的免疫能力，有些可能只是適時出現在合適的地方。天擇是沒有意圖的，個體可以有很多方式生存下來。無論這些個體有什麼特徵，存活意味著牠們的基因可以傳到下一代。

講回我在華府國家動物園的見聞。紅毛猩猩和我都是演化存活者的後裔，這些存活者形成極長的世系。事實上，現今的所有生物都有一段 40 億年的生存演化史。科學家和門外漢至今仍在講「最強健者生存下來」（survival of the fittest），但這是 19 世紀創造出來的說法，放在 21 世紀可能有點太簡化了。事實上，我們應該講的是「最適應環境的個體生存下來」（survival of individuals best adapted to their environment）。在我們的演化故鄉（紅毛猩猩源自印尼的雨林，人類源自非洲一個炎熱乾燥的地區），紅毛猩猩完全有可能比我更適應環境。我們之間的差異，以及導致我們分處鐵欄兩邊的原因，並非只是「強健程度」本身導致。我們需要其他因素來解釋我們之間的

3% 差異。

變化使生命多彩多姿

　　天擇有時顯得殘酷無情。維多利亞時期詩人丁尼生（Alfred Tennyson）深思這種現象，指大自然「腥牙血爪」（red in tooth and claw）。但天擇多數時候很乏味：某個物種的個體繁殖後代，新一代的存活率與上一代幾乎一樣，牠們也繁殖下一代，諸如此類。

　　但故事至今並不完整。天擇是一種完全無計畫的過程，但它確實有賴物種內部出現某程度的差異。這種差異源自基因。我們已經看到，物種當中的個體如果繼承了相對於所處環境比較有用的遺傳特徵，在繁殖後代這件事上會比較成功。但是，物種內部的這些不同特徵從何而來？

　　答案是突變（mutation）。華生與克里克發現的 DNA 雙螺旋結構不但顯示 DNA 如何攜帶信息，還顯示 DNA 自我複製時如何充當自己的模板。基因複製過程非常準確。但是，受 DNA 的物質結構和熱力學定律影響，這種過程並不完美。因此，生物個體的基因組不時出現全新的遺傳特徵變化，我們稱之為「突變」。

　　突變的意思就是變化。拜現代的 DNA 定序技術所賜，分子生物學家發現，多數突變不會導致生物出現可見的外在變化，是所謂的「緘默」或「中性」突變。有些突變是有害的，會降低生物的存活機會。例如第 3 章提到的 SM 因為杏仁核鈣化而不懂得害怕，這本身是因為她的 ECM1 基因突變所致；該基因負責替某些類型的細胞分泌的蛋白質編碼，而我們還不清楚它的全部功能。此一突變很可能

在 SM 家族多代之前發生過一次，在無人察覺的情況下遺傳多代，而 SM 的父母不幸都繼承了該基因——在這種情況下，孩子從無症狀雙親那裡繼承該基因的機率是 25%。

另一方面，考慮到個體所處的環境，有些突變可能是有益的。例子之一是人類有能力產生乳糖酶來消化乳糖。在人類史上的多數時候，我們只喝一種奶，那就是母乳。乳糖是乳汁的主要成分，而多數人長大之後就失去分解乳糖的能力。成年人的消化系統在沒有乳糖酶的情況下試圖分解乳糖，會導致顯著的不適，這種情況如今稱為乳糖不耐症。但人類開始馴養大型哺乳動物如牛和羊之後，他們就得到一種全新的食物源：動物的奶。人類可以拿動物生乳當食物，獲得營養上的好處，但人類的腸胃應該不是很舒服。（很可能是靠發酵去除一些乳糖，但這仍只是一種揣測。）

此時發生了純粹偶然的事：人類控制乳糖酶生產的基因發生突變，啟動了這種功能。這種突變的當事人將他嬰兒時期消化乳汁的天生能力延續至成年之後。數千年間，功能相似但基因上不同的數種突變發生在世界多個地區，每一種都使當事人獲得消化乳糖的能力。

在當地人飼養牛羊或駱駝的地方，這種突變賦予當事人在史前環境下的一種巨大的擇選優勢：他們可以喝動物的奶並吸收更多營養，但沒有這種突變基因的人則不可以。因此，非洲部分地區、中東和歐洲的現代人口多數源自具有這種突變基因的遠祖。[9]另一方面，在史前人口主要是養豬和家禽或捕魚的地區，例如東亞，具有這種突變基因的人並不享有擇選優勢，這些地區的現代人因此普遍不具有這種基因。我這個亞裔美國成年人因為親身體驗過吃完聖代

或香蕉船冰淇淋之後的腸胃不適，可以為欠缺這種基因的影響作證。當然，現在乳業公司可以直接利用乳糖酶消除奶中的乳糖，而拜可咀嚼的 Lactaid 片所賜，所有人都可以安心享用冰淇淋。環境已經改變了。

突變是非常普遍的事。我們在各方面都是突變體。一般突變率因為夠高，地球上每一個人都很可能具有父母所無的幾種新突變。這種基因變化持續造就不可預料的生物創新，而天擇便是利用這種新穎性促進演化上的變化。這些隨機、不可預料、混亂的突變是天擇利用的原料。而突變的類型越多，天擇能越快產生配合現行環境的適應方式。

人類具有獨特適應能力之謎，在這裡找到另一部分的答案。紅毛猩猩與人類的 DNA 雖然 97% 相同，但兩個物種自他們的最後一個共同祖先以來，皆經歷了數十萬代的新突變和天擇，以適應他們所處的不同環境。我與國家動物園裡的紅毛猩猩不同，因為我們基因組的 3% 差異不是隨機的——它包含造就許多有用特徵的突變，而在數百萬年的演化史中，人類在與猩猩截然不同的環境下保留了這些特徵。人類具有我們現在的能力，是因為那些特徵使我們的祖先得以克服環境的考驗，生下許多子孫。

換句話說，我與國家動物園裡的紅毛猩猩不同，是拜演化所賜。

「笨蛋，關鍵是環境！」

演化並非只是一種淘汰的過程，它還涉及邁爾之類的生物學家所稱的**分化生殖**。生殖成就方面哪怕只是非常微小的優勢，也可以

在以演化標準而言的短時間內，使一種遺傳特徵變得普遍，一如複利的力量可以使一筆小錢多年下來變成一筆財富。一種遺傳特徵若賦予個體在其環境中微小的生殖優勢（例如只比沒有這種特徵的個體多 1% 的後裔），將導致這種基因在以演化標準而言非常短的時間內（數千或甚至只是數百代）變得非常普遍。以人類而言，這可能只需要數千年。

同樣道理，一種遺傳特徵若導致個體在生殖上落入哪怕只是微小的劣勢，經過同樣久的時間之後，造成該特徵的基因將變得非常罕見。正因如此，人類最嚴重的遺傳病如亨丁頓舞蹈症、苯酮尿症和血友病，全都非常罕見。長期而言，連那些具有相關基因但沒有任何症狀的人，後裔也會顯著少於沒有那些基因的人。

天擇過程可以導致一個物種非常精細地適應其環境。雖然現代鯊魚以接近現今模樣的形態已存在超過 1 億年，我們一再提到的大白鯊（學名為 *Carcharodon carcharias*）要到約 1,600 萬年前才出現。在隔開這兩件事的 8,400 萬年間，天擇理應發揮了作用，將恐龍時代的鯊魚塑造成大白鯊，也就是我們如今所知的海裡驚人高效的掠食者。

天擇的作用令人歎為觀止。現代大白鯊可以長到體長 21 呎、體重超過 3 噸，但游泳速度可達每小時逾 30 哩（美國游泳好手菲爾普斯 100 米自由式最佳時間為 47.51 秒，相當於每小時 4.7 哩）。大白鯊有七排共 300 顆非常鋒利、向後長的牙齒，口部可以產生每平方吋約 1.8 噸的咬合力（猛犬羅威納的咬合力通常為每平方吋 328 磅）。大白鯊可以嗅出 100 億滴水中的一滴血，具有適應昏暗環境的夜視能力，而且發起攻擊時，可以將眼球向後轉入眼眶以免受傷。牠可以藉由感應地球的磁場替自己導航，可以偵測到逾 800 呎外的

振動。大白鯊也能利用保護色：牠上半身深色、下半身白色，配合海裡接近海面比較光、下面比較暗的環境。大白鯊的壽命通常約為30 年，1,600 萬年約有 533,333 代（1,600 萬／ 30），天擇可以在這段時間裡創造演化奇蹟，尤其是因為大白鯊所處的環境在這段時間裡相對穩定。

事實上，大白鯊對其環境的適應已接近完美，其身體結構或行為若有任何改變，幾乎一定對牠不利。而因為天擇的作用，長期而言，沒那麼適應環境的鯊魚在繁殖上將落入劣勢（這種情況也可能比較突然地浮現）。在這意義上，我們或許可以說，對大白鯊來說，現在的世界確實是「所有可能世界中最好的一個」。

無論是天擇還是人擇，擇選都有個基本特徵：候選者越多樣，擇選標準得到滿足的機率越高。候選者多樣性的一個常用替代指標是候選「池」的大小——池越大，多樣性通常越高。例如地方田徑賽最快的跑手，通常沒有全國田徑賽冠軍那麼快，而全國冠軍則通常沒有世界冠軍那麼快。擴大尋找表現最佳者的候選池（相當於連續從幾個候選池中擇選表現最佳者），可以提高找到頂尖表現的機會。

但是，如果擇選標準改變了，那又如何？在全球頂尖的一群短跑選手中挑選最好的歌劇歌手，不大可能產生下一位帕華洛帝。突變正是在這裡彰顯其價值。如果環境永遠不變（相當於一代又一代地維持擇選標準），那麼經過很多代之後，天擇很可能將產生一個完美適應環境的物種——就像海裡的大白鯊，或百米跑手中的波特（Usain Bolt）。但如果所有鯊魚在生物學上變得完全一樣（也就是沒有突變種），而環境突然變得對這種鯊魚非常不利，該物種的結局將

是滅絕。

就此而言，天擇本身就含有令物種變得脆弱的種子。**一個物種可以經由天擇變得非常適應某種環境，以致無法在環境改變後生存下去**。大白鯊是可怕的掠食者，但因為太適應大海這個獵場，牠如果靜止不動就會死去（牠必須持續游動以便含氧的水通過牠的鰓）。而如前所述，大白鯊擱淺在沙灘上掙扎，是完全不可怕的。在這種不同的環境下，大白鯊演化而來的最危險特徵變得毫無作用。

生命多彩多姿確實有賴變化。如果物種的每一代都有許多不同的突變種，各有適應環境的獨特之處，則無論環境如何改變，這個物種將有較大的機會生存繁衍。我們可以將突變和多樣性視為應付惡劣環境的一種保險。較大的生物多樣性意味著有較大的機會在各種環境下存活。

環境變化改變整個物種命運更突出的一個例子，是印度洋島國模里西斯已絕種、不能飛的渡渡鳥。在人類定居模里西斯的數百萬年前，非洲一些鴿子來到這個島上繁殖。當時這個地方對牠們來說一定有如天堂：食物非常充裕，而且島上沒有哺乳類掠食者。事實上，當時島上根本沒有哺乳動物。在天擇的作用下，這些鴿子的後裔喪失了飛行能力：在這個新環境中，飛行是不必要的，而且太耗費能量。這些不能飛的鴿子體型變大，變得相當肥胖。然後第一批人類來到模里西斯，帶來老鼠、貓、豬、狗和其他與渡渡鳥競爭的物種，幾乎一夜間改變了島上的生物環境。而渡渡鳥因為在與世隔絕的環境下演化了數百萬年，已經喪失了畏懼大型哺乳動物的「恐懼天賦」。水手可以走到一隻渡渡鳥面前，把牠抓住煮來吃。人類定居模里西斯一百年內，渡渡鳥就絕種了。[10]

很明顯，天擇和適應並非總是替單一個體或物種產生最成功的結果。英語有「dead as a dodo」這說法（字面意思是「像渡渡鳥那樣死透了」，衍生徹底過時之意），是有原因的。最強健者生存下來不代表最強健者能適應所有環境。強健與否很大程度上取決於脈絡。一個物種可能非常適應其故鄉的環境，但無法適應新環境。「笨蛋，關鍵是環境！」

這是我與國家動物園的紅毛猩猩命運截然不同的另一部分原因。人類與紅毛猩猩在演化上是近親，也都存活至今，但紅毛猩猩特別適應島嶼雨林環境，住在樹林裡，以熱帶水果為食物。紅毛猩猩爬樹的能力比人類強，人類寫電腦程式和規劃退休的能力比猩猩強（通常是這樣）。

但即使沒有先進的科技，人類似乎也可以在截然不同的各種環境下生存繁衍。我們可能是地球史上適應力最強的物種，足跡遍及這個星球的幾乎每一種環境。人類超強的適應力是怎麼來的？

智人出現

拜多種新科技所賜，有關人類祖先的基因和古生物學資料目前正經歷爆增的階段。本節內容主要參考人類學家泰德薩（Ian Tattersall）有關人類演化的傑出敘述（他是紐約市美國自然史博物館的榮譽策展人）。但是，隨著學者發現更多化石和分析基因證據，你閱讀本書時，人類的演化史可能已經變得比較明確。對演化生物學者來說，目前是令人興奮的年代。

人類是靈長類動物，而靈長類有漫長的演化史。目前發現的靈

長類最早化石是 5,500 萬年前留下來的。最早的靈長類不是很像猴子。事實上，化石證據顯示，牠們長得很像松鼠。但隨著時間的推移，牠們的一些後裔逐漸發展成比較像人的動物，也就是猿。2,500 萬年前非洲的原康修爾猿（Proconsul）被視為最早的猿之一。沒有人確知人類世系何時與其他猿分道揚鑣，但藉由比較不同物種的 DNA 序列，我們有時可以粗略估計兩個物種最後的共同祖先何時出現。根據這種所謂的「分子鐘」（molecular clock），人類與紅毛猩猩在 1,300 萬年前分道揚鑣，人類與大猩猩和人類與黑猩猩分道揚鑣則稍晚一些。

　　但我們且快轉至340萬年前的衣索比亞，那是著名南方古猿「露西」（Lucy）生活的地方。從露西的化石看來，她是最早二足行走的人類親戚。[11] 此時人類祖先很可能是直立行走，雙手可以空出來做其他事。化石記錄中的第一批石材工具發現於坦尚尼亞奧杜威峽谷，是約 250 萬年前的產物；這是舊石器時代的起點。這些考古發現沒什麼好看，就是一些破碎的石頭和邊緣鋒利的石片。但我們知道，這些工具是特地做出來的，因為石頭不會自然地那樣碎開。在某些情況下，我們甚至可以將這些石器還原成石頭——因為隔了 200 萬年，這是令人驚訝的事。我們也知道，這些石器是用來屠宰大型動物的。

　　我們在生物學上屬於人屬（Homo），而人屬動物就是在這時候出現於化石記錄中。這很可能不是巧合。我們的早期祖先可以製作工具，用來從動物屍體切下肉塊。此時我們已經可以看到，人類這個物種具有一組非凡的認知能力，包括能選擇合用的石材，以適當方式打出石片（這比表面看來困難得多；網路上可以找到展現這種

過程的影片），記得將適當的石器帶到屠宰場，以及知道從哪裡下手切肉。我們從化石記錄中就能看到人類祖先投入大量的展望和計劃行為的跡象。[12]

約 150 萬年前，化石記錄出現了兩種創新：形狀精巧的石器和火之運用。這意味著當時的人類祖先能在某種認知水準上思考能源的形式、功能和運用。考古學家曾發現留下手斧的整個「工場」。我們將這個時期的人類稱為匠人（*Homo ergaster*），意思是「工作的人」。

隨著我們愈來愈接近現代，事情變得比較複雜。化石記錄顯示，現代人類，也就是智人（*homo sapiens*，意思是「有智慧的人」），約 20 萬年前才出現在衣索比亞；相對於我們稍早所談的演化時間，20 萬年真的只是一瞬間。[13] 數萬年間，智人在地球上與其他人種共存，包括著名的尼安德塔人（人類學家最近將尼安德塔人的英文，從傳統寫法 Neanderthals 改為 Neandertals）和一些比較不知名、如今已滅絕的其他人種。直到最近，科學界的普遍共識是智人走出非洲，以某種方式在競爭中壓倒其他人種——可能是靠我們較強的智能和適應能力，也可能是靠比較激烈的手段。[14]

但到了 2010 年，在瑞典分子演化遺傳學家帕博（Svante Pääbo）替尼安德塔人的基因組定序之後，這種科學共識遭推翻。帕博發現了令人非常意外的事：多數現代人有 1-4% 的基因繼承自尼安德塔人。[15] 更令人難以置信的是，最近在西伯利亞腹地某洞穴發現的、某個未知人種留下的一段指骨的 DNA 顯示，這個新發現的人種有 4-6% 的 DNA 與現代的美拉尼西亞人相同，雖然美拉尼西亞群島與那個西伯利亞洞穴相隔數千哩。[16] 智人雖然在競爭中壓倒了其他人

種（例如尼安德塔人作為一個獨特人種，如今無疑已經不存在），但也將其他人種的基因融入了現代智人中。我們的祖先顯然是雜交的，現代人因此具有數種人類世系的 DNA。

即使到了現在，我們這個物種的技術能力發展到空前的水準，人類仍未停止演化。演化理論家邁爾的淘汰和分化生殖概念至今仍影響我們的日常生活。儘管現代醫學經歷了近乎奇蹟的進步，人類孕婦總流產率仍超過 30%。[17] 至今仍有國家逾 10% 的新生兒活不到一歲；事實上，美國到 1910 年時仍是這樣。[18] 這種損失使人類基因組承受巨大的擇選壓力。

儘管如此，作為人類，我們希望在自己身上找到一些獨特的演化特徵，藉此證實我們的這種感覺：我們在某些方面確實與祖先不同。人腦顯然可能具有獨特的演化特徵。但要了解人腦在演化上創新之處，我們必須回顧它演化史。

經濟人登場

人腦沒有可以解釋經濟人的全新結構。[19] 比較解剖學和古生物學都未能找到這種結構。不過，化石記錄確實顯示，既有大腦結構的體積曾大幅擴大。簡而言之，我們的大腦成長了。我們的南方古猿祖先如露西的腦容量約為 400 立方厘米，比一罐汽水大一些，與現代紅毛猩猩或黑猩猩相若。我們所屬的人屬 200 萬年前出現時，腦容量增加了一倍。匠人這種新人類的顱骨容量為 850 立方厘米，也就是比一夸脫牛奶少一些。

人屬中智人的出現，在化石記錄上留下大腦容量第二次快速擴

大的證據。現代人腦容量平均為 1,200 立方厘米，略多於一夸脫加一杯，雖然個人腦容量差異很大。[20] 事實上，古代有些智人的腦容量高達 1,800 立方厘米，也就是接近一瓶 2 公升的汽水那麼大。

學者提出許多理論來解釋人類演化史上大腦容量擴大的現象。有些學者認為，這種趨勢可能是人體承受某種擇選壓力產生的一種幸運副作用，例如人類學家福克（Dean Falk）指出，人類演化出比較大的頭部，是為了在非洲莽原上幫助人體散熱。[21] 這個假說聽起來可能有點好笑，但其實不可笑——它合理地應用演化邏輯，推斷人類流傳至今的一種演化結果可能是過去某種環境造成的。

不過，說服力較強的一種理論將人腦容量擴大與人類智能提升聯繫起來。人類學家李安納（William R. Leonard）認為腦容量的第一次擴大（與人屬 200 萬年前出現有關）與人類飲食改善有關。[22] 這種演化發生在第一批石器出現的時候；發明和使用這些石器需要可觀的認知能力，人類使用它們從動物屍體切下肉塊——相對於徒手的狀態，我們可以吃的肉大幅增加了。

人腦迅速擴大，但並非所有部分都以相同的速度擴大。與感覺處理（sensory processing）、運動控制和其他「較高級」功能有關的大腦區域擴大得特別快，遠遠超出按比例擴大的程度。人類的運動神經元投射也遠多於黑猩猩或其他猿類。這些投射看來是現代人精細控制手、眼、臉和語言相關器官的運動所必要的。

我們這個物種的第二次腦容量擴大新近得多，距今僅數十萬年，結果產生了現代智人。這可能是一種智能競賽的結果，是社會競爭（social competition）、性競爭（sexual competition）或針對稀有資源的競爭造成的。產生現代人類的這次腦容量擴大是相當接近現

代的史前事件，比較完整的解釋看似呼之欲出，但其確切原因如何至今仍無共識。

但有一件事是明確的：在這整個過程中，前額葉皮質相對於大腦其他部分大幅擴大。如第 4 章指出，前額葉皮質就在額頭後方，負責大腦的「指揮管理」功能，包括個性、決策、風險管理和規劃未來──心理學家和經濟學家對這些功能極有興趣。這種差異不會展現在有關腦容量的粗糙數據上，但確實呈現在我們的顱骨形狀上：我們的額頭遠比我們的猿類遠親飽滿。

人類祖先利用他們大幅擴大的前額葉皮質做些什麼？智人始祖顯然沒有利用他的新大腦一夜間創造出科學方法。想想這種可以類比的情況：未受教育的小孩獲發自己的筆記型電腦。有些小孩可能滿足於重複按電源鍵，看著可愛的指示燈亮了又熄。有些可能試著了解鍵盤和滑鼠板的功能。某個小孩可能偶然打開了一個程式，開始懂得利用電腦提供的新功能。有些小孩可能成為早熟的電腦迷、自學成才的程式設計師，或甚至是駭客。

這個例子可能顯得牽強，但麻省理工的「一學童一筆電」計畫（One Laptop per Child）在衣索比亞兩條農村留下一批無標示的筆記型電腦之後，情況正是這樣。兩個星期後，已經有小孩在唱他們從電腦預裝程式學來的歌；五個月之後，已經有一個小孩曾駭入電腦的作業系統。[23] 這些孩子取得電腦之後，能力飆升。同樣道理，一旦人腦演化出較強大的認知思考能力，人類的認知能力也就飆升。

美國自然史博物館的泰德薩將這種情況稱為一種擴展適應（exaptation）。[24] 泰德薩認為，人類遠在具有複雜思考、語言或現代人的其他認知能力之前，就已演化出很大的前額葉皮質。較高級的

認知功能，包括符號思考和長期規劃的能力，後來利用了前額葉皮質，但在很多個世代中，這些功能並非促進前額葉皮質發展的有力演化因素。

這在生物學上並非難以置信。事實上，這是一種常規演化過程。生物身體結構上的大幅改變自然導致其發育和行為上的進一步演變。發育生物學家熟知演化理論家韋斯特愛伯哈德（Mary Jane West-Eberhard）所稱的「二足山羊效應」（two-legged goat effect）。[25] 在 1940 年代，荷蘭一名獸醫發表了二足山羊的故事：有一頭山羊天生沒有一對前足，結果學會了利用一對後肢直立行走。這頭山羊意外死亡之後，仔細的解剖顯示，其骨骼和肌肉經歷了系統性變化，骨盆和雙腿變得比較像二足直立行走的物種（包括人類），雖然山羊一般是發展出四足行走的身體結構和行為。

同樣道理，人類先演化出碩大的腦部，然後才逐漸認識和利用大腦的巨大潛力。自然演化一般不會出現二足行走的山羊，但在適當情況下，山羊可以發展出二足行走所需的肌肉和神經反應。同樣道理，我們演變中的大腦受到適當的刺激，會發展出新的能力。大腦在人為刺激不斷增加的情況下演化。我們的行為、我們具神經可塑性的大腦和天擇構成的「良性循環」造就大腦的快速演化，使大腦在前瞻行為、規劃和抽象思考方面的能力出現巨大的進步。

人為的刺激對人類的認知發展甚至是必要的，而人類的語言就是這種刺激之一。雖然我們永遠無法得到有關語言發展的古生物學證據（因為語言不可能變成化石），我們知道語言對人腦的正常發育是必要的，因為我們知道大腦在沒有語言的環境下的發育情況。古希臘歷史學家希羅多德記錄了這個傳說：一名埃及法老想知道世上

最古老的語言是什麼，為此安排一名牧羊人在與世隔絕的環境下養兩個小孩，而且禁止牧羊人在小孩面前講話。小孩有天開口向牧羊人說出第一句話，以古弗里吉亞語表示想要麵包（用 *bekos* 這個詞）。埃及人因此得出結論，弗里吉亞語乃世上最古老的語言。[26]

　　希羅多德講了一個具說服力的故事，但現實世界已經提供了許多令人心碎的例子，告訴我們孩子在沒有語言的情況下長大實際上會發生什麼事。[27] 這種小孩通常永遠無法學會流利地運用任何一種人類語言，即使他們天生具有學習任何一種語言的潛力。如果在成長的早期階段沒有接觸任何語言，人腦的發育方式會使當事人成年之後幾乎不可能完全掌握任何一種語言。

　　這對人腦的演化意味著什麼？語言學家暨認知科學家品克（Steven Pinker）認為，人腦中最專門化的思考模式，例如處理語言的那種模式，在天擇之下承受了最大的演化壓力。[28] 個體之間交流複雜想法的能力，對早期的智人想必非常有用；因此，天擇偏愛語言能力不應令人意外。兒童不必像解碼專家那樣從頭理解一種語言，因為人腦演化出這種能力：人腦幾乎是自動懂得尋找脈絡線索，在與其他人的互動中迅速掌握語法規則，而這一切發生在兒童大腦的可塑性顯著降低之前（你成年之後曾嘗試學習一種新語言嗎？）。

　　品克對語言習得（language acquisition）演化的見解，與第 3 章利用基於恐懼的學習之心理實驗有相似之處。演化顯然為人類創造出數種方式去迅速掌握關鍵概念。但有關人類的智能，演化還可以告訴我們什麼？

演化的等級

　　本書第 3 和第 4 章提到的對老鼠、猴子和其他生物所做的神經科學實驗是基於一個基本假設：類似的大腦結構在演化上關係密切的物種身上以類似方式運作。雖然針對章魚腦部的研究可以告訴我們有關神經系統一般運作方式的有趣事實，它對研究人類大腦的參考作用不大，因為相對於老鼠或猴子，章魚在演化上與人類的關係疏遠得多。

　　我們可以據此思路講得深入一點。我們已經看到，神經系統各組成部分並非「生而平等」。大腦某些部分在智人以外的許多物種身上都能找到。我們可以基於演化觀點提出這個假說：因為許多不同的物種都具有大腦相同的某些部分，這些部分必然存在於這些物種最近的共同祖先身上。神經系統的基本單位神經元本身在動物界普遍存在：從軟體動物如章魚和海參到昆蟲和其他節肢動物，以至所有脊椎動物（從最原始的魚到我們這個物種），身上皆有神經元。因為這種普遍性，我們可以斷定神經元在遠古時期，在這些物種走上不同的演化路徑之前就已經演化出來。但特別的結構如鏡像神經元則除了人類之外，僅出現在我們演化上的近親靈長類動物身上（當事人看到其他個體的動作，會因為「感同身受」而導致鏡像神經元自動活躍起來）──據我們所知，整個動物界沒有其他物種具有鏡像神經元。因此，基於演化觀點推論，鏡像神經元的出現近代得多，是靈長類動物的特殊創新。

　　因此，演化使我們看到我們的行為如何隨著時間的推移演變。例如恐懼的神經結構看來有數億年那麼古老。在第 3 章，我們看到，

制約性恐懼學習比其他形式的學習快得多、幾乎是永久的，而且許多不同的物種都是這樣。腎上腺素激增的「戰或逃」反應，是所有哺乳動物天生的本能。演化生物學家會說，恐懼這種情緒對哺乳動物來說是「基本的」，他們也可能會認為恐懼情緒在演化上比哺乳動物更早出現。（大眾科學有時將我們的恐懼反應歸因於「蜥蜴腦」，但這個有趣的說法是基於一種過時的大腦演化理論。如我們所見，科學是一種無止境尋求進步的過程。）事實上，英國神經學家羅爾斯（Edmund Rolls）已經證明，情緒在動物界為獎懲系統提供了一種基礎。[29] 情緒是一種演化適應，提升了動物從經驗和環境中學習的效率，賦予某些動物擇選上的優勢。

　　演化也使我們得以理解我們的行為為何演變。大腦具專門功能的每一部分都可以視為一種演化適應，旨在提高個體在其環境中生存的機會。許多不同的物種皆有的大腦某些部分，很可能對基本生存至關緊要。因為恐懼的神經反應和行為存在於演化上範圍廣泛的許多物種，感受到恐懼的能力對生存必然是至關緊要。

　　我們之前提到的女士 SM 雖然感受不到恐懼，但以純達爾文標準衡量，她在演化上是成功的，因為她有孩子傳承她的基因；不過，她的生命史明確顯示，這項成就是她儘管承受上述缺憾仍然達成的，絕不是拜這個缺憾所賜。站在演化的角度，強烈的情緒如恐懼是一種非常有力的優勢條件，可以提升動物以致人類在危險環境中學習的效率。如果 SM 離開她所處的工業化都市文明環境，置身仰賴石器和矛的非洲莽原，她的生存機率──以及她生下下一代延續其基因的機率──將顯著降低。

　　演化甚至可以解釋我們的行為如何互相影響。我們之前提到，

杏仁核可以抑制比較高級的大腦功能——例如「他因為恐懼而理智混亂」這種話正是在說這種情況。這顯然是不理性的行為，但站在演化的角度卻完全合理。強烈的情緒如恐懼是一種求生存的即時行動呼籲，是數百萬代的生命在不友善的環境下演化出來的一種反應。我們較晚演化出來的認知功能如語言和邏輯推理暫被抑制，直到我們感受到的生存威脅暫告一段落，也就是直到我們的情緒反應平息。這種恐懼反應如此普遍，意味著恐懼在以往的環境下非常有用，以致在演化的作用下，我們遇到足夠嚴重的威脅時，恐懼反應便凌駕大腦所有其他部分。

瑞典雙胞胎與儲蓄

拜以百萬年計的演化史所賜，自然顯然在將各種反應化為大腦本能這件事上發揮了巨大的作用，但因為日常生活中的人類行為非常多樣，後天因素必定也非常重要。畢竟我們主觀上（相當強烈地）覺得自己並非只是大腦中一組演化的基本需要和本能衝動的產物，完全受生物決定論（biological determinism）支配。但是，在先天對後天的大辯論中，演化的作用似乎至為重要：相對於後天因素，「腥牙血爪」的自然看來佔了壓倒性優勢。但事實真的是這樣嗎？

許多故事指出，出生後就分開生活的同卵雙胞胎有很多不可思議的相似處，而這些故事多數是真的。詹姆斯·路易斯（James Lewis）和詹姆斯·史賓格（James Springer）的經典案例 1979 年公諸於世。[30] 這兩人是同卵雙胞胎，他們 15 歲的媽媽在第二次世界大戰前夕將他們交給不同的家庭領養。1979 年 2 月 9 日兩兄弟團聚，發

現彼此的生活非常相似，為此同感震驚。兩人都是兼職副警長，都具有機械製圖和木工能力。兩人均與名為 Linda 的女子結婚，然後也都離婚，後來也都與名為 Betty 的女子再婚。兩人都喜歡在佛羅里達州同一個海濱社區度假。兩人的兒子名字幾乎完全一樣（James Alan 和 James Allan），都養過名為「Toy」的狗。這是怎麼一回事？

　　雙胞胎是人性的一種自然實驗。藉由研究 DNA 相同的同卵雙胞胎之行為，然後與異卵雙胞胎（他們只有一半的 DNA 相同，一如其他的兄弟姐妹）或在同一家庭長大、沒有血緣關係的其他兄弟姐妹比較，科學家就能分析性格和行為有哪些部分是遺傳的，而哪些可能是共同的環境、境遇或教養造成的。詹姆斯・路易斯與詹姆斯・史賓格這種例子暗示，即使是日常生活的細節，也可能是基因決定的。我們有關個性和自由意志的概念，難免因此受到考驗。

　　在美國，雙胞胎研究重鎮是明尼蘇達大學（位於由明尼阿波利斯和聖保羅構成的「雙子城」），而該大學的雙胞胎研究始於 1979 年的路易斯與史賓格兄弟。多年來，明尼蘇達雙胞胎與家庭研究中心累計有接近一萬人參與研究。該中心的研究和類似研究發現，共同的教養不足以解釋雙胞胎在學業成績、幸福程度、性格類型、人格障礙、藥物濫用和抑鬱等方面的相似處。這些相似處想必是雙胞胎繼承了相同的基因所致──也就是先天而非後天因素造成的。

　　但是，將先天與後天對立起來是過度簡化了問題。個體的基因透過當事人與他所處的環境互動。相對於環境，基因對當事人的影響有時非常強。例如遺傳了血友病的人無論身處什麼環境，就是無法產生適當的凝血因子。但有時相對於基因，環境對當事人的影響非常強。例如即使是生物決定論最虔誠的信徒，也不會認為人選擇

紋身有基因方面的原因。是否紋身顯然是文化決定的，而文化是個體所處環境的一部分。

許多人類行為似乎正是落在先天與後天之間。我們的基因可能使我們傾向出現某種行為，但我們的環境可能阻止這些基因影響我們。2003 年的一項著名研究以遺傳了抑鬱傾向的人為對象，檢視這種基因與環境互動的本質。[31] 心理學家卡斯比（Avshalom Caspi）和莫菲特（Terrie Moffitt）檢視同一年出生的 1,037 名紐西蘭人，這些人 3 歲至 26 歲期間定期接受評估，作為達尼丁多領域健康與發展研究（Dunedin Multidisciplinary Health and Development Study）的一部分；這項研究是醫學和社會科學重要的縱向研究之一。研究者根據抑鬱與神經傳導物質血清素的調節有關的理論，檢視涉及攝取血清素的某基因的調控區（regulatory region）。該調控區的長度決定了當事人製造出多少運送血清素的蛋白質，較短的調控區製造這種蛋白質的效率較低。那群紐西蘭人有些具有兩種較長的調控區，有些具有兩種較短的調控區，有些的調控區是一長一短。

卡斯比和莫菲特的團隊研究這些紐西蘭人，記錄他們在 21 至 26 歲期間經歷的壓力事件次數，包括就業、住所、健康、財務和感情關係上的重大變化。他們發現，壓力事件次數與基因類型並無相關關係。但是，在分析抑鬱、自殺意念和自殺嘗試的出現頻率之後，卡斯比和莫菲特發現，假設其他條件相同，具有調控區較短基因的人經歷壓力事件之後比較可能出現抑鬱症狀（相對於僅具有較長調控區的人而言）。另一方面，不曾經歷壓力事件的人無論屬於什麼基因類型，都一樣很少抑鬱。

原來人類的行為整體而言，涉及複雜的基因與環境互動。如果

沒有壓力事件，這些年輕的紐西蘭人無論基因類型如何，出現抑鬱症狀的機率都非常低。只有在壓力頗大的環境下，調控區較短基因的不利影響才會呈現出來。

　　其他形式的人類行為顯然有遺傳成分，財務行為也不例外。近年的研究顯示，第 3 章提到的經濟行為如規避或承受風險，某程度上是可遺傳的。但這些影響是間接測量的；它們對財務決策有直接影響嗎？令人驚訝的是，答案是肯定的。

　　瑞典雙胞胎登記處（Swedish Twin Registry）是目前世界最大的雙胞胎資料庫，登記在案的雙胞胎超過三萬七千對。而直到 2006 年，瑞典對個人也有異常完整的財務報告要求。這些條件使巴尼亞（Amir Barnea）、克隆維斯特（Henrik Cronqvist）和席格爾（Stephan Siegel）這三名金融經濟學家得以分析 DNA 相同的同卵雙胞胎，以及 DNA 一半相同（一如一般兄弟姐妹）的異卵雙胞胎在資產組合上的相對差異。[32] 他們檢視資產中現金、債券和固定收益證券、直接持有的股票、透過基金持有的股票，以及其他金融資產（例如可轉換債券、認股權證）的比例。三人的發現非常值得注意。藉由比較異卵和同卵雙胞胎的表現，他們發現瑞典雙胞胎可見的投資行為有三分之一可歸因於遺傳，包括 29% 的股市參與、32% 的股票資產比例，以及 38% 的投資組合波動。

　　對某些人來說，我們的儲蓄行為有三分之一可歸因於遺傳，這比例似乎高得離奇。財務行為怎麼可能是 DNA 先天決定的？我們無疑是遠在股市出現之前，就已經演化成現代人類。不過，這在演化上是可以解釋的：我們的儲蓄行為應該是徵用了在以往演化環境中形成的某種行為。

　　但別忘了事情的另一面：我們的儲蓄行為有三分之二不是遺傳決定的。事實上，遺傳和環境對行為都有影響。我們大部分的儲蓄行為是受環境、文化、教育、公共政策和邏輯思考影響的結果。我們的基因可能導致我們尋求冒險或規避風險，但基因只能解釋我們一小部分的偏好。

與思想同速的演化

　　智人（和隨之而來的經濟人）崛起並持續支配世界，解釋這現象所需要的演化理論的最後一部分，是我們的認知過程如何演化，也就是人類的思想如何演化。前額葉皮質是了不起的神經機器，在演化史上的一瞬間就使人類得以控制他們的世界，在地球上幾乎每一類型的環境中生存繁衍。但前額葉皮質實際上產生了什麼作用，使人類在地球上芸芸生物中與眾不同？

　　演化生物學家曾以為刻意使用工具是人類智能的獨特標誌。但動物行為學者後來發現，不少動物也使用工具——除了我們在靈長類動物中的近親外，某些其他哺乳動物、鳥類以至章魚（真令人驚訝）也懂得使用工具。連完全無肢的瓶鼻海豚也使用工具：牠們撕開海床上的海綿包住嘴部尖端，以免覓食時被某些魚類傷害。[33]人類使用工具在動物界遠非獨特。

　　有些人類學家認為人類獨特之處在於語言。但是，雖然確實沒有動物曾學會一種人類的語言，不少例子顯示個別動物有目的地使用人類語言的某些部分（例如使用工具的倭黑猩猩坎茲〔Kanzi〕可以利用一個特殊鍵盤與人溝通，而非洲灰鸚鵡艾力克斯〔Alex〕則學

會了超過一百個英文單詞），以致要以語言劃線明確區分人類與其他動物並不容易。此外，我們也觀察到，某些物種有代代相傳的群體特有的習得行為。拒絕將這種行為稱為「文化」，似乎是人類沙文主義的表現。

是什麼使我們真正不同於華府國家動物園的紅毛猩猩？**歸根結柢，是我們提出這個問題的能力。**人類利用豐富的想像力創造出純粹虛構的複雜情境，這種能力是我們發展出來的最重要的演化優勢，而且看來是我們這個物種獨有的。

作為一個物種，人類極其成功。圖 5.2 以對數刻度畫出西元前一萬年到現在的世界人口估計數。[34] 它顯示，過去一萬兩千年間，世界人口成長經歷了四個顯著不同的時期：西元前 10,000 年至西元前 4,000 年的石器時代，世界人口緩慢成長；從銅器時代開始（西元前 4,000 年左右）到 1800 年左右，世界人口溫和成長；工業革命開啟工業時代以來，世界人口加速成長；在或許可稱為「數位時代」的過去一個世紀中，世界人口經歷了最快速的成長。1900 年，世界人口估計約為 15 億。根據最新估計，目前世界人口超過 74 億。短短一個世紀間，地球上智人的數目增加了超過三倍。

這種戲劇性的人口成長絕非偶然。它是技術進步的直接結果，這種進步使我們得以操控環境以滿足並最終超越我們的需求。農業、醫學、製造、運輸、資訊以至金融技術的進步，全都對智人非凡的繁殖成就有貢獻；但如果人類沒有想像和計劃的能力，就不可能發明這些技術。

前額葉皮質如何幫助我們完成這些心智活動仍是一個謎。這可能只是規模問題。在霍金斯（Jeff Hawkins）看來，智能是大腦新皮

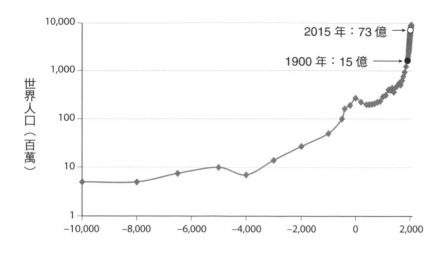

圖 5.2 以半對數刻度呈現西元前 10,000 年至西元 2011 年的世界人口（2011 年之後為估計數）。
資料來源：美國統計局（國際資料庫）和本書作者的計算

質擴大、人類祖先的記憶和預測能力增強的直接結果。霍金斯表示，「我們變得聰明，是靠增添一種共同的皮質演算法（cortical algorithm）的許多元素」，就像藉由增添許多相同的伺服器來提升一個網絡的處理能力那樣。[35] 在霍金斯的理論中，智能始於新皮質與負責身體運動的神經元形成愈來愈多聯繫，人類祖先因此得以根據預測行事，享有擇選優勢。此時前額葉皮質的預測能力可以用來產生新行為和操控環境以利人類繁衍──這似乎正是人類演化史上發生的事。

演化塑造我們的大腦，而我們的大腦塑造意念。但即使在意念的領域，演化仍有其作用。你可能還記得，演化可大致界定為一個族群中世代之間可複製的特徵發生變化。但意念即使是抽象的概

念，仍可以在人與人之間複製。意念可以在傳播中突變，也可能發現某些心智環境相對友善而另一些心智環境相當嚴苛。簡而言之，使達爾文演化論適用於生物的所有條件也適用於意念，但後者有一點不同。我們可以利用我們的大腦在某種心智模型中檢驗我們的意念，在發現它們的不足時重塑它們。**這仍是一種演化，但它是與思想同速的演化。**

演化應用在意念上，是抽象化和語言能力對人類的成功至關緊要的原因。它們使個人得以形成比較複雜的想法，也造就這些想法在人與人之間傳播和改進。合作行為在動物界不算特別罕見，但人腦形成、改變和溝通其意念的能力，使我們這個物種能以演化上空前的規模組織自身的行為。想想沃爾瑪（Walmart）這樣一家跨國企業（這家零售業者雇用 230 萬人，服務 2.6 億名顧客，在 28 個國家設店，2016 年營收 4,820 億美元），想想該公司藉由與思想同速的演化達到的成就。

而雖然使用工具已證實並非人類獨有的特徵，人類具有地球上無與倫比的最佳工具。我們可以在技術的歷史中看到意念的演化。起初在石器時代，技術進步非常緩慢——不是因為人類智能先天不足，而是因為人口稀少而且族群之間少有聯繫。意念沒什麼機會遇到新的心智環境；以現代標準而言，當時的文化看來是傳統到難以置信的程度。

隨著人口緩慢地成長，意念遇到新的心智環境。人們的創新能力增強，在創新上也更加競爭。偶然的發現導致某些族群捨棄石器，改用金屬工具——但如巴斯德（Louis Pasteur）所言，機會眷顧準備好的人。寫作、讀寫能力、印刷機：這些發明使意念得以流向

數以百萬計的不同心智環境。每個人都成了檢驗意念是否有用的試驗台。工業革命開始時，真正明白瓦特蒸汽機效用的人可能只有幾千個。如今有數以百萬計的人經常思考如何改進技術，他們互相交流，彼此競爭。意念在這麼多活躍的頭腦和不同的心智環境下運作，難怪現代技術進步完全沒有停止的跡象。

當然，不是所有的意念或思想都經得起時間的考驗。意念或思想史充斥著演化的死胡同。屬於基督教派的震教徒（Shakers）就是一個例子。震教始於 18 世紀的英國，核心人物是富魅力的女先知安・李（Ann Lee）。震教徒後來遷移到美國，先是定居紐約，然後在東岸向南和向北擴散，往西則擴散到印第安納。因為致力追求純淨，震教徒以家具的簡潔設計、優質草藥、簡樸的食物和音樂著稱。但是，震教如今已接近滅絕，原因很簡單：安・李長老期望追隨者終身獨身。震教徒要增加，只能靠別人改信震教或從無信仰變成信奉震教。因為信徒所剩無幾，震教徒幾乎就像渡渡鳥那樣完全消失於世間。

但震教的美學並未消亡，而渡渡鳥則不大可能重現於世上（除非科技出現重大突破）。如果認為震教思想魅力非凡的人夠多，這個宗教可以重新興起。與達爾文演化不同的是，與思想同速的演化可以重新組合許多不同來源的意念，新舊或生死皆不拘。

有關敘事如何塑造，比較相關的一個例子涉及「決策疲勞」（decision fatigue）；最近學者研究以色列審核囚犯假釋申請的一群法官，戲劇性地記錄了決策疲勞的現象。[36] 這些法官平均有超過 20 年的經驗，每天審核 14 至 35 個案件，占以色列監獄所有假釋申請 40%。他們每天有兩次休息，期間會進食，工作時間因此分為三

段。三名商學院學者——丹齊格（Shai Danziger）、勒瓦弗（Jonathan
Levav）和阿夫南佩索（Liora Avnaim-Pesso）——發現這些工作時段
呈現一種引人注目的形態：在一個時段的初期，法官約 65% 的時候
做出有利於囚犯的假釋決定，但這個比例將系統性地降低，到時段
的尾聲時接近 0%。休息之後（早上休息期間會吃三明治加水果之類
的輕食，第二次休息則是吃午餐），法官恢復精神，準備好審理複雜
的案件；因此，在新時段的初期，假釋申請成功率顯著較高。由此
看來，做困難的決定可能對當事人構成沉重的心智負擔，連經驗豐
富的法官也不例外。工作時段到了中後期，法官變得傾向避免做出
困難的決定，結果往往是拒絕假釋申請。法官吃過東西之後假釋申
請成功率上升，符合最近的研究發現：葡萄糖可以消除決策疲勞的
影響。[37] 俗語說絕不要空著肚子談判，顯然可能是有道理的。

　　但是，這項研究 2011 年發表六個月後，兩名以色列司法系統專
家 —— 溫沙馬格爾（Keren Weinshall-Margel） 和 沙 帕（John
Shapard）——在同一期刊發表一封信，提出簡單得多而且更有說服
力的解釋：假釋案件的處理次序不是隨機的。[38] 原來以色列的假釋
審議委員會通常按監獄將案件分組，而且會盡量完成一個監獄的案
件才休息，休息後再審理另一監獄的假釋申請。在每一個工作時段
中，無律師代表的犯人的案件會排在後面處理。這一點很重要，因
為犯人有律師代表可佔顯著優勢：無律師代表犯人占所有案件三分
之一，假釋成功率僅 15%，顯著低於有律師代表犯人的 35%。這個
簡單事實足以解釋為何假釋申請成功率在法官的一個工作時段內下
跌，無論他們休息時是否進食。決策疲勞的解釋看來不成立。

　　但故事未完。丹齊格、勒瓦弗和阿夫南佩索發表文章，反駁這

種反駁。[39] 他們重做整個分析，但這一次將犯人是否有律師代表也納入考量。他們發現，有律師代表確實可以顯著提高假釋機會，但法官休息進食仍有顯著的影響。此外，在他們的資料集中，同一監獄的案件是跨工作時段處理的，案件按監獄分組因此不足以解釋假釋成功率下跌的趨勢。丹齊格等人最後感謝批評者提出這些問題，促使他們進一步分析資料，結果鞏固了他們原本的結論。因此，決策疲勞目前仍是重要因素，但未來如何就難說了。

學術界以外的人可能覺得這種來回批駁令人非常厭倦和沮喪——拜託，我們只想知道答案！但這種想法忽略了此中關鍵：我們最終得知答案，正是靠這種持續的意念和思想交流，而且這也是一種演化過程。**天擇不但適用於基因，還適用於敘事。**事實上，是科學方法配合學術機構的獎勵制度，成就了種種偉大的發現和技術，使智人得以征服我們在自然界的所有掠食者，延長我們的壽命，並且掌控地球以至月球的各種環境。

拜後見之明和個人變得比較成熟（加上終身教職的安全感）所賜，麥金利和我如今明白，我們首次出席美國國家經濟研究局的會議受到的嚴厲批評，是這種演化過程的一部分。我們質疑在學界已有穩固根基的隨機漫步假說，結果我們的質疑被信譽很好的一名資深學者質疑。我們回應這種質疑，提出另外幾項研究結果（每一項都通過學界的審查程序），證實並擴充我們的發現，最終對股市的表現提出一種新見解。如果在這過程中的某個階段，我們的實證結果遭推翻，隨機漫步假說將獲得進一步的支持，而各位也就不會看到這本書，因為它不會面世（至少是我不會寫這本書）。

一如自然中的演化，意念的演化不偏不倚。在這整個過程中，

每一名參與者——研究者、評論人、期刊編輯和審閱人——獲得許多誘因去揭露真相，手段可以是提出新的真相，又或者質疑可能已不再成立的既有理論。這過程永無盡頭，又或者是不應該有盡頭，因為它一旦結束，我們就停止學習。確信自己知道答案的人，思想不可能再有進步。即使是愛因斯坦一個世紀前提出、學界普遍接受的廣義相對論，如今仍持續受檢驗，而它顯然仍經得起考驗，至少目前仍是這樣。

這種過程可能看似混亂，但學界這種瘋狂運作其實是有秩序的。**與思想同速的意念演化，造就人類與其他物種的關鍵差異，使我們得以支配我們的世界。**

社會生物學與演化心理學

在突變、競爭和天擇這些力量支配下，每一個物種都發展出獨特的反應以應付特殊的環境挑戰。許多演化生物學家已提出有力的理論模型，希望解釋動物因應這些挑戰的行為。但是，這些模型遠非描述「腥牙血爪的自然世界」，還解釋了多個物種個體之間的許多反直覺行為，包括利他、合作、相互（reciprocity）和自我犧牲——甚至人類之間也可能是這樣。

為什麼這些行為在演化上是反直覺的？它們都有一個共同點：乍看之下，它們似乎都對個體的生殖能力沒有幫助。事實上，有些行為，例如自我犧牲，根本就危害個體的生存。如果演化取決於個體的生殖成就，為什麼會有個體願意犧牲自己、成就另一個體的生殖？

在 1950 年代，族群遺傳學家霍爾丹（J.B.S. Haldane）幾乎解開了這個謎：他在倫敦一個酒吧向他的學生宣稱，「他願意為兩名兄弟或八名堂兄弟犧牲自己的性命。」[40] 這句隨口而出的話含有深刻的遺傳真理：因為遺傳，霍爾丹的兄弟有 50% 的基因與霍爾丹相同，而霍爾丹的堂（表）兄弟則有 12.5% 的基因與霍爾丹相同。在生殖的意義上，霍爾丹等同兩名兄弟或八名堂兄弟。因此，根據天擇的邏輯，霍爾丹為了他的兩名兄弟（或八名堂兄弟）犧牲自己，是演化上的公平交易。

雖然族群遺傳學界無疑已經有這些想法，但要到英國演化生物學家漢彌爾頓（W. D. Hamilton）1964 年發表他的開創性研究時，一種明確的數學陳述才出現。在兩篇經典論文中，[41] 漢彌爾頓說明了個體在什麼情況下願意犧牲自己成就他者：如果彼此之間的親緣程度大於生殖上的成本效益比率，個體將比較可能無私地幫助另一個體。至親之間可能期望對方幫助自己，即使事情涉及的生殖效益相對較低，又或者對方必須承受的代價相對較高。另一方面，毫無關係的個體可能得不到任何幫助，即使潛在的效益非常大，又或者對方的代價非常低。英國族群遺傳學家約翰・梅納德・史密斯（John Maynard Smith）很快就將近親優先生存的現象稱為**親擇**（kin selection）。

漢彌爾頓馬上注意到，親擇可以解開存在已久的社會性昆蟲（包括螞蟻和蜜蜂）之謎。這些昆蟲因為異常的性別決定（sex determination）方法，母親與女兒的基因相似度是 50%，但姐妹之間的基因相似度卻高達 75%。對雌蟻來說，姐妹真的比女兒更親（我們人類自然傾向假定母女比姐妹更親）。如此一來，演化容許雌蟻為

了姐妹犧牲自己，而且使自己無法生殖也就不是那麼令人意外，因為對雌蟻來說，姐妹比任何潛在的女兒親得多。

漢彌爾頓對社會行為演化的遺傳洞見，是當時快速發展的相關學問的一小部分。短短數年間，一些理論家提出了他們對其他社會行為的演化解釋，包括互惠利他（reciprocal altruism），[42] 性擇（sexual selection）與親代投資（parental investment）和兩者的關係，[43] 以及演化穩定策略（evolutionary stable strategy）重要的賽局理論概念。[44] 雖然這種針對社會行為生物演化的研究有許多名稱，有些人開始將這個新興領域稱為「社會生物學」（sociobiology）。

這波學術發展產生的理論家當中，最重要和最富爭議的其中一位是威爾森（Edward O. Wilson）。威爾森原本已是著名的昆蟲學家。他 1965 年某次搭火車從波士頓前往邁阿密，途中讀了漢彌爾頓有關親擇的論文，隨後便徹底信奉漢彌爾頓的社會生物學新思考方式。[45] 威爾森立即看到，漢彌爾頓的理論適用於社會性昆蟲，尤其是螞蟻。接下來數年間，他以漢彌爾頓的見解為基本框架，寫出有關社會性昆蟲的宏大綜合論述。其著作《昆蟲的社會》（*The Insect Societies*）1971 年出版。

但威爾森決定追求更高的目標。他在他的回憶錄《大自然的獵人》（*Naturalist*）中寫道：「我再次受抱負這種興奮劑刺激。我告訴自己，去吧，全力以赴，根據族群生物學的原理，將社會生物學整個組織起來。」令人難以置信的是，威爾森能夠在三年內吸收有關社會行為演化的大部分已知材料，同時在哈佛大學主持一個研究計畫，並履行他的教授職責。[46]

威爾森的《社會生物學：新綜合理論》（*Sociobiology: The New*

Synthesis）1975 年夏天出版。他特意編排這本巨著的內容，以闡述人類社會生物學的一章作結。他後來寫道：「我毫不猶豫地納入智人，因為如果不這麼做，我將遺漏生物學的一個重要部分。藉由反向延伸，我相信生物學有天必將成為社會科學的部分根基。」[47]

對威爾森來說，遺憾的是社會生物學迅速導致社會科學界的兩極分化。在許多學者看來，威爾森的見解用來闡述動物行為的演化基礎是可以接受的，但應用在人類身上就有生物決定論的意味。社會科學界才剛花了一代人的時間清理門戶，清除 19 世紀末的生物決定論。以著作面世時的標準衡量，生物決定論往往是意識形態驅動的偽科學，但多數具有巨大的政治影響力。在美國，生物與基因決定論成為支持種族歧視、移民配額和（可能最令人不安的）優生學運動的學說。優生學運動如今不是很多人了解，它試圖利用政治力量從族群的基因庫中清除「有缺陷的人」，常用手段是強制絕育。美國許多州通過絕育法令，強迫「不合適者」絕育，通常包括窮人、囚犯和智障者。雖然以現代標準而言，這些法律非常冒犯，而且根本不合法理，但美國最高法院維護它們數十年之久。在 1927 年臭名昭著的巴克訴貝爾案（*Buck v. Bell*）中，美國最高法院大法官何姆斯（Oliver Wendell Holmes）在有利於維吉尼亞州絕育法規的判決中表示：「社會如果可以防止明顯不合適的人生產出更多不合適的人，而不是等著處死他們墮落犯罪的後代，又或者坐視他們因為自身的無能而挨餓，對全世界當然是比較好……低能者有三代就夠了。」[48] 這種趨勢也並非僅限於美國。在歐洲，生物科學之濫用甚至更惡劣，導致納粹意識形態興起和針對猶太人的恐怖大屠殺。難怪許多社會科學家對任何有基因決定論意味的理論持「先撲殺再細究」的態度。

　　威爾森在他所屬的領域也受到批評。生物學家列萬廷（Richard Lewontin）在威爾森推薦下成為哈佛教職員，本身不但是出色的族群遺傳學家，還是堅定的左派行動者；他成為社會生物學最激烈的反對者之一。列萬廷在社會生物學中看到一種化約論（reductionism）和決定論，有違他自身整體（holistic）、辯證的世界觀。信奉馬克思主義的數學生物學家萊文斯（Richard Levins），以及如今以傑出科普文章著稱的已故演化理論家古爾德（Steven Jay Gould）很快也加入批判社會生物學的陣營。[49]

　　列萬廷創立社會生物學研究組（Sociobiology Study Group）來反對威爾森的學說。該組織在列萬廷的辦公室定期聚會，地點剛好在威爾森辦公室樓下。他們很快就將有關社會生物學的爭論帶到全美的舞台上：他們在《紐約書評》發表了一封情緒激烈的信，而該刊物當時和現在都是美國知識份子主要的書面論壇之一。這封信的結論是：「考慮到這種理論以往產生的社會和政治衝擊，我們強烈覺得我們必須公開表達反對意見。因此，我們必須認真對待『社會生物學』——不是因為我們覺得它為有關人類行為的討論提供了一種科學基礎，而是因為它看來標誌著新一波的生物決定論將湧現。」[50]

　　這群人反對社會生物學，並非基於簡單的政治黨派偏見。崔弗斯（Robert Trivers）在社會生物學爭論中是威爾森的盟友，他本身是美國黑豹黨的成員。威爾森認為，他本人與列萬廷、萊文斯和古爾德等人的分歧，源自馬克思主義哲學傳統；威爾森對該傳統完全陌生，他為此開始研究相關學說。[51]崔弗斯表示，他與威爾森曾這麼議論對手：「我們有時自我娛樂，想像革命終於來到美國時會發生什麼事。我想我和威爾森都認為列萬廷在革命發生後很快就會被處

決，而萊文斯將是劊子手，但古爾德一定可以生存下來。他有驚人的能力將幾乎任何立場合理化，並滔滔不絕地提出辯解，在幾乎任何社會中都可以成為稱職的中層官僚。」[52] 這些爭論的某些參與者之間顯然沒有反目成仇。

　　差不多同一時期，經濟學家賽蒙（Herbert Simon）與卡內基美隆大學一些理性預期革命的追隨者也有爭論，但威爾森的社會生物學理論與列萬廷的強力反擊與此不同：兩者最終都未能支配所屬的領域。威爾森、崔弗斯、梅納德‧史密斯、漢彌爾頓和許多其他學者的豐富理論成果不可忽視，但在當時的學術氣候下，爭論雙方的政治涵義同樣不可忽視。因此，從科學社會學的角度看來非常有趣的事情發生了。社會生物學概念應用在非人類物種上，仍是演化生物學的一部分，而解釋人類起源不同方面的嘗試也是（雖然後者常受批評）。但是，將社會生物學概念應用在現代人類社會上的嘗試則脫離演化生物學、進入了社會科學，以心理學、語言學和認知科學等領域為「殖民地」。演化心理學興起最清楚彰顯了這一點。

　　演化心理學這領域，始於心理學家柯斯麥（Leda Cosmides）和人類學家杜比（John Tooby）1980 年代中對威爾森社會生物學概念的直接回應。他們假定人類心理在它的整個演化過程中由天擇塑造。但是，人類心理自我調整適應主要是解決以往演化環境中的問題，未必是人類當代環境中的問題。在柯斯麥和杜比看來，許多社會生物學解釋因為假定生物現象與文化之間的關係密切得多，跳過了這個重要步驟，「僅尋找演化論與現代明顯行為之間一致之處。」[53] 合宜的演化心理學理論必然以人類演化史為基礎。

　　杜比和柯斯麥假定普遍的人類行為是大腦中許多模組化程式

（modular programs）的輸出，而這些程式是人類史上數以千計的世代演化出來的。我們現今看到的受文化約束的特殊行為，可能只是訊號中的雜訊。此外，一種行為在遙遠的過去有助當事人適應環境，不代表這種行為現在也是這樣。如柯斯麥和杜比所言：「雖然我們演化出來的程式產生的行為，在祖先的環境中通常有助當事人適應環境（可以提高生殖機會），這些行為現在是否仍如此則絕無保證。」[54]

　　因為這種差異，相對於社會生物學，演化心理學理論解釋現象時通常有不同的「風味」。粗略而言，社會生物學理論會嘗試以現行生物適應（biological adaptation）解釋社會現象，演化心理學理論則會嘗試以過去的神經適應（neurological adaptation）解釋社會現象。這種做法最具說服力的例子之一，是稍早提到的品克的語言發展理論。[55] 兒童從牙牙學語迅速學會完整的句子，在這過程中不知如何就掌握了多數語法，這種現象總是令我們覺得神奇。品克認為這是生物本能的一個例子；這種本能出現在人類演化史上某個階段，當時溝通能力是一種關鍵的擇選優勢。我們的大腦演化出不自覺迅速學會一種語言的能力，而且是在兒童時期盡早學會。也有基因證據顯示，我們的心理以這種方式演化。例如人類 FOXP2 基因突變會導致一種非常特別的言語障礙，影響當事人的造句能力，使他們說出來的句子幾乎不可理解，但不影響認知能力。[56] 愈來愈多生物與神經生理證據支持品客的「語言本能」概念。

　　不幸的是，演化心理學太容易被誤用了，一如其近親社會生物學，也一如經濟學。學者對一種社會現象提出某種科學解釋，經常被當成是證明該現象是合理的，無論那種現象多麼令人反感；因此，這些領域產生的草率、偏頗以至存心欺騙的解釋，都可能被引用來

支持某些社會現象。有些人就提出了與他們的政治議程非常契合的演化心理學或社會生物學理論。在 20 世紀的黑暗時期,優生學和人種論被用來支持美國的大規模強制絕育和歐洲的大屠殺;雖然我們離這種黑暗日子可能非常遠,我們永遠不應忘記科學遭濫用的這些例子。

柯斯麥和杜比認為,妥善建構的演化心理學論點會考慮人類祖先所處環境下的適應行為。問題是我們對更新世(譯註:約 2,588,000 年前至 11,700 年前)期間的人類行為所知極少。雖然我們找到不少那時期留下來的工具、營地和骨頭,當時人類的口語、社交互動或文化並未留下化石記錄。因此,我們被迫根據考古資料,對我們祖先的行為作出有所本的推測(有時則是基於想像的猜測)。不久之後,遺傳和基因組資料很可能將幫助我們了解人類在那時期的具體適應行為。但是,演化心理學有關更新世人類行為的推論,往往是以研究者的心智建構(mental construct)而非任何確鑿的證據為基礎。

而有時候,流行的演化心理學理論根本就是一些蠢話。在最近一個例子中,研究者試圖就女性偏愛粉紅色提出合理的演化基礎:「因為專攻採集工作,女性的大腦可能增強了〔人眼的〕三色適應能力(trichromatic adaptations),而這支撐女性對比背景『更紅的』物體的偏好。作為採集者,女性對顏色信息也必須比獵人更敏感。此一要求展現在女性顏色偏好更大的確定性和穩定性上,而我們確實看到這種確定性和穩定性。」[57] 這篇論文在網路上瘋傳之後,許多時尚達人指出了此一分析的問題:女性與粉紅色的密切關係始於 20 世紀,而在此之前,粉紅往往被視為一種男性化的顏色。

鉅富者生存？

我們似乎已經遠離金融市場世界，進入了演化理論的叢林。但各位的耐性最終將得到回報。在下一章，我們將看到這些見解在金融世界的特殊重要意義。畢竟現代金融市場大有可能一如任何非洲莽原那麼競爭，而最成功的交易員得到的特豐厚獎勵暗示，天擇已經非常努力地決定經濟人的心智、身體和行為特徵。第 3 章提到的金融交易員心理生理測量告訴我們，情緒管理對做正確的財務決定至關緊要。金融專業人士和他們的策略或許非常細緻地調整適應現行金融環境，但如果這種環境改變了，將會發生什麼事？理性預期和效率市場假說這些舊理論對市場行為沒什麼見解，對市場動態更是沒什麼可說。

在下一章，我們將說明演化理論可以如何藉由適應性市場假說這個新框架，解釋和預測市場動態中一些難以理解的事。

第 6 章

適應性市場假說

我們需要一種新敘事來說明市場如何運作,而現在我們已
經掌握了夠多資料,可以開始組織這種敘事。

打倒一個理論要靠另一個理論

我們都看過這種照片：許多人聚集在陷入困境的銀行外面，希望在銀行崩潰之前取出他們的積蓄。這是一種國際現象，有時出現在希臘，有時出現在阿根廷。如果是比較古老的黑白照片，事情可能是發生在德國或美國。人群可能井然有序地排隊，也可能明顯地焦躁不安──暴力事件看來一觸即發，下一系列的影像可能就是騷亂場面：提款機燒了起來，銀行遭搶掠。

經濟學家稱這種行為為擠兌（bank run），而如果事情涉及許多銀行，我們便稱之為銀行業恐慌（banking panic）。但是，如果一名對智人毫無認識的外星生物學家看到這種行為，他會覺得一群人與一群鵝、瞪羚或跳羚沒什麼差別。究其性質，這些生物展現的行為都一樣，都是適應環境壓力的反應，是天擇的產物。事實上，經濟學家將這些行為稱為「擠兌」和「恐慌」，是不自覺地意識到它們的生物本質。

站在生物學的角度，經濟人的局限如今已經相當明顯。神經科學和演化生物學證實了一件事：理性預期論和效率市場假說僅捕捉到人類行為的一部分。這一部分並不小，也非不重要（它提供了對許多金融市場和環境的極佳初步近似描述，永遠不應被忽視），但它仍是不完整的。一如所有的人類行為，市場行為是極多演化力量產生的結果。

事實上，投資人若以效率市場假說作為所有商業決定的起點，可說是明智的。創業之前堅持思考自己的創業構想為何可以成功，以及為何還沒有人做同樣的事，是一種寶貴的紀律，可以替創業者

省下大量時間和金錢。但效率市場假說的作用也僅止而已。畢竟一直都有成功的新創企業出現，市場因此不可能真的具有完美的效率，對吧？否則同樣的創業構想，應該已經有人付諸實行了。這就是效率市場假說的反直覺性質。事實上，經濟學中有理論證明市場不可能真的有效率：如果市場真的有效率，所有人都沒有理由根據自己掌握的資料做交易；如此一來，市場將因為大家全都興趣缺缺而迅速消失！[1]

　　因此，我們不難指出效率市場假說的問題。但如第 1 章所言，打倒一個理論要靠另一個理論，而行為財務學至今未能提出一個更好、明確的替代理論。我們也探索了心理學、神經科學、演化生物學和人工智慧的某些方面，但雖然每一個領域對理解市場行為都至關緊要，它們全都未能提供一個完整的方案。如果想找到替代理論，我們必須另闢蹊徑。

　　1947 年，一名謙遜的研究生播下了效率市場假說替代理論的種子，當時他正研究多數經濟學家認為與經濟學無關的一個課題。他的相關見解最終被市場理性的真正信徒擠到經濟學主流之外。那一年，賽蒙（Herbert Simon）出版了他的博士論文《行政行為》（*Administrative Behavior*）。諷刺的是，薩繆爾森的博士論文《經濟分析之基礎》（*Foundations of Economic Analysis*）正是同一年出版。《行政行為》最終成為組織行為學的「大憲章」，而且一如薩繆爾森的《經濟分析之基礎》，至今仍印行。對這樣一本經典著作來說，《行政行為》這書名真的異常平淡。

賽蒙說滿意就好

賽蒙是經濟學的局外人：他的基本學術背景不是數學或物理學，而是我們今天所稱的管理科學。賽蒙的父親是移民至密爾瓦基的德國工程師，而賽蒙為人務實，以函授方式完成他在芝加哥大學的政治學哲學博士學位。他的博士論文研究現實中企業高層的決策過程，賽蒙從中歸納出人事管理、薪酬結構和企業策略的理論原則。這篇論文看起來像是非常詳細的管理顧問入門書——因為它正是這樣一本書，而賽蒙的見解改變了這個領域的面貌。

賽蒙從他的學術生涯一開始，便已認真處理經濟理性的概念。他比較以有限的資源致力實現組織目標的「行政人」與古典經濟學中的「經濟人」。賽蒙認為兩者都理性行事，但行政人因為受限於自身的技能、價值觀和知識，行為有別於完全理性的經濟人。賽蒙斷定，在所有其他條件相同的情況下，光是因為掌握的資訊不同，就會導致兩個人做出不同的決定。[2]

賽蒙成為學術界的新星。1949 年，他受聘於匹茲堡的卡內基理工學院（現為卡內基美隆大學），在新設立的工業管理研究所（GSIA）成為工業管理系主任。因為坐擁豐厚的捐贈基金，GSIA 聘請了許多傑出的經濟學家擔任教職員。本書第 1 章提到，GSIA 的學術焦點與當時的其他商學院截然不同。GSIA 管理層將管理科學技術和二戰期間發展出來的作業研究技術引進到商學院環境中，他們希望賽蒙在古典的「經濟人」理論之外，也一併教授他的「行政人」理論。

賽蒙並不敵視數理經濟學，也不反對人類行為可以量化的想

法。事實上，他本人學習先進的數學方法，正是希望能協助「強化」（hardening）社會科學。賽蒙對薩繆爾森在經濟學的數學創新很有興趣，而他自己也對這個領域作出了技術要求很高的重要貢獻。儘管如此，GSIA 將成為這兩種對立觀點的戰場。

1952 年，賽蒙獲邀成為蘭德公司的夏季特別顧問——如第 2 章提到，艾斯柏格正是在蘭德公司研究出他的風險矛盾論。賽蒙確定了一件事：冷戰賽局理論和新古典經濟學要求的人類完美理性模型，是嚴重走錯了路。經濟學假定了賽蒙所稱的「經濟人的完全理性」，疏忽了對人類決策過程的研究。賽蒙宣稱，個人在心智上無法勝任經濟人必須做到的那種優化（optimization）。他寫道：「如果我們仔細檢視理性的『古典』概念，我們將立即看到，這種理性對必須作出選擇的人有非常嚴苛的要求。」[3] 因為潛在的選擇極多，即使在選擇已經大大受限的情況下，經濟人若奉行純優化策略，也將很快應付不來。

賽蒙是西洋棋業餘高手，他因此很自然地以西洋棋為例說明他的見解。[4] 西洋棋是一種純理性遊戲。假設棋手以最佳方式下棋，任何一步棋都可以客觀地歸入贏、輸或平手的類別。但是，根據賽蒙的計算，完全理性的棋手若想找出連續 16 步棋的最佳下法，他將必須考慮 1 兆乘以 1 兆那麼多個可能，[5] 而這遠非任何人的大腦所能處理。賽蒙以他作為一名中等棋手的經驗與此比較：他主觀地檢視自己的下法時，一次只會自覺地考慮約一百種下法。

在賽蒙看來，人類顯然有一些實用的方法，可以將棋盤上數量驚人的潛在選擇縮減至人腦能夠處理的程度。賽蒙認為生理限制使人腦不可能不自覺地解答複雜的數學優化題，人類因此必須發展出

一些比較簡單的經驗法則，它們未必能產生最好的結果，但可以滿足需求。如第 2 章提到，賽蒙將這種經驗法則稱為「捷思法」（heuristics）；他因此普及了這個比較古老的詞。

　　賽蒙的腦海中出現了經濟行為替代理論的種子。這些捷思法在經濟學上如何運作？賽蒙假定，個人為了做某個決定，每次進行經濟計算都必須承受一定的代價，而這種代價可以換算為一定的金錢。（例如美國人因為稅法複雜，自己報稅往往非常頭痛，許多美國人因此願意付錢請別人替自己報稅。）個人做決定時，會為了找到最佳方案而持續計算，直至到達一個平衡點，繼續計算下去可以得到的好處剛好被當事人必須承受的代價抵銷掉。賽蒙創造出 satisficing 這個詞（混合 satisfy〔滿意〕和 suffice〔足夠〕的結果）來描述這種行為。個人並不致力優化以求最佳結果，而是追求夠好的結果——他們的決定未必是最好的，但足以令人滿意。賽蒙將這個理論稱為**有限理性**（bounded rationality）。

　　以下是一個可以說明這種**滿意論**的個人例子。每天早上，我都必須做一個決定：今天要穿什麼？這決定在數學上並非微不足道，因為一個典型的衣櫥可以提供的服裝組合非常多。例如我的衣櫥裡目前有 10 件襯衫、10 條褲子、5 件上衣、20 條領帶、4 條皮帶、10 對襪子和 4 雙鞋子。你可能覺得這是相當有限的衣物，但簡單的計算顯示，我的衣櫥可以提供 2,016,000 個不同的服裝組合！[6]

　　當然，站在時尚的角度，這些組合的吸引力並非全都一樣，因此我必須考慮考慮。如果每一個組合需要 1 秒的時間考慮（在我而言，1 秒當然遠遠不夠），我需要多久時間才能決定穿什麼？答案是 23.3 天，而且這是假設我每天花 24 小時在這個優化問題上。

　　我可以向大家保證，我從不曾花 23.3 天來決定穿什麼。也就是說，我的大腦裡有一個神奇的優化引擎，又或者如賽蒙所言，我根本就沒有致力優化。事實上，我使用各種捷思法來平衡評估不同服裝組合的代價和我對準時上班的渴望。換句話說，我設法得出夠好、滿意的結果。

　　例如我那 5 件上衣全都有搭配的褲子，因為它們是正式的套裝；因此，這些上衣和 10 條褲子的其中 5 條其實只有 5 個組合，而不是 25 個。但這本身是一種捷思法。除了習俗和同儕壓力，沒有什麼可以限制我選擇混搭的穿法，例如深灰細條紋上衣搭配藍色無紋長褲。此外，我每天早上想花多少時間穿衣服是有限制的，我在服裝選擇上的理性也因此受限。如果我真的花 23.3 天決定穿什麼，我很可能選出比我平時的選擇更好的服務組合，但我也可能因為不務正業而失去工作。我每天選擇的服裝組合或許不是最好的，但也已經夠好了。

　　賽蒙 1952 年提出他的有限理性論，他原本稱之為「理性選擇的一種行為理論」。[7] 他認為自己在有關決策過程的研究中取得了突破，但其他經濟學家（甚至包括他系上的經濟學家）對有限理性論是否有用公開表示懷疑。逾三十年後，賽蒙在其自傳中有點激動地憶述當年的事：「雖然我從不認為自己對社會科學的數學進路缺乏同情理解，我很快便發現，我選擇反對我眼中的過度形式主義和淺薄的數學炫技時，經常居於少數地位。隨著一種嚴格的新古典正統觀念在經濟學家當中開始佔上風，情況變得更糟。」[8]

　　GSIA 當年正是迅速成為嚴格的新古典正統觀念的中心，這對賽蒙來說實在不幸。如第 1 章提到，GSIA 的學術運動很快產生了穆斯

和盧卡斯的「理性預期論」。賽蒙一直是好辯之人，因此在這種新環境下，他成了導致其學系兩極分化的人。[9]1970 年，在經歷了系上許多爭鬥之後，賽蒙將他的工作轉移至心理系（這在學術上堪稱巨變），在商學院以外仍對大學事務具有顯著的影響力。在卡內基美隆工作的漫長歲月裡，賽蒙對心理學、作業研究和電腦科學的進步均有重要貢獻，而且他還被視為人工智慧這領域的奠基者之一。他在卡內基美隆的研究項目，至今仍在機器人這領域產生成果。但是，他對 GSIA 和經濟學專業的影響一直不如其追隨者（包括我）的期望，儘管他因為對組織、決策和有限理性的研究，1978 年榮獲諾貝爾經濟學獎。

　　為什麼有限理性論沒有流行起來？經濟學家不重視賽蒙的有限理性論，是因為一種簡單但看來致命的批評。如果不了解最佳方案，我們怎麼可能知道某個決定「夠好」？找到「夠好」的方案，也就是假定當事人已經知道什麼是最佳方案，否則當事人怎麼可能知道進一步優化方案可以得到什麼額外好處？

　　想像一下，你必須為了一個重要的求職面試而決定穿什麼。如果你不知道自己的最佳服裝組合是什麼，你如何知道某個組合已經夠好？如果選擇最佳服裝組合可以助你得到那個職位，所有其他組合則會導致你失去這個機會，那將如何？你可能覺得這個例子有點牽強，但其實它可能是合理的，例如你剛好是好萊塢的後起之秀，而這場面試將決定你能否得到人生當中最重要的演出機會──如果是這麼重要的事，花 23 天時間選擇服裝還那麼難想像嗎？要決定什麼才是真正「夠好」，唯一的辦法是找出最佳方案，然後拿它與眼前的選擇比較。但如果你已經承受代價找出最佳方案，你不是應該選

擇最佳方案，而非考慮只是夠好的方案嗎？一如批評賽蒙的經濟學家質疑：要找到夠好的方案，難道不需要優化嗎？

　　這種批評使賽蒙感到沮喪。他認為尋找夠好方案的截止點，應該藉由心理研究，以實證方式確定。但是，經濟學因為抵制賽蒙的見解而有所損失，另一個領域卻因此得益。賽蒙將他對有限理性、尋找夠好方案和捷思法的見解應用在他的人工智慧研究上；這些見解在這裡並未挑戰現狀，而是成為這個新領域的部分根基。

超人外套

　　數十年來，賽蒙的批評者主導了經濟學中有關滿意論的討論。經濟學界很少提到滿意論，提到時也只是作為效率市場假說這個正統理論手下敗將的一個例子。

　　但在 2012 年，我與研究夥伴布倫南（Tom Brennan）想出一組觀點，我們認為可以有效地回應賽蒙的批評者。在尋找滿意方案的過程中，你如何知道自己已經可以做一個夠好的決定，不必再優化下去？我們的答案是：你不知道。你藉由試誤（trial and error）發展出自己的經驗法則。你通常不知道眼下的決定是否真的最好。但假以時日，你會體驗到你的決定產生的正面或負面的回饋，而你將據此調整你的決定。換句話說，你持續地學習和適應當前的環境。我們從經驗中學習，並根據新情況調整自身行為的能力，是智人最強大的特徵之一，也是我們可以利用經驗逐漸將自己改造成經濟人的主要機制，至少在環境穩定的情況下是這樣。

　　學習是概念演化的一種形式。我們利用一種可能距離最佳情況

很遠的捷思法（我們的經驗法則），開始學習一種新行為。如果我們應用這種捷思法得到負面回饋，我們便改變捷思法。我們甚至不必有意識地這麼做。我們複製原本的行為，然後加以調整。如果這種調整產生正面回饋，我們就繼續使用新捷思法；如果回饋仍是負面的，我們就繼續調整。隨著時間的推移，在嘗試了夠多次之後，即使是最笨拙的試誤過程也能產生一種高效的捷思法，一如天擇經過數百萬代的嘗試，最終創造出大白鯊。

但是，生物演化與人類學習有個非常重要的差異：**我們的捷思法能以思想的速度演變**。這是智人這個物種能成功的關鍵因素。我們不必數百萬年的時間，就能開發出高效的捕鼠器──我們每天都可以想出捕鼠器的新設計，甚至是一天想出很多款。我們可以根據看來最有望成功的設計製作產品原型，逐一測試，蒐集設計團隊和焦點小組的回饋，據此修改我們的捕鼠器設計，數個月內就開發出非常有效的捕鼠器。從事抽象思考、想像反事實（counterfactual）情況、單獨或與人合作提出新捷思法，以及預測後果的能力，是人類獨有的。這恰恰是第 4 章提到的霍金斯的記憶／預測模型。

賽蒙六十年前提出滿意論時，他的同事認為這是愚蠢和天真的想法。現在我們根據認知神經科學和演化生物學的研究成果，可以清楚看到，有限理性論結合演化動力學，能比優化理性論（optimizing rationality）更準確地描述人類的行為。不過，有限理性論與優化密切相關。雖然我們因為大腦的能力有限，未必可以在每一種情況下都算出最佳決定，在可以得到適當回饋的情況下，我們屢敗屢試夠多次之後，最終或許可以找到最佳方案。

回饋對學習的重要性顯而易見。這正是情緒在理性中有關鍵功

能的原因，也是第 4 章達馬西奧的病人在手術後失去情緒反應、無法理性行事的原因。情緒是促使我們更新捷思法的主要回饋機制。愛、恨、同情、嫉妒、憤怒、焦慮、歡樂、悲傷和尷尬全都有助我們認識我們的環境，有助我們了解我們希望如何改變自己的行為。以下是我個人的一個例子，直接影響我早上決定穿著的捷思法。

　　我六歲讀一年級時，某個聰明的專業行銷人認為，如果縫一個超人徽章在牛仔外套上，所有小孩子（包括我）都會想要一件。超人是當年最重要的超級英雄，喬治李維（George Reeves）主演的超人電視劇極受歡迎。我很快便確信自己必須有一件超人外套，彷彿如果沒有這件外套，我的人生便毫無意義。

　　但要說服我媽媽可就困難多了。她一個人養三個孩子，實在負擔不起很多奢侈品，包括這件超人外套。因此，我做了任何一名自重的六歲孩子會做的事：我連續幾個星期對著媽媽不斷嘮叨，直到她終於因為精神疲憊而答應我。我還記得我們去買外套的那一天。那是週五傍晚，媽媽加班工作後回到家，又累又餓，替我們做了簡單的晚餐之後，我們一起走半哩路去皇后大道上的 Alexander's 百貨公司。我非常激動，穿上超人外套後整個週末都不願意脫下──除了洗澡時在媽媽要求下暫時脫掉。

　　想到可以穿這件外套上學，我興奮極了，週一早上特早起床，穿著外套在鏡子前好好欣賞自己。因為花了太長時間做這件事，我那天上學遲到了 15 分鐘。為此我必須先到校長辦公室解釋自己為何遲到，接著向訓導主任取得便條，回到教室將便條交給老師，然後才可以回到自己的座位。我走進教室，打斷正在宣佈事情的老師，滿懷歉意地將便條放在老師桌上，然後在所有人注視下（至少我覺

得所有人都盯著我）溜回我的座位。

這是我在學術生涯中第一次遲到，而我真的羞愧得無地自容——因為數十年後，我仍清楚記得那天早上令我尷尬不已的每一個細節，我顯然是真的很羞愧。從那天起，我早上穿衣服上學從不花超過五分鐘。這次經驗永遠改變了我早上穿衣的捷思法。我並不致力優化，而是追求滿意就好。

這個捷思法一直都能滿足我，直到我上大學。有一天，我穿著牛仔褲和球鞋參加與一名研討會嘉賓的午後聚會，發現其他人全都穿得很正式——我又一次感到很羞愧，也因此再次修改我的捷思法。我不敢說自己的服裝觸覺如今已達最佳境界，但因為歷年來的各種經驗，我的服裝觸覺無疑已經變得比較精細和成熟。拜歷年來我接收到的負面和（有時）正面的回饋所賜，我的捷思法已經有所演變。穿西裝打領帶去教我的 MBA 課是合宜的，穿西裝打領帶去和學術界同仁開研究會議則是做作和自命不凡。

當然，從事不同類型工作的人，可能會發展出截然不同的穿衣捷思法。例如我估計布萊德彼特（Brad Pitt）每天早上花在穿衣上的時間比我長得多。作為一名電影明星，他必須穿得恰如其分，因為如果穿著嚴重出錯，他的名聲可能大受損害。他所處的環境決定了他的捷思法，我所處的環境決定了我的捷思法，兩者大不一樣。

我們的環境和生活史積極且持續地塑造我們的行為。我們可以替這種調整適應的過程建立模型，藉此賦予賽蒙的有限理性論新生命。我們不但可以輕鬆駁斥賽蒙的批評者，還可以針對理性論者與行為學派論戰中出現的種種矛盾提出新的解釋。我將這套新解釋稱為適應性市場假說（Adaptive Markets Hypothesis）。

適應性市場假說

　　我們回溯了數百萬年的演化史，深入檢視人類的大腦，並且探索了當前最先進的科學理論。雖然效率市場假說數十年來一直是解釋金融市場的最重要理論，個體顯然並非總是理性的。既然如此，我們就不應該對市場並非總是有效率感到意外，因為智人不是經濟人。我們既非完全理性，也非完全不理性；因此，理性論者和行為學派都不可能完全令人信服。我們需要一種新敘事來說明市場如何運作，而現在我們已經掌握了夠多資料，可以開始組織這種敘事。

　　我們先承認市場有欠缺效率的情況，以這件簡單的事為起點。這些欠缺效率的情況和造成這些情況的行為偏誤若一起檢視，可以得到重要線索，有助我們了解人腦這個複雜的神經系統如何做財務決定。我們已經看到我們可以如何藉由測量生物回饋來研究行為，而拜磁振造影之類的新技術所賜，我們如今可以看到我們做財務決定時，大腦的即時運作情況。但是，神經經濟學只是洋蔥的其中一層。我們知道，人類的行為無論是理性還是看似不理性，都是人腦中多個部分互動的結果，而我們如今對人腦這些部分如何運作有比較深入的認識。

　　持懷疑態度的經濟學家此時可能舉手，像第 2 章提到的那場 NBER 會議的評論人那樣表示：「我真的欣賞你們有關演化論和神經科學的解釋，但是……」對持懷疑態度的人來說，這種解釋可能就像將金融經濟學的細節，通通掃進神經生理學和演化生物學的行為地毯下面。例如神經科學可以告訴我們為什麼多巴胺失調的人容易染上賭癮，但完全沒有解釋人類如何做財務決定。而雖然達馬西奧

等人的研究幫助我們大幅加深對理性行為本質的認識，經濟學家認為他們已經有一個解釋經濟理性的傑出理論：預期效用論。

對這種懷疑者來說，這些神經科學案例中的異常行為不過是經濟理性基本程式中的「錯誤」（bugs）。了解經濟理性的典型程式錯誤是有趣的事，但這些錯誤是次要的，是證明規則存在的例外情況。

我們正是在這裡顛覆有關人類理性的經濟學標準觀點。**我們並非行為有一些古怪表現的理性行為者──我們的大腦其實是古怪表現的集合。**我們並非一個有若干錯誤的系統；我們是一個各種錯誤構成的系統。在某些情況下，這些古怪表現的共同作用往往產生經濟學家認為「理性」的行為。但在其他情況下，它們會產生經濟學家認為極度不理性的行為。這些古怪表現並非偶然、特別產生或非系統性的；它們是大腦各種結構的產物，其主要目的不是經濟理性，而是生存。

我們的神經系統結構是漫長的演化過程塑造出來的，數百萬代以來僅緩慢地演變。我們的大腦塑造我們的行為。有些行為在演化意義上是古老的，而且非常有力。天擇的原始力量，攸關生殖成敗（也就是攸關生死）的力量，將這些行為牢牢記載在我們的 DNA中。例如我們由杏仁核控制的恐懼反應就有數億年的歷史。我們原始的動物祖先如果未能利用「恐懼的天賦」，以夠快的速度對危險作出反應，平均而言只能將較少的基因傳給後代。另一方面，我們那些恐懼反應比較靈敏的祖先可以將較多基因傳給後代。數百萬代下來，攸關生死的擇選壓力藉由我們祖先的基因，創造出決定我們行為的人類大腦。

天擇，演化的主要驅動力，賦予我們抽象思考能力、語言以及

記憶與預測框架。人類這些新的適應對我們在演化上大獲成功至為重要，賦予我們力量在自己的一生中因應眼前的環境挑戰和對未來挑戰的預期，改變我們的行為。

天擇也賦予我們捷思法、認知捷徑、行為偏誤，以及自覺或不自覺的其他經驗法則——一些我們以思想的速度作出的調整適應。天擇對精確的解決方案和最佳行為不感興趣，那些是經濟人的特徵。天擇僅關注分化生殖和淘汰，也就是只在乎生死。我們行為上的調整適應反映這種冷酷的邏輯。但是，以思想的速度進行的演化，遠比以生物繁殖的速度進行的演化高效和有力，因為後者每次耗費一個世代的時間。以思想的速度進行的演化使我們得以在許多不同的情況下調整我們的大腦運作方式，產生大大提高我們生存機會的行為。

這就是適應性市場假說的主旨。我們花了一些時間才走到這裡，但這個假說的主旨可用五個要點概括：

1. 我們並非總是理性或總是不理性，我們是特徵與行為由演化的力量塑造的生物。
2. 我們展現出行為偏誤，會做出顯然不是最好的決定，但我們可以從經驗中學習，因應負面回饋調整我們的捷思法。
3. 我們有抽象思考的能力，包括前瞻性若則分析（what-if analysis），根據以往的經驗預測未來，以及為我們環境中的變化做準備。這是以思想的速度進行的演化，與生物演化不同但相關。
4. 金融市場動態受我們的互動驅動，這些互動產生於我們的各種行為，包括學習和彼此適應，以及我們對我們身處的社

會、文化、政治、經濟和自然環境的適應。

5. 求生存是驅動競爭、創新和適應的終極力量。

這些原理產生的結論，與理性論者或行為學派所倡導的非常不同。

在適應性市場假說下，個體永遠不確定自己目前所用的捷思法是否「夠好」。他們藉由試誤得出結論。個體根據自身經驗和對理想方案的「最佳猜測」做出選擇，然後從結果中接收正面或負面回饋，從中學習。（因為一名同事不懷好意的批評，我永遠不再選擇黃色斜紋領帶搭配紅色細直條紋襯衫。）因為這種回饋，個體將發展出新的捷思法和心智上的經驗法則，以助他們解決各種經濟難題。只要這些難題保持穩定，他們的捷思法最終將調整到可以產生接近理想情況的解決方案。

一如賽蒙的有限理性論，適應性市場假說可以輕鬆地解釋相當接近理性但不算理性的經濟行為。但適應性市場假說更進一步，可以解釋看起來完全不理性的經濟行為。個體和物種設法適應所處的環境。如果環境改變了，舊環境下的捷思法可能不適用於新環境。如此一來，他們的行為將顯得「不理性」。如果個體從所處環境中得不到正面或負面的回饋，他們將無法學習。這也將顯得「不理性」。如果個體從環境中得到不適當的回饋，他們將學到顯然不理想的行為。這將顯得「不理性」。而如果環境持續改變，個體完全有可能像貓一直追逐自己的尾巴，永遠無法發展出最好的捷思法。這也將顯得「不理性」。

但適應性市場假說拒絕將這些行為歸入「不理性」的類別。這個假說認識到，捷思法一旦脫離它們致力調整適應的環境，就會產

生不理想的行為，一如大白鯊擱淺在沙灘上。即使一項經濟行為看起來極度不理性（例如流氓交易員加倍投入以求挽回無可挽回的損失），我們或許仍可以從調整適應的角度提出合理的解釋。借用演化生物學的名詞，這種行為比較準確的形容並非「不理性」，而是「適應不良」（maladaptive）。蜉蝣因為演化而認定反光的表面就是水面，結果產卵在柏油路上，是一種適應不良的行為。海龜因為演化而認定在海裡浮動的透明物體是營養豐富的水母，結果本能地吃下塑膠袋，是另一種適應不良的行為。[10] 同樣道理，投資人因為在漫長的多頭市場中發展出自己的投資組合管理習慣，結果在資產泡沫接近高峰時大量買進，也是一種適應不良的行為。這些行為或許有令人信服的理由，但**在當前環境下**不是理想的行為。

破解機率對應現象

在適應性市場假說下，行為偏誤比比皆是，而這是大有道理的。我們在非金融脈絡下發展出許多捷思法，錯誤應用在金融問題上時，就產生了行為偏誤；換句話說，它們是適應不良的行為。適應性市場假說除了可以解釋市場明顯的不理性表現外，還提供一種理解行為偏誤的預測框架。我們不但可以了解行為偏誤如何產生，還可以預測它們最可能於何時出現，以及對市場動態將產生什麼影響。

奇怪的機率對應現象便是一個例子。本書第 2 章首次提到這種行為偏誤：在名為「靈通熱線」的遊戲中，你必須一再猜測電腦螢幕上將出現字母 A 或 B。在這種情況下，爭取最大勝利的最佳策略

是堅持一直選較常出現的字母，也就是奉行所謂的「確定」（deterministic）策略。但是，現實中玩家傾向隨機選 A 和 B，但頻率與兩個字母出現的頻率相同；也就是說，如果 60% 的時候出現 A、40% 的時候出現 B，玩家傾向 60% 的時候選 A、40% 的時候選 B。

　　我和研究夥伴布倫南苦思這問題一段時間之後，終於想出一個理論解釋這現象。我們稱之為「二元選擇模型」（binary choice model）──選擇這名稱的原因將不言而喻。藉由該理論，我們可以看到適應性市場假說的一種應用方式。接下來我將以淺白的文字概括該理論，這比用數學的方式多耗費一些時間和想像力，但我向各位保證，耐心閱讀有助深刻理解適應性市場假說的一些關鍵部分。[11]

　　假設有一種生物名為「毛球」（tribble）──這是向傑洛德（David Gerrold）在《星艦迷航記》（*Star Trek*）原始電視劇中創造的毛絨絨外星小生物致敬。毛球這種小生物將是我們一系列的思想實驗和電腦模擬中的實驗室老鼠。

　　毛球是一種簡單的生物。牠居住的地區有兩種地形：河谷和高原。毛球一生只生產一次，順利的話將產下三個小毛球，然後自己就死去。毛球生產不需要交配（記住，牠是一種虛構的生物）。短短一生中，毛球只需要做一個重要的決定：選擇在河谷或高原築巢；牠只能選一個，不可以兩邊都築巢。在河谷和高原築巢各有利弊，視天氣而定。如果是陽光燦爛的日子，在河谷築巢可以使毛球避開致命的酷熱，而且河谷因為有河流，水源充足。因此，如果是陽光燦爛的日子，在河谷築巢是理想的做法，毛球的三個孩子都可以生存下去。而如果毛球選擇在陽光燦爛的日子於高原築巢，致命的陽光加上高原上水源不足，將使毛球的三個孩子全部死掉。

　　但是，在下雨的日子，情況就恰恰相反。下雨導致河谷溪水暴漲，毛球的孩子全都將溺斃，而高原上則不會有淹水的問題。而且拜雨雲所賜，高原上的陽光不再致命，還有充裕的淡水可用。因此，在下雨的日子，高原築巢的毛球的三個孩子都可以生存下去。圖 6.1（見內頁彩圖 164 頁）概括了毛球的築巢決定在不同天氣下的結果。

　　現在假設陽光燦爛的機率是 75%，下雨的機率是 25%。在這種氣候下，毛球築巢的最佳決定是什麼？經濟學家會說，這取決於毛球的目標是什麼。我們再假設毛球像一般生物那樣，希望自己有最多的子孫生存下去。在這種情況下，毛球的最佳決定似乎顯而易見：無論何時，總是選擇在河谷築巢，因為這可以給予毛球後代最大的生存機會（75%）。

　　如果你有注意這個例子，你會發現它其實就像靈通熱線那樣。如果電腦螢幕 75% 的時候出現字母 A，爭取最大勝利的最佳策略就是每一次都選 A。

　　現在我們替毛球的生態系統引入一些演化動態。假設這個生態系統中有不同類型的毛球，牠們的差異在於使用不同的捷思法決定何處築巢。有一群毛球總是選擇在河谷築巢（牠們是毛球中的經濟學家），牠們的行為是確定的。另一群毛球總是選擇在高原築巢，牠們的行為也是確定的。但在這個生態系統中，還有一些毛球是利用完全不同的捷思法：他們隨機選擇，選擇在河谷築巢的機率是固定的 f，在高原築巢的機率則是 1　f。例如 f = 50% 的毛球會擲一個公正的硬幣，結果是正面就在河谷築巢，結果是反面就在高原築巢。至於 f = 90% 的毛球，則是 90% 的時候在河谷築巢，10% 的時候在

高原築巢。假設這些捷思法完好地在毛球中代代相傳：毛球後代使用的捷思法與祖先相同，f 的數值完全一樣。事實上，你可以視不同數值的 f 代表毛球的不同亞種，就像海星有許多亞種那樣。海星綱有超過兩千種海星：雖然五條腕的海星最常見，但也有七條腕、10 條腕和甚至 40 條腕的海星。

　　如果一開始時，毛球族群中所有的亞種都有同樣數目的毛球，也就是每一種捷思法起初在毛球族群中都有相同的份量，那麼長期而言，哪一種捷思法將取得最大的生殖成就？在這個簡單的生態系統中，隨著捷思法不同的各種毛球繁殖後代，多個世代之後，毛球族群將發生非常值得注意的事。

　　我們先來看那群行為確定、100% 選擇在河谷築巢的毛球。牠們是致力優化的經濟學家毛球。在陽光持續燦爛的天氣下，牠們的數目一如預期增加得最快。但是，因為牠們全都在河谷築巢，第一次下雨時牠們就滅絕了。牠們使用的捷思法在毛球族群中也就消失了。雖然就個別毛球而言，這種捷思法確實是最好的（它使毛球後代得到最大的生存機會），它在演化上卻是不可持續的。一旦下雨，天擇將淹死所有經濟學家毛球，而牠們總是在河谷築巢的確定行為也就從此消失。

　　同樣道理，總是選擇在高原築巢的毛球一碰上陽光燦爛的日子就滅絕了。原來只有那些涉及某種隨機行為的捷思法可以長期流傳下去。利用這些捷思法的毛球每一代都有一部分選擇在河谷築巢，餘者在高原築巢。無論是下雨還是陽光燦爛，這些毛球都有一部分可以生存下去並繁殖後代，將牠們的捷思法傳給下一代。

　　但是，各種毛球的數目將以不同的速度成長。例如 f = 90% 的毛

球，其數目成長速度將接近致力優化的經濟學家毛球，但每次下雨牠們都將死掉 90%，成長速度因此大幅降低。

那麼，哪一群毛球的數目將成長得最快？這問題對我們極為重要，因為成長最快的捷思法 —— 我們稱之為最佳成長（growth-optimal）捷思法—— 一段時間之後將支配毛球族群，在生存競賽中成為演化勝利者。演化實際上選擇了這種捷思法作為現行環境下最有效的方法，而外部觀察者將認為這種最佳成長捷思法代表毛球的行為，因為它將支配毛球族群。而即使是成長率上的小幅差異，長期下來將造成毛球數目的巨大差異。例如兩群毛球起初同樣有 10 隻，兩者的成長率分別是 5% 和 6%，經過 500 代之後，前者將有約 3,930 億隻，後者將有超過 44 兆隻。

那麼，哪一種捷思法將造就毛球族群的最大成長？非常值得注意的是，在 75% 的時候陽光燦爛的環境下，$f = 75\%$ 的那群毛球（也就是那些機率對應的毛球）將是贏家！表 6.1 顯示數種不同毛球的模擬成長結果，$f = 75\%$ 的那群長期而言顯然成長得最快。

適應性市場假說利用非常簡單的假設，就能解釋看似不理性的行為。雖然這當中的數學有點複雜，[12] 結果背後的直覺相當簡單：藉由將自身行為隨機化以對應晴天和雨天的機率，機率對應者對沖了牠們的生殖押注，使得牠們的後代預期數目無論天氣如何都保持一樣。這是「穩紮穩打者勝」的演化版。機率對應者致力優化的目標不是個體的後代預期數目，而是整個亞種的成長率。結果若干世代之後，這個亞種生存了下來，並成為最重要的一群。毛球顯然是機率對應者。

必須注意的是，這種結果並非源自任何有意識的決定或這個亞

表 6.1
數種毛球在純系統性生殖風險下的數目成長模擬

世代	f = .20	f = .50	f* = .75	f = .90	f = 1
1	21	6	12	24	30
2	12	6	6	57	90
3	6	12	12	144	270
4	18	9	24	387	810
5	45	18	48	1,020	2,43
6	96	21	108	2,766	7,290
7	60	42	240	834	21,870
8	45	54	528	2,292	65,610
9	18	87	1,233	690	196,830
10	9	138	2,712	204	590,490
11	12	204	6,123	555	1,771,470
12	36	294	13,824	159	5,314,410
13	87	462	31,149	435	15,943,230
14	42	768	69,954	1,155	0
15	27	1,161	157,122	3,114	0
16	15	1,668	353,712	8,448	0
17	3	2,451	795,171	22,860	0
18	3	3,648	1,787,613	61,734	0
19	9	5,469	4,020,045	166,878	0
20	21	8,022	9,047,583	450,672	0
21	6	12,213	6,786,657	1,215,723	0
22	0	18,306	15,272,328	366,051	0
23	0	27,429	34,366,023	987,813	0
24	0	41,019	77,323,623	2,667,984	0
25	0	61,131	173,996,290	7,203,495	0

種的成員之間的協調行動。事實上，我寫來模擬這些毛球繁殖結果的 15 行電腦程式一點也不聰明。這個亞種和機率對應捷思法在演化中勝出，不過是毛球各種行為接受天擇考驗，以及環境剛好是 75% 晴天和 25% 雨天的結果。如果在我們的模擬中，天氣形態變成是 60% 晴天和 40% 雨天，在這種新環境下，最終在演化中勝出的將是 f = 60% 的那種毛球。在我們的演化框架中，機率對應源自完全無意識的行為，就像第 5 章所述的樺尺蛾例子——隨著環境改變、樹皮普遍從淺色變成深色，黑色樺尺蛾壓倒一般的白色樺尺蛾，成為優勢種類，而這不是樺尺蛾或其掠食者有意識的決定導致的。

大自然厭惡不分散的押注

　　二元選擇模型中機率對應的演化根源說明了一個重要的普遍主題：天擇是冷酷無情的劊子手。天擇會輕易地消滅所有適應不良的毛球。天擇消滅對環境適應最差者，僅獎勵最適應環境的生物——但這種獎勵也只是暫時的。在「最適應」與「最不適應」定義明確且固定的穩定環境中，這種篩選過程很快便塵埃落定，因為贏家與輸家很容易辨別。一如被熱死或淹死的毛球後代，輸家退場，贏家則進入下一輪的競賽。

　　但是，如果環境隨機轉變（一如我們的機率對應例子那樣），贏家與輸家就不是那麼明確——誰贏誰輸取決於當下是什麼環境。因為環境的變化可能滅絕特定群體（例如在我們的例子中，致力優化的經濟學家毛球一碰到下雨就整體滅絕），適應性市場假說預測，只有那些某程度上對沖押注的捷思法可以流傳下去。如果大自然的變

化是隨機的，生存機會較大的物種是那些以隨機化的行為化解自然風險的物種。最有效對沖風險的行為通常表現最好，一如機率對應的例子顯示。借用物理學的說法，我們可以說大自然厭惡不分散的押注。

這個例子有趣的另一點是：儘管毛球的行為是無意識的，我們很容易賦予它們動機。例如我們可能覺得經濟學家毛球最自私：牠們的行為賦予自身後代最大的生存機會，但不考慮較大的問題，例如整個經濟學家毛球群體的前途。另一方面，機率對應的毛球看來比較樂於利他：牠們每一代總有一部分選擇在高原築巢，儘管在高原築巢意味著後代有很高的機率（75%）無法生存下去。這些高原築巢者若改為在河谷築巢，無疑可以提高自身後代的生存機會，牠們因此顯然不是追求自身最大的繁衍率。事實上，情況就像這些機率對應者有一部分同意「為了團隊犧牲自己」，甘願冒險在高原築巢，即使可能犧牲自己的後代，也要確保牠們這個亞種可以一直生存下去。這是令人感動的表現，但完全是我們的擬人想像虛構出來的。我們太習慣推斷動機了，以致在這個有關某種虛構生物隨機行為的純虛構例子中，機率對應者的無意識行為也可能觸動我們的心弦。

但或許這與真正的利他並非那麼不同。畢竟，往往伴隨著自我犧牲（例如懷孕的母親為了挽救未出生的孩子而放棄乳癌治療）出現的強烈情緒，可能是有用的生物機制，大自然利用它來選擇有利於生存的行為。這並不改變一個事實：有利於特定行為的環境條件可能很簡單，一如毛球的例子。

布倫南和我得出這種結果時，我們意識到這大有可能成為一個

理論，可以解釋利他表現如何從極其多元的原始行為中出現。我們的數學模型很簡單（除非你願意閱讀我們的論文，你必須相信我），這意味著我們的預測並不專門，很可能適用於許多不同的情況。截然不同的多種動物如螞蟻、魚、鴿子、老鼠和靈長類都有機率對應行為，此一事實為這種行為必然有跨物種適應作用的見解提供了進一步的證據。

笨蛋，問題當然還是在環境！

毛球的例子有點冗長，但可以說明演化（雖然是高度簡化的「玩具版」演化）能以令人驚訝的方式塑造行為。但更令布倫南和我驚訝的是，只要稍為改變環境的特徵，我們的演化過程就會出現完全不同類型的行為。例如倘若河谷或高原的選擇不會產生那麼截然相反的極端結果，則機率對應者未必是繁衍速度最快的一群。

事實上，我們歸納出一條數學公式，可以預測我們的二元選擇模型中的最佳成長捷思法。這條公式有一些輸入項的數值取決於族群中個體面對的環境。在某些環境下，天擇會產生一些並不對應晴雨機率的隨機化行為。例如倘若在河谷築巢，晴天有三個後代可以生存而雨天有兩個，而如果在高原築巢，晴天有一個後代可以生存而雨天有三個，則我們的公式顯示，最佳成長捷思法是 50% 的時候選擇在河谷築巢、50% 的時候選擇在高原築巢。這既非機率對應（晴天的機率仍是 75%），也非經濟學家的確定行為。

現在假設環境再略為改變：無論晴天還是雨天，在高原築巢都是有兩個後代可以生存下去。在這種情況下，我們的公式顯示，最

佳成長捷思法是永遠選擇在河谷築巢。我們終於碰到一種環境是經濟學家將在演化中勝出。這當中的原因不難理解：在這種環境下，河谷築巢一定不會輸給高原築巢——下雨時河谷或高原築巢同樣有兩個後代可以生存下去，陽光燦爛時河谷築巢有三個後代可以生存，高原築巢則只有兩個。選擇河谷築巢的毛球因此立於不敗之地。因此，站在求生存的角度，永遠選擇在河谷築巢可以造就的繁衍率高於所有其他做法。

如果這些例子使你覺得演化選擇什麼行為主要取決於環境，你可說是已經開始理解適應性市場假說。「笨蛋，問題在環境」的道理除了適用於行為，也適用於物種。賽蒙曾說：「螞蟻當作一個行為系統看，是相當簡單的。螞蟻的行為隨著時間的推移顯得複雜，主要是反映螞蟻所處環境的複雜性。」[13] 在複雜和隨機轉變的環境中，演化可以產生意外複雜和微妙的行為，一如賽蒙的螞蟻爬過複雜的地形（到處都是浮木的一個沙丘）時展現的行為。**如果我們想認識當前的行為，我們必須認識以往的環境和經過多個世代的試誤、造就這種行為的擇選壓力。**這見解是適應性市場假說的精髓，而二元選擇模型提供了一個方便和簡單的數學框架，幫助我們掌握這個假說的精髓。

經濟人與特殊風險

在上一個例子中，佔優勢的行為剛好是經濟學家致力優化的行為，這促使布倫南和我思考這問題：這種結果是否也出現在一些比較普遍的情況下？上一個例子是一種非常特殊的情況：無論雨天還

是晴天，河谷築巢總是優於高原築巢。但因為自保（self-preservation）是相當普遍的行為，經濟人勝出也應該出現在廣泛得多的環境條件下，對吧？確實如此。

原來在很多種環境下，致力優化的行為（我們稱之為「理性」行為）正是演化青睞的捷思法行為。一個試圖否定理性作為經濟行為基礎的假說出現這種情況，可能出乎你的意料，但這跡象也有力地說明一件事：相對於效率市場假說或批評它的行為學派，適應性市場假說是一個比較完整的理論。**根據我們這個理論，某些情況下會出現理性的行為，某些情況下會出現不理性的行為，而在天擇對行為產生其作用之際，理性與不理性可以並存。**原來在二元選擇模型中，理性行為取決於所謂的「特殊風險」（idiosyncratic risks）。以下說明當中的基本道理。

在毛球例子原本的設定中，天若下雨，整個毛球族群都受影響，住在河谷的所有毛球因此一次滅絕。假設毛球的晴雨生態略有改變：因為毛球廣泛分散在非常大的河谷裡，每一個毛球所面對的是屬於牠自己的微氣候。換句話說，每一個毛球面對晴天或雨天，有如擲一個硬幣：75% 的時候是「晴」，25% 的時候是「雨」，而且各個毛球的擲幣結果互不相關。這意味著在任何一個世代中，**同一世代**有 25% 的毛球經歷雨天，另外 75% 的毛球則經歷晴天。這種情況和我們原本的思想實驗大不一樣：在原本的實驗中，下雨時所有毛球都面對雨天，天晴時所有毛球都面對晴天。

此一環境變化的影響非常大。在微氣候環境下，致力優化的經濟學家毛球（牠們總是選擇可以使後代預期數量最大化的做法）將是繁衍最快的亞種。為什麼呢？原因很簡單：現在幾乎不可能出現

所有經濟學家毛球一次滅絕的情況。只要經濟學家毛球的數目夠多，牠們全都同時面對雨天的機率極低。例如倘若每個致力優化者面對雨天的機率是 25%，則 10 個致力優化者同時面對雨天的機率約為百萬分之一。

此一簡單事實對整個生態系統有深遠的涵義。在微氣候環境下，演化的力量將不再青睞毛球中的隨機化行為，因為行為隨機化不再是毛球生存所需要的。大自然已經藉由它的許多微氣候，分散了滅絕的風險；因此，致力優化的毛球不但可以避免滅絕，其數目還將以最快的速度增加。短短數個世代之後，整個族群將以致力優化的理性毛球為主，而一如渡渡鳥，機率對應的毛球最終將徹底消失。

適應性市場假說告訴我們，行為差異最終取決於特定環境下的生殖與淘汰。我們假設的兩種情境不同之處，在於大自然對毛球族群構成的生殖風險類型。在機率對應的例子中，晴雨風險以相同方式同時影響所有住在河谷的毛球，並以恰恰相反的方式影響所有住在高原的毛球。金融經濟學家稱這種風險為「系統風險」，因為它影響系統中的所有個體。例如經濟陷入衰退時，所有企業或多或少都受打擊，經濟衰退因此是一種系統風險。面對系統風險，所有個體行為一致（都決定在河谷築巢）是不可持續的。到某個時候，某種致命的天氣將衝擊整個系統，導致行為一致的亞種滅絕，而致力優化的捷思法也將在族群中遭淘汰。在這種環境下，產生隨機化行為的捷思法將是贏家，而當中最成功的是機率對應捷思法。

微氣候環境對毛球構成的生殖風險則截然不同。金融經濟學家稱這種風險為「特殊風險」，因為個體面臨的風險與所有其他個體面

臨的風險完全無關。某家藥廠的產品出現嚴重的副作用，該公司股價可能重挫，但我們不會認為此事對汽車廠商的股價有任何影響；這就是特殊風險。如果生殖風險是特殊風險，經濟學家毛球致力優化的行為將是可持續的，因為不會出現滅絕這個亞種的系統性衝擊。這就是致力優化的行為最終支配這個族群的原因——不是因為相關個體比較聰明或迫切希望優化，而是因為環境有利於這種捷思法。表 6.2 列出與表 6.1 相同的模擬結果，但有一處不同：這一次模擬的是特殊風險而非系統風險。一如預期，行為確定的致力優化者，也就是永遠展現相同行為的經濟學家毛球，現在是明確的贏家。

這兩種環境看來只是略有不同（事實上，個體在兩種環境中面臨的風險是一樣的），但卻產生截然不同的最佳成長捷思法。藉由比較系統風險與特殊風險的演化涵義，我們終於開始看到理性與不理性可以如何並存。重要的不僅是個體的**類型**，還有產生該個體的環境**類型**（「笨蛋，問題在環境！」）。

二元選擇模型具體地說明了為何經濟理性只是不完整而非錯誤。毛球無疑有能力理性地致力優化，但在特定情況下，也就是在面臨系統性生殖風險的環境中，牠們會選擇機率對應行為，即使這種做法將犧牲某些成員。

但系統風險在演化上是一種常態。地球生命史上發生過許多一次影響整個物種的巨大災難事件。有些災難因為非常嚴重，某些物種根本來不及適應新環境，結果便出現所謂的大滅絕事件。有些物種則因為自身的特徵（包括牠們的行為）而享有某些優勢，得以避免滅絕。在淘汰過程中，牠們的行為得以流傳下去。這或許可以解釋為何一些遠比人類原始的物種具有「根深柢固」的機率對應行

表 6.2
數種毛球在純特殊生殖風險下的數目成長模擬

世代	f = .20	f = .50	f = .75	f = .90	f* = 1
1	12	9	18	27	27
2	6	15	42	72	54
3	3	27	87	177	120
4	6	45	168	357	270
5	3	60	300	717	588
6	3	84	591	1,488	1,329
7	0	141	1,074	3,174	2,955
8	0	207	2,007	6,669	6,555
9	0	315	3,759	14,241	14,748
10	0	492	7,152	29,733	33,060
11	0	705	13,398	62,214	74,559
12	0	1,053	25,071	130,317	167,703
13	0	1,635	46,623	273,834	377,037
14	0	2,427	87,333	575,001	849,051
15	0	3,663	163,092	1,206,849	1,910,031
16	0	5,433	305,091	2,536,023	4,296,213
17	0	8,148	570,852	5,325,852	9,666,762
18	0	12,264	1,069,884	11,188,509	21,755,844
19	0	18,453	2,007,642	23,494,611	48,959,286
20	0	27,711	3,763,281	49,346,967	110,148,060

為。機率對應很可能是一種演化適應──未必能提高我們在現行環境中的生存機會，但因為歷史的原因，仍是我們所繼承的行為的一部分。

　　站在物種求生存的角度，特殊風險與系統風險的意義大不相同，這事實有點微妙。這與平均法則有關。[14] 根據平均法則，如果你做互不相關的一系列隨機實驗，累計結果的平均值最終將是每個實驗的平均值。例如你擲一個公正硬幣很多次，平均法則預期約一半的時候擲出正面，另一半的時候擲出反面，因為每一次擲幣得出正面和反面的機率是一半一半。如果不是這樣，還有什麼可能呢？嗯，如果你只擲一個公正硬幣三次，你不可能有 50% 的時候擲出正面（你可能 100%、67%、33% 或 0% 的時候擲出正面，只有這幾種可能）。根據平均法則，你擲越多次，你這個樣本中擲出正面的百分比將越接近 50%。

　　在面臨系統風險的情況下，平均法則不適用於一個世代中的個體，因為這當中並無平均可言——所有毛球都面對相同的結果（系統風險正是這麼一回事）。換句話說，整個世代只是擲了一次硬幣，而不是每一個毛球都擲自己的硬幣。站在大自然的角度，這大大提高了生存風險：情況有利時，所有個體一起受惠；情況不利時，所有個體一起遭殃。

　　但是，在僅面臨特殊風險的情況下，因為每個個體面對的都是自己的微氣候，做了相同選擇的兩個個體面對的結果互不相關。一個世代中許多個體的這種獨立結果結合起來，平均法則便適用，因為我們有許多互不相關的隨機實驗（每一個毛球在牠自己的微氣候中所做的都是一個實驗），結果整個族群面對的結果便安全得多，因為那就是個別實驗的平均結果。

　　我們可以從這種差異中得出什麼洞見？如果一個族群所有個體面對共同的風險，個體的行為必須有某程度的多樣性。如果所有個

體行為一致，而這種共同行為在特定環境下剛好是錯誤的（例如毛球全都在河谷築巢，然後碰上下雨），整個族群將遭殃。但如果沒有共同風險，整個族群行為一致並無問題，因為幾乎不可能出現所有個體同時面對惡劣結果的情況（如我們稍早提到，獨立行事的毛球同時面對雨天的機率可能只有百萬分之一）。系統風險和特殊風險所要求的適應在演化上大不相同，會產生截然不同的行為。如我們稍早所言，大自然厭惡不分散的押注。

風險趨避行為的由來

機率對應這種行為在經濟學實驗中或許顯得愚蠢，但它很可能其來有自：在產生這種行為的環境中，機率對應估計可以造就其他行為不能造就的生存優勢。利用布倫南和我建立的數學框架，我們可以辨明產生這種行為的環境。換句話說，我們可以探究各種行為的演化根源，而非像傳統經濟學理論常做的那樣，僅宣稱人會以某種方式行事。事實上，二元選擇模型的演化分析可以推斷出各種常見的經濟行為，甚至包括經濟學家視為理所當然的行為，例如風險趨避（risk aversion）。

投資人厭惡風險，這是金融理論和實務一個非常基本的觀念。經濟學家經常談到風險與報酬的取捨，一如我們承認世上沒有免費的午餐，沒有不勞而獲這種事。但是，我們也知道，各人厭惡或接受風險的程度並非全都一樣：有些保守的投資人僅投資在國庫券上，但也有對沖基金經理人針對某檔證券未來的價格押下數十億美元的資金。

個人厭惡風險的程度是什麼決定的？傳統經濟學家會說，厭惡風險的程度是一個「深層參數」（deep parameter），是個人的一個基本特徵。多數經濟分析的起點是個人的「效用函數」（utility function）——一個測量消費者的快樂或滿足程度如何隨著消費量變化的數學尺度。這個函數內含風險趨避的標準定義。有些人的效用函數非常厭惡風險，有些人的函數對風險的接受度很高，但經濟學家極少問為何如此或這是怎麼發生的——那會像問某些人為什麼喜歡魚而不喜歡雞；他們就是那樣。

但站在適應性市場假說的立場，我們不但可以問為什麼，還可以問更重要的問題：這種行為是如何產生的？

假設一個毛球眼前有 a 和 b 兩種行動可以選擇（未必是在河谷或高原築巢），a 確定可以產生三個後代，b 則要看運氣：50% 的時候可以產生兩個後代，50% 的時候可以產生四個後代。這兩種行動產生的後代數目期望值都是三個，但 b 是冒險的選擇，a 則是結果確定的選擇。如果你厭惡風險，你一定會選 a 不選 b；如果你完全不在乎風險，你會覺得兩個選擇沒有差別。哪一種行動經得起演化的考驗？

答案取決於環境。我們假設毛球的風險偏好完好地傳給下一代：厭惡風險的毛球總是產生厭惡風險的後代，風險中立（risk-neutral）的毛球總是產生風險中立的後代。我們再假設毛球所處的環境有系統風險，一如我們第一個機率對應例子那樣。這意味著如果同一代的兩個毛球都選擇 b，一次擲幣就決定了牠們有多少個後代——兩者的後代數目是一樣的（如果牠們各擲一次硬幣，牠們面對的結果就可能不一樣）。

在這種面臨系統風險的環境下，如果風險偏好完好地代代相傳，相對於風險中立，厭惡風險將在演化上佔優。假以時日，厭惡風險的毛球的繁衍速度將超過風險中立的毛球，其數目最終將超過所有其他類型的毛球。

為什麼會這樣？這又一次涉及平均法則。兩代之後，一個厭惡風險的祖母毛球必將產生 3 × 3 = 9 個厭惡風險的毛球（如前所述，一個毛球總是產生三個後代），而一個風險中立的祖母毛球平均將產生 2 × 4 = 8 個風險中立的毛球（這種毛球可能有兩個或四個後代──有時兩個，有時四個，機率相同），也就是少了 11%。這差別不大，但所有祖母毛球都是這樣。因此，平均法則告訴我們，厭惡風險與風險中立毛球的數目差距將隨著時間的推移擴大，而風險趨避最終將成為整個族群中壓倒性的主流行為。如果厭惡風險和風險中立的毛球起初一樣多，簡單的天擇過程將使厭惡風險的毛球成為壓倒性的多數。事實上，即使厭惡風險的毛球起初少得多，最終結果也是這樣。

在這種環境下，相對於風險中立，風險趨避這種行為可以造就較大的生殖成就──換句話說，風險趨避是這種環境下適應得較好的行為。我們剛利用演化分析推斷出風險趨避行為，這是適應性市場框架輕鬆產生的成果。

因為系統風險在我們的毛球中偏袒風險趨避行為，我們來改變假設，假定毛球面對的生殖風險是特殊風險（也就是變成微氣候環境）：選擇 b 的每一個毛球都將自己擲一次硬幣，而且結果互不相關。也就是說，同一代中兩個風險中立的毛球即使都選擇 b，牠們的後代數目也可能不同。從系統風險變成特殊風險，我們將得到根本

不同的結果。

　　這為何重要？在系統風險的例子中，如果一個風險中立的毛球產生兩個（而非四個）後代，同一代中所有風險中立的毛球都將產生兩個後代。但在特殊風險的例子中，在同一代的風險中立毛球中，有些將產生兩個後代，有些將產生四個。事實上，風險中立的毛球約一半將產生兩個後代，另一半則產生四個後代；因此，平均法則這一次將適用於同一代的毛球。在這裡，平均法則告知我們，只要毛球的數目夠多，風險中立毛球平均將產生三個後代，一如厭惡風險的毛球。結果是這兩種毛球都將長期生存下去。我們又一再體會到「笨蛋，問題在環境」的道理。

　　這種推測或許顯得脫離現實，但一旦我們承認個體的偏好和行為可能因應環境的變化而調整適應，我們就認識到，這種適應的證據數十年來一直顯而易見。在 1960 年代，汽車安全在美國成為一個重要的社會議題。美國人立法強制要求汽車必須有安全帶、鑲墊儀表板（padded dashboard），以及比較安全的方向機柱和擋風玻璃，希望藉此降低交通事故中因頭部和胸部受傷致死的案例。但芝加哥大學經濟學家佩茲曼（Sam Peltzman）1975 年檢視數據，得出富爭議的結論：安全標準提高的作用，因為駕駛人行為惡化而被抵銷了。[15]在引進新的安全措施之後，交通事故中行人死亡人數增加，抵銷了駕駛人死亡人數之減少。

　　一些學者不同意佩茲曼的結論，認為他的研究並未考慮一些令情況變得複雜的因素，例如駕駛人的技術、汽車的機械狀態、事故發生在高速公路還是社區街道上，以及駕駛人是在通勤路上還是在休假。因為有人死亡的汽車事故很難做對照實驗，相關爭論持續了

數十年。但在 2007 年，索貝爾（Russell Sobel）和內斯比特（Todd
Nesbit）找到了一個絕佳方法，可以剔除所有這些因素的干擾。他們
找到一個場合是所有汽車和駕駛人都面對幾乎完全一樣的情況，駕
駛人關注的就只是如何快一點到達終點，那就是納斯卡（NASCAR）
汽車大賽。[16] 在這裡，索貝爾和內斯比特發現，每次引進新的安全
措施之後，事故次數不減反增。一如適應性市場假說預測，駕駛人
相應調整其行為的風險偏好，藉此適應新的安全措施。

效率市場假說 vs. 適應性市場假說

　　雖然多數經濟學家早就知道效率市場假說不能準確描述市場行
為，他們繼續使用它，因為沒有更好的理論可以替代它。如果打倒
一個理論要靠另一個理論，適應性市場假說與效率市場假說相比，
情況如何？

　　我們從個別消費者的理論說起，一如年輕的薩繆爾森 1947 年那
麼做。薩繆爾森認為個人總是盡可能追求最大的預期效用（expected
utility）——這觀點如今是現代數理經濟學的基石之一。這意味著消
費者花錢時，總是尋求從他們真正想要、負擔得起的東西中得到最
大的滿足。此外，他們總是找到數學上最好的方法做這件事。

　　薩繆爾森知道，尋找數學上最好的方法在心理上是不切實際
的。但是，他同意 19 世紀經濟學家馬歇爾（Alfred Marshall）的觀
點：要測量某個消費者的渴望有多強烈，唯一可行的方法是利用「這
個人為了滿足自身渴望願意支付的價格」。[17] 個人致力謀求最大的滿
足，不是很合理嗎？薩繆爾森也受物理數學深刻和根本的影響。許

多物理現象自然地自我優化，例如光束經過不同透明材料的路徑，或線框上肥皂泡的形狀。最大化是物理中本已存在的一種框架，薩繆爾森可以自然地借用在他的經濟行為理論上。

適應性市場假說仍容得下最大化，但它對個人優化自身行為的能力之假設，比薩繆爾森保守得多。即使我們懂微積分，通常也不會用在日常預算問題上。適應性市場假說認識到，即使演化壓力驅使生物尋求最大化，這種壓力未必能促成最佳行為。**演化上成功的適應不必是最好的行為，它只需要優於其他行為**。有個老笑話是兩個露營者遇到熊，其中一人說：「我不需要跑得比熊快，跑得比你快就可以了。」站在演化的角度，這句話是對的。

但適應性市場假說並未宣稱個人的行為完全是生物因素決定的。適應性市場假說是一種演化理論，但它不是演化心理學理論。一如演化心理學的許多批評者正確地指出，我們並非只是自身基因的總和。適應在多個層面起作用。擇選的力量夠強大，可以像影響人類基因那樣輕鬆影響較高層次的抽象思考。成功的觀念得以廣為流傳，人們一再奉行，不成功的觀念則迅速被遺忘。因此，擇選不但對我們的基因起作用，還對我們的社會和文化規範起作用。我們的適應行為取決於擇選發生的特定環境，也就是我們以往經歷的環境。

這意味著適應性市場假說之下的個別消費者理論與薩繆爾森的新古典理論根本不同。在標準理論中，消費者根據他們想要的商品之價格，自動推算自身金錢的最佳使用方式（他們尋求預期效用最大化）。他們的偏好是固定的，行為只會因應商品價格改變而調整。他們對過去的情況沒有記憶——因為在效率市場假說下，價格已經

反映了所有過去的資訊，而在理性預期下，過去的一切對預測未來幾乎毫無作用。借用數學的說法，消費者的行為與路徑無關（path independent）：只有起點和終點是有意義的。消費者將以數學上的最佳方式購買商品，他們的行為是完全「理性」的。

　　但在適應性市場假說下，消費者不會自動推算自身金錢的最佳使用方式。他們使用金錢的方式未必反映他們的偏好。消費者的行為反映他們以往的演化和經濟環境，反映他們的歷史。消費者運用在漫長的演化史中形成、人類共同繼承的行為偏誤，以及他們在個人經驗中發展出來的捷思法和經驗法則。

　　在適應性市場假說下，消費者的行為是高度路徑依賴的（path dependent）。消費者的行為不會變得徹底混亂，有賴擇選過程。擇選過程淘汰壞行為，保留好行為，確保消費者的行為雖然未必是最佳或「理性」，但通常夠好。

物理學羨慕症

　　考慮到我們至今闡述的證據之份量，適應性市場假說看來有如合情合理的常識。例如個人的理性程度有限就很合理。這符合我們的主觀經驗，也與心理測驗產生的所有證據相符。我們很少人能持續掌握第五級的心智理論，或在下棋時展望超過五步。當然，我們也很少人能心算經濟優化問題。我們的理性顯然是受限的，而適應性市場假說是這種情況的一個自然結果。事實上，適應性市場假說太合情合理了，難免會有人對經濟學家沒有早早提出這種理論感到奇怪。問題出在哪裡？

經濟學界已經抵制賽蒙的有限理性論以及它對經濟學和金融學的涵義超過六十年。事實上，你可能會覺得這實在是有點……「不理性」。經濟學界的這種表現，自然可以在人類的行為中找到解釋，具體而言是可以在科學社會學中找到解釋──如果你不認為經濟學是一門科學，那就是學術社會學。

經濟學專業一個鮮為人知的事實，是經濟學家（包括我）受一種最好稱為「物理學羨慕症」（physics envy）的心理狀態困擾。物理學家利用牛頓的三條運動定律，就能解釋所有可觀測物理現象的99%。經濟學家也希望自己能有三條定律可以解釋所有可觀測經濟行為的 99%。但事實上，我們大概是有 99 條定律，但只能解釋所有經濟行為的 3%。這帶給我們可怕的挫敗感。因此，我們有時以物理學外衣掩護我們的見解。我們創造公理，從中推出看似數學嚴謹的普遍經濟原理，做一些審慎設定的模擬，很難得才對這些理論做實證檢驗。

但是，數名物理學家向我指出，如果經濟學家真的羨慕他們，經濟學界理應非常重視理論預測的實證檢驗，而且不會依戀那些被數據否定的理論；但經濟學界顯然不是這樣。事實上，我認為經濟學家受問題嚴重得多的理論羨慕症（theory envy）困擾。

但經濟學界並非向來如此。在 18 和 19 世紀，經濟學甚至不是稱為「經濟學」，而是稱為「政治經濟學」（political economy），主要是哲學家和神學家在研究，而不是數學家。但在 1947 年，經濟學斷然告別舊傳統，促成這件事的正是 20 世紀最重要的經濟學家薩繆爾森。

如本書第 1 章指出，薩繆爾森對塑造效率市場假說有關鍵貢

獻──甚至早於法瑪的重要貢獻。但是，早在他開始思考金融問題的數十年前，薩繆爾森做了一件影響更深遠的事：他在還只是一名研究生時，改變了經濟學家的研究方式。薩繆爾森改變了經濟學的方向；在這過程中，他使所有經濟學家染上物理學羨慕症，無論影響是好是壞。

薩繆爾森的巨大影響始於他 1947 年的博士論文──如前所述，這篇論文以「經濟分析之基礎」為標題，展現出極大的抱負（對一名研究生來說尤其如此）。即使是愛因斯坦，也不好意思以「現代物理學之基礎」作為他任何一篇論文的標題，即使他有資格這麼做。雖然我不想馬上透露結局，但歷史已經證實了薩繆爾森早在 1947 年就知道的事──他那篇論文確實成了現代經濟學的基礎。即使在今天，經濟學一年級博士生都必須掌握那篇論文的要點。

薩繆爾森從現代物理數學中得到啟發。事實上，他在哈佛受物理數學家威爾森（Edwin Bidwell Wilson）指導。在 1998 年一篇迷人的文章中，薩繆爾森說明了他那篇論文的學術根源：

《經濟分析之基礎》能面世，最重要的一件事可能是威爾森（1879–1964）當年人在哈佛。威爾森是偉大的吉布斯（Willard Gibbs）在耶魯的最後一個弟子（實際上也是唯一一個）。威爾森是數學家、物理數學家、數理統計學家、數理經濟學家，一個在自然科學和社會科學許多領域都有傑出貢獻的博學家。我可能是他唯一的弟子……我很早就打了預防針，知道經濟學與物理學可以共用相同的形式數學定理（例如 Euler 的齊次函數定理、Weierstrass 的約束最大

值定理、支撐 Le Chatelier 反應的 Jacobi 行列式恆等式），
但不依靠相同的實證基礎和確定性。[18]

吉布斯現在雖然不是家喻戶曉的人物，但他是美國第一位重要的理論物理學家，獲愛因斯坦譽為「美國史上最優秀的頭腦」。威爾森是吉布斯的弟子，薩繆爾森是威爾森的弟子，而在某種意義上，現今所有經濟學家都是薩繆爾森的弟子。難怪現代經濟學家通常有某程度的物理學羨慕症——物理學是經濟學在演化上的直系祖先之一！

薩繆爾森在《經濟分析之基礎》中大量借用物理數學的方法。事實上，在他極重要的一個見解的腳註中，薩繆爾森老實不客氣地表示：「這基本上是熱力學的方法，而熱力學可視為以某些公理（尤其是熱力學第一和第二定律）為基礎的純演繹科學。」[19] 自 1947 年以來，經濟學界遵循薩繆爾森的引導，利用物理數學提供的啟發和方法創造理論，包括理性預期論和效率市場假設。

這種借用本身是對環境的一種適應。在薩繆爾森提出他的方法之後，許多經濟學問題對智力的考驗變得溫和得多。我們閱讀薩繆爾森之前的經濟學家的經典著作，例如偉大思想家如亞當斯密、彌爾、馬克思或凱因斯的著作，可能迷失在他們抽象的長篇大論中。薩繆爾森提供的方法使經濟學家可以手持大刀披荊斬棘，以數學方法嚴謹地分析經濟問題，不必像哲學家或神學家那樣鑽研一段文字的意思。當時的經濟學學術環境有大量問題是這些超級數學化的方法有望解決的。

此外，這種借用在經濟上也有利可圖。如我們在第 1 章看到，

金融學與物理學某些概念非常接近。例如資產價格的波動與布朗運動中的粒子運動相似，結果產生了隨機漫步假設。這意味著金融經濟學家往往可以利用與物理學家相同的數學：布萊克休斯／默頓選擇權定價公式，剛好也是熱力學中熱方程式的解（熱也是隨機運動的產物）。

　　薩繆爾森對現代金融經濟學的誕生也有重大貢獻，我們對此不應感到意外。他招攬一名 1967 年在加州理工學院得到應用數學碩士學位的年輕工程師到麻省理工攻讀經濟學博士，後來便交棒給新一代的金融學者。他這位後來榮獲諾貝爾經濟學獎的弟子默頓（Robert C. Merton）創造了大部分的金融工程學，替至少三個市場規模以兆美元計的產業奠定分析基礎，包括在交易所買賣的選擇權、場外交易的衍生商品和結構型產品，以及信用衍生商品市場。

　　但是，理論在經濟學中的崇高地位，不是薩繆爾森一個人奠定的，而是二戰之後半個世紀間若干學術巨人累計努力的結果。他們造就了數理經濟學的復興。其中一位巨人德布魯（Gerard Debreu）見證了這段成果豐碩的時期：「在過去五十年這段當代時期之前，理論物理學是一種無法企及的理想，經濟學理論有時以它作為努力的目標。而過去五十年來，這種努力成為促使經濟學理論數學化的有力因素。」[20] 德布魯是在講一系列的突破，它們不但大幅增進了我們對經濟學理論的認識，還提供了財政與貨幣政策、金融穩定和中央規劃方面的誘人應用機會。這些突破包括賽局理論、一般均衡理論、不確定性的經濟學、長期經濟成長理論、投資組合理論和資本資產定價模型、選擇權定價理論、總體經濟計量模型、可計算一般均衡模型，以及理性預期論。[21] 這些貢獻大部分都得到諾貝爾獎委

員會的賞識，它們永久改變了經濟學的面貌：經濟學從紳士學者鑽
研的道德哲學一個晦澀的分支，變成一門全面的科學，研究方式與
牛頓利用三條簡單的定律解釋星體的運動那種推論過程有相似之處。

經濟學數學化如今已大致完成，動態隨機一般均衡模型、理性
預期論和精細的計量經濟技術取代了上一代經濟學家沒那麼嚴謹的
理論。但是，薩繆爾森在播下未來多代經濟學家物理學羨慕症的種
子的同時，強烈意識到經濟學中數學推導的局限。他在《經濟分析
之基礎》的引言中提出了富先見之明的警告（在原文中，薩繆爾森
以斜體字強調「具操作意義的」）：

> 無論是理論還是應用方面的經濟學著作，都極少關注如何
> 推導出具操作意義的定理。這至少有一部分是因為不好的
> 方法論成見，也就是認為先驗假設推導出來的經濟學定律
> 具有不受任何實證人類行為影響的嚴謹性和有效性。但只
> 有很少經濟學家去到這種程度。多數經濟學家樂於發表他
> 們眼中有意義的任何定理。事實上，經濟學文獻中充斥著
> 錯誤的概括（false generalization）。
> 我們不必深挖就能找到例子。效用這題目便真的已經有數
> 百篇學術論文。一點不好的心理學，加上少量不好的哲學
> 和倫理學，加上大量的壞邏輯，任何經濟學家就能證明商
> 品的需求曲線是向下傾斜的。[22]

我是否已經提過，薩繆爾森寫這些東西時還只是一名研究生？
物理學羨慕症（或較廣泛的理論羨慕症）在許多方面使經濟學

家受「不好的方法論成見」影響。以心理合理性衡量，賽蒙的有限理性論顯然優於薩繆爾森的效用最大化新古典理論，但在薩繆爾森出現後，多數經濟學家對內心狀態的逼真表述根本不感興趣。他們設法適應新的學術環境。他們想要非常強大和抽象的經濟學理論，一如幫助美國製造出原子彈的核子物理學那樣。他們不信任對主觀事物的測量，整體而言也不信任心理學。他們想要看起來像數學和物理學，而非像生物學的理論。

以這種標準衡量，效率市場假說和相關的理性預期論顯然優於有限理性、滿意就好的理論。有限理性論看來是在硬科學（hard science）厭惡的那種灰色地帶起作用。「情感化」（touchy-feely）已成為貶損軟科學的形容詞，而對賽蒙同年代的多數學者來說，滿意論顯得相當情感化。在一兩個世代中，經濟學這種進路是有效的。經濟學家以所有想得到的方式應用他們非常數學化的理性行為理論，並未意識到他們所處的環境正耗盡適用那種理論的問題，也未注意到他們的領域正回歸其神學根源。

這種進路的問題，在於生物學與經濟學的契合程度高於物理學。我們已經從神經科學和演化論中看到，相對於受物理數學啟發的理論，生物學對人類行為和有限理性的意義大得多。事實上，現實世界中多數經濟現象根本就是比較像生物而非物理現象；極少經濟概念是完美地符合優雅的數學推導。

物理學家盧瑟福（Ernest Rutherford）曾輕蔑地將物理學以外的所有學術領域貶為「集郵」。但在研究經濟學這件事上，生物學相對於物理學享有巨大方法優勢。經濟學概念可以自然地轉化為對應的生物學概念，反之亦然，例如稀有資源的分配和族群中多樣性的測

量。生物學與經濟學皆涉及複雜系統，而牛頓物理學雖然簡潔優美，但碰上超過兩個元素的系統就有棘手的困難，例如古典力學中的三體問題便是。[23] 有關競爭、合作、族群動態、生態和行為，生物學已經有豐富的文獻，其程度比「集郵」深得多。即使沒有適應性市場假說的框架，有些經濟學家建立他們有關經濟動態和造市（market making）行為的理論時，也已經利用了生物學概念。

生物學與物理學（以及連帶之下，生物學導向的適應性市場假說和偏向物理學的效率市場假說）最重要的差別，在於生物學有單一、強大和統一的基本原理：達爾文的天擇演化論。現在物理學則有許多競逐「萬有理論」地位的理論，但它們對經濟學實在沒什麼大用。

站在巨人的肩膀上

雖然物理學和理論羨慕症可能導致經濟學家走向不切實際的數學極端，但經濟學界無疑已經從物理和自然科學的成就中得到很大的啟發，並因此獲得豐厚的報酬。牛頓在 1676 年寫給虎克（Robert Hooke）的信中表示：「如果我看得比較遠，那是因為我站在巨人的肩膀上。」這是一位巨人寫給另一位巨人特別謙虛的一句話。學術界的進步極少發生在真空中，通常是隨著我們以其他人貢獻的見解和工具為基礎、借助群眾長期累積的智慧努力研究，然後進步順序發生。適應性市場假說當然也不例外。事實上，真正的科學發現有個常見形態：數個不同的研究計畫看來都聚向同一個見解──演化生物學家威爾森（Edward O. Wilson）稱之為「融通」（consilience），[24]

也就是知識「跳到一起」。除了賽蒙的有限理性論，我們也應該檢視一下以往和現在有利於適應性市場假說的其他學術研究。

我們肯定不是率先嘗試將源自生物系統的見解與經濟思想融合起來的人——我們已經提過馬爾薩斯（Thomas Malthus），他利用生物學的例子說明他有關人口成長的理論。作為英國聖公會的牧師，他以倫理概念提出他的見解，但要以現今經濟學家熟悉的方式重述他的理論並不困難。

達爾文死後，演化論受冷落，數十年間未有發展，演化論的一個粗陋版本（「社會達爾文主義」）被用來替不人道的政府政策辯解。結果演化論傾向吸引局外人。范伯倫（Thorstein Veblen）便是一個例子。你使用「炫耀性消費」一詞講述誇張的炫富行為時，便是利用了范伯倫提出的一個概念。范伯倫現在被視為 20 世紀優秀的社會學家之一，但他在世時是被視為變節的經濟學家。

范伯倫認為經濟學必須重新塑造為一門演化科學。他覺得經濟學太集中關注「享樂主義者」——但在這裡，我們應該把享樂主義者想成是追求獲利最大化的經濟人，而非春假時熱衷參加派對的那種人。范伯倫這麼說：「經濟學家已經接受了享樂主義有關人性和人類行為的先入之見，而享樂主義心理學提供的經濟利益概念不能為人性發展理論提供材料……經濟利益因此不容易從思想習慣累積成長的角度去理解或體會，也不會促使學者利用演化方法處理它，即使它確實適合以這種方法處理。」[25] 這段話使用的學術語言可能不易理解，但其觀點我們應該很熟悉。但范伯倫 1898 年寫這段文字時，他與學術界關係緊張，天擇仍只是生物學家爭論的題目，演化論正處於其低潮期。

生物學與統計學非凡的綜合產生族群遺傳學，結果拯救了演化論；這種綜合是英國數學家費雪（Ronald Aylmer Fisher）率先提出的。[26] 費雪證明，我們可以藉由觀察族群中的基因數量，在數學上模擬一個族群中的天擇。如果一個基因使生物變得比較不適應其環境（例如第 5 章提到的例子：基因使白色樺尺蛾在被煤灰燻黑的樹皮上變得很顯眼），該基因出現的頻率將降低；相反，如果一個基因使生物變得更適應其環境（例如基因使黑色樺尺蛾得於隱身於深色樹皮上），則該基因出現的頻率將增加。（英國優秀的博學家霍爾丹 1924 年率先做了這種計算。）[27] 事實上，本章的毛球思想實驗就是直接源自費雪的模型。

費雪的族群遺傳學是一項重要創新，使現代的數學演化論得以進步，促成許多新見解，包括第 5 章談到的社會生物學和演化心理學。威爾森近年與數學家諾華克（Martin Nowak）合作研究群擇（group selection，指天擇不但在基因或個體的層面起作用，還在一群群個體的層面起作用），則引發有關演化論是否適用於社會脈絡的新爭議。[28] 演化心理學比較機械式的版本由具影響力的德國心理學家蓋格瑞澤（Gerd Gigerenzer）提出，他目前是普朗克人類發展研究所適應行為與認知中心主任。蓋格瑞澤和該中心的研究者採用賽蒙的捷思法和有限理性概念，得出他們在法律、醫學和商業決策脈絡下的邏輯演算法結論。[29]

許多經濟學家知道社會生物學（可能只是因為看了大眾媒體的報導），但很少經濟學家認為這種理論可以實際應用在經濟學上。加州大學洛杉磯分校（UCLA）的阿爾欽（Armen Alchian）是顯著的例外。阿爾欽因為二戰期間研究統計學，知道了費雪的研究成果。戰

後他將達爾文的變異和天擇原理應用在公司理論的一個基本問題上：為什麼有些公司成功，有些則失敗？阿爾欽 1950 年發表他簡練的答案：公司存活是一種演化過程。顯然所有公司都希望得到最大的利潤，但有些公司完全是因為機遇變異（chance variation），有較好的條件在特定商業環境下獲利，而條件較差的公司則虧損並離場。[30]

與適應性市場假說不同的是，阿爾欽僅將他的分析應用在公司的層面，並未應用到個別投資人或經濟行為者身上，也未應用在市場或總體經濟上。但阿爾欽確實替他的 UCLA 同事赫舒拉發（Jack Hirshleifer）鋪好了路，後者 1977 年討論了威爾森的社會生物學新見解在經濟脈絡下的應用。[31] 繼威爾森之後，赫舒拉發看到演化力量在經濟的所有層面起作用。他認為演化決定了個體的偏好和效用函數，提供了非自私經濟行為的基礎，也解釋了經濟競爭與專業化的力量。這些見解在赫舒拉發的敘述中是高度抽象化的比擬（考慮到當時神經科學的發展程度，這是可以理解的），而效用函數等概念的演化基礎則由羅布森（Arthur J. Robson）和薩繆爾森（Larry Samuelson）等學者研究出來。[32] 但赫舒拉發也假定市場有效率和環境是固定的，經濟演化過程則自然傾向達致一種均衡狀態，不像適應性市場假說那樣認為市場動態是複雜的。

近年愈來愈多經濟學家開始探索生物學與經濟學的其他關聯，包括社會生物學的經濟延伸；演化賽局理論；經濟轉變的演化解釋；經濟體作為複雜的適應系統；後代數量不確定對當前消費形態的影響；以及生物學在新古典經濟學的廣泛應用。[33] 雖然並非與金融市場直接有關，這些研究路線顯示，並非所有經濟學家都堅信經濟人概念（雖然這些另類見解至今仍未成為經濟學主流的一部分）。演化

思維在金融學的應用相對較少，但也確實存在。這些應用的一個常見主題是有許多理性與不理性交易者的金融市場的長期特徵，以及「富者生存」（survival of the richest）的事實並非總是意味著不理性的交易者和策略遭淘汰。[34] 為了使更多人注意到這些學者的貢獻，我和張瑞勛（Ruixun Zhang）最近編輯出版了《生物經濟學》（*Biological Economics*），選錄了一些相關論文。[35]

　　1984 年，一項更有組織的行動於美國新墨西哥州聖塔菲市展開，希望促進經濟學家、生物學家、物理學家和其他科學家之間的合作。聖塔菲研究所（Santa Fe Institute）的使命是在複雜適應系統這個新領域展開開創性研究。該研究所的科學家利用「非線性動態系統」這門數學，致力研究自然、物理和社會科學方面的應用難題。其中一個研究方向涉及利用承受適應壓力、電腦模擬的經濟行為者，產生我們熟悉的市場動態。事實上，亞瑟（W. Brian Arthur）與一些聖塔菲研究所學者直接參考分子生物學的一些發現，創造出一個人造股市，當中有許多利用類似 DNA 指令的交易者，不時接受突變和擇選的考驗，藉此預測市場行為。[36]

　　其他研究進路，例如法默（J. Doyne Farmer）的進路，則是利用以生態概念描述市場的數學框架，集中關注奉行已知策略的市場參與者之間的互動和動態。法默的關鍵見解是交易策略利用市場欠缺效率的情況，但也影響這些情況，因此創造出一種動態局面，永遠無法達致完美的效率（第 8 章將談到這些見解）。[37] 麥肯錫研究員、聖塔菲研究所前訪問學者貝哈克（Eric Beinhocker）在《財富的根源》（*The Origin Of Wealth*）中綜合了有關演化複雜性的許多觀點。[38] 聖塔菲研究所這一派對正統經濟理論的許多批評，與適應性市場假

說相似。不過，適應性市場假說解釋市場行為時，對過去的環境和適應表現重視得多，而一如達爾文的理論和法默的交易策略生態系統論，適應性市場假說並不預言任何趨勢或最終狀態是必將出現的。

達爾文的天擇演化論是 19 世紀學者將世界視為一個連貫系統的許多嘗試之一。德國思想傳統希望化解理想（the ideal）與實際（the real）之間的古老哲學張力，以多種對立過程的觀念分析這些系統，得出比較深刻的結論，發展出費希特的「正反合」（thesis, antithesis, synthesis）和黑格爾的辯證之類的概念。這些概念啟發了一名富革命精神的新聞工作者，幫助他建立了自身的理論基礎；他就是馬克思，可能是百年來世上影響力最大的經濟學家（根據某些標準，也可能是歷來影響力最大的）。馬克思的理論吸引人，不但是因為它革命性的政治內容，還因為它對新工業化社會（例如德國、俄羅斯和中國）有強大的解釋力。辯證法提供一種有關經濟變化的動態描述，主流經濟學一直未能與之競爭，直到 1950 年代發展出現代成長理論。

結果歐洲許多經濟思想家發現自己必須回應馬克思的觀點，即使他們不屑馬克思的政治理論。大力倡導創業精神的熊彼得（Joseph Schumpeter）借用馬克思有關資本不時自我毀滅的概念，賦予它正面的意思，稱之為「創造性破壞」（creative destruction），是資本體系進入新階段必要的演化創新。[39] 溫特（Sidney Winter）與尼爾森（Richard Nelson）進一步發展熊彼得的概念，將天擇應用在產業組織和成長理論上，發現這或許可以解釋經濟生產力和產業結構的變化。[40]

有些學者則徹底否定馬克思思想，但認識到效率市場的靜態進路是不完整的。經濟學家海耶克（Friedrich Hayek）在其著作中大量

運用最廣義的演化概念，但他不認為達爾文的變異和天擇概念在生物學以外也適用。[41] 在此同時，奧地利哲學家波普（Karl Popper）及其弟子索羅斯（George Soros）對絕對知識的懷疑，促使索羅斯發展出他的反身性理論（theory of reflexivity）；索羅斯發現，這理論可以相當成功地應用在理應有效率的市場上。[42] 反身性理論嚴格而言不是一種演化理論，但它一如適應性市場假說，利用回饋環路解釋反直覺的市場動態。如我們將在下一章看到，索羅斯對市場動態絕非一知半解。

在本章中，我們一再談到經濟學與生物學概念相同或相似之處。一般讀者可能覺得這有點輕率，但拜演化論的普遍性所賜，我們可以在經濟學脈絡下應用生物學推論。投資組合策略失敗的投資人真的像擱淺在沙灘上的大白鯊嗎？兩者可以比較是有賴演化論巨大的解釋力和普遍性。投資人和大白鯊都經歷了攸關盈虧或生死的巨大擇選壓力，兩者都變得非常適應自身的環境。但是，一旦環境突然改變而兩者精細的適應無法應付，投資人和大白鯊便陷入棘手的窘境。

布倫南、張瑞勛和我在隨後的研究中多方面擴展了二元選擇模型，使該模型在生物學上變得更真實——例如引進了突變，容許生殖風險有多個源頭，並證明天擇同時發生在多個層面。這些延伸證實了一件事：心理學家和行為經濟學家發現的許多行為偏誤，可以藉由應用在二元選擇模型上的簡單演化過程輕鬆產生。你只需要適當的環境（在許多情況下是系統性生殖風險）和足夠的時間。因為我們的二元選擇模型明確地連結行為與環境，我們可以預測最可能產生特定行為的環境類型。然後這些預測可用數種方式檢驗：利用

有關以往環境的歷史資料；做實況實驗，創造出那些環境，看看受試者的行為是否一如我們的理論所預測；蒐集支持我們理論的案例。我們目前正致力於上述三個研究方向，接下來的章節將談到一些初步發現。但適應性市場假說近乎完美的示範，可在一小群金融業精英中找到，他們就是隱匿和富神秘色彩的對沖基金經理人。

打倒一個理論要靠另一個理論，而適應性市場假說就是新挑戰者。但這個挑戰者仍需要時間成熟（現行主流理論享有五十年的領先優勢）：我們必須投入大量的精力研究，這個理論才能像既有的計量財務學模型那麼直接有用。此外，科學本身是一種演化過程。在理論、數據與實驗之間，適應性市場假說將生存下去，未來可能由某個更有說服力的理論取代，又或者證實失敗並遭遺忘。但即使在這個早期階段，這個假說顯然可以優雅地解決效率市場假說與例外情況之間的許多矛盾。

在我們這個新框架中，市場行為適應特定的金融環境。**有效率的市場不過是一種不變的金融環境下市場的穩態極限（steady-state limit）**。這種理想化的市場現實中不大可能存在，但它仍是個有用的抽象概念，其表現可在特定條件下模擬（我很快將提供一些例子）。為了解這些條件是什麼，我們來看經濟的一個角落：競爭堪稱「腥牙血爪」的對沖基金業。

第 7 章

金融界的加拉巴哥群島

以下利用適應性市場假說，比較仔細地檢視對沖基金。目
前活躍的數千檔對沖基金展現出驚人的金融多樣性和創
新。但四十年前，世上只有數百檔對沖基金，而它們多數
日漸衰落。

量子力學

　　三百年來，倫敦一直是世上偉大的金融中心之一，是金融創新和穩定的模範。但在 1992 年，演化變革的力量衝擊這座歷史名城。東歐共產體制崩潰震撼了國際金融環境。地緣政治環境的這種意外變化，似乎為歐洲各國（包括英國）經濟進一步融合開闢了新路徑。在對歐洲統一貨幣（當時還未稱為歐元）的計畫持懷疑態度十年之後，英國加入了歐洲匯率機制，英鎊從此必須與歐洲其他貨幣保持一致。英國政府承諾，在歐洲統一貨幣取代英鎊之前，將維持穩定的英鎊兌德國馬克匯率。英國貨幣當局認為，這種安排可以使英國某程度上受惠於德國傳奇的抗通膨能力。

　　但是，到 1992 年時，一些觀察者已經明確看到，英國將英鎊在歐洲匯率機制下的匯率設得太高了。換句話說，英鎊處於匯價偏高的狀態。如果英國財政部願意在官方匯率區間的底部無限量買進英鎊，使英鎊得以繼續留在歐洲匯率機制內，則英鎊即使價格偏高也沒關係。因為英國當時是世界第六大經濟體，而執政者的前途與歐洲融合大計是否成功息息相關，沒有人真的認為英國將無法維持英鎊匯率穩定。

　　但其實不是沒有人：上一章提到的投資人索羅斯管理的量子基金（Quantum Fund）便認為英國無法守住英鎊匯率。量子基金當時是一檔神秘和隱匿的對沖基金：1992 年時，很少人知道「對沖基金」確切是什麼，連金融界也是這樣。更少人知道的是，到 1992 年 8 月時，量子基金做空英鎊的規模已達到 15 億美元。索羅斯認為英國為他創造了一個完美的押注機會。如果英國央行頂住壓低英鎊匯價的

經濟壓力，量子基金的損失相對輕微；如果英國央行未能撐住英鎊，量子基金將因為英鎊貶值而大賺一筆。

1992 年 9 月 14 日星期一那天，德國央行總裁施萊辛格（Helmut Schlesinger）在《華爾街日報》的訪問中作出間接評論，表示在不久的未來，可能有一兩個國家的貨幣將承受改變匯率的壓力。索羅斯認為這是為他做空英鎊開了綠燈。他並不是僅略為擴大做空規模：9 月 15 日那天，他要求他的交易員「直取要害」。量子基金將它的英鎊空頭部位從 15 億美元增加至 100 億美元，其他投機客也跟著做空英鎊。[1]

第二天（9 月 16 日）後來被稱為「黑色星期三」。英國央行這天買進了數億英鎊，並將短期利率調升至非常高的水準，但仍無法阻止市場在歐洲匯率機制規定的匯率下方拋售英鎊。當天傍晚，英國宣佈退出歐洲匯率機制，正式放棄參與歐洲單一貨幣計畫。從此之後，英鎊一直維持獨立地位，與後來面世的歐元無關。2016 年，英國選民公投決定英國退出歐盟，杜絕了英鎊被歐元取代的可能。

索羅斯和他隱匿的量子基金又如何？ 1992 年 10 月，義大利企業家阿涅利（Gianni Agnelli）透露，他因為投資量子基金賺到的錢，超過他在義大利汽車大廠飛雅特（Fiat）的股份替他所賺的。簡單估算顯示，索羅斯的基金因為做空英鎊而賺了 10 億美元。[2] 工作數天就賺這麼多，還真不錯。

許多金融經濟學家以前常說，如果市場真的沒效率，投資人應該可以利用某些系統性策略把握因此產生的機會，迅速賺得巨額金錢。這些不知如何能夠打敗市場、神話般的億萬富翁在哪裡？

原來這些神話般的億萬富翁就在我們眼前。我們稱他們為對沖

基金經理人。

不可能的任務

效率市場假說對投資人來說一直是一種雙刃劍。如果市場真的很有效率，則投資人做再多分析也無法打敗大盤──既然如此，為什麼不投資在指數基金上就好？指數基金和被動式投資如今是金融界巨大的一部分，這是效率市場假說驚人的成就。但是，效率市場假說也有一種令人非常不舒服的相反涵義：如果投資人做再多分析也無法打敗大盤，我們要如何理解索羅斯打垮英國央行，鮑爾森（John Paulson）2007 至 2008 年因為押注房市泡沫將破滅而大賺 200 億美元，以及電腦科學家大衛·蕭（David Shaw）和數學家西蒙斯（James Simons）非凡的投資生涯（他們管理的對沖基金一再打敗大盤）？效率市場假說提供的標準說法是：這些人不知如何就是「好運」，他們的報酬只是統計分佈中的尾端結果，不是源自任何特殊技能。但是，如果我們檢視他們歷來的投資績效，以及同樣非常成功的其他對沖基金經理人歷來的表現，我們不得不思考是否有其他可能。

效率市場假說對投資人造成一種相關的矛盾。1980 年，經濟學家格羅斯曼（Sanford Grossman）和史迪格里茲（Joseph Stiglitz）指出，如果沒有機會利用市場不完善的情況獲利，投資人就沒有理由蒐集和分析市場用來發現價格的資訊。[3] 畢竟這有什麼意義呢？價格發現過程不是沒有成本的，而如果沒有經濟誘因（也就是獲利機會，亦稱市場欠缺效率的情況），流動的金融市場將不復存在。根據

格羅斯曼和史迪格里茲的見解，市場其實不可能有完美的效率。

　　適應性市場假說優雅地解決了這些難題。它首先認清這件事：價格並不自動反映所有可得的資訊——價格怎麼有可能自動反映所有資訊？我們已經注意到，買家和賣家並不使用所有可得的資訊來做決定——他們使用部分資訊和某些捷思法。這些捷思法可能非常複雜，例如大衛‧蕭和西蒙斯使用的量化策略，但它們仍然是捷思法。但是，隨著市場競爭加劇，投資人必須因應新環境調整捷思法，以便繼續獲利。在環境穩定的情況下，可能出現策略愈來愈有效率的「良性循環」；這些策略將利用市場上哪怕只是一點點的資訊、價格偏差或套利機會獲利。適應性市場假說在其理論性、無阻力的極限狀態下，納入效率市場假說作為一種特殊情況。但現實中市場極少達致這種極限狀態，而即使真的達致也不會持續很久。

　　金融市場如今距離市場效率完美的理論性最終狀態仍然非常遠。從巴菲特到西蒙斯，各種投資人持續打敗效率市場假說青睞的指數基金，儘管他們的投資策略可能截然不同。與效率市場假說不同的是，適應性市場假說絕不宣稱隨著時間的推移，市場總是變得愈來愈有效率。適應性市場假說預測的市場動態比較複雜。一如地球上有些物種滅絕但也有新物種出現，金融市場歷史上不時出現崩盤、恐慌、狂熱、泡沫和其他自然的市場現象。金融市場若出現效率提升的趨勢，那是人類智能應用在市場上的結果（與思想同速的演化），未必是市場本身產生的。

　　這正是為什麼對沖基金提供了適應性市場假說運作的理想例證，即時示範了該理論如何不同於效率市場假說。敏銳的觀察者可以在對沖基金業親眼目睹金融演化，而這在金融市場步調較慢的其

他領域是不可能的。就此而言，對沖基金業堪稱金融界的加拉巴哥群島。

演化之島

約五百萬年前，在距離現今南美洲西岸數百哩的太平洋上，一座火山浮出海面。這個島是全新的，幾乎正好位於赤道上，距離最接近的陸地數百哩。附近陸續有火山從海底浮上來，形成一組群島，繪製地圖的人後來稱之為加拉巴哥群島。

隨著這些島冷卻下來，生物開始在它們堅硬的火山岩上繁衍。多數生物來到這裡純屬偶然，是由風或海浪從六百多哩外的大陸帶來。這些不速之客發現這裡的環境又熱又乾。只有具適當能力的物種才可以在這種不友善的環境中生存下去，例如特殊植物如仙人掌，海鬣蜥，著名的加拉巴哥巨龜，以及意外多樣的較小型動植物——意外是因為加拉巴哥群島距離大陸數百哩之遙，很少生物可以安全完成如此危險的旅程。但是，因為演化的時間非常長，即使是百萬年一次的生存機會，五百萬年下來平均也可以發生五次。

幾隻南美唐納雀（tanager）偶然來到加拉巴哥群島，不但生存了下來，還大量繁殖。牠們發現，島上既有的植物形成各種新環境。演化逐漸發生，這些唐納雀以不同的方式適應不同的新環境。有些演化出又大又厚的喙，就像板手的頭部，以便砸開種子取食。有些演化出又長又細的喙，以便捕食小昆蟲和吸食花蜜。環境中只要有可用的食物來源，存活者的後代便演化出方便利用這些資源的特徵。[4]

　　加拉巴哥群島形成五百萬年後，年輕的英國博物學家達爾文來到這裡，對他在這裡看到的「雀」如此多樣感到困惑。[5] 牠們吃不同的東西，身體大小顯著有別，喙的形狀也不同，但羽毛非常相似，以致達爾文常常分不清牠們的種類。數年之後，達爾文修訂講述他搭乘小獵犬號遊歷的故事的著作時，才得出演化結論：「在關係密切的這小群鳥中看到這種結構的逐漸變化和多樣性，可能令人真的想像這個群島最初少量的鳥中，有個物種被選了出來，因應不同的目的加以『修改』。」[6]

　　我們現在知道，加拉巴哥群島上有 14 種達爾文雀，每一種都適應自身的環境，而牠們全都源自共同的祖先。[7] 現代生物學視達爾文雀為適應輻射（adaptive radiation）的典型例子；所謂適應輻射，是指一群新的相關物種在生態創新的迅速爆發中大量繁殖，每一個新物種都利用一種不同的生態策略。

　　為什麼我們要在一本講金融市場的書中談太平洋上的鳥和島？原來對沖基金堪稱金融界的加拉巴哥群島。各種形式的基金致力創新和繁衍，一如遙遠群島上的達爾文雀。一如某種達爾文雀演化出厚大的喙以便砸開種子取食、另一種則演化出細長的喙以便吸食花蜜，像索羅斯那樣的經理人奉行基於研判全球總體經濟形勢的策略，像鮑爾森那樣的經理人則奉行以預測商業事件為基礎的策略。有些對沖基金策略賺錢、有些策略虧損，而背後一直有對沖基金成立、創新和滅亡。適應性市場假說解釋這種多樣性，解釋為什麼有些對沖基金成功，有些失敗，以及為什麼最大、最成功的一些對沖基金應用許多不同的策略。

對沖基金群島

到底什麼是對沖基金？對某些人來說，對沖基金既神秘（他們呼風喚雨的經營者很神秘）又充滿魅力（因為它們可以創造巨大的財富）。對另一些人來說，對沖基金因為透明度不足而名聲可疑。我對對沖基金的認識，始於一名律師的這番解釋：「一檔對沖基金是一家私人合夥事業，有開始也有結束的時候，涉及一名一般合夥人和數名有限責任合夥人，每一名合夥人都帶給基金一些東西。基金創立時，一般合夥人貢獻全部的經驗而有限責任合夥人貢獻全部資金。基金結束時，一般合夥人帶走全部資金，有限責任合夥人帶走全部經驗。」

以下是比較認真的解釋：對沖基金基本上是一種私人投資合夥事業，並不開放給一般投資人參與，也不向大眾宣傳推銷。對沖基金是以所謂「合資格」或「老練」的投資人為目標，也就是其投資人因為錢夠多，不擔心投入對沖基金的錢輸清光。目前在法律上，所謂老練投資人是指資產淨值至少達 250 萬美元的人。因為這種投資人可以承受相當大的財務損失，而且被假定為了解私人合夥投資的風險，對沖基金受到的規管比共同基金或貨幣市場基金寬鬆得多。對沖基金以前是完全不受規管的，但因為 2010 年的《陶德法蘭克法》（Dodd-Frank Act），對沖基金如今必須向美國證券交易委員會（SEC）註冊，向政府提供若干資料。

儘管如此，有關對沖基金可以做什麼或不可以做什麼，目前的限制仍非常少。它們可以在不同的國家把握不同資產類別的各種投資機會，做多做空皆可，買賣的速度也可快可慢。對沖基金的收費

相當高：除了固定的管理費（通常是每年相當於所管理資產的 1%
至 2%），還收取績效費（一般是投資獲利的 20%）。不過，對沖基
金也可能提供非常高的報酬。最成功的對沖基金在扣除費用之後，
為投資人提供的報酬遠高於一般共同基金。但是，對沖基金業的損
耗率也非常高：許多對沖基金運作一段時間之後就結束營業，但也
有許多新對沖基金頂上。

　　這些特徵使對沖基金業能非常迅速地適應市場環境的變化。即
使經過了最近這場金融危機，政府對對沖基金的規管仍然非常少。
這意味著對沖基金的市場進入障礙相對較低──它們可以輕鬆地在
金融市場的新火山岩上找到立足點。對沖基金為其經理人提供非常
豐厚的薪酬，業內的演化因此攸關重大利益。結果對沖基金業吸引
了來自四方八面、才幹出色的投資組合經理人。對沖基金業絕不缺
新策略和渴望成功的創業者，而這也意味著業內競爭激烈，對各種
獲利利基的適應是迅速和冷酷的。

　　為了更好地說明對沖基金的獨特性，我們來比較一下這種基金
和相對傳統的投資工具如共同基金。假設某檔共同基金有 1,000 萬美
元的資本，全部投資在杏仁電腦（Apricot Computers）上，因為預期
該公司即將推出的 Apricard 電子錢包將大獲成功。Apricard 是體積細
小的硬體產品，可以儲存和管理超過 1,000 張信用卡、提款卡、禮物
卡和折扣卡。如果 Apricard 大受歡迎，杏仁電腦的股價將上漲
10%，我們的共同基金將賺到相當不錯的 100 萬美元。另一方面，
如果 Apricard 上市後表現令人大失所望，杏仁電腦的股價將跌
10%，而我們的共同基金將損失 100 萬美元。多數人都了解共同基
金是怎麼運作的。

現在假設有檔對沖基金，資本同樣是 1,000 萬美元。拜槓桿的神奇力量所賜，這檔對沖基金可以購入價值 3,000 萬美元的杏仁電腦股票（利用槓桿其實就是借錢使用，對沖基金在這個例子中借入雙倍於資本的錢）。如果 Apricard 成功，基金的獲利將因為利用槓桿而大增。除此之外，這檔對沖基金還可以同時賣空價值 3,000 萬美元的藍莓裝置（BlueBerry Devices）的股票；藍莓裝置是杏仁電腦的主要競爭對手，生產藍莓皮包——大小如手拿包，可以放 25 張信用卡，同時提供一個很好的鍵盤。

我們這檔對沖基金認為 Apricard 將淘汰藍莓皮包，令藍莓裝置的股價下跌。倘若結果一如預期，藍莓裝置股價跌 10%，對沖基金將因為賣空而賺到 300 萬美元，加上它因為利用槓桿買進杏仁電腦而賺到 300 萬美元，獲利總額為 600 萬美元。典型的對沖基金經理人將分紅 20%，加上收取 1,000 萬美元資本 2% 的管理費，經理人總共將收取 140 萬美元。但投資人幾乎一定不會介意這種收費，因為他們投入 1,000 萬美元，扣除費用後的報酬率高達 48%。

對沖基金利用槓桿和賣空（共同基金不能使用這些手段），押注正確時可以大幅提高報酬率。不過，對沖基金可以同時做多和做空，也有另一種有趣的特性。假設出現最壞的情況：整個股市崩跌。杏仁電腦和藍莓裝置的股價都將下跌，但對沖基金將因為做空藍莓裝置而賺到錢。做空的獲利有助抵銷做多杏仁電腦的虧損。換句話說，對沖基金的空頭部位可視為是對沖其多頭部位，使基金的績效對市場波動變得沒那麼敏感。這正是它們被稱為對沖基金的原因。多數對沖基金致力雙向押注，希望做多做空都賺錢，而它們這麼做某程度上是對沖了它們的市場曝險。

這是好消息。現在講壞消息。如果對沖基金押錯注（例如 Apricard 的技術有缺陷，結果駭客利用它偷走數百萬張信用卡的資料），杏仁電腦股價跌 10%，藍莓裝置則受惠於對手的問題，股價漲 10%，對沖基金將損失 600 萬美元，失去 60% 的資本。槓桿和賣空的作用是雙向的。

目前全球有超過九千檔對沖基金，管理逾 2 兆美元的資產，金融機構自營交易部門之類管理的類似對沖基金的投資方案則數目不詳。事實上，對沖基金業比較像 20 至 30 個「家庭手工業」，每一個各有獨特的專長。這種產業模式顯然有利於適應市場環境：新基金創立以利用某種策略帶來的新機會，另一些基金則因為奉行某種策略、虧損嚴重而結束營業。

但我們為什麼要關注對沖基金呢？ 1998 年對沖基金長期資本管理（LTCM）崩潰之後，一名金融學術同事正是這麼問我：「不就是一群有錢人輸了錢嗎，誰在乎呢？」適應性市場假說提供了一個令人信服的答案：對沖基金是金融生態系統中的一個重要指標物種。景氣大好時，對沖基金是業界先驅，搶先把握新浮現的投資機會。景氣不好時，對沖基金是「礦坑裡的金絲雀」，在金融市場出問題時總是首當其衝。

觀察對沖基金業有助我們深入了解市場環境的最新動態。對沖基金以很快的速度創新，而因為它們通常大量利用槓桿，對沖基金可以對市場產生不成比例的巨大影響。除了富有的個人，一些國家的中央銀行和主權財富基金、保險公司和退休基金也投資在對沖基金上。這些大型機構的境況影響一般消費者的財務狀況，後者在金融生態系統中距離對沖基金一點也不遠。你可能對對沖基金不感興

趣，但對沖基金可能跟你大有關係。

對沖基金演化史

以下利用適應性市場假說，比較仔細地檢視對沖基金。目前活躍的數千檔對沖基金展現出驚人的金融多樣性和創新。但四十年前，世上只有數百檔對沖基金，而它們多數日漸衰落。再四十年前，可能有少數投資合夥事業的結構類似現代對沖基金，而它們正在大蕭條的深淵掙扎求存。再四十年前，我們在金融界完全找不到對沖基金存在的跡象。

站在演化的角度，這是一種非常不尋常的形態。雖然對沖基金作為一種投資形式相對簡單（究其核心，它只是一種私人合夥事業），而且這個產業近二十年來經歷了非常可觀的成長，對沖基金流行是相當近期的事。這些基金在現代金融環境下崛起，情況與一個成功的物種在不斷變化的生物環境中演化非常相似。一如任何一種動物的演化史，對沖基金的生命歷程中有出師不利、物種大量形成和分化、大量滅絕、調整適應和創新之類的各種情況。但與生物演化不同的是，金融演化是以思想的速度進行，一頓有效率的工作午餐就可以處理數個世代的觀念和構想。

一如許多成功的適應案例，第一檔對沖基金何時出現很難確定。在 1920 年代或更早的時候，對沖基金可能就以其他名稱存在於金融界。傳奇投資人巴菲特認為，著名的價值投資法倡導者葛拉漢（Benjamin Graham）在「咆哮的二十年代」管理的一檔合夥事業很像現代對沖基金。但巴菲特補充道：「我並不是說葛拉漢在 1920 年代

中的合夥事業是第一檔。它只是我所知道的第一檔。」[8]

這些早期的合夥事業屬於私人事務，不在公眾的關注範圍內。正是因為它們相對不受注意，金融界很少人思考如何更有創意地利用對沖基金。結果這些原始基金在演化上停滯不前，直到 1949 年。

多數人將 1949 年面世的第一檔現代「對沖基金」歸功於瓊斯（Alfred Winslow Jones）。一如許多對沖基金創新者，瓊斯是金融界的局外人。[9] 他是社會學家暨統計學家，在二戰之前的緊張政治環境下曾加入共產主義團體。瓊斯將他可觀的數學才華和對技術分析的興趣結合起來。他認為自由市場在經濟上是有必要的，但也認為市場容易因為投資人的心理波動（所謂「暴民之瘋狂」）而受衝擊。

1949 年初，在替《財星》雜誌寫了系列文章批評其他人的股票預測方法之後，瓊斯決定自己試著操盤。[10] 他自己拿出 4 萬美元，加上四名朋友提供的 6 萬美元，在曼哈頓下城百老匯街一間小辦公室開始經營他的基金。瓊斯買進他認為將升值的股票，並以做空他認為將貶值的股票作為對沖。這種策略因為夠特別，整個新類別的基金被稱為「對沖基金」。瓊斯運用對沖基金如今仍在用的一些策略，例如我們會說，他早期的基金是奉行槓桿多空金額中性（leveraged long/short dollar-neutral）策略。[11]

瓊斯的「對沖基金」表現極好。接下來二十年間，該基金的年化報酬率超過 20%。無論是當年還是現在，對沖基金都不公開它們的確切操作策略。不過，根據瓊斯基金不公開的記錄和瓊斯同事的回憶，瓊斯當年看來是自己想出了一檔股票金融特質的三個關鍵指標，大約相當於現在我們所講的阿爾法（alpha，個股超過市場基準的報酬）、貝他（beta，個股報酬與大盤的關係），以及西格瑪

（sigma，個股報酬的波動性，瓊斯稱之為「速度」〔velocity〕）。（下一章我們討論適應性市場假說的應用時，將再詳述這三個指標。）以現在的標準衡量，瓊斯計算這些指標的方式非常粗糙，但瓊斯這檔原始對沖基金顯然因此在市場佔得顯著的優勢。[12] 採用演化論的說法，這一項觀念突變是瓊斯成功故事中的一項關鍵創新。

但因為某些原因，瓊斯的對沖基金在演化上也陷入停滯狀態。因為保密，其他投資人無法模仿瓊斯的策略，而他也只靠口耳相傳吸收新投資人。雖然華爾街圈內人知道瓊斯的投資操作非常成功，很少人（主要是瓊斯的前同事和股票經紀）嘗試複製他的模式，而複製是所有演化的一個關鍵要素。結果對沖基金業萎靡了將近二十年——直到財經記者盧米斯（Carol Loomis）1966 年在《財星》雜誌寫了瓊斯這個人。[13]

盧米斯的人物介紹促使數以百計的投資人尋求投資於對沖基金，或是創立自己的對沖基金。在 1960 年代末的金融「盛世」時期，對沖基金的數目大增至接近兩百檔，管理約 15 億美元的資產——這是美國證券交易委員會 1969 年初的估計。[14] 當然，所謂盛世總是相對的：以電腦交易年代初期的標準衡量，1960 年代金融市場的快速步伐其實慢得令人難受；相對於今天的微秒交易平台，當年的情況更是有如凍結於琥珀之中。

這些基金在 1969 年的空頭市場中多數衰落或滅亡，原因很簡單：他們未能有效對沖。[15] 部分原因在於賣空的難度：在 1960 年代賣空要比現在顯著困難一些。當時美國有「上漲才可放空」（uptick rule）的規定，也就是股價上漲時才可以賣空，而且當年的交易量以現今標準而言非常低，基金要建立適當的對沖部位比現在來得困

難。但這並非完全不可能做到，畢竟在此之前，瓊斯的賣空操作就很成功。那麼，為什麼那麼多基金未能壯大？

　　站在演化的角度，原因其實很簡單。盧米斯 1966 年的文章觸發對沖基金一波新的適應輻射。這些基金的操作策略很自然地有所變化：它們採用瓊斯的一些方法，捨棄另一些，並運用他們新創的方法。在生物學上，這與一個共同祖先演化出多個新物種的現象相似。在那年代友善的金融氣候下，一檔基金沒有適當管控風險也可能有出色的表現。在這種幸福的環境下，對沖基金經理人捨棄多空對沖策略，選擇持有高槓桿多頭部位。這些基金因此極度容易因為股市下滑而重挫。金融環境真的改變時，這些基金首當其衝。這些過度迎合 1960 年末多頭市場環境的新類型對沖基金結果滅絕了。連瓊斯本人也承認，他因為受金融市場的「亢奮」氣氛影響，未有充分執行他的對沖策略，結果 1969 年僅能損益平衡。這是對沖基金的第一次大滅絕事件，但當然不是最後一次。

　　1970 年代是另一段金融停滯期，對沖基金再一次脫離公眾的視野。華爾街中人還沒忘記最近的滅絕事件，傳統投資人對對沖基金持強烈懷疑的態度。1977 年，金融記者薩克雷（John Thackray）寫道，對沖基金仍是「多得離奇的市場負面傳聞的目標，是抹黑行動的受害者；抹黑者無所不用其極地攻擊對沖基金業者，只差指控他們從紐約證交所的餐廳偷走餐巾。」[16]

　　儘管面對這種不友善的環境，許多投資人繼續試驗對沖基金這種投資形式。金融演化有一點與生物演化不同：已「滅絕」的想法往往可以復活，例如巴舍利耶的見解和隨機漫步假說便是這樣。不過，這年代最成功的對沖基金經理人仍是直接受瓊斯的榜樣啟發。

索羅斯 1969 年創立他的第一檔對沖基金雙鷹基金（Double Eagle Fund），便是直接以瓊斯的基金為榜樣。索羅斯早年的夥伴羅傑斯（Jim Rogers）曾替瓊斯往來的主要經紀商紐伯格伯曼（Neuberger & Berman）工作。[17] 羅伯森（Julian Robertson）1980 年創立他的老虎基金（Tiger Fund），他與瓊斯的女婿伯奇（Robert L. Burch）是朋友；兩人會請瓊斯吃飯，期間由羅伯森請教瓊斯有關對沖基金管理的複雜細節。[18] 在這裡，我們可以看到瓊斯獨特的阿爾法概念逐漸傳給他思想上的後裔。

學術界如何理解對沖基金的強韌表現？如我們所見，效率市場假說正是在這段時期強化成為經濟學正統理論。選股高手如羅伯森的成就被假定為一種「統計假象」（statistical artifact）。1984 年，巴菲特本人曾與這種說法正面交鋒。那是哥倫比亞大學商學院慶祝葛拉漢與陶德經典著作《證券分析》出版 50 週年所辦的一場辯論，巴菲特是反對正統學術立場的一方。他表示，如果基金的傑出表現統計上有如紅毛猩猩擲幣連續 20 次擲出正面，這些成功的紅毛猩猩應該是均勻分佈在各處。但如果你發現這些成功的紅毛猩猩「集中在奧馬哈某個動物園，則你幾乎可以確定你找到了重要線索，可能將有重大發現。」[19]

雖然巴菲特當時是在談價值型投資人，相同的基本道理也適用於對沖基金。如果成功的對沖基金多數運用相同的基本投資原理（例如瓊斯的方法），你可以相當確定這絕非偶然。遺憾的是，巴菲特的論點未能說服其辯論對手 ── 知名的金融經濟學家顏森（Michael Jensen），也未能普遍說服學術界人士。巴菲特的評論刊於哥大商學院校友雜誌，基本上為世人所遺忘。

量化派誕生

在此同時，在遠離經濟或金融主流思想的地方，摩根士丹利一名細心的觀察者在公司的鉅額交易部注意到一種反覆出現的形態。鉅額交易（block trade）是非常大筆的買賣，每筆往往超過一萬股，是機構投資人的交易，由經紀商私下處理以求盡可能降低對公開市場的影響。但鉅額交易仍有可能短暫擾亂市場。為了對沖處理單一個股大量股票的風險，摩根士丹利的鉅額交易員會賣空同一產業數量較少的相關股票；這些股票理論上會受原本的鉅額交易影響。例如回到我們稍早的例子，買進杏仁電腦的鉅額交易員可以賣空一些藍莓裝置的股票，藉此對沖所有股票均下跌的風險。摩根士丹利那名細心的觀察者注意到，鉅額交易會在市場造成短暫的漣漪，規模較小的對沖交易則不會。交易員是否可以在這一對個股的價差恢復正常水準之前，把握價差短暫波動產生的機會？交易員是否可以利用這種配對交易（pairs trade）獲利？

答案是可以，而且還可以賺很多錢。因為此事有重要意義，誰是注意到這種形態的第一人存在一些爭議。但在時序上，哥倫比亞大學電腦科學畢業生班伯格（Gerry Bamberger）是第一個明確執行「配對交易」的人，他是 1983 年在摩根士丹利做這件事。班伯格也是金融局外人；事實上，他是摩根士丹利請來為鉅額交易部提供技術支援的。摩根士丹利將班伯格調到股票交易部，安排一群交易員負責執行他的交易構想。班伯格的配對交易策略非常賺錢。[20]

兩年後，摩根士丹利將班伯格這個成功的團隊交給資深交易員塔塔利亞（Nunzio Tartaglia）管理（班伯格為此在非常不愉快的情況

下離開摩根士丹利）。塔塔利亞出生於紐約市布魯克林區，上過耶穌會神學院，是天體物理學博士。在塔塔利亞領導下，這個部門更名為自動化自營交易部（Automated Proprietary Trading, APT），利用早年的 SuperDot 電子交易系統直接連上紐約證交所，提高押注金額，賺得巨額利潤。APT 的秘密運作在華爾街成為傳奇，令它顯得更神秘。但它的最大成就可能是在 1986 年，當時它從哥倫比亞大學聘請了年輕的電腦科學教授大衛・蕭（David E. Shaw）。[21]

宅宅的復仇

大衛・蕭原本對金融既不認識也沒興趣，華爾街大型金融機構聘請他是意料之外的事。蕭承認，他到摩根士丹利工作「純屬偶然」。[22] 當年他致力尋找創投資本，希望創造一種新類型的大型平行超級電腦，但數家類似的新創企業正掙扎求存。蕭最後未能找到創投資本支持他，但一名獵頭業者注意到他，而該業者受摩根士丹利委託，正想找人去領導一個新的技術團隊。他們想找有人工智慧和高效能運算背景的人，而蕭正符合條件。

決定聘請蕭的人是摩根士丹利技術長庫克（William Cook）。當時庫克剛監督下屬建立了摩根士丹利電子化的交易分析和處理系統，該系統此後多年一直是業界的模範。庫克很清楚蕭這名年輕教授的才能。[23]

塔塔利亞的研究人員替他們的方法保密，但蕭拜訪該部門時，對他們的交易成就感到驚訝。多年前，蕭從他的繼父、加州大學洛杉磯分校金融學教授費弗（Irving Pfeffer）那裡得知效率市場假說。

他因此知道，摩根士丹利自營交易團隊在市場中發現了一種可靠和有利可圖的異常現象，意義重大。「他們向我展示他們持續賺到的高報酬，我知道他們顯然並非只是運氣好，而是掌握了某些重要的東西。」

我跟蕭談到當年的情況。他說：「他們向我發出聘書。當時我對金融幾乎完全無知，但我被強烈吸引了。我當時也抱著一點希望，心想加入他們之後，有天或許有機會創造專用的機器，支援摩根士丹利想做的那種計算。他們在 APT 部門做的事看來非常有意思，而他們提供的薪酬約為我當教授薪酬的六倍。在那之前，我從不曾想過在華爾街工作，但我最後答應了他們。」

蕭成為摩根士丹利自動化自營交易技術副總裁，負責 APT 部門的技術事務。但他最有興趣的是這個概念：量化和計算方法可以用來打敗大盤。APT 部門甚至找到了一種可以賺錢的交易策略，蕭覺得他們很厲害。但在他的想像中，換一種研究方式就可以比較有系統地尋找金融市場中未被發現的異常情況，也就是可以創造一種學術模型應用在華爾街。蕭開始構思自己的交易策略，可惜這導致他與塔塔利亞發生衝突，因為後者不希望技術人員介入交易事務。[24]蕭說：「我認清了一件事：我這麼做很難不冒犯別人。」1987 年 9 月，蕭決定離開摩根士丹利並自行創業。

1988 年，蕭創立自己的基金公司德劭（D.E. Shaw）。諷刺（或具預言意義）的是，德劭早期一間辦公室就在曼哈頓第 16 街共產主義小書店「革命書店」（Revolution Books）樓上。蕭親自挑選員工，尋找數學或物理科學背景很強的人才，而不是找金融專業人士。在此同時，蕭的表親（一名玩搖滾樂的知名律師）介紹蕭認識基金公

司 Paloma Partners 創始人蘇斯曼（Donald Sussman）。蘇斯曼成為德劭這家新公司的重要金主：Paloma 和另外數名投資人最初投入了 2,800 萬美元。[25] 蕭說：「蘇斯曼容許我們在開始買賣之前，花必要的時間做系統化的嚴謹研究。他是真的欣賞這種做法，並非只是容忍它。」

蕭認為對沖基金可以建立在學術研究機構的基礎上，這洞見對他的成就有演化意義上的重大價值。德劭一開始就賺錢。蕭回憶當年的情況：「有些顯而易見的數學技術很可能是多數人會先試用的，但它們似乎早就因為套利交易而變得沒有價值。但市場還是有不少利潤可以榨取。」

不久之後，德劭在有關市場異常情況的學術研究方面，顯然已經超越所有當代機構。德劭的研究成就去到這種程度：有外人前來推銷某種新交易策略時，他們往往可以猜到是什麼，而且只看該策略的模擬獲利，就能指出它的問題。「有些人想出某種策略，利用歷史數據做『紙上交易』，然後拿著結果來告訴我們：『我發現了這種神奇效應！』我們會這麼回應：『我們不想知道你採用了什麼系統，但如果你希望我們提供一些意見，你可以向我們展示逐月的模擬報酬。』看完逐月模擬結果之後，我們有時可以提供這種評論：『你的策略很可能是這種策略的某個版本，而這很可能是你使用的金融資料庫，你這個月、這個月和這個月的模擬獲利是這個資料庫的錯誤造成的，而你的整體報酬率虛高（artificially high），則是因為這種類型的存活者偏差（survivorship bias）。』」

你可能會想：一家私人公司無論其研究人員多有才華，真的能如此遙遙領先所有其他研究機構或個人嗎？但我們可以找到一個令

人信服的類似例子——不是來自生物學，而是來自密碼學這個領域。1970 年代初，IBM 公司一個團隊創造出資料加密標準（Data Encryption Standard, DES）演算法，用來保護敏感的政府資料。DES 演算法有個稱為「S 盒」（S-box）的神秘部分，許多人懷疑它是方便政府密碼譯者解讀加密資料的後門。1980 年代末，以色列數學家比漢（Eli Biham）和沙米爾（Adi Shamir）開發出差分密碼分析（differential cryptanalysis）這種破解加密系統的新方法。令他們驚訝的是，DES 演算法對差分密碼分析有特別強的抵抗力。神秘的 S 盒原來是特別設計來抵抗差分密碼分析的！ 1994 年，數學家古柏史密斯（Don Coppersmith）透露，當年他特地將 S 盒設計成可以有效抵抗差分密碼分析；IBM 和美國國家安全局數十年前就預料到這種攻擊方法。[26]

德劭付出可觀的成本，才取得這種壓倒性的領先優勢。蕭利用他的交易獲利支持進一步的研究，創造出一種良性循環。新策略以先前的研究發現為基礎，為下一輪的創新提供資金，而這種努力與現代的資訊技術發展幾乎同步。蕭解釋：「我們拿出交易獲利支付實驗費用。我們有能力做隨機化對照實驗，例如比較兩個模型或參數值，看看哪一個在實際交易中表現更好。分析實際交易結果，可以學到研究歷史資料學不到的東西。我們做很多交易，一輪交易下來累積的資料有助我們提高下一輪交易的報酬。」

蕭表示：「隨著我們持續發現新的異常情況，我們也受惠於一種次級效應：如果利用單一異常情況交易的獲利不足以彌補交易費用，這顯然不值得做。但是，我們發現若干異常情況之後，利用它們交易的總獲利可能就超過交易費用。因此，市場欠缺效率的某些情況

對多數交易者來說太輕微，但我們卻可以利用它們買賣賺錢，創造出一種市場進入障礙阻擋潛在競爭對手。」

蕭建立了一種組織機器，可以偵測和利用哪怕是最輕微的市場異常情況。但在這過程中，他注意到，市場動態不但會隨著時間的推移而改變，改變的方式還導致德劭必須為了交易獲利付出更大的努力。蕭回憶當年的情況：「假以時日，有利可圖的效應通常會消失。曾經產生顯著獲利的異常情況變得無利可圖，迫使你尋找其他人還沒發現、比較複雜的效應。市場效率永遠不是完美的，但市場無疑傾向變得愈來愈有效率。」以演化的概念而言，市場是在調整適應新情況。事實上，市場可能正是在調整適應德劭造成的新情況，雖然蕭謙虛地認為這不大可能：「假以時日，事物會演變。我不知道這在多大程度上是受我們影響。大致上我認為量化交易的挑戰性是逐年增加。」事實上，蕭激勵了許多有才能的電腦科學家、數學家和其他量化分析人才投入金融業，提高了這個競爭激烈的領域的技能水準。

在將對沖基金業改造成如今雇用成千上萬名工程師的「量化分析業」之後，蕭決定將他的天賦智能應用在另一個領域。2001 年，他將德劭對沖基金的日常管理工作交給同事，自己轉任德劭研究（D. E. Shaw Research）的首席科學家。德劭研究是蕭創立的獨立研究實驗室，希望在計算生物化學（computational biochemistry）這領域開發和應用新技術。蕭的研究團隊利用 3D 電腦模擬「觀察」蛋白質分子在細胞中發揮各種功能時，如何移動和改變形狀。

要在這個層面模擬哪怕只是數微秒（百萬分之一秒）的生物時間，向來都需要極大的計算能力。而蕭的團隊希望了解可能長達 1

毫秒（千分之一秒）的現象，這遠遠超出一般電腦系統的能力。這賦予蕭一個理由去實現他的長期夢想：創造一個完整的巨型平行電腦系統。這一次蕭自己夠有錢，不需要創投資本家或投資銀行提供資金。他的團隊設計和製造專用晶片，組裝出一套模擬蛋白質分子的專用機器，而它做這種模擬的速度是世上最快的通用超級電腦的200 倍左右。他們希望這種模擬有助開發新一代的救命藥物——我們將再第 12 章再談這題目。

量化派成為主流

站在適應性市場假說的角度，摩根士丹利早年的配對交易成就是最初的創新火花，引發一波適應輻射。隨著摩根士丹利 APT 部門的員工離職創業，這波適應輻射擴散出去，一如達爾文雀散佈整個加拉巴哥群島。大衛‧蕭的成就觸發一波更大規模的適應輻射：其他對沖基金試圖模仿他的方法，德劭一些員工也陸續離職另尋發展機會。演化競爭促使對沖基金業者到各大學尋覓優秀數學人才，而且目標並非僅限於金融系，還包括物理、數學和電腦科學等學系——「量化派」隨之崛起。這種新型對沖基金最大膽的實驗之一發生在康乃狄克州格林威治鎮，這家公司的名字就是長期資本管理（LTCM）。

LTCM 源自梅利韋勒（John Meriwether）的構想，他是所羅門兄弟本地固定收益套利部門前主管，而所羅門兄弟曾經是華爾街最大的投資銀行之一。根據梅利韋勒的構想，LTCM 將以極大的規模運作。如果對沖基金是生物，梅利韋勒所構想的 LTCM 應該是海底深

處的巨型濾食鯨，以世界各地債市非常小幅的波動作為利潤來源。
這些有如磷蝦的獲利機會很難發現，LTCM 因此需要世界級的數理
金融人才來尋找它們，而要利用這種機會獲利需要巨額資本。梅利
韋勒籌集了破（當時）紀錄的 10 億美元創立他的基金，但其策略必
要的一部分是利用極高的槓桿（借款高達資本的 20 至 30 倍）放大
可運用的資金。[27]

　　LTCM 1994 年開張，極受矚目。梅利韋勒不但招攬了他在所羅
門兄弟的核心班底，還請來金融學術界一些巨星，例如後來榮獲諾
貝爾獎的默頓（Robert C. Merton）和休斯（Myron Scholes）。這檔新
基金幾乎立即成功，儘管全球債市出現新的緊張情緒。LTCM 早期
的成就主要不是靠該公司的數學交易模型（其基本原理當時已廣為
人知），而是有賴兩方面的優勢：解讀這些模型的專門技術，以及取
得低成本資金把握交易機會的能力。[28] 這些關鍵的調整適應使 LTCM
持續非常賺錢，連爆發亞洲金融危機的 1997 年也不例外──雖然金
融危機震撼亞洲大陸，LTCM 這檔巨型基金看來還是可以保持良好
績效。

　　接下來發生的事，你很可能還記得。一如希克蘇魯伯隕石 6,600
萬年前撞擊墨西哥猶加敦半島，最終導致恐龍滅絕，1998 年發生的
單一滅絕事件比 1969 年消滅許多對沖基金的事件更嚴重，結果摧毀
了 LTCM。

　　1998 年 8 月 17 日，俄羅斯政府在不可靠的葉爾欽領導下，宣佈
暫停償債，俄羅斯國庫券隨即違約。此次違約促使全球資金湧向優
質資產：投資人大量拋售風險資產，轉投安全和高流動性的資產，
世界各地市場的信用利差因此擴大。不幸的是，LTCM 的分析師此

前正好預測這些信用利差將縮窄。1998 年 9 月，LTCM 面臨愈來愈棘手的一波波保證金追繳令。該公司的融資能力枯竭，其巨大的操作規模使它很難結清部位。到了 1998 年 9 月 21 日，LTCM 實際上已經拿不出錢來履行支付義務。[29]

與小型基金倒閉不同的是，LTCM 的巨大投資組合如何結清攸關全球金融體系的安危。這些槓桿極高的部位使 LTCM 在金融體系中具有關鍵地位，類似生物生態系統中的「基石物種」（keystone species）──基石物種與生態系統中其他物種的互動使它享有不成比例的重要地位，這種地位可能無法從該物種的個體數量或大小看出來。生物學家潘恩（Robert Paine）發現的一個典型例子是太平洋西北地區潮間帶的 Pisaster 紫色海星。[30] 這種海星相當小，使人很容易忽略了一個事實：牠們是其生態系統中的主要掠食者。潘恩將這種海星從某塊海灘移走之後，發現這塊海灘的生態根本改變了，生物多樣性顯著衰減──事實上，那塊海灘被藤壺和貽貝佔領了。

LTCM 在其金融生態系統中處境如何？其資產負債表上 1,250 億美元的部位有 80% 是美國、加拿大、法國、德國、義大利、日本和英國的政府公債──表面上極其安全，但一旦全球債市動盪便十分脆弱。表面看來，LTCM 的槓桿水準相對於其他大型金融機構並不離譜：危機開始時，LTCM 的資產負債表槓桿比率為 28 倍，低於高盛的 34 倍和美林的 30 倍。[31] 但是到了 1998 年 9 月 25 日，LTCM 的資產負債表槓桿比率已經升至 250 倍，而且正迅速升向無限大。[32] 資產負債表以外的項目使 LTCM 的問題更難解決：期貨合約超過 5,000 億美元，交換合約超過 7,500 億美元，選擇權和其他場外交易的衍生商品超過 1,500 億美元。LTCM 的部位在某些期貨市場所占的

比例顯著高於 10%。[33]

　　幸虧美國聯邦準備理事會迅速行動，LTCM 才得以避免以重創金融體系的方式破產。沒有監理機關想看到一次滅絕事件將全球金融體系變成海灘上遍佈藤壺的荒原。在聯準會的協助下，LTCM 的主要債權人組成財團，在事態失控之前重組了 LTCM 的資本。[34]

　　在金融界這次隕石撞擊事件中，受打擊的對沖基金並非只有 LTCM，但它無疑是最大的一家。俄羅斯債券違約的餘波衝擊非常專門的一種對沖基金（和交易部門），它們都奉行固定收益套利策略。固定收益套利基金 1998 年的損耗率高達 18%，是 2008 年金融危機之前的基準水準的兩倍有餘。站在演化的角度，LTCM 崩潰之所以突出，只是因為它規模特大。有趣的是，1998 年的事件並未顯著影響其他類型的對沖基金的損耗率。1998 年的事件並未造成大規模的金融滅絕，而是僅影響金融生態系統中的單一領域。在下一章，我們將看到另一個高度選擇性的對沖基金破產例子，但這一次它是整個金融世界將瀕臨滅絕的預兆。

　　LTCM 破產促使多數對沖基金檢視它們的風險模型。有些基金重新評估它們的整個投資方式。以思想的速度進行的演化容許思想交流。事實上，這種演化在開放的環境中最有活力。對沖基金策略師可以觀察這場超大型破產事件，得出自己的經驗教訓，又或者從各種相關報導或分析中了解情況。

　　對沖基金的策略適應能力使它面對預料之外的金融事件時得以保持強韌。有些基金能夠在金融困境發生的當下認清問題，作出適當的調整，利用必將來臨的反彈收復部分失土。正是因為 LTCM 破產敲響了警鐘，對沖基金如今對流動性問題比以前敏感得多。

另一方面，以思想的速度進行的演化可能造成另一種陷阱。化石記錄中有許多物種因為過度適應其環境，結果在環境改變之後滅絕了。記得渡渡鳥嗎？此外，達爾文在加拉巴哥群島發現那些細緻適應環境的雀鳥，但玻里尼西亞人早數百年就在夏威夷群島發現了類似的雀鳥「盛世」——牠們有艷麗的羽毛和不尋常的喙，每一種都非常適應其利基環境，與大陸上的演化隔絕了數百萬年。新入侵物種（包括人類）的競爭使這些雀鳥受到威脅，最後在演化意義上非常短的時間內滅絕了。

當前金融環境相似之處顯而易見。自從 2008 年的金融危機開始以來，對沖基金損耗率高達之前十年水準的兩倍，而對沖基金的誕生率則大幅降低。[35]2008 年之前，對沖基金經歷了一段驚人的快速成長期，但 2008 至 2010 年間，對沖基金無論奉行什麼策略都急劇萎縮，上演一場規模空前、曠日持久的大滅絕。

隨機漫步之演化

1986 年，麥金利和我在美國國家經濟研究局年會上被我們的評論人狠狠教訓了一頓；我們從那時的金融學術界談起，已經走了很長一段路。學術界為自己相信效率市場假說自我慶幸，實際參與市場運作的人（例如大衛・蕭、西蒙斯、索羅斯之類）則找到一些方法，利用市場的異常情況、行為偏誤以及效率市場假說否定但適應性市場假說預測的其他現象賺得豐厚的獲利。但在此過程中，他們提高了市場的效率，諷刺地導致抵觸效率市場假說的證據變得遠比以前難找。人類歷史上應該很少領域有這種暗中的競爭：外部「專

家」不時發表一些判斷，而這些判斷所根據的見解在無數輪創新之前，已經有人檢驗過並發現有顯著的不足。

一如達爾文的演化論，適應性市場假說是一種預測理論。受過數學訓練的經濟學家有時很難以演化論或生態學的觀念思考，但這種思考方式遲早將馴化（另一個生物學隱喻），成為經濟學家運用的另一項標準工具，一如分子生物學家現在那樣運用它。作為一種過渡手段，我們可以利用適當的生物學比喻思考市場現象。例如奉行類似策略的對沖基金追逐相同的利潤來源，或許就像愈來愈多的掠食者追逐相同的獵物。如果獵物逐漸減少並最終消失，掠食者將會怎樣？

市場動態演化當前的一個例子，是高頻交易（high-frequency trading）的興衰。[36] 這例子的演化邏輯很容易理解。投資人希望自己下單後交易盡快完成，以便在價格出現不利的變化之前，靠自己（真實或想像中）的洞見獲利。這要求經紀商持續參與市場以便迅速下單和完成交易。不久之前，這種功能由真人造市商（market-makers）和負責特定個股交易的專業經紀商負責。但在科技進步和監理框架改變的情況下，自動化交易程式在這方面打敗了專業經紀商——交易程式完成交易需要的時間起初以秒計，然後是以千分之一秒計，現在是以十億分之一秒計。

這些高頻交易商起初賺得厚利，因為真人專業經紀商相對之下顯得遲鈍和無效率。但是，高頻交易商最終還是必須面對主要是與其他高頻交易商競爭的局面。要在這種金融軍備競賽中勝出，高頻交易公司必須投資在更快、更貴的硬體上。但在此同時，這些公司在市場上努力搜尋還可以把握的任何獲利機會。在非常短的時間

內，高頻交易已面臨其自然演化極限。它意外地成為一個成熟產業，交易利潤率和整體盈利都不高。高頻交易業也變得高度適應環境，對監理環境的變化極其敏感——例如對托賓稅或交易稅，甚至是對物理環境和光速都敏感，因為一些高頻交易公司的優勢有賴它們與交易所伺服器的物理距離較短。

2016 年 8 月，一家新的證券交易所成立了，名為 IEX，代表「Investors Exchange」（投資人交易所），設有電子交易速度限制以防止高頻交易商參與；這是市場適應環境變化的又一個例子。當然，IEX 必須吸引到足夠的交易量才能持續經營下去。如果它做得到，其他交易所難免會損失一些生意，最終可能導致適應得較差的交易所倒閉。在此同時，市場傳聞另外數家交易所正開始發展它們自己的「無高頻交易區」。適應性市場假說認為高頻交易正面臨一種演化變革。

手機與喀拉拉漁民

高頻交易商面對的挑戰反映一個事實：科技在市場的演化中一直發揮關鍵作用。這種動態有個美好的低科技例子發生在喀拉拉漁民身上。喀拉拉位於印度西南海岸上，捕魚是當地的重要產業。小漁船白天出海，漁獲在喀拉拉北部海岸上的許多海邊市場出售。因為這些漁船和海邊市場都沒有冷藏設備，當天未能賣掉的漁獲很快就變得毫無價值。

1997 年，在喀拉拉沿岸引進手機通訊的前夕，哈佛大學經濟學家詹森（Robert Jensen）調查了這些海邊市場的沙丁魚價格。[37] 在手

機通訊這項純技術創新出現之前，喀拉拉一些漁船可以在某些海邊
市場賺得厚利，但運氣不好的漁船則必須倒掉漁獲，因為那些魚真
的連送都送不出去──雖然在不到十哩外的另一個市場，這些漁獲
可以迅速高價賣出。喀拉拉魚市場整體而言顯然欠缺效率。

　　但在喀拉拉引進手機通訊之後，魚市場迅速發生變化。因為基
地台設在海邊，漁民在離岸 20 至 25 公里的地方也可以使用手機。
以漁民的收入而言，手機的價格相當貴，但未至於漁民完全負擔不

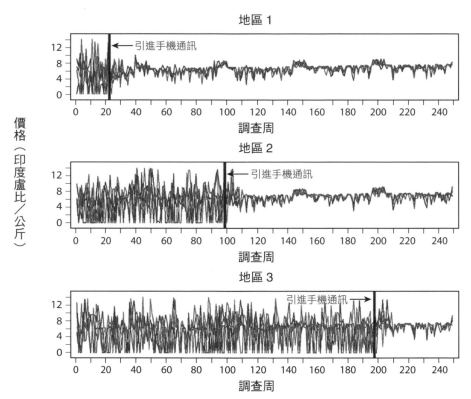

圖 7.1 喀拉拉漁民調查（Jensen 2007, figure IV）得出的三個地區在當地引進手機
通訊前後的海邊市場早上 7:30–8:00 的沙丁魚平均價格。所有價格以 2011 年的印度
盧比計算。

起。因此，喀拉拉漁民可以事先致電當地海邊市場，了解當天的需求情況，然後選擇到價格最高的市場出售漁獲；根據經濟學標準理論，價格最高的市場也就是需求最大和／或供應最少的市場。當地的沙丁魚價格迅速穩定下來，海邊市場的價格波動性降低，漁獲被迫廢棄的情況幾乎完全消失（見圖 7.1）。漁民的利潤平均增加 8%，而喀拉拉民眾負擔的價格則下跌 4%。因為環境中一項簡單的技術變革，喀拉拉魚市場的運作效率顯著提升了。此一變化出現在 1997 至 2001 年間，發生得非常快，而且如詹森周到地指出，受惠的並非僅限於有手機的漁民。沒有手機的漁民也受惠於市場效率提升，他們的利潤增加了 4%。喀拉拉漁民利用市場效率提升帶來的額外利潤，只需要三個月就能購買一支手機。

有關喀拉拉的例子，效率市場假說沒什麼可說的。如果你是效率市場假說的虔誠信徒，你或許會說每一個海邊市場的魚價反映當地引進手機通訊之前和之後的所有可得資訊，但你無法預測漁民利潤、漁獲分配和消費者利益的前後差異。適應性市場假說則提供一個預測市場效率進一步變化的框架。例如倘若手機通訊網可以擴大至印度洋上更遠的地方，又或者喀拉拉漁船可以裝設漁獲冷藏設備，市場將發生什麼變化？

對沖基金的歷史清楚顯示，技術是金融環境的一個關鍵要素。在瓊斯那年代，限制對沖基金發展的並非只是基金運作保密，還有技術問題。當年交易費用太高，交易速度太慢，以致對沖基金後來出現的許多策略在當年不可能成功。在硬體、軟體和電訊技術進步改變產業面貌之前，簡單如重新平衡投資組合也是非常費錢耗力的事。大衛・蕭最初是摩根士丹利「負責技術的人」，絕不是偶然的

事。

但是，任何超越人類能力的技術都可能產生意想不到的後果。現今的金融技術在管理大型投資組合、造福消費者方面可以提供巨大的規模經濟，但交易錯誤如今可以極快速地累積虧損，直到負責監督的人發現並糾正錯誤。提高速度意味著將出現更多故障、劇烈波動、失靈和詐欺。現代電腦功能產生的好處，或將迅速被莫非定律（可能出錯的必將出錯）的代價抵銷──而事情涉及電腦時，出錯的速度將快得多，損失也將嚴重得多。

金融業的這種技術軍備競賽不過是適應性市場假說提供的許多預測之一。下一章將談到另外幾項預測，包括一種新的投資範式，也將解釋舊範式如何出現，以及為何這種差異與 2008 年的金融危機有直接關係。

第 8 章

適應性市場假說的實踐

適應性市場假說告訴我們，承受風險不一定能得到補償──結果如何取決於環境。長期投資在股票上可能是好主意，也可能不是，一切取決於你在哪裡投資、投資多久，以及你的風險接受度如何。

傳統投資範式

一個理論必須在實踐中證明它的價值，否則也就只是一個理論。那麼，對投資和投資組合管理的前線人員來說，適應性市場假說有何**實踐**涵義？為了充分體會這個假說不同之處，我們必須從傳統投資範式的核心信念和原理說起（傳統投資範式正是源自效率市場假說）。抱持這些信念的並非只是金融學教授，還有投資經理人、經紀商和理財顧問。如果你曾接受專業投資顧問的服務，對方很可能向你介紹這些原理：

原理一：**風險與報酬的取捨**。所有金融投資的風險與報酬都有正相關關係。報酬較高的資產，風險也較高。

原理二：**阿爾法、貝他與資本資產定價模型**。一項投資的預期報酬率與其風險成線性關係（換句話說，投資風險與預期報酬率的關係畫在圖上應該是一條直線），受資本資產定價模型（CAPM）約束（稍後將再談這個模型）。

原理三：**投資組合優化與被動式投資**。投資組合經理人利用源自原理二和 CAPM 的統計估計值，可以建構只做多的多元化金融資產投資組合，以相當低的費用為投資人提供誘人的風險調整報酬率。

原理四：**資產配置**。選擇配置多大比例的資金在各大資產類別上，比挑選個別證券更重要。因此，資產配置決定就足以管控投資人的儲蓄風險。

原理五：**長期持有股票**。投資人應主要持有股票，並且長期持有。

原理一很易懂：要使投資人願意持有風險較高的資產，唯一的

辦法是賦予他們誘因，而誘因就是這些資產的預期報酬率較高。這正是為什麼美國國庫券的報酬率那麼低，以及投資在小型股和科技新創企業上可以有那麼高的預期報酬率。

原理二和原理三必須多費一些工夫解釋，因為它們涉及應用在投資管理實務上的幾項重大學術研究成果。原理二與我們如何測量原理一所講的風險與報酬的關係有關。報酬很明確，就是一項投資某段時間產生的平均報酬率。風險則比較微妙。金融風險的常用指標之一是虧損的可能性，例如倘若某檔債券的違約機率是 10%，我們會說它風險頗大。另一個常用指標是波動性，反映一項投資的報酬率波動區間——如果某檔股票這個月的報酬率是正 15%，下個月則是負 25%，我們會說它風險相當高。

但在 1964 年，金融經濟學家夏普（William F. Sharpe）發表了一篇傑出的論文，永遠改變了我們有關風險與報酬取捨的觀念。[1] 他注意到，一項投資的報酬波動可以分為不同的兩部分：完全由資產的獨特特徵造成的波動，以及由總體經濟因素如經濟成長率、失業率、通膨率和政治穩定性造成的波動。他稱前者為「特殊」（idiosyncratic）風險，後者為「系統」（systematic）風險（我們在第 6 章談二元選擇模型時使用了相同的名詞，絕不是偶然的事；我們很快將談到這一點）。然後他在邏輯上跳了一大步，得出這個結論：投資人承受系統風險才可以得到報酬，承受特殊風險則不會有報酬。

這當中的推理既簡單又意義深遠：根據定義，特殊風險是個別資產的獨特風險，而這意味著你若在一個投資組合中納入許多項資產，它們的特殊風險應該會互相抵銷。其原理與說明群眾智慧的典型豆瓶示範相同：許多人隨機猜測瓶子裡有多少顆豆子，只要猜測

的誤差互不相關，算出這些猜測的平均數可以縮減誤差，一如在地方市集上蒐集許多人對瓶子裡有多少顆豆子的猜測，計算出來的平均數將比較接近正確答案。在夏普的分析中，集合具有特殊風險的許多不同資產，整個組合的特殊風險將大幅降低，以致根本不必就這種風險補償投資人。如果使用金融術語，我們會這麼說：只有特殊風險的投資不會有風險溢酬（risk premium），而**風險溢酬**是指誘使投資人承受風險所需要的額外報酬。

但系統風險則完全不同。因為系統風險是共有的，持有許多不同的資產並不能消除這種風險。標準普爾500指數就是一個好例子，它是一個由500家美國大公司組成的投資組合。這是一個很大的資產組合，其個別成分是優質公司的股票，但沒有人會說這個投資組合並不涉及顯著的風險。事實上，標準普爾500指數的風險幾乎是純系統性的。而因為你增加資產的數目並不能顯著降低這個投資組合的風險，要說服投資人投資在這個資產組合上，只能靠提供誘因——也就是提供風險溢酬。

夏普研究出一個明確的系統風險指標，稱之為貝他（beta）——這就是上一章提到的瓊斯（Alfred Winslow Jones）風險指標的現代版本。夏普指出，資產的預期報酬率與其貝他成正比。資產的貝他如果是1，其系統風險與最廣泛的風險資產組合相同——夏普稱該組合為「市場投資組合」（market portfolio）。該資產的預期報酬率因此應該與市場投資組合相同。（方便起見，我們以具廣泛代表性的股市指數如標準普爾500指數模擬市場投資組合，全球投資人則可以用MSCI世界指數。）另一方面，貝他為0的資產沒有系統風險（這並不是說它毫無風險，因為它可能還有特殊風險），因此不應該為投資

人提供額外的報酬（也就是不應該有風險溢酬）。同樣道理，資產的貝他若是 2，則其系統風險雙倍於市場投資組合。根據 CAPM，該資產應該為投資人提供雙倍於市場投資組合的風險溢酬。

市場投資組合歷來的報酬率比美國國庫券報酬率高 8 個百分點左右，也就是說，歷來的市場風險溢酬約為 8 個百分點，但根據多數預測和金融專業人士的看法，市場風險溢酬未來很可能比較接近 6 個百分點。我們只要知道一項資產的貝他，夏普的理論就能明確算出該資產應有的預期報酬率，也就是貝他乘以 6 個百分點，再加上美國國庫券的報酬率。如果你的投資組合的風險是整個股市的 1.5 倍，則根據 CAPM，其報酬率應該約為 1.5×6=9 個百分點，再加上美國國庫券的報酬率。

我們可以毫不誇張地說，這種見解徹底改變了投資這個行業，而夏普也因此榮獲 1990 年的諾貝爾經濟學獎。CAPM 提供了一個我們可以用來衡量投資組合績效的標準，更重要的是提供了一個標準讓我們衡量專業投資經理人創造的價值。事實上，夏普和另一些人迅速意識到，計算投資組合經理人所創造的超過 CAPM 基準的額外報酬，是很有意義的事。他們將這種額外報酬稱為「阿爾法」（alpha）。阿爾法為正數意味著經理人替投資組合取得高於其 CAPM 基準的報酬率，應該得到祝賀（和獎勵）。另一方面，阿爾法為零或負數則意味著經理人未能替投資組合增值，應該炒掉他——與其將資金交給這種經理人，還不如投資在標準普爾 500 指數基金上就好。事實上，許多經濟學家和著名的投資專業人士認為平均而言，共同基金在扣除費用之後，阿爾法不是零就是負數；他們因此認為你應該總是將所有資金投資在低費用的指數基金上。

原理三是從 CAPM 合理推論出來的。藉由估算金融投資的阿爾法和貝他，我們應該可以建構被動和高度多元化的股票投資組合，以個股的市值為權重，達致不錯的合理報酬。(「不錯的合理報酬」是什麼意思？就是與投資組合的貝他一致的預期報酬率。) 阿爾法看來很罕見──你知道多少個像大衛・蕭那樣的經理人？要在這種經理人大獲成功並退休之前發現他們，很容易嗎？統計數據支持這種直覺。多數投資組合的阿爾法很小，統計上與零無法區分。因此，我們集中關注貝他就好。數學上而言，被動的投資組合只有貝他，沒有阿爾法。這些投資組合只做多，從不為了追求額外獲利而賣空。它們收取的費用比一般基金低得多，因為它們不必請人主動挑選投資標的；它們只是付錢請人執行夏普的投資理論，而這些理論是公開的資訊。

如果阿爾法很難取得，一般投資人很可能不值得費時費力去挑選個別標的。原理四指出，投資人應集中關注大局，也就是決定投入多少儲蓄在被動的股票投資組合上，投入多少在債券上。常見的 60/40 法則由此產生：60% 的資金投資在股票上，40% 投資在債券上。有一些理財捷思法是希望幫助你隨著自己愈來愈接近退休，逐漸降低投資風險，例如建議你投資在股票上的資金百分比是 100 減去你的年齡，餘者投資在債券上──也就是說，20 歲的人將配置 80% 的資金在股票上，65 歲的人則只投資 35% 在股票上。這種捷思法是希望幫助你調整資產配置以配合你的風險接受度和長期投資目標。

原理五進一步簡化你的資產配置決定，建議你長期持有股票就好。這原理是基於影響力極大的著作《長線獲利之道：散戶投資正

典》（*Stocks for the Long Run*），作者是賓州大學華頓商學院金融經濟學家席格爾（Jeremy Siegel）。[2] 該書 1994 年出版，最新版本為第五版，已成為投資管理業的「買進並持有聖經」。席格爾的論點不難概括：自美股開始有記錄的 1802 年以來，投資人在美國股市只要持有股票足夠長的時間，向來都可以得到非常誘人的報酬。只要我們長期持有股票，我們全都可以發財。

以上五個原理已成為投資管理業的基本原則，影響金融業提供的幾乎每一種產品和服務。多年來，它們無疑嘉惠了數以百萬計的投資人。但投資原理與物理定律不同，未必像重力定律那樣一直有效。事實上，這些原理最好是視為捷思法，僅約略反映一個複雜得多的系統。它們的效用和準確性取決於若干未言明的重要技術假設——夏普等人做這些假設，是為了推導出風險與平均報酬在經濟和統計上的關係。

這些重要假設是什麼？它們包括以下條件：資產報酬的統計特性並不隨著時間的推移而改變，也不會因為換了市場環境就改變；報酬與風險的統計關係是完全線性的，而且也不會隨著時間的推移或換了市場環境就改變；界定這種統計關係的特定數值可以利用歷史數據準確估算出來；投資人是理性的，行為有如經濟人；市場是有效率的，而且持續處於均衡狀態（也就是供給等於需求的狀態）。站在生態學的角度，這些假設是關於環境的不變特性（雖然環境可能會有波動，但其波動一直遵循相同的統計定律），以及市場參與者的理性特質。

這些假設每一條都可以在理論、實證和實驗基礎上加以質疑。例如股票報酬的統計特性怎麼可能一百多年都不變，現在與美國內

戰之前仍然一樣？此外，我們已經知道，經濟人概念並不切合實際。但真正有意義的問題不是這些假設是否真的正確（經濟學假設很少真的正確），而是這些假設的近似誤差是否小到實際上可以忽略。**適應性市場假說支持的新見解是：這些誤差以前相當小，但近年已經顯著擴大。**

大調和時期

事實上，在 1930 年代中至 2000 年代中這段金融市場和法規相對穩定的時期，這些假設可說是美國金融市場的合理近似描述。但適應性市場假說告訴我們，市場長期高效穩定運作不是必然的；這種狀態有賴整體環境保持穩定。如果環境因為重大變革（包括政治、經濟、社會、文化方面的轉變）而受到顯著的衝擊，市場將反映那些變化。以美國股市為例，市場環境過去二十年來已大幅改變，以致假定環境不變和市場參與者理性所導致的誤差已大幅擴大，而當中的原因是我們可以明確辨別的。這種問題已經來到不容忽視的重要關頭。

圖 8.1 簡單地說明了這種見解。該圖顯示美國股市從 1926 年 1 月至 2014 年 12 月的累計總報酬，以芝加哥大學證券價格研究中心（CRSP）資料庫中所有上市股票的市值加權平均數為指標。該圖採用對數刻度，因此無論哪一個時段，圖中相同的垂直距離代表相同的百分比報酬。

這個令人注目的圖顯示，美國股市從 1930 年代中到 2000 年代中是驚人穩定的投資報酬的來源，七十年間大致不間斷地產生穩定

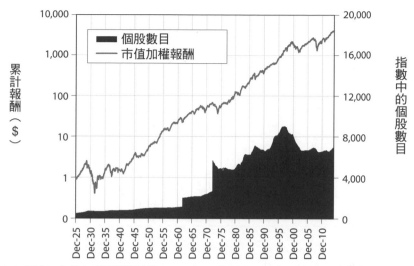

圖 8.1 CRSP 市值加權報酬指數 1926 年 1 月至 2014 年 12 月累計總報酬（半對數刻度）與指數中的個股數目（正常刻度）。資料來源：CRSP 和作者的計算。

的成長。我將這段時間稱為「大調和時期」（Great Modulation），因為期間金融市場異常穩定：例如你可以從圖 8.2 看到這段時期、之前和之後的市場波動性。[3] 大調和時期市場也有一些不小的起伏，但如果你是投資期為十至二十年的長期投資人，持有一個非常多元的美股投資組合，在這七十年期間無論是何時開始和結束投資，平均報酬和波動性都相若；這也是圖 8.1 中那七十年幾乎是一條直線的原因。看到這種累計報酬，你不難明白為什麼席格爾認為我們應該全都長期持有股票。

在大調和時期的穩定金融環境下，環境不變和市場參與者理性看來是合理的市場近似描述。傳統投資範式在這段時期出現並流行起來，因此不令人意外。這種範式是有效的。被動地買進並持有指數基金是有效的。資產配置的經驗法則（例如 60/40 法則）是有效

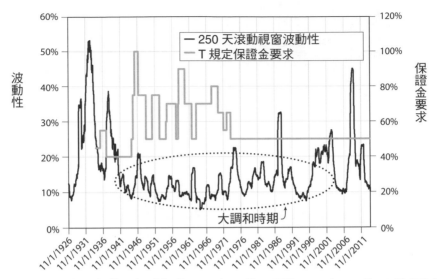

圖 8.2 CRSP 市值加權日報酬指數 1926 年 1 月 2 日至 2014 年 12 月 31 日 250 天滾動視窗（rolling-window）年化波動性，以及 T 規定（Regulation-T）保證金要求。資料來源：CRSP、Brennan and Lo (2012) 和作者的計算。

的。

　　但是，在近年的市場中，環境不變和參與者理性的假設還合理嗎？圖8.1中2000年之後累計報酬的統計特性與之前七十年相同嗎？現今投資人面對的迫切問題是：過去十五年是股市平穩上升趨勢的短暫動盪時期，還是新世界秩序來臨的預兆？愈來愈多證據顯示，答案是後者。

新世界秩序

　　每一代的投資人都認為自己面對非常特別的金融環境，挑戰和創新都是前所未見的。不過，確實有可靠的客觀理由支持這種看法：

過去十五年的環境真的與長達七十年的大調和時期不同。波動性就是一個明顯的指標。所有投資人都已經強烈意識到過去幾年的市場波動，原因不難理解。圖 8.2 顯示美股日報酬率（以市值加權的 CRSP 指數為指標）過去 250 天的年化波動性。我們選擇看 250 天（相當於約一年的數據），是為了測量短期波動性。圖 8.2 顯示，在 1929 年美股崩盤之後的一段時間裡，股市波動性極高，但在隨後數十年的大調和時期則平靜得多。

為什麼美股波動性在大調和時期顯著降低？部分原因在於法規。1934 年起，聯準會針對購買股票實施保證金要求。根據「T 規定」（Regulation T），投資人購買股票必須在經紀商帳戶裡存入一定數額的資金作為保證金。保證金要求起初設在 45%，也就是購買 1 元的股票必須至少存入 0.45 元的保證金。保證金要求隨後曾多次調整，最低曾降至 40%，最高曾達 100%（也就是不准使用槓桿），但從 1974 年起就一直固定在 50%（見圖 8.2 中的淺灰色線）。

自 1934 年引進保證金要求以來，當局曾 12 次提高保證金要求。這 12 次中有九次是股市 250 天波動性上升，而在這 12 次中，波動性平均上升 13.6%。保證金要求曾調降 10 次，當中有四次是波動性下降；在這 10 次中，波動性平均升 0.1%。遺憾的是，因為資料集太小，這些結果不具統計意義，但它們符合這種自然的直覺：保證金要求提高比較常發生在股市波動性上升時，而保證金要求降低則比較隨機發生。換句話說，從 1934 年引進保證金要求到 1974 年保證金要求固定下來，聯準會顯然是積極地嘗試調控股市的波動性。

那麼，大蕭條過去之後，美國股市哪一段時間最波動？答案是 2008 年第四季，也就是全球金融危機爆發、雷曼兄弟破產餘波盪漾

的那段時間。2008 年波動性飆升不是孤立的跡象。其他統計數據如
交易量、股票市值、交易執行速度，以及掛牌證券和投資人的數目
全都指向相似的結論：現在的股市比現代史上所有其他時期都更大、
更快、更多樣和更奇怪。我們確實正處於真正不尋常的金融時代。

　　這些形態很可能反映一個廣泛得多的趨勢：人口成長。還記得
第 5 章顯示西元前一萬年到現在世界人口估計數的那個圖嗎（圖
5.2）？地球上的人口一百年間就增加了三倍以上。如此巨大和迅速
的人口成長有金融和生態方面的涵義。這七十多億人絕大多數在出
生時沒有資產、收入、教育或永久居所；這些東西全都必須設法取
得。因此，他們一生中幾乎一定會有某種形式的儲蓄和投資活動，
即使可能只是簡單地存一些錢以備不時之需。這些活動必然要求金
融市場擴大運作規模，而參與市場的各方之間的互動也必然變得比
較複雜。

　　一百多年來，世界的面貌已大大改變。圖 8.3（見內文 164 頁彩
圖）的兩個圖利用瑞典人口學家羅斯林（Hans Rosling）傑出的
Gapminder 資料視覺化工具，很有力地說明了世界面貌的變化。這兩
個圖顯示世界各國 1900 年和 2013 年的健康與財富指標——縱軸顯
示平均預期壽命，橫軸是人均國內生產毛額（GDP）。每一個國家
都由一個圓點代表，圓點的大小與國家的人口規模成比例。在 1900
年，美國（圖 8.3a 右上區的大黃點）的情況令人羨慕，人均 GDP 和
預期壽命都是全球最高的國家之一，只有少數國家可與美國媲美。

　　但是，圖 8.3b 顯示了截然不同的情況。百餘年之後，美國已經
不再是全球僅有的經濟強權。美國那個黃點如今被許多相當大的競
爭者如日本（美國旁邊的大紅點）和歐洲（美國左方的許多橘點）

圍繞著。值得注意的是，全球人口最多的兩個國家——中國（最大的紅點）和印度（最大的淺藍點）——正迅速向美國那個角落靠攏。近二十年來，這兩個國家對全球貿易形態、勞動力供給、薪資和生產成本、匯率、創新和生產力產生了巨大的影響。而且影響全球局勢的並非只有它們兩個。這些極大的經濟轉變（最終反映人口成長和社會政治變化造成的實體資產供需變化）已經使全球金融資產價格的動態近年變得比較不穩定。大調和時期看來已經結束，我們正迎來一種新世界秩序。

風險、報酬與懲罰

　　這種新世界秩序最大的涵義之一，是本章一開始有關風險與報酬取捨的原理一可能不再有效。數十年來，風險較高的資產平均報酬也較高這概念獲得有力的實證支持（見表 8.1）。如果以報酬波動性評估風險（這是金融界最常用的方法），我們確實可以看到風險與報酬的正相關關係。小型股（市值較小的個股）的波動性達 32.0%，風險顯然高於波動性為 20.0% 的大型股。平均而言，小型股每年的報酬率比大型股高 2 個百分點。這 2 個百分點的溢酬顯然是市場對投資人承受較高風險的補償。至於風險較低的債券投資，平均報酬也顯著較低。風險最低的資產是美國國庫券，平均報酬僅為每年 3.4%——但這是名目報酬率，而經通膨調整之後，實質報酬率接近 0%。這裡的取捨大致上是風險較低，報酬也較低。理財顧問建議客戶長期持有股票，也是考慮到這些證據。只要投資的時間夠長，投資在股票上確實好過投資在債券或現金上。

表 8.1

股票和債券 1926 年 1 月至 2015 年 12 月的績效一覽

	大型股	小型股	長期 公司債	長期政府 公債	中期政府 公債	美國 國庫券
平均報酬率	10.0%	12.0%	6.0%	5.6%	5.2%	3.4%
波動性	20.0%	32.0%	8.4%	10.0%	5.7%	3.1%
累計報酬	$5,390	$26,433	$188	$132	$94	$21

註：平均報酬率是以幾何複合和年化方式計算；波動性是以月度報酬為基礎，以月度估計值乘以 $\sqrt{}$ 12 得出年化結果。

資料來源：Ibbotson (2016)。

　　但我們來仔細看這些數據。表 8.1 呈現的是長達九十年的風險報酬取捨。很少人投資時可以那麼奢侈地以九十年為投資期。如果我們以五年為投資期，風險報酬的取捨將如何？畢竟根據多數投資標準，五年不能說是短期投資。圖 8.4 顯示，如果以五年為期，風險報酬的取捨關係就不是那麼可靠了。該圖有兩條線，一條是股市報酬率的 1,250 天滾動平均值（1,250 天大致上就是五年的數據），[4] 另一條是同一時期的報酬波動性。這兩條線看來經常反向而動。在 1930 年代波動性相當高的時期，平均報酬率是相當大的負數；在 1940 和 1950 年代波動性下跌期間，平均報酬率顯著進步，介於 10% 至 20% 之間；1990 年代中至 2000 年代初波動性上升期間，平均報酬率再度下跌。這兩組數據的相關性為負 58%，根本不能支持風險與報酬正相關的看法。這兩條曲線看來只是告訴我們，投資人承擔風險有時會遭受懲罰。

　　這不是一種新現象。布萊克（Fischer Black）在 1970 年代初便率先記錄了這種情況，[5] 而他正是布萊克休斯／默頓選擇權定價模型的創造者之一。布萊克提出一種極其聰明的說法，解釋風險與報酬這

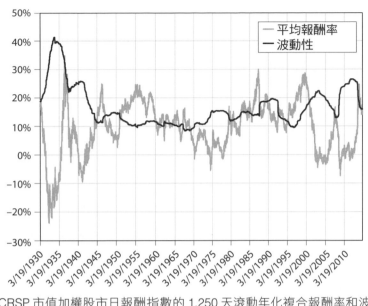

圖 8.4 CRSP 市值加權股市日報酬指數的 1,250 天滾動年化複合報酬率和波動性，1926 年 1 月 2 日至 2014 年 12 月 31 日（第一段 1,250 天終於 1930 年 3 月 19 日）。

種看似反向的關係，聲稱這是「槓桿效應」（leverage effect）造成的。股價下跌對投資人造成負報酬，導致較高的波動性，因為資本結構中有負債的公司現在的槓桿變得更高了。

　　在最近這場金融危機之前的美國房市衰退中，房貸戶正是受同一種效應衝擊。假設你買一間 20 萬美元的房子，頭期款為 20%，也就是 4 萬美元，而你取得房貸支付餘下的 16 萬美元。如果在你完成交易的第二天，這間房子的市價跌了 10%，也就是跌了 2 萬美元，你的槓桿就上升了——你還是欠 16 萬美元的房貸，而你在這間房子中的淨值從原本的 4 萬美元變成了 2 萬。這意味著即使房價保持相同的波動程度，你餘下 2 萬美元資本的報酬率也將遠比以前波動。

　　這種解釋看來非常合理，但有一個問題：這種所謂的槓桿效應

在那些沒有負債的公司中甚至更強烈。[6] 槓桿不可能是唯一的原因。

適應性市場假說提供另一種解釋：股市波動性驟升導致相當一部分投資人經由戰或逃（fight-or-flight）反應，迅速減持股票；這種反應在金融脈絡中常稱為「嚇壞了」（freaking out）。這種恐慌拋售使股價承受下跌壓力，而受追捧的低風險資產則有價格上漲的壓力。因為投資人被嚇壞而造成的價格變化，導致風險與報酬通常正相關的關係短暫失常。這種情緒反應平息之後，群眾的智慧便取代暴民之瘋狂，風險與報酬也就恢復正常的正相關關係。

在這方面，我們可以說市場具有一種躁鬱特性：市場多數時候看來很正常，但有時情緒變得很壞，即使是最無害的消息也可能導致股價急跌。如果我們計算市場 88 年的平均表現，這些間歇發生的跌勢可能不會有很大的影響，但問題是投資人不會賺得 88 年的平均報酬率。長期平均表現可能遮掩了金融世界的許多重要特徵，尤其是如果這個長期真的很長，涵蓋了根本不同的金融機構、法規、政治與文化習俗和投資人群體。一條河的平均深度或許只有五呎，但這不代表一名身高六呎但不會游泳的健行者可以安全地渡過這條河。

日本股市便是一個警世例子，提醒我們長期平均表現不能完整反映市場的情況。圖 8.5 顯示日經 225 股價指數 1949 年 5 月 16 日至 2016 年 1 月 18 日的水準，像圖 8.1 那樣採用對數刻度。從 1940 年代末到 1989 年底市場觸頂，日本股市也經歷了一段非常穩定的上升期。但過去 25 年間，日股是處於緩慢但穩定的下跌期。從日經 225 指數 1989 年 12 月 29 日觸頂到 2016 年 1 月 18 日，四分之一個世紀期間，日股投資人的平均報酬率為每年負 3.2%。如圖 8.5 中的黑條顯示，這也是日股顯著波動的一段時期。要解釋日本「失落數十年」

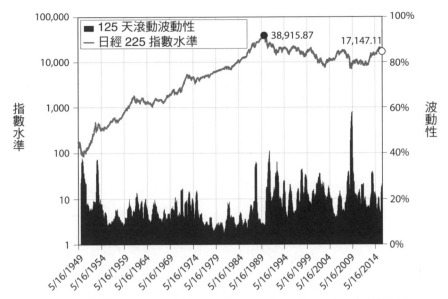

圖 8.5 日經 225 指數，1949 年 5 月 16 日至 2016 年 1 月 18 日，半對數刻度。

背後的基本環境原因（包括經濟以外的許多因素），需要一整本書的篇幅。但對投資人來說，教訓很清楚：風險與報酬的正相關關係有時會失效。如金融分析師薛林（A. Gary Shilling）所言：「市場可以保持不理性很久：你我可能破產了很久，市場都還沒恢復理性。」

適應性市場假說告訴我們，承受風險不一定能得到補償──結果如何取決於環境。長期投資在股票上可能是好主意，也可能不是，一切取決於你在哪裡投資、投資多久，以及你的風險接受度如何。凱因斯的名言指出：「長期而言，大家都死了。」一名對沖基金經理人補上重要的一句：「請確保短期內的事不會殺死你。」

投資民主化

　　被動式投資認為你無法打敗大盤，應該投資在指數基金上。這概念如今已是傳統投資範式非常重要的一部分，以致我們現在不容易體會到指數基金曾是多麼革命性的事物。但現在指數看來幾乎與個股一樣多。指數這概念從何而來？目前正往何處去？適應性市場假說也可以解釋被動式投資和指數化的性質演變。

　　一如許多金融創新，被動式投資的源起也可以追溯至學術研究，而這一次有兩個不同的研究題目。我們已講了其中一個，也就是 CAPM，由夏普（和 John Lintner、Jan Mossin 和 Jack Treynor 同時）研究出來。另一個當然就是效率市場假說。根據 CAPM，投資人只需要持有所有個股按市值比例組成的一籃子資產，就已經建立了一個有效率的投資組合──換句話說，這是模擬整個股市的投資組合（原理三）。效率市場假說則告訴我們，主動式投資在扣除交易費用和其他支出之後，平均而言不能打敗被動式投資。

　　指數基金業雖然是源自學術研究播下的種子，但多數人奉約翰・伯格（John Bogle）為指數基金業的先驅，認為是他播下那些種子，以及在 1976 年創造出該產業的第一項成果：先鋒指數信託（Vanguard Index Trust）。但這只是第一檔指數共同基金。伯格慷慨地將他的事業根源歸功於其他人：

> 這些基本概念可以追溯到幾年前。1969–1971 年間，富國銀行（Wells Fargo）根據學術模型，研究出促成指數投資的原理和方法。麥克廓（John A. McQuown）和福斯（William L.

Fouse）領導這個計畫，結果富國銀行為新秀麗公司
（Samsonite）的退休基金建立了一個 600 萬美元的指數投資
帳戶。其策略是基於一個等權重（equal-weighted）指數，
由紐約證交所掛牌的個股組成，而其執行工作據說是「一
場惡夢」。富國銀行 1976 年放棄該策略，代之以基於標準
普爾 500 綜合股價指數的市值加權策略。新策略首先應用
在富國銀行替自己和伊利諾貝爾（Illinois Bell）管理的退休
基金投資上。[7]

　　伯格在這段文字中提到兩個重點：最初的指數投資帳戶是採用
等權重方式，而其執行工作是「一場惡夢」。這兩個重點互有關係。
新秀麗那個投資組合涉及紐約證交所掛牌的 100 檔個股，等權重意
味著每一檔個股必須投入相同的金額。但投入後隨著股價波動，各
檔個股的權重不會保持相同──相對於股價下跌的個股，股價上漲
的個股在投資組合中的權重將上升。這個投資組合因此必須不時調
整以恢復相同的權重──在這個例子中是每個月調整一次。每個月
替這個 100 檔個股的投資組合算出恢復等權重的必要交易、執行和
確認這些交易，以及完成相關文書工作，就是伯格所講的惡夢。別
忘了 1970 年代初還沒有個人電腦、電子交易或電子郵件，而當時的
試算表還是那種劃了格線的紙，每一行的數字都必須手寫上去。
　　這種操作困難的解決方法，是以市值加權取代等權重方式。市
值加權方式最初會複雜一些，因為每檔個股獲分配的資金比重不
同，但按個股市值比例投資的好處在於投資組合不需要調整（除非
是基準指數新增或剔除某些個股，在這種情況下投資組合將必須小

幅調整）。投資組合一旦以市值加權方式建立，隨後就一直保持市值加權，因為各檔個股的權重將隨著股價波動自動地適當調整：個股價格上升，市值也上升，而它在投資組合中的權重將自動反映這種變化。

這項看似微細的變化大大簡化了投資組合管理工作，而且也大大減少了經理人必須做的交易。市值加權投資組合真的是「買進後就一直持有」。在當年，股票交易的費用遠比現在高昂。事實上，新秀麗投資帳戶是在美股交易固定佣金的年代建立的，當時標準的券商佣金是 2% 或更高（監理機關在 1975 年 5 月 1 日結束了固定佣金年代，稍後我們將談到這件事）。藉由競爭的作用，投資組合管理費用降低最終導致投資人承擔的費用也降低，而低費用已成為指數基金業的一個標誌──這在頗大程度上要歸功於伯格。

伯格提出他替代效率市場假說的理論，稱之為「費用很要緊假說」（Cost Matters Hypothesis），而我衷心支持該理論。假以時日，共同基金的費用可以嚴重損害投資人的財富。在許多例子中，基金的費用完全吃掉了投資組合經理人創造的阿爾法（如果有的話）。藉由利用市值加權指數、盡可能減少交易和降低費用，伯格的先鋒集團（Vanguard Group）為數以百萬計的投資人創造了一場平靜的革命。

市值加權如今是金融業的標準做法，幾乎所有指數都採用這種方式，而這些指數對應的共同指數、指數股票型基金（ETF）和追蹤這些指數的其他投資工具也都採用。事實上，被動式投資已經成為市值加權的同義詞。但是，從等權重過渡至市值加權是經由試誤完成的，並不是因為新金融產品市場的效率特別高。指數基金業面

世並擴充至數兆美元的規模，是一個由競爭、創新和天擇驅動的演化過程。這是適應性市場假說的一個實例。

新類型的指數基金

從先鋒指數信託開始，指數共同基金的發展成就促成金融創新的一波演化爆發。三檔股市指數期貨 1982 年面世，分別以紐約證交所綜合指數、標準普爾 500 指數和價值線（Value Line）指數為基礎。各資產類別的指數，以及追蹤這些指數的指數基金也陸續面世：1986 年是第一檔服務散戶的債券指數基金，1990 年是第一檔國際股市指數基金，1993 年是第一檔 ETF。ETF 與指數共同基金一樣緊密追蹤某個指數，不同之處在於 ETF 可以在股市開盤期間於交易所買賣。

如果說金融界上一個世代見識到「一切皆有市場」，我們目前則是見識到「一切皆有指數」──還有以這些指數為基礎的基金和衍生商品。現代技術環境使這波金融創新得以發生，但若非投資大眾認為指數有用，這些創新就不可能出現。為什麼指數基金那麼吸引投資人？

適應性市場假說告訴我們，金融形式應順從金融功能──這是演化論支持的一個原則。指數的定義理論上應取決於其用途，但金融業預設的指數就只是固定的一組證券，而每一檔證券的權重取決於它們的市值。如果我們採用默頓（Robert C. Merton）的功能觀點，探究指數的功能以便更好地了解它們的形式，那將如何？[9]

我們可以看到，現代的指數至少有兩種不同的功能。第一種主

要是資訊功能。指數是反映整體投資表現的簡便工具，不受個別證券的極端表現主導，可以突顯驅動市場的總體經濟因素。這是指數在 1880 年代的原始功能，至今仍是媒體廣泛報導指數表現的原因。第二種是對投資人比較實用的功能：指數可以作為衡量主動式投資經理人表現的標準，以及在主動式經理人表現不濟時，作為一種可投資的標的。這意味著指數必須有對應的可投資的指數基金，而基金的績效必須非常接近指數的表現。

因為指數的形式應順從指數的功能，我們可以倒推出指數必須具備的三項基本特性。首先，指數必須是透明的，也就是有關指數每一方面的資訊都必須是公開的，可以由有興趣的第三方加以驗證。第二，指數必須是可投資的，也就是投資人必須可以在短時間內投入大量資金到一個投資組合中，並獲得與指數相同的報酬率。最後，指數必須是有系統的，也就是基金的建構必須是基於規則，有如一個好配方，並不取決於任何自由裁量或人為判斷。任何投資人都應該可以根據「配方」建立反映指數表現的投資組合（僅受技術因素限制）。

這種概括陳述看起來或許很簡單，但我們來談談它的一些涵義。首先，一些常見的指數如美國聯邦住宅金融管理局房價指數，以及多數的對沖基金指數，不符合上述標準。這些指數不是以高流動性的投資工具為基礎，它們因此不是可投資的指數。但它們仍提供重要的資訊，雖然它們所測量的並非可以直接投資。此外，它們可以作為其他可投資的金融證券的基礎，例如不動產投資信託和另類貝他基金。但是，因為投資人不可以直接投資在某個投資組合上並獲得與這些指數相同的報酬，它們不是符合前述標準的指數。

　　但多數的傳統指數符合我們的新定義。任何由高流動性的證券以市值加權方式構成的投資組合，都符合我們的新定義。我們且將這種投資組合稱為「靜態指數」（static indexes），因為它們暗指一種買進後一直持有的靜態投資組合和被動式投資。

　　但「靜態」也暗示了有「動態」（dynamic）的可能。我們的指數新定義完全不排斥並非以市值加權方式構成的投資組合；投資組合中個別資產的權重，可以根據其他捷思法，有系統地調整。自動化交易技術、電訊技術和其他金融技術創新造就的新環境，使我們有能力建構這些新投資工具。它們可能不符合傳統的「被動」定義，但只要符合我們的三個條件，仍然可以達到相同的目的。為免混淆，我們將稱它們為「動態指數」（dynamic indexes）。

聰明貝他 vs. 蠢西格瑪

　　愈來愈多動態指數不受人為干預地有系統運用特定的投資策略。例如在 2008 年，股票分析師派泰爾（Pankaj Patel）和我創造了一個動態指數，替一個股票基金執行一種「130/30」策略：利用槓桿投資 130% 在多頭部位上和 30% 在空頭部位上。[10] 連一些隱密的對沖基金策略如併購套利（根據公開宣佈的企業併購消息押注），如今也經由動態指數提供給一般投資人。

　　支持這些動態指數的理論相當簡單，自然源自原始 CAPM 模型的變奏，利用市場投資組合以外的因素估算和投資在線性的風險報酬關係上。基本面指數（個股權重取決於盈餘報酬率和股價淨值比之類的公司特徵）和低波動指數（權重之選擇以盡可能降低投資組

合的變異數為目的）是最近流行的例子，它們全都試圖捕捉市場中隱祕的溢酬。但它們是有系統的：投資組合之建構和調整有明確和公開的規則，不涉及人為干預。這是與思想同速的演化的一個典型例子。

在這個指數化的美麗新世界中，幾乎所有看似可行的投資策略都可以分解為多個部分如投資風格、權重和其他條件，然後為投資大眾重新組合。金融業目前以「聰明貝他」（smart betas）之名推銷這些策略，而貝他當然是 CAPM 的貝他。「聰明貝他」這名稱說明了一切：貝他一如整個市場，但比其他策略聰明。在我的前博士生哈桑霍德齊克（Jasmina Hasanhodzic）和我研究出來的對沖基金貝他複製程序中，這種趨勢達致其合理的結論：如果某種對沖基金策略產生的報酬含有可以複製的共同因素，也就是可以利用高流動性的期貨合約、完全不需要主動的管理就可以辨識、量化和複製，為什麼不利用這些因素作為建構指數的基礎呢？[11]

對投資人來說，關鍵的問題是：反映特定策略的指數能否提供可持續和足夠誘人的風險溢酬？若可以，是在什麼情況下？換句話說，關鍵問題是：指數提供的報酬是否足以補償其風險？如許多投資人已經發現，「聰明貝他」帶來好處之餘，有時也附送「蠢西格瑪」（dumb sigma），也就是帶給投資人一些沒有報酬的風險。

適應性市場假說正是在這裡對投資人產生直接的意義。效率市場假說暗示，沒有投資人有能力創造持續高於 CAPM（或類似的風險報酬關係）理論水準的報酬率（傳統投資範式原理三）。若有超出這種關係的可持續風險溢酬，應該會被追求獲利的投資人藉由套利交易「吃掉」。但適應性市場假說暗示，考慮到市場的金融環境和人

口史，投資人或許可以在一段時間內把握可持續的風險溢酬。[12] 問題當然在於如何找到它。

針對這問題，適應性市場假說提醒我們，要更關注市場動態而非任何固定的最終或均衡狀態。例如假設有一群新的不理性投資人進入市場，他們的交易行為導致某證券的價格偏離其合理水準。市場紀律通常會懲罰這些投資人，導致他們有系統地虧損，直到他們離開市場或改變策略。但是，如果新的不理性投資人持續進入市場，則可能出現比較持久的行為溢酬（behavioral premium），這種溢酬在罕見的情況下甚至可能變得可持續。借用巴納姆（P. T. Barnum）的話：「每分鐘都有新投資人誕生。」（譯註：巴納姆的原話是「每分鐘都有蠢貨誕生」。）旨在利用異常情況獲利的動態指數可以利用這種行為作為額外報酬的來源，把握這種行為溢酬。

報酬的持續性對投資人很重要，但歸根究底，問題的核心是預期報酬的來源。我是應該向我的投資組合經理人支付對沖基金那種收費，還是可以藉由低收費的被動式指數基金獲得相同的投資報酬？換句話說，問題是要阿爾法（很難取得、費用高昂，而且容量受限）還是貝他？適應性市場假說提供的答案是：假以時日，競爭將導致阿爾法「大宗商品化」，以致報酬僅足以補償投資人因為相關活動承受的風險。換句話說，阿爾法最終將徹底消失，又或者變成貝他（比較不受限、容易取得，而且費用便宜）。追尋阿爾法因此是一項持續的挑戰，並非靜止的。本章稍後再談隨機漫步論時，將提供一個阿爾法興衰的例子。

適應性市場假說容得下比較彈性的阿爾法和貝他觀念，傳統投資範式則視它們有如兩種不同的固定自然狀態。這導致一種特別不

幸的意外後果：主動式策略積極控管風險，被動式策略則完全不控管風險。指數基金經理人如今最關心的是忠實複製指數的報酬，即使指數帶著投資人坐上令人害怕的雲霄飛車也是這樣。比較悲觀的人可能認為這是因為不幸的人希望有人作伴：如果所有指數基金都出現幅度相若的虧損，應該不會有任何指數基金經理人受到懲罰。

但投資人就通常沒那麼幸運。2008 年 10 月 24 日，金融危機發生之際，芝加哥選擇權交易所（CBOE）的 VIX 指數顯示，標準普爾 500 指數的波動性觸及 89.53 的空前水準。這數字意味著什麼？在年化波動性高達 89% 的情況下，根據某些合理的假設，[13] 投資人面對負數報酬的機率為 59%，損失 25% 或更多的機率為 43%。被動投資人投資在標準普爾 500 指數上，結果面對他們肯定不想承受的極大風險。

另一個風險指標，也是對沖基金業常用的一個，是最大跌幅（maximum drawdown），也就是一檔基金的資產淨值在其歷史上（或某段時期）曾出現的最大百分比跌幅。最大跌幅反映最壞的情況，也就是投資人如果剛好買在最高點並賣在最低點，他將承受的損失。在 2007 年 1 月 1 日至 2015 年 12 月 31 日期間，標準普爾 500 指數的最大跌幅是 56.8%，發生在 2007 年 10 月 9 日至 2009 年 3 月 9 日這段時間。沒有投資人可以輕鬆接受 56.8% 的損失，並不經常檢視投資組合的投資人尤其如此。而投資人不會因為其他人也承受類似幅度的損失就覺得很安慰。

被動式投資只能被動接受風險，不可能享有主動控管風險的好處嗎？答案是否定的。專業投資組合管理工作最沉悶的其中一件事，是監控投資組合的即時表現，決定何時對迅速惡化的市場情況

作出反應。但是，這種監控基本上可以自動化：只需要預設規則，然後在出現重大情況時，利用文字訊息、智慧型手機通知或社群媒體提醒投資人，由投資人決定如何應變。對那些致力複製指數報酬的被動式策略來說，這尤其簡單。利用既有的技術，藉由演算法交易、金融衍生商品、交易所設計、電訊和後端基礎設施，我們可以輕鬆地將主動的風險控管與被動式投資結合起來。拜這些新技術所賜，我們可以打破被動式投資只能採用被動風險控管方式的局面。

解散阿爾法貝他西格瑪兄弟會

以下舉一個打破這種局面的具體例子。假設有一檔動態指數基金，它沒有阿爾法，但它是一個多元化股票投資組合，有人主動控管風險以維持某目標水準的波動性。這似乎很複雜，但其實就像設定汽車定速控制系統那麼簡單。如果指數某天的波動性估計值超過預設的門檻，這檔基金就會把部分資產轉為現金。另一方面，如果波動性跌至預設門檻下方，基金將投資逾 100% 在指數上——也就是說，基金將利用槓桿擴大投資規模。就是這樣。

那個波動性門檻就是你的目標速度。如果你將定速控制系統的目標速度設為時速 100 公里，車子下坡時速超過 100 公里時，定速系統將自動踩煞車。同樣地，如果指數的波動性超過了預設門檻，基金將把部分資產換成現金，有如針對波動性踩煞車。車子上坡時速跌至 100 公里下方時，定速系統將自動踩油門；如果指數的波動性跌破預設門檻，基金將利用槓桿擴大投資在指數上。一如定速系統自動踩煞車或踩油門以維持固定的速度，動態的波動性控管策略

可以為投資人提供一個自動調整以維持較穩定風險水準的投資組合。

　　這種波動性控管演算法實際上如何運作？[14] 圖 8.6 比較 1925 至 2014 年間原始指數與波動性受控管指數的波動性。我將目標波動性設在 16.9%，而這也是這個樣本在這整段時間的波動性。至於演算法，我以 21 天的滾動視窗計算短期波動性（一個月通常有 21 個交易日），並以 125 天（六個月）的滾動視窗估算較長期的波動性，作為比較。圖 8.6 證實，以短期波動性為標準動態地調整投資組合，可以創造出一個穩定得多的報酬率時間序列。設定波動性目標的演算法增強了基金的穩定性，至少理論上是這樣。

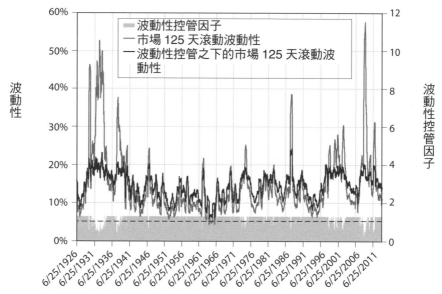

圖 8.6 CRSP 市值加權指數 1926 年 6 月 25 日至 2014 年 12 月 31 日期間日報酬率的 125 天滾動年化報酬率估計值：原始指數與採用波動性動態控管的結果（後者以 16.9% 為目標波動性，並以 21 天的滾動年化波動性作為判斷是否需要調整投資組合的標準）。資料來源：Lo (2016)。

　　這種穩定性確實是有代價的。每天檢視投資組合、必要時調整投資規模需要採用主動的風險控管方式。定速控制系統有時必須踩煞車，有時必須踩油門。這檔基金因應短期波動性的變化調整投資組合的曝險，辦法可以是買賣指數的成份股，但更可能是利用期貨或遠期合約，動態地調整投資組合的曝險。圖 8.6 下方的灰色條形顯示調整的幅度 κt，水平直虛線代表調整因子 1。κt 多數時候處於 1.3 的上限水準。這意味著美國股市的短期波動性多數時候低於目標波動性 16.9% 除以 1.3（碰巧是 13%），而我們的基金投資了 130% 在市場上。但 κt 也偶爾跌至虛線下方，意味著美股的短期波動性已超過 16.9% 的目標水準，投資組合有一部分因此被換成了現金。

　　這個演算法主動地控管基金的風險，反映了典型的投資人若有時間和資源主動控管風險，可能會想採用的做法。這個基金在風險變得太高時降低市場曝險，風險回到正常水準時則恢復正常的曝險。拜現行技術所賜，這個基金可以更有系統地做這件事，而且比絕大多數活躍的交易者更頻繁地調整曝險。

　　但這種更頻繁的調整涉及多大的費用？我們的模擬假設持有現金可賺取一個月期美國國庫券的報酬，而所有的投資組合調整涉及交易額 0.05% 的交易費用（也就是 5 個基點）。以現代市場的標準衡量，我們估計的費用屬於較高的水準。以標準普爾 500 指數而言，利用芝加哥商業交易所（CME）的 E-Mini 標準普爾 500 指數期貨合約執行動態指數策略，交易費用顯著低於 5 個基點。[15] 我們計算日報酬率時，已經扣除了交易費用。

　　表 8.2 顯示，投資人若持續投資在這個波動性受控管的基金上，可以得到很大的獎勵：1926 年投入 1 美元，到 2014 年就變成了

11,141 美元，遠高於不控管風險的指數產生的 4,162 美元。更重要的是，大災難的嚴重性減輕了。在控管風險的情況下，這 89 年期間的最大跌幅是 72%，雖然相當大，但顯著低於不控管風險指數的最大跌幅 84%。

我們也可以比較兩個指數出現低機率事件的可能性。這問題有點技術性，但有個被稱為峰態（kurtosis）的指標測量相對於「常態」統計分佈，低機率事件發生的頻率。本書第 1 章提過，常態（或高斯）分佈因為其形狀而被稱為鐘形曲線。因為一些與隨機漫步假說有關的複雜原因，常態分佈是自然中最常見的統計分佈。但是，金融投資報酬率往往並不呈現常態分佈。常態分佈的超額峰態係數（excess kurtosis）是 0。表 8.2 顯示，原始指數的超額峰態係數是 16.87。若採用這領域的術語，我們會說原始指數的分佈有顯著的「厚尾」（fat tail）。也就是說，發生低機率事件的可能性顯著較大。相對之下，風險受控管指數的超額峰態係數只有 4.85，明顯比較接近標準的鐘形曲線。

如果你是經驗豐富的投資人，你可能知道市場上已經有一種可以控管波動性的金融產品，那就是投資組合保險（portfolio insurance）。這種產品已有頗久的歷史，毀譽參半，因為最早的版本不是很成功；不過，它已經演化出一種有效得多的形式：標準普爾 500 指數的賣權。持有這種賣權的人，可以在接下來 60 天內隨時以約定的水準（例如 2,000 點）賣出標準普爾 500 指數。如果指數目前在 2,175 點，則這個賣權保證該指數在接下來 60 天內至少有 2,000 點的價值。指數當前水準與這個保證價值的差距，可視為這種保險的「自負額」；賣權持有人在賣權有效期內可能承受的最大損失為

表 8.2

波動性動態控管策略應用在 CRSP 市值加權指數日報酬率上的結果，1926 年 1 月 25 日至 2014 年 12 月 31 日以及期間若干時段

	原始市場報酬	波動性控管下的報酬	波動性控管因子統計資料	
1926 至 2014 年				
平均值	9.26%	10.41%	平均值	1.14
標準差	16.86%	14.94%	標準差	0.26
夏普比率	0.36	0.48	最小值	0.17
偏度	-0.12	-0.54	中位數	1.30
超額峰態係數	16.87	4.85	最大值	1.30
最大跌幅	-84%	-72%		
累計報酬	$4,162	$11,141		
1926 至 1935 年				
平均值	3.5%	5.0%	平均值	0.92
標準差	26.8%	17.2%	標準差	0.36
夏普比率	0.06	0.18	最小值	0.17
偏度	0.44	0.15	中位數	0.96
超額峰態係數	9.64	3.14	最大值	1.30
最大跌幅	84%	72%		
累計報酬	$1.51	$1.77		
2005 至 2014 年				
平均值	7.7%	9.2%	平均值	1.07
標準差	20.4%	15.7%	標準差	0.30
夏普比率	0.31	0.50	最小值	0.20
偏度	0.18	0.44	中位數	1.26
超額峰態係數	10.09	1.37	最大值	1.30
最大跌幅	55%	38%		
累計報酬	$2.11	$2.42		
2010 至 2014 年				
平均值	14.1%	14.5%	平均值	1.13
標準差	16.2%	15.7%	標準差	0.25
夏普比率	0.87	0.92	最小值	0.34
偏度	-0.40	-0.51	中位數	1.30

	原始市場報酬	波動性控管下的報酬	波動性控管因子統計資料	
超額峰態係數	4.53	1.80	最大值	1.30
最大跌幅	-21%	-21%		
累計報酬	$1.94	$1.98		
2012 至 2014 年				
平均值	18.5%	20.3%	平均值	1.24
標準差	11.8%	14.5%	標準差	0.11
夏普比率	1.57	1.39	最小值	0.81
偏度	0.26	0.32	中位數	1.30
超額峰態係數	1.09	1.17	最大值	1.30
最大跌幅	10%	13%		
累計報酬	$1.67	$1.74		
2014 年				
平均值	10.5%	9.4%	平均值	1.25
標準差	11.3%	14.1%	標準差	0.10
夏普比率	0.93	0.66	最小值	0.91
偏度	0.45	0.57	中位數	1.30
超額峰態係數	1.19	1.39	最大值	1.30
最大跌幅	8%	10%		
累計報酬	$1.11	$1.09		

註：此處的波動性動態控管策略以 16.9% 為目標波動性，槓桿上限為 1.3（或 30%），以 21 天的滾動年化波動性為判斷標準。
資料來源：Lo (2016)

175 點。

　　控管波動性的動態策略絕不是一種保險。但波動性目標控管（像汽車定速控制系統那樣運作）有時被誤以為是一種投資組合保險，因為賣權的報酬可以利用一種與波動性目標控管約略相似的動態交易策略複製出來。金融經濟學家布萊克與帕洛（André Perold）便指出，被稱為「德爾他避險」（delta-hedging）的動態策略涉及買賣一個無風險債券投資組合和標準普爾 500 指數，在指數下跌時降

低股票曝險和提高債券曝險，指數上升時則反向而行。[16] 但在波動性目標控管中，股票曝險是因應短期波動性上升而降低，並非取決於市場方向。

這一點為何重要？如布萊克本人 1976 年發現，[17] 股價與波動性呈負相關關係——這意味著波動性較高的時段通常也是股票報酬率較低的時段，正如圖 8.4 顯示。因此，如果一種策略是因應波動性上升而降低市場曝險、因應波動性下跌而提高市場曝險，它通常能提升投資績效。如果布萊克發現的股價與波動性關係是持久的，波動性控管策略有望真的提升整體投資績效，因為這種策略會在波動性超過目標水準時持有不少現金。投資組合保險則不能直接受惠於這種效應，因為其股票曝險是與股市的方向而非股市波動性成反向關係，而股市每天的方向是相當隨機的。

圖 8.7 比較原始指數與波動性受控管指數的累計報酬，可以確認波動性目標控管對投資績效的作用。在那 89 年期間，波動性受控管指數的累計報酬是原始指數的數倍。控管風險的投資組合在波動性偏高時降低股票曝險，因此在股票風險溢酬低於平均水準時持有較多現金，並在股票風險溢酬高於平均水準時持有較多股票，利用了布萊克逾四十年前指出的股價與波動性的反向關係。

投資組合保險與波動性目標控管有表面和巧合的相似之處，但波動性控管的目的比較簡單，就是希望維持比較穩定的波動性以免觸發投資人的恐慌拋售。上面這個例子說明了將主動的風險控管與主動式投資管理分開的好處。考慮到現今的交易技術、演算法策略和許多不同的高流動性指數期貨合約，主動的風險控管與主動式投資管理不必綁在一起。

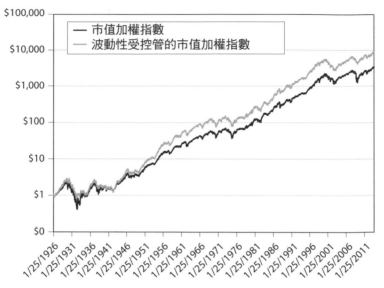

圖 8.7 CRSP 市值加權指數 1926 年 1 月 25 日至 2014 年 12 月 31 日的累計報酬（對數刻度），灰色線為採用波動性動態控管策略的結果，黑色線為原始指數的表現。波動性動態控管策略以 16.9% 為目標波動性，槓桿上限為 1.3（或 30%），以 21 天的滾動年化波動性為判斷標準。

這種簡單的波動性目標控管策略可用許多方式改善和客製化，以配合每一名投資人的獨特情況，尤其是因為如今市場上有許多強大的交易和投資組合優化工具可以利用。這為大量的新金融產品和服務打開了大門，發展潛力僅受限於投資組合經理人和財務顧問的想像力。

再論隨機漫步假說

適應性市場假說對指數基金、波動性控管和風險報酬取捨的適應涵義都有不錯的見解，但它對人們似乎最關心的「我可以打敗大

盤嗎？」有何看法？如果答案是你確實可以打敗大盤，你可以一再做到，而且是在操作巨額資金的情況下做到嗎？針對這些問題，我的答案分兩部分。

答案的第一部分取決於「你」是誰。如果你是大衛・蕭、西蒙斯或索羅斯，則第 7 章已經告訴我們，答案是肯定的。這些人可以打敗大盤，也確實做到了，而且是大勝。

但這是有條件的。（總是這樣，對吧？）即使是這些技藝頂尖的對沖基金經理人，也沒有一種永遠有效的完美策略。為了在必須操作愈來愈多資本的情況下維持獲利能力，他們必須開發出新策略，因為隨著模仿者採用類似的做法，舊策略將逐漸喪失價值。換句話說，他們必須調整適應新環境。市場之所以有效率，正是有賴這種適應過程（競爭、創新、探索、利用和滅絕）。

事實上，複雜和動態的交易策略生態也可以視為一種演化過程。在上一章，大衛・蕭講述德劭基金公司的成長時，承認了這一點。任何人只要曾嘗試靠買賣金融證券賺錢，都必然已經感受到這個結論的真實性。例如第 2 章提到的傳奇交易員倪德厚夫在他 1997 年的自傳《投機客養成教育》中，就有一章以「市場生態」為標題。在這一章中，他勾勒出金融生態系統中的物種大類型，包括草食者（交易商）、肉食者（大投機客），以及分解者（場內交易員和破產投資人〔bankruptcy investors〕）。[18] 倪德厚夫和他的老朋友暨生意夥伴、哈佛經濟學家澤克豪澤（Richard Zeckhauser）在 1983 年一場演講中闡述了這些見解，那是在美國經濟學會年會發表的演講，題為「金融市場的參與者有多理性？」[19] 澤克豪澤認為倪德厚夫的交易成就主要歸功於他認識到市場是會演變和適應新情況的。著名

投資人雷布威茲（Martin L. Leibowitz）則是在 2005 年標題巧妙的文章〈阿爾法獵人與貝他草食者〉（Alpha Hunters and Beta Grazers）中，利用生態學隱喻解釋主動式與被動式投資的差別。[20]

　　一些學者已嘗試替這些動態正式建立模型。[21] 其中一人是法默（J. Doyne Farmer），他是傑出的物理學家、數學家、生物學家、對沖基金經理人，曾與我合寫文章，事跡記載於若干新聞報導和至少兩本書中。[22] 本書第 1 章提到，曾有個非常聰明的人能夠根據輪盤珠子過去的表現預測它將落在什麼位置，這個人就是法默。他還是一名性急的物理學家時，研究出一個演算法，可以根據輪盤的轉動和其他物理特性，預測輪盤的結果。他將這個演算法程式寫進一個微晶片並藏在他的鞋子裡，靠它在一家拉斯維加斯賭場賺了一筆錢。法默是「混沌理論」和「複雜系統」這兩個新數學領域的創始人之一，他將自己可觀的才能應用在很多方面。他先介紹我認識理論生物學中與經濟學特別有關係的幾個模型，1999 年和我合作發表一篇論文，勾勒出將演化論觀點應用在效率市場假說上的可能。[23] 他後來發表了很多文章，將物理和生物學見解應用在金融上。

　　在學術事業之外，法默與物理學家派克（Norman Packard）合創了一檔成功的量化型對沖基金，名為「預測公司」（Prediction Company）。該基金利用多種演算法交易策略，在世界各地的股市賺錢。法默根據自己的經驗，2002 年發表了一篇迷人的文章，題為〈市場力量、生態與演化〉（Market Force, Ecology, and Evolution），提出了金融市場與生物生態之間的精確類比。他的理論建基於格羅斯曼和史迪格里茲的洞見：如果市場有完美的效率，人們將沒有從事金融交易的動機，市場因此永遠不可能具有完美的效率。市場欠缺

效率的情況支撐專門交易策略的豐富生態。每一種策略都影響價格，進而影響其他策略的獲利能力。法默說明了如何畫出對應的「市場食物網」，以及生態學的關鍵概念可以如何應用在金融市場。

生態學最著名的研究結果之一是羅特卡弗爾特拉（Lotka-Volterra）方程式。這些方程式解釋了為何物種族群的規模未必會穩定下來並保持不變，而是可能像第 1 章的豬價週期那樣，自發地波動不定。法默證明同樣的情況可能發生在金融市場：投資在某一類交易策略上的資金未必會穩定下來，可能自發地持續波動，而市場欠缺效率的程度也可能不時改變。在這個模型中，即使是機靈的統計學家，也往往需要超過十年的時間才能利用市場欠缺效率的某種情況；因此，市場效率提升的速度可能相當慢，市場效率永遠不可能達到完美境界。[24] 這些結果支持若干經濟學家的類似結論，他們證明了天擇並不保證市場能理性或高效地運作，甚至長期而言也是這樣。

適應性市場假說以這些見解為基礎，並循新方向提出看法。與效率市場假說不同的是，適應性市場假說暗示市場效率不是有或沒有的問題，而是有多少的問題。市場效率有多高，取決於兩種市場參與者的相對比例：一種利用他們的前額葉皮質做投資決定，另一種比較仰賴他們的本能，例如戰或逃反應。換句話說，市場效率有多高是應該測量的，一如冷氣機或熱水器的能源效率是應該測量的。

市場效率有多高，與市場參與者適應市場環境的程度直接相關。歷史較短的新市場，效率很可能不如已存在了數十年的市場。但即使是歷史悠久的市場，如果環境改變或市場參與者顯著改變，也可能出現欠缺效率的情況。事實上，許多證券交易所的例行工作

包括測量和管理市場效率，這是它們持續改善市場素質的部分工作。

　　我們回頭看傳統投資範式未言明的假設：市場環境不變，而市場參與者是理性的。這些假設不應該以對或錯的觀念去看，而是應視為對現實的近似描述或「防真陳述」（factoids），其正確性隨著市場環境和投資人族群的演變而起伏。

　　麥金利和我證明了隨機漫步假說並不適用於 1962 至 1985 年期間的美國股市。但在這段時間以外，該假說成立嗎？它是一直錯誤，還是會因為市場環境的變化而有時正確？

　　根據隨機漫步假說，今天的股票投資報酬與明天的股票投資報酬在統計上應該沒有關係。我們可以利用自相關係數（autocorrelation coefficient）ρ 檢驗這項預測。ρ 這個統計數值介於負 1 與正 1 之間，因此通常以百分比的形式呈現。ρ 如果是正 100%，你可以根據今天的報酬率，利用一條直線準確預測明天的報酬率。ρ 如果是負 100%，則今天與明天的報酬率成完美的反向直線關係。ρ 的數值若為 0%，則今天與明天的報酬率完全沒有可辨識的關係——這正是隨機漫步假說所暗示的情況。

　　圖 8.8 顯示了隨機漫步假說的長期表現。該圖利用 1926 年 1 月 1 日至 2014 年 12 月 31 日的美股日報酬率數據，採用 750 天滾動視窗（反映約三年的表現），畫出由美國所有個股構成的市值加權和等權重指數的 ρ。結果顯示長期而言，美國股市的可預測性有顯著的起伏，並非像效率市場假說暗示的那樣，隨著時間的推移持續下跌。1930 年代是美股可預測性很低的時期，ρ 保持在不具統計意義的數值區間內（由 0% 上下兩條虛線構成的區間）；因此，隨機漫步假說當時是對事實的合理近似描述。但從 1940 年代起，ρ 開始升破

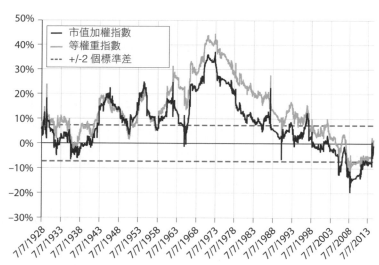

圖 8.8 CRSP 市值加權和等權重指數的 750 天滾動一階自相關係數，1928 年 7 月 7 日至 2014 年 12 月 31 日。虛線代表距離 0 兩個標準差。

那個區間，變得具有統計意義；ρ 的數值在 1970 年代中期觸頂，隨後持續下跌，回到不具統計意義的區間內，直到最近這場金融危機。ρ 在危機之後繼續下跌，而且跌至具統計意義的負數水準。這意味著股市的方向傾向每天改變：如果今天出現正報酬，明天很可能是負報酬。市場動態已經改變了。

　　這將近一百年的自相關係數形態，可用什麼因素解釋？在效率市場假說的框架下，我們甚至無法適當地提出這問題。但適應性市場假說立即暗示是環境因素造成的，是因為金融市場環境改變了。技術是重要因素。電腦、電子交易、電訊、作為一種商品提供的金融資料庫，以及交易商、造市商和投資人之間的競爭增加，製造出一場技術上的「軍備競賽」。這很可能是自相關係數在 1970 年代中期觸頂後下跌的部分原因——自相關關係產生的獲利機會，因為套

利交易而逐漸減少。不過，監理方面的變化對市場生態也有重大影響。為什麼自相關係數是在 1970 年代中期觸頂，不是早一些或晚一些？

可能是因為 1975 年 5 月 1 日這天，美國金融體系出現了巨變：監理當局從這一天起，廢除美國股市的固定佣金制度。此事發生四十週年時，《華爾街日報》專欄作家茲威格（Jason Zweig）解釋了它的意義：「除了一些不重要的例外情況，此前 183 年間，無論是買賣 100 股、1,000 股還是 100,000 股，每一股必須付的佣金都一樣，而經紀商慣常地賺取 2% 或更高的佣金。1975 年 5 月 1 日之後，經紀商的日子再也沒那麼愜意了……這一天粉碎了華爾街券商的壟斷勢力，催生了折扣券商這個產業，促進了獨立研究，促成投資世界民主化。」[25]

在這一天之前，券商若向客戶提供佣金折扣，往往會被驅出交易所。藉由降低交易費用、提高交易量和市場參與（進而提升交易者的資料蒐集能力），廢除固定佣金制度大大促進了群眾的智慧。這大有可能是美股自相關係數在1970年代中期之後下跌的最重要原因。

新投資範式

適應性市場假說目前仍處於其「幼兒期」。不過，本章的幾個例子已經顯示，該假說的實踐涵義與現行主流理論非常不同。事實上，它正開創一種新投資範式。以下從適應性市場假說的角度，重新檢視傳統投資範式的五條原理：

原理一：**風險與報酬的取捨**。在正常的市場條件下，所有金融

投資的風險與報酬都有正相關關係。但是，如果投資人是以面對極大財務威脅的人為主，他們可能一致行動而且行事不理性；果真如此，投資人承擔風險將受到懲罰。這種時期可能持續數個月，極端情況下可能持續數十年。

原理二：**阿爾法、貝他與 CAPM**。CAPM 和相關的線性因素模型對投資組合管理有用，但它們仰賴若干關鍵的經濟和統計假設，而在某些市場環境下，這些假設作為現實的近似描述可能是不可靠的。了解環境和市場參與者的族群動態，可能比任何單一因素模型更重要。

原理三：**投資組合優化與被動式投資**。環境不變和市場參與者理性的假設必須是對現實的可靠近似描述，投資組合優化工具才有用。因為技術進步，被動式投資的概念正在改變；風險控管應更受重視，連被動的指數基金也是這樣。

原理四：**資產配置**。資產類別之間的界線正變得模糊，因為一些總體因素和新金融機構使以前互不相關的資產類別產生聯繫、互相影響。如今藉由資產配置控管風險已不如大調和時期那麼有效。

原理五：**長期持有股票**。非常長期而言，股票確實可以提供誘人的報酬，但極少投資人可以等那麼久。如果看比較現實的投資年期，虧損的風險顯著較高，投資人因此必須比較積極地控管風險。

以上這些經修正的投資原理，每一條都可以寫一本書，大家因此應繼續留意。隨著我們研究適應和擇選對金融體系的許多不同涵義，未來多年我們將看到學術界和產業界發表更多研究報告。

2007 年 8 月的量化崩盤

稍早我答應大家，將針對「你可以打敗大盤嗎？」這問題，分兩部分提供答案。比較詳細的第二部分答案涉及一個警世故事，發生在 2007 年夏天短短數週之內。事實上，這件事還真像推理故事。

神秘的事始於 2007 年 8 月 7 日星期二。這一天我接到以前一名學生的電話，他在一家對沖基金工作（我不會公開該公司的名字）。他問我最近是否有聽到對沖基金業或整個金融市場發生了什麼不尋常的事，而他的語氣似乎有點故作冷靜。我說沒有，然後問他為什麼問我這問題。他說市場上發生了一些奇怪的事，而他公司奉行的那種對沖基金策略輸了錢。我的回應是：「那又怎樣？你是對沖基金經理人，偶爾虧損很正常。」但他反駁：「不，不，你不明白，我們今天輸了很多錢。」我問他：「很多錢是多少錢？」他抱歉地說他不能透露，然後找個藉口說自己要去開會，匆匆掛了電話。

我沒怎麼多想這通電話，直到第二天。8 月 8 日星期三這天，我又接到另外兩名在不同對沖基金工作的前學生的電話。他們一開頭說的幾乎完全一樣：「你是否有聽到其他對沖基金發生了什麼不尋常的事……？」講完第三通電話之後，我意識到華爾街出大事了，而且是學術理論或對沖基金實務料想不到的事。

我知道這三名校友所服務的對沖基金是奉行「統計套利」（statistical arbitrage，英文簡稱為 statarb）這一類策略。這種策略運用非常複雜的量化演算法和電腦化交易平台，針對數以百計的個股建立多頭和空頭部位。摩根士丹利和德劭 1980 年代使用的正是這種類型的策略（見第 7 章）。這三通電話未免太巧合了。三名對沖基金業

內人士打電話找他們以前的金融學教授，問他業界發生了什麼事；由此看來，他們一定是非常迫切地想了解情況！

財經媒體界後來將 2007 年 8 月發生的事稱為「量化崩盤」（Quant Meltdown）。某種未知的金融現象令某一類對沖基金出現空前嚴重的虧損，這些基金因為太適應它們原本所處的環境，面對這波意外的衝擊根本不知所措。但這些對沖基金並未對外說明情況。它們保秘的文化使得外界幾乎不可能查明真相，而因為對沖基金基本上不受規管（如今仍是這樣），沒有政府部門可以強迫它們揭露事態。

一如大地震之前的小震動，這場量化崩盤是即將發生的金融危機的一個前兆，雖然當時很少人意識到這一點。對多數人來說，這些警示訊號是太少也太晚了。我當時的博士生康達尼（Amir Khandani）和我花了兩年時間研究，做了數百小時的電腦模擬，才提出我們對 2007 年 8 月事件的推測。

鑑識金融學

經濟歷史學家若想重建某次股市崩盤的過程，可以利用各種第一手資料，但因為對沖基金的運作不公開，我們沒有這種資料可用。在一些產業，創新發明可以靠專利制度保護（發明者公開全部細節，換取法律賦予的 20 年專利），但對沖基金業是靠保守商業機密保護其智慧財產。這當然不是對沖基金獨有的情況，例如可口可樂的汽水配方和肯德基的 11 種香料配方都是商業機密。但一如所有出色的推理故事，量化崩盤留下的間接線索或許足以讓我們推測出

事情真相。

推測的起點是這個事實：並非所有對沖基金都在那個月受到相同程度的影響。那時找我的其中一名校友表示，他在 2007 年 8 月的經歷有如踰越節《聖經》故事的金融版（在踰越節故事中，死亡天使擊殺埃及所有家庭的長子，但放過了當地的以色列人家庭）。對統計套利和其他量化型股票對沖基金來說，2007 年 8 月第二週極度可怕，但其他類型的對沖基金安全度過這個月，幾乎沒注意到發生了大事。

康達尼當時剛完成一份暑期實習工作，回到麻省理工後正在尋找論文題目。我建議他和我模擬一個簡單的量化型股票交易策略，藉此推測量化崩盤期間發生的事。[26] 投資界常用的一種方法，是藉由「回溯測試」或「紙上交易」評估一種交易策略，也就是根據這種策略理論上會執行的交易，利用以往實際出現的價格計算出這些交易的盈虧。例如若有某個迷信的朋友告訴你，13 號星期五千萬不可以買股票，你覺得如何？評估這個建議的方法之一，是找出以往所有的 13 號星期五，算出標準普爾 500 指數週五至第二週週一的變化幅度，然後計算該指數在所有其他星期五至第二週週一的表現，比較兩者的平均值。如果你的朋友是對的，則前者的表現應該顯著不如後者，否則你的朋友可能是看太多恐怖片了。

康達尼和我因此決定設計典型的量化型股票對沖基金可能會用的一種交易策略，然後計算其報酬率，而要設計這種策略真的不算難。20 年前，麥金利和我設計了一個陽春的量化型股票交易策略，藉此解釋我們為何否定隨機漫步假說。[27] 那是個簡單的策略：在任何一個交易日，買進報酬率低於平均水準的個股，然後賣空報酬率

高於平均水準的個股，做多和做空的金額相同，而報酬率平均水準是以某個市場基準如標準普爾 500 指數為準。此外，這些部位的權重取決於個股報酬率偏離基準指數的幅度，偏離越多權重越高。這比第 7 章提到的對沖基金例子複雜一些；在那個例子中，我們買進杏仁電腦，同時賣空藍莓裝置，這種做法就是「配對策略」。自從摩根士丹利在 1980 年代初引進配對策略以來，這種策略已經演化出數以百計的統計套利版本——每一次的演變都產生更精細的策略，一如新物種擴散佔據空置的生態棲位（ecological niches）。

這種策略通常是基於均值回歸（mean reversion）的概念，也就是認為上漲的最終必然跌下來，反之亦然。如果股價回歸均值，則以往的「輸家」應將上漲，以往的「贏家」應將下跌。因此，買進輸家和賣出贏家，最終應該可以賺錢。

這原理似乎很簡單，但實際執行起來很快就會變得複雜，因為設計和應用這種策略涉及很多選擇。例如你的策略應該納入多少檔個股？目前紐約證交所、美國證交所和納斯達克市場有超過六千檔股票掛牌，而如果也考慮美國以外的證交所，則個股還有很多。判斷贏家和輸家要看多久的表現？一週？一個月？還是 37 個交易日？還有，你應該持有多久才重新計算權重、平衡投資組合？你越頻繁調整投資組合，越有可能把握個股價格失常的機會，在股價回歸均值時賺到錢，但交易費用（經紀佣金、交易所費用、做空的成本之類）將吃掉你的部分獲利。但你也可能必須持有相關個股一段時間，像巴菲特那樣，直到市場充分認識到那些公司的價值。

設計一個量化型股票交易策略涉及數十個決定，只要每個決定涉及幾個選擇，可以選擇的獨特設定就有如天上繁星那麼多。例如

若某個量化策略涉及 20 個不同的決定，每一個決定有三個選擇，則這個策略就有 3,486,784,401 個不同的版本可以選擇。我們該如何選擇？這正是華爾街雇用那麼多量化分析師的原因；創造和管理量化策略，解決這些策略出現的問題，可以成為專業量化分析團隊的全職工作，而我在麻省理工教過一些學生正是從事這種工作。

康達尼和我為我們的陽春型統計套利策略選了一個特別簡單的設定：針對最大的 1,500 檔美股（標準普爾 1500 指數），根據上個交易日的報酬率，每天買進輸家和賣出贏家（贏家和輸家是以上個交易日這 1,500 檔個股的平均報酬率為判斷標準），而且每天平衡投資組合一次。我們模擬這個策略 2007 年 8 月的表現，結果使我們感到震驚。表 8.3 顯示這個策略從 2007 年 7 月 30 日星期一到 8 月 17 日星期五的日報酬率。8 月第二週的表現非常突出。

第一個星期的模擬結果平平無奇，日報酬率介於 1.22% 至 1.77% 之間。事實上，根據這個策略的統計特性，任何一天的報酬率低於 4.00% 的機率約為四十分之一（也就是大概每四十天發生一次），而第一週的報酬率遠未超出這個範圍。但在 8 月 7 日星期二，這個四十分之一機率的事件發生了：我們的策略損失了 4.64%。不過，8 月 8 日星期三出現了更嚴重的虧損，報酬率為 11.33%，而根據這個策略的設計，這是幾乎不可能發生的事。8 月 9 日星期四更離奇，出現了虧損 11.43% 的結果。這個策略連續三天的表現令人震驚不已，情況有如投資之神決定懲罰因為之前十年獲利豐厚而表現傲慢的量化派。短短三天的時間，這個簡單的模擬策略就導致投資組合損失 25% 的價值。康達尼和我終於明白我那幾名以前的學生說「我們輸了很多錢！」是什麼意思。

表 8.3

Khandani and Lo (2007) 均值回歸策略 2007 年 7 月 30 日至 8 月 17 日每日報酬率模擬結果

	日期	報酬率
星期一	2007 年 7 月 30 日	1.77%
星期二	2007 年 7 月 31 日	1.46%
星期三	2007 年 8 月 1 日	0.43%
星期四	2007 年 8 月 2 日	1.22%
星期五	2007 年 8 月 3 日	−0.10%
星期一	2007 年 8 月 6 日	2.01%
星期二	2007 年 8 月 7 日	4.64%
星期三	2007 年 8 月 8 日	11.33%
星期四	2007 年 8 月 9 日	11.43%
星期五	2007 年 8 月 10 日	23.67%
星期一	2007 年 8 月 13 日	3.05%
星期二	2007 年 8 月 14 日	0.33%
星期三	2007 年 8 月 15 日	1.53%
星期四	2007 年 8 月 16 日	3.24%
星期五	2007 年 8 月 17 日	1.53%

資料來源：Khandani and Lo (2007)

　　事件曝光後不久，當時高盛公司財務長維尼亞（David Viniar）接受媒體訪問時表示：「我們看到 25 個標準差的波動，而且是連續幾天都看到……若干其他量化領域也有一些狀況，但跟我們上週看到的沒得比。」[28]（「25 個標準差的波動」是統計術語，旨在強調事件極其罕見；數學上而言，這種事應該是 1.3×10^{135} 年才發生一次——這比我們目前估計的宇宙年齡 137 億年還長得多。）[29]

　　考慮到這些不可思議的事和離奇的機率，加上當時沒人知道為什麼會出現這種虧損，奉行統計套利策略的經理人多數做了負責任的經理人唯一可以做的事。他們結清部位，降低曝險。他們賣出做

多的股票，回補空頭部位，將剩下的資本換成現金，結束這趟雲霄飛車地獄旅程。

但模擬結果顯示，我們的策略在 8 月 10 日星期五這一天奇蹟式反彈，產生 +23.67% 的單日報酬！這有如對那些剛認輸的經理人落井下石。在 8 月 9 日離開雲霄飛車顯然恰恰是錯誤的：此舉只是令許多統計套利經理人錯過了收復失土的機會，鎖定了他們 8 月的虧損。這場量化崩盤一來一回，令這些不幸的基金承受了雙重打擊。而在迅速重創量化基金之後，2007 年 8 月的「完美」金融風暴也很快結束了。

8 月 10 日的戲劇性反彈是康達尼和我的驚喜發現時刻。它證實了我們的直覺：這場量化崩盤不是策略失靈造成的（也不是因為美國食品藥物管理局宣佈統計套利致癌）。證據顯示，問題很可能在於「流動性螺旋」（liquidity spiral），而這是金融體系出現嚴重得多的問題之徵兆。這需要解釋一下。

適應性市場與流動性螺旋

流動性反映買賣一項資產的難易程度。蘋果公司的股票流動性非常高——你只需要按幾下滑鼠鍵，就能輕易買進或賣出該公司的股票。你的房子流動性就低得多——買賣一間房子通常需要數週以至數個月的時間，而任何不動產交易都涉及高昂的費用。流動性是怎麼產生的？想像一下，如果想買進杏仁電腦股票的人比想賣出的人多很多，將會發生什麼事？基礎經濟學告訴我們，該股的價格將上漲，直到需求終於與供給相等，市場達致均衡狀態。

　　但這實際上是怎麼發生的？畢竟如果大家知道需求增加將推高股價，誰會想賣出股票？傳統上是特定造市商（market makers）發揮這種作用，例如紐約證交所／美國證交所的專業經紀商以及納斯達克市場的交易商；他們在市場供不應求時提供股票，在市場供過於求時提供需求。換句話說，傳統造市商在你想買進時賣出，在你想賣出時買進。他們這麼做可以得到報酬。交易所容許造市商以兩個不同的價格買賣：一個是向我們買進的價格，另一個是賣給我們的價格，後者高於前者。因此，造市商每一宗交易都是低買高賣，而我們則恰恰相反。我們賦予造市商誘因去當我們的交易對手，也就是為我們提供流動性。這正是他們被稱為「造市商」的原因——他們真的是創造出市場，而買賣價差就是他們收取的費用。

　　反向（contrarian）交易策略也為市場提供流動性。我們所講的輸家，必然是表現不如大盤的個股，而這意味著這些股票在市場上供過於求。正是因為賣家多過買家，個股的價格才會下跌，才會成為輸家。另一方面，個股成為贏家，則意味著股票在市場上供不應求。反向操作者買進輸家是替輸家增加需求，賣出贏家則是替贏家增加供給。因此，反向操作者一如傳統造市商，有助減輕供需失衡的程度。

　　大戶持續平倉時，造市商擔當交易對手將承受損失，因為平倉行動使價格出現不利於造市商的走勢。同樣道理，反向交易策略面對大規模的平倉行動時也會出現虧損。但是，大戶完成平倉行動之後，價格應將回到之前的水準——這是假設大戶平倉不是因為發生了對相關證券的價格有實質影響的事（例如發生了恐怖攻擊或金融危機）。換句話說，大戶平倉之後應該會有反彈——一如量化崩盤那

一週的星期五。

在掌握了交易模擬結果之後，康達尼和我拼湊出以下假說。我們的投資組合從 8 月 7 日星期二到 8 月 9 日星期四出現嚴重虧損，意味著至少有一個巨大的統計套利投資組合在這段時間迅速結清部位。平倉行動的規模必須非常大，否則不會對我們的模擬投資組合產生那麼大的影響；平倉行動必須迅速完成，因為我們的虧損到星期四便告一段落。這很可能是巨大壓力下的強制平倉，可能是某家大型商業銀行因應它在房貸和信貸相關部位上的虧損，必須迅速籌措現金應付保證金追繳令（別忘了次級房貸和房貸證券問題正是在 2007 年夏天惡化，最後變得不可收拾）。

我們之所以猜測是這樣，是因為我們的模擬投資組合週二出現重大虧損之後，週三繼續虧損，而且損失大幅擴大。如果不是走投無路，統計套利經理人不會面對如此嚴重的虧損仍繼續平倉。股市和債市多數指數週二和週三都沒有出現任何異常情況；由此看來，被結清的投資組合應該是市場中性的（market neutral），一如多數的統計套利投資組合（如果被結清的投資組合是淨做多，則大規模的快速平倉行動應該會使純多頭的股價指數承受下跌壓力）。到了週四，平倉行動的影響已經波及策略與部位相似的其他基金，造成廣泛的損失，引發更多平倉行動──平倉的除了統計套利基金外，還有傳統的純多頭基金；它們感受到量化崩盤的影響，因此削減自己的曝險。

週五的強勁反彈估計是數個因素造就的。引發連鎖反應的最初平倉行動很可能已經完成，它造成的賣壓因此告一段落。此外，雖然連鎖反應造成額外的賣壓，到週五時，累計虧損使一些個股的價

格大幅偏離合理水準，一些大膽的投資人因此決定把握這種暫時的價格異常情況。他們週五大舉進場，買進超賣的個股，賣出超買的個股，因此扭轉了統計套利平倉造成虧損。此外，因為銀行同業拆款市場短暫失靈，世界各地的中央銀行週四傍晚一致行動，為全球銀行體系注入以 10 億美元計的資金。此次干預很可能解除了最大型銀行平倉套現的壓力，使它們不必結清一些統計套利投資組合。

康達尼和我將我們的推論稱為「平倉假說」（Unwind Hypothesis）。這理論對量化型對沖基金既有好消息，也有壞消息。好消息是量化型對沖基金在 2007 年 8 月 6 日那個星期獨受打擊，不是因為任何一種量化策略失靈，而是很可能因為某個巨大的量化型股市中性投資組合忽然被迫平倉。

壞消息是那個星期的虧損暗示，對沖基金業面臨愈來愈大的系統風險（這裡的系統風險是指整個對沖基金業面臨的風險，而本章開頭夏普所講的系統風險，則是指整體的市場風險）。許多量化型股市中性經理人在建構非常相似的投資組合。截然不同的許多秘密獨家方法產生了非常相似的投資組合，因為它們全都調整適應相同的環境。結果是這些投資組合有許多相同的部分，相關資產的流動性顯著受損，因為市場不容許所有人同時平倉。在金融術語中，這是所謂的「擁擠交易」（crowded trade）──如果擁擠的戲院出口太少，一旦出事就很危險。

1998 vs. 2007

這場擁擠交易驚人之處，在於它驟然意外發生，影響主要由在

交易所買賣的證券構成的投資組合──這些投資組合裡面基本上就是一些平平無奇、通常可以輕易買賣的股票。我們知道，當時許多大型金融機構正受次貸危機造成的虧損打擊，但那些損失主要發生在債券和其他信貸相關工具上。它們與統計套利投資組合有什麼關係呢？

為了回答這問題，康達尼和我用我們的均值回歸策略又做了一次模擬──這一次利用 1998 年 8 月的數據，當時全球金融體系正經歷一場類似的信貸危機。如第 7 章提到，俄羅斯政府公債 1998 年 8 月 17 日宣告違約，觸使全球資金湧向安全資產，導致信用利差顯著擴大，一如 2007 年 8 月的情況。這些市場波動導致長期資本管理（LTCM）和許多其他固定收益套利對沖基金出現巨額虧損，而一些採用類似策略、建立了類似部位的大型商業銀行也未能倖免。因應這種損失，這些機構開始平倉以降低曝險，結果造成更大的虧損，引發一場危機，迫使紐約聯邦準備銀行介入，組織了救援行動。聽起來很熟悉，對吧？

但我們檢視我們的均值回歸策略在 1998 年 8 月和 9 月的模擬結果，驚訝地發現當時的信貸危機對我們的策略並未產生任何顯著的影響（見表 8.4）。8 月 17 日俄羅斯政府違約那天，我們的策略產生 0.96% 的報酬；8 月 21 日，LTCM 單日虧損 5.5 億美元，我們的策略產生 1.04% 的報酬；9 月 3 日，LTCM 首次發信通知投資人他們蒙受的損失，我們的策略產生 1.41% 的報酬；9 月 24 日，LTCM 獲得救援的消息公佈，我們的策略產生 1.21% 的報酬。1998 年 8 月和 9 月的環境看來對統計套利策略非常有利，這與 2007 年 8 月的情況截然不同，儘管這兩段時間都出現這種狀況：信貸市場惡化造成固定收

表 8.4

Khandani and Lo (2007) 均值回歸策略 1998 年 8 月 17 日至 9 月 25 日每日報酬率
模擬結果

星期	日期	報酬率	星期	日期	報酬率
星期一	**1998 年 8 月 17 日**	0.96%	星期二	1998 年 9 月 8 日	2.08%
星期二	1998 年 8 月 18 日	0.87%	星期三	1998 年 9 月 9 日	2.42%
星期三	1998 年 8 月 19 日	0.63%	星期四	1998 年 9 月 10 日	0.29%
星期四	1998 年 8 月 20 日	0.46%	星期五	1998 年 9 月 11 日	1.24%
星期五	**1998 年 8 月 21 日**	1.04%	星期一	1998 年 9 月 14 日	0.33%
星期一	1998 年 8 月 24 日	0.90%	星期二	1998 年 9 月 15 日	0.14%
星期二	1998 年 8 月 25 日	0.36%	星期三	1998 年 9 月 16 日	1.01%
星期三	1998 年 8 月 26 日	0.61%	星期四	1998 年 9 月 17 日	0.79%
星期四	1998 年 8 月 27 日	-0.78%	星期五	1998 年 9 月 18 日	1.07%
星期五	1998 年 8 月 28 日	0.39%	星期一	1998 年 9 月 21 日	0.19%
星期一	1998 年 8 月 31 日	-1.62%	星期二	1998 年 9 月 22 日	0.42%
星期二	1998 年 9 月 1 日	6.59%	星期三	1998 年 9 月 23 日	-0.71%
星期三	1998 年 9 月 2 日	0.63%	**星期四**	**1998 年 9 月 24 日**	1.21%
星期四	**1998 年 9 月 3 日**	1.41%	星期五	1998 年 9 月 25 日	0.61%
星期五	1998 年 9 月 4 日	0.26%			

資料來源：Khandani and Lo (2007)

益損失，觸發金融體系的嚴重問題，迫使中央銀行介入。1998 年與
2007 年的情況為何不同？

　　康達尼和我得出的解釋，使我們回到適應性市場假說。首先，
統計套利在 1998 年沒有 2007 年那麼流行。我們在研究中使用的
TASS 對沖基金資料庫顯示，1998 年 7 月時有 19 檔統計套利基金，
2007 年 7 月時則有 82 檔；此類基金管理的資產從 1998 年初的 30 億
美元，增至 2007 年初的 190 億（這些數字不包括槓桿操作，也不含
那些不向 TASS 提供資料的基金，例如德劭、文藝復興科技
〔Renaissance Technologies〕和另外幾家非常成功但隱秘的統計套利基

金）。因此，統計套利交易在 1998 年遠遠沒有 2007 年時那麼「擁擠」。

第二，1998 年時極少商業銀行涉入統計套利交易，但因為德劭、文藝復興科技和其他統計套利基金相對低風險／高報酬的表現，加上銀行業者在 2000 年代初收益率持續下跌的環境下愈來愈有必要追逐收益較高的資產，商業銀行開始對統計套利交易產生興趣。到 2007 年時，所有主要銀行都建立了自己的統計套利投資組合，而這意味著如果它們的次級房貸資產出現足夠嚴重的虧損，它們可能被迫結清統計套利投資組合以籌措現金應付保證金追繳令。而一如我們的模擬結果顯示，固定收益信貸市場與統計套利策略的這種關聯 1998 年時並不存在，但 2007 年時顯然存在。

最後還有一個因素將房貸危機與統計套利聯繫起來，那就是組合式對沖基金（投資在由其他對沖基金構成的多元投資組合上的基金）和多元策略基金（運用許多不同類型策略的基金）愈來愈流行。雖然 1998 年已經有這兩類基金，但它們當時較少見，規模也小得多。到 2007 年時，這兩類基金在對沖基金生態系統中已變得重要得多。例如 Lipper/TASS 對沖基金資料庫顯示，1998 年初有 587 檔組合式對沖基金和 88 檔多元策略基金，而 2007 年初已分別增至 4,134 檔和 916 檔。[30] 這兩類基金投資在信貸資產和統計套利投資組合上，無意中創造了固定收益信貸市場與統計套利策略的關聯，一如那些商業銀行。

這些差異突顯了投資人、對沖基金經理人和金融市場適應環境變化的重要方式，而這些適應方式有時製造出新的脆弱環節。一如適應性市場假說預測，某些物種可以打敗大盤，也確實做到了，但

這並不容易。競爭、創新和金融擇選，也就是「富者生存」的過程，意味著今天賺錢的對沖基金在環境改變了之後，明年可能就已經變成歷史陳跡。這種演化過程並不保證市場變得愈來愈有效率。無止境地追求增加獲利和降低風險，播下了新危機的種子，而這場新危機甚至比 1998 年 LTCM 崩盤更嚴重。2007 年的金融生態系統與 1998 年的情況相當不同，而 2007 年 8 月的量化崩盤是體制變更的早期警訊之一。

在此必須提醒大家：這裡有關量化崩盤的所有推論，必然是間接和不確定的。對於 2007 年 8 月受影響的許多對沖基金的運作，康達尼和我並不知道內情，而我們也並未獨家取得任何券商資料或交易記錄。因此，請大家對我們的推論抱持合理的懷疑。不過，我們的平倉假說與危機發生以來公開的各種傳聞、報導和敘述並無矛盾（危機發生時高盛風險控管委員會成員李特曼〔Bob Litterman〕針對量化崩盤發表的公開演講是個好例子）。[31]2007 年 8 月事件的許多參與者看過我們的模擬，而他們並沒有說它是錯的。站在科學的角度，自從我們提出平倉假說以來，沒有人提出更有力的假說。我撰寫本書時，平倉假說仍是解釋 2007 年 8 月事件和量化崩盤的最好理論。

這個奇特事件大大豐富了我們對金融市場如何演變適應的認識，而雖然群眾確實有智慧，但暴民之瘋狂也確實存在。2007 年時，我們幾乎都不知道這種瘋狂表現是一次熱身，預告了金融體系將受到嚴重得多的衝擊——在這場衝擊中，金融體系幾乎停止運作、毀於一旦。

第 9 章

恐懼、貪婪與金融危機

所有的意外，無論正常與否，根源不正是人的行為嗎？

生態系統生態學

有關金融市場的新理論必須對 2008 年的金融危機提出有用的見解，才值得認真看待，適應性市場假說也不例外。事實上，在這場危機之前，適應性市場假說看來遠不如現在那麼實用。葛林斯潘對開明自利（enlightened self-interest）失靈表示「震驚和難以相信」，突顯了效率市場假說未能解釋 2008 年的危機，遑論告訴我們如何避免未來的危機。畢竟全球金融體系接近崩潰很難說是市場理性和有效率的表現。另一方面，行為學派的觀點無法充分解釋 2008 年危機之前長期的經濟成長——那一段成長是高效的金融市場和看似理性的金融創新造就的。本章不打算重述有關 2008 年危機的各種觀點和立場，而是將集中講述適應性市場假說怎麼看這場危機的起源和本質。

首先我們要指出這一點：**金融體系不是一個物質或機械系統，而是一個生態系統——相互依賴的一系列物種在變動不定的環境中力求生存繁衍。**如果我們是生態學家，負責研究一個新的生態系統，必須確定它的關鍵弱點，提出保護該系統的政策建議，我們會怎麼做？

生態學家的典型做法可能是先盤點系統中的動植物，辨明這個系統最重要的能量和養份來源，然後研究它們如何在系統中流動。掌握了生態系統的基本動態之後，生態學家可以開始探索可能發生的最惡劣情況，然後想方法預測和防止這種情況發生。在這過程中，生態學家將必須了解系統中關鍵物種的具體行為。如果系統中瀕危的關鍵物種剛好具有很強的領域和競爭意識，而該物種每一個

雄性首領需要 100 平方米的林地才能成功交配，則生態系統中的林地總面積就決定了該物種族群規模的上限。保護該物種的政策建議都必須考慮到該物種的此一特徵。例如政策建議可能包括限制房地產開發佔用林地，以確保這個瀕危物種在每個交配季節都至少能產生某數量的後代。

在這個假設的例子中，成功的一個重要條件無疑是準確掌握關鍵物種的行為。例如倘若生態學家誤以為關鍵物種的雄性首領只需要 10 平方米的林地就能成功交配，則據此制定政策可能產生災難性後果。因此，測量行為必須仔細和準確，而且是在物種的自然棲地完成，而不是在實驗室做或純粹仰賴理論推測。此外，所有關鍵物種的全部行為必須綜合起來當作一個系統，置於受外來衝擊和內生力量影響的環境中考慮。

假設生態學家被要求研究金融生態系統，你將開始看到站在適應性市場假說的角度如何改變研究金融危機的方式。生態學家不會集中關注 2008 年危機的近因（次級房貸、銀行資本不足、證券化操作、流動性螺旋之類），而是會研究行為與環境，以及兩者的長期互動。

我們至今仍未蒐集到有關導致危機的環境的全部事實，也未有系統地記錄金融生態系統中許多物種的實際行為；這些物種包括銀行、對沖基金、保險公司、監理機關、立法者和投資人。我們有經濟理論指出各方在理想的情況下應展現怎樣的行為，但沒有生態學家針對關鍵物種在其自然棲地的表現完成仔細的觀察研究。我們掌握有關行為和環境的重要事實之後，就可以開始針對這場危機構想敘事。只有說服力極強的敘事（像第 4 章中救了羅斯頓性命的那種

敘事）才可以促使我們接受眼前的痛苦以避免未來更大的痛苦。那麼，我們就從一些基本事實說起。

金融危機基本概念

在 1990 年代，傳統商業銀行以外的一些金融機構開始參與美國房市，直接向屋主提供房屋抵押貸款。這些房貸經紀商接著將它們發放的房貸轉售出去，由政府資助企業如房利美（Fannie Mae）和房地美（Freddie Mac）或投資銀行購入；購入者以這些房貸為原料，創造出各種新金融商品，例如資產擔保證券（ABS）和債務擔保證券（CDO）。

這種生態變化的背後有一些政治或文化因素。美國各黨派的從政者都鼓勵金融機構向各種購屋者提供房貸，包括以前從不曾考慮買房子的許多人。擁有自己的房子成為更多人的新美國夢的一部分。一些從政者鼓吹創造所謂的「有產社會」（ownership society），放款機構響應，許多機構甚至降低了它們的授信標準。

這段時期出現了許多以思想的速度進行的金融演化。我們看到新房貸類型的適應輻射，市場上出現了浮動利率房貸、「自選還款額」的房貸（還款額可以低於應付利息），以至臭名昭彰、由自動化程式審核的「忍者貸款」（NINJA loans，借款人沒收入、沒工作、沒資產）。在此同時，投資銀行發行 CDO，也就是集合大量房貸並分拆為多種新證券，在信用評等機構的祝福下賣給各種買家。最後也出現了信用違約交換（CDS）市場，為一些房貸相關證券提供信用保險，而這鼓勵了更多投資人參與買賣房貸相關資產。

這過程擴大了房貸生態系統的規模和範圍。1996 年，美國發行了 4,800 億美元的房貸相關證券，包括房貸擔保證券（MBS）和房貸擔保憑證（CMO）。2003 年，也就是短短七年之後，這數字已增至略高於 3 兆美元。無論以什麼標準衡量，這種成長速度都是驚人的。美國房市 2006 年觸頂，而此前不久，一名移民到美國的俄羅斯人對經濟學家克魯曼（Paul Krugman）說：「這裡看來非常富有，但我沒看過有人在生產什麼。這個國家是怎麼賺錢的？」克魯曼答道：「現在美國人互相買賣房子，以向中國人借來的錢支付，藉此謀生。」[1]美國人極其成功地將新類型的投資大戶引入房貸市場，這些大戶包括退休基金、共同基金、主權財富基金、捐贈基金和對沖基金，它們以前從不曾參與買賣房貸相關證券。

這一切不是偶然發生的。這些資金全都流經大量的房貸經紀商，它們有發放新房貸的財務動機。巨額資金在較短的時間內湧入美國住宅市場，房地產業因此景氣大好，為剛符合資格借房貸的大量美國人建造房屋。美國人因為非常積極地購屋，美國平均房價在 1996 年 7 月至 2006 年 6 月間幾乎倍增。[2]金融食物鏈出現了重大變化。

當然，放款機構借出這些錢不是為了行善。這些貸款是要還的，而且必須付利息。2000 年代初，美國利率相當低，多數屋主可以輕鬆還房貸。而如果無法輕鬆還房貸，屋主可以辦房貸再融資，把握房價上漲和利率下跌的好處。他們確實這麼做，直到利率在 2004 年開始上升。2004 年 6 月至 2006 年 6 月間，聯準會升息 17 次，貼現率從 2.00% 升至 6.25%。銀行和房貸放款機構也跟著調升利率。美國房價 2006 年 6 月觸頂，然後開始下跌。利率上升和房價下跌導致大量房貸戶最終違約，當中很多是借入了浮動利率房貸。他們違

約之後，支撐許多不同 MBS 的資金流就停了下來。

這次資金中斷是一場災難，相當於整個房貸業生態崩潰。我們來看骨牌如何一一倒下。首先，承擔風險的房貸放款機構破產了。它們發放的房貸是許多 MBS 和 CDO 的原料，而這些證券進入了世界各地許多大型投資組合。這些房貸證券的信用評等遭調降。它們不但價值大跌，還變得很難賣出，而因為流動性枯竭，它們的價值也變得難以評估。這些證券曾經是固定收益市場的寵兒，如今卻被稱為「有毒資產」。

藉由 CDS 為這些證券提供保險的公司如今必須賠償違約造成的損失。但因為 CDS 並非像一般保險合約那樣受規管，提供這種保險的公司如 Ambac、MBIA 和美國國際集團（AIG）並不需要保留充足的資本以應付潛在的賠償。這些保險公司開始破產。在違約保險失效的情況下，買進了這些房貸證券、原本就背負重債的大型投資銀行發現，它們的槓桿比率迅速升向無限大。它們也開始破產。銀行同業拆款開始停擺：銀行發現愈來愈難向同業借錢，因為沒有人知道拆借對手幾天後是否還有能力還錢。

2008 年 9 月 15 日，雷曼兄弟宣告破產，這家有 158 年歷史、原本尊貴的投資銀行發行的債券頓時變得幾乎一文不值。第二天，約有 650 億美元資產的貨幣市場基金首選準備基金（Reserve Primary Fund）「跌破面值」（break the buck）——價值理應有 1.00 美元的基金如今只值 0.97 美元。許多客戶視他們的貨幣市場基金如同銀行的支票存款帳戶；如果銀行告訴你，你在支票存款帳戶裡的資產一夜間損失了 3% 的價值，你會怎麼做？在美國，差別在於聯邦存款保險公司（FDIC）保障你的支票存款帳戶（以 10 萬美元為上限），而

在 2008 年 9 月，貨幣市場基金是不受保障的（現在受保障了）。

2008 年 9 月 18 日星期四，聯準會主席柏南克對國會裡的關鍵議員表示，若不立即採取行動，「週一時我們的經濟可能已經停止運作。」[3] 幾乎沒有證據可以證明他錯了。

美國房價如今已有所回升，處於 1990 年代之前的平均水準與 2006 年房市泡沫頂點的中間值左右。[4] 但這段期間發生的事堪稱史無前例。可能除了幾家對沖基金之外，房價開始下跌和房貸違約開始增加之後，每一個類別的金融機構都蒙受損失。有些機構災難性破產。在這過程中，全球經濟一度瀕臨崩潰，而未來多年，經濟很可能仍將受這場危機的後遺症影響。

那麼，那些貸款都去了哪裡？美國房貸市場 2006 年觸頂時，房貸餘額高達 11 兆美元。房市向上時，因為房價上漲通常有利於屋主，許多屋主藉由房貸再融資，利用自己的房屋套取現金。這就是所謂的淨值榨取再融資（equity extraction refinancing），是相對簡單的財務操作。從 1991 年起，美國的屋主利用他們的房子，累計套取了約 6.5 兆美元的現金。[5] 他們用這些錢做什麼？他們顯然利用這些錢償還舊債、購買新車，以及滿足其他個人需求，例如好好度個假——有何不可？這是吃到飽的房屋淨值套現。在房價持續上漲和高效運作的再融資市場助長下，美國人狂歡到深夜，金融危機則是第二天的痛苦後果。

這種肆意妄為嘉惠了什麼人？簡單來說是所有人。至少在房價上升、利率下跌期間是這樣。金融生態系統中受惠於房地產榮景的物種包括：央行官員；商業銀行；信用評等機構；經濟學家；政府資助企業（GSE）；對沖基金；屋主；保險公司；投資銀行；投資人；

貨幣市場基金；房貸放款機構、經紀商、服務商和受託人；共同基金；監理官員；以及政界人士（按英文字母順序排列）。各方都有助長泡沫膨脹的動機，因為水漲船高，人人受惠。但正如巴菲特所言，退潮之後才知道誰在裸泳。房市泡沫破滅之前，顯然有很多人在裸泳。

像羅生門那麼明確

考慮到這些事實，理解這場金融危機一直都很困難。（畢竟在另一個例子中，事發逾八十年之後，經濟學家和政策制定者對大蕭條的某些方面至今仍有爭論。）2008 年的事件衍生多種敘事，有一種認為數百萬名魯莽的購屋者不顧後果的行為造成金融危機。另一種敘事認為問題在於掠奪式放款（predatory lending），加上若干富有的黑心銀行業者串通起來危害公眾利益——這種敘事將華爾街與商業大街對立起來。有些人非常明確地怪罪某些金融創新，但也有人認為問題在於金融業的整體文化。你可能認為全球金融體系瀕臨崩潰如此嚴重的事，我們現在應該已經有一種公認可靠的敘事。

2011 年，《經濟文獻期刊》（*Journal of Economic Literature*）邀請我針對有關 2008 年金融危機我喜歡的一兩本書寫書評，我以為要選出我想評論的書很容易。但我每看完一本，都覺得必須再看一本，因為我發現剛看完的那本書漏了某些重點，要不就是有自相矛盾之處。將近一年之後，非常有耐性的期刊編輯終於迫使我交稿；結果我評論了有關這場危機的 21 本書。[6] 我們不缺致力解釋這場危機並建議解決方案的論文、政府報告、政策簡報、演講、社論版文章和

書籍，它們的建議包括實施更嚴厲的法規、抓某些人去坐牢，或是立法禁止某些類型的商業活動和金融機構。但如果你是想尋找有關發生了什麼事、事情如何發生、原因何在以及可以做些什麼以免事情再發生的共識，你將非常失望。我寫那篇書評時，正是在尋找這方面的共識。我現在還在找。

這種情況令我想起黑澤明 1950 年的電影《羅生門》。《羅生門》的故事令人難忘：一名武士據稱被謀殺，其妻遭強暴，但承認犯罪的強盜、武士妻子、死去的武士（經由靈媒）和目擊事件的樵夫講出了互有矛盾的四個版本。雖然不同的敘述者都講出了相對明確的事實（一名女性遭強暴、其夫死去），這些事如何發生、該如何理解卻一點也不明確。電影結束時，我們只得到幾種互有矛盾的敘事，而它們全都無法完全滿足我們對救贖和圓滿的需求。

雖然《羅生門》1952 年榮獲奧斯卡最佳外語片獎，它在美國不曾真正賣座。這並不意外：美國觀眾多數不想看完 88 分鐘的生動故事之後，還要為事情是誰做的和原因何在傷腦筋。非常有力的敘事未必是受歡迎的敘事。但是，逾六十年之後，在我們細察大蕭條以來最嚴重金融危機的後果之際，黑澤明有關多重真相的訊息對我們極有意義。我們必須集合往往互有矛盾的多種敘事，才能比較完整地認識 2008 年這場危機。

一如《羅生門》中的角色，我們必須承認，複雜的真相往往可能是敘述者的主觀看法。這是有關人類認知的一個簡單事實；我們演化出創造敘事以迎合自身需求和慾望的能力。（還記得左腦創造敘事的能力嗎？）但我們不應該因此便認為相對主義是正確或可取的。真相並非全都同樣有效。但是，我們採用的敘事可能扭曲或影

響隨後的探索或辯論方向。針對同一組客觀事實，我們應該盡可能考慮所有的解釋方式，希望經過必要的時間之後，能對 2008 年的危機得出一種內部一致（internally consistent）和比較細緻的看法。有些敘事是出於誤解，是錯誤的，又或者是刻意歪曲的說法。如果有些事實是可以確認或駁倒的，我們應該迅速果斷地去做。以下是兩個流行敘事的例子，聽起來頭頭是道，但未必正確。

薪酬與獎勵問題？

有關 2008 年金融危機的一種流行敘事認為華爾街的「獎金文化」製造出過度冒險的風氣。在金融體系瀕臨崩潰之後，金融業高層仍領到豐厚的獎金，公眾普遍對此憤怒不已。如果政府提供的資金立即落入金融業高層的口袋裡，而正是這些人冒險的決策造成金融危機，為什麼美國政府要拯救這些金融業者呢？許多人盛怒之下認為是華爾街策劃了這場金融危機，以便「盈利私有，虧損由社會集體承受」，但比較冷靜的人則認為金融業高層是自然地因應財務誘因，而這些誘因導致他們過度冒險。

這種敘事很有說服力，但它正確嗎？華爾街最高層真的讓他們的伏隔核凌駕他們的杏仁核，讓他們貪婪壓倒他們的恐懼嗎？要確定這種敘事是否正確，我們必須進一步了解金融業者最高層的薪酬設計。

美國企業高層的薪酬顯著上升，已經是數十年來的事。華爾街採用了這種如今非常普遍的做法，並且將薪酬設計得對營利能力更敏感。在典型的華爾街公司，從事專業工作的員工底薪不高，能獲

得多少獎金則取決於他們對公司盈利的貢獻。以獎金極高著稱的是經紀自營商，也就是那些在提供經紀服務之外也從事自營交易的金融業者。例如在 2006 年，貝爾斯登（Bear Stearns）的傳奇執行長凱恩（Jimmy Cayne）的底薪是 25 萬美元——很不錯，但比美國家庭醫師的平均年薪高不了多少。但是凱恩 2006 年獲得 3,400 萬美元的獎金，其中 1,700 萬美元是現金，1,500 萬是交易受限制的股票，還有 200 萬是選擇權。對凱恩和貝爾斯登來說，2006 年是美好的一年。

　　這看來是個簡單明確的因果例子。但南加州大學馬歇爾商學院金融經濟學家墨菲（Kevin Murphy）仔細檢視企業高層的薪酬資料，卻有意外發現。[7] 在標準普爾 500 指數成份股中，傳統銀行業者（不包括經紀自營商）五名最高層人員的薪酬並未大幅高於工業公司。如果傳統銀行業者的最高層在業務上異常冒險，他們並未因此得到異常高的薪酬。

　　經紀自營商又如何？墨菲發現，在標準普爾 500 指數中的經紀自營公司，最高層五名人員持有公司股票的價值中位數 2005 年時超過 10 億美元，是工業公司最高層持股價值中位數的 10 倍。這代表這些經紀自營商的財務狀況攸關其管理高層巨大和直接的個人利益，他們在公司身上堪稱有足夠的「切身利益」。這種持股若要增強這些高層的冒險傾向，冒險行為的潛在利益必須是工業公司高層冒險潛在利益的 10 倍以上，而這幾乎是不可能的。

　　高層的獎金也有一部分是選擇權，而這會增強高層的冒險動機。選擇權的價值會因為公司股價超過選擇權行使價而增加，但選擇權的價值最多只能跌至零，無論公司股價比選擇權行使價低多少。這種不對稱的情況意味著獲得選擇權的公司高層有提高公司股

價波動性的誘因，因為這可以提高選擇權的價值。墨菲發現，經紀自營商高層因為公司股價波動性上升而得到的選擇權增值好處遠大於其他公司：股價波動性每上升 1 個百分點，經紀自營商高層的選擇權價值增加 130 萬美元，遠高於工業公司的 40 萬美元。但經紀自營商高層的選擇權獎勵占總薪酬的比例顯著低於其他公司。

墨菲因此認為沒有證據顯示金融業者的最高層特別冒險，連薪酬特別高的經紀自營公司也不例外。相對於非金融業者，這些公司的最高層得到的獎金並不離譜；他們的財務獎勵在設計上與標準普爾 500 指數中的其他公司並無不同。貝爾斯登執行長凱恩的例子可以說明這一點。貝爾斯登 2008 年 3 月垮掉之後，凱恩 2006 年得到的股票獎勵價值縮至僅為原本的 6%，而他 2006 年得到的選擇權則在分文不值的情況下過期了。這恰恰是華爾街獎金文化期望的運作方式。

但是，墨菲的結論有個重要的局限。他的結論僅適用於金融業最高層，不適用於其他員工。員工財富較少、等級較低，因為冒險而可能承受的損失也少得多。身家豐厚的人非常害怕的財務損失，對那些沒什麼財富、在公司也沒什麼持股的人可能沒什麼意義。金融業者的低層員工會為了追求獲利而過度冒險嗎？一如流氓交易員的例子顯示，華爾街的獎金文化並不足以防止低層員工過度冒險；其他形式的監控和風險控管是必要的。這或許可以成為另一種敘事，但我們需要更多證據來證實或駁倒它。

這種有關華爾街獎金文化的敘事雖然不正確，但正因為它符合人們有關世界如何運作的捷思法，我們很難說服人們拋棄它。我們很容易掉入驗證偏誤的陷阱。如果我們相信華爾街中人全都是騙

子，這種有關華爾街獎金文化的敘事不但證實這個捷思法，還可以增強它。比較微妙的是，如果我們相信「人受誘因影響」（這是經濟學家的捷思法），我們將很容易滿意地接受證實這個捷思法的某種解釋，完全不會想要比較深入地檢視細節，了解我們的捷思法是否得到正確的應用。

我們也傾向相信某些其他類型的錯誤敘事。我們重視專家的意見和證詞，相信專家不會搞錯事實。因為時間和資源有限，我們通常不會查核我們接觸的所有資料，因此往往採用一種捷思法，傾向相信有名譽的人。簡而言之，我們在文化上變得傾向相信權威的陳述，在演化上很可能也是這樣。不幸的是，這種捷思法有時可能嚴重誤導我們。

監理官員嚴重疏忽？

如果權威的專家提出錯誤的敘事，那將如何？許多專家正是搞錯了美國證券交易委員會（SEC）的 15c3-1 規則（有時也稱為淨資本規定），搞錯了該規則對 2008 年金融危機的影響。SEC 藉由這條相當複雜和晦澀的規則，要求經紀自營商滿足一定的資本要求，確保它們持有足夠的高流動性資產以滿足顧客的日常需求，一如銀行必須維持足夠的庫存現金以滿足存戶的提款需求。這條規則因此間接規管經紀自營商可利用的槓桿，而我們已經看到槓桿如何影響金融危機。

2004 年 6 月 21 日，這條規則有所修訂。一群最大型的經紀自營商自願接受 SEC 的額外規管，因而獲准使用另一種數學方法計算它

們的淨資本要求。SEC 為什麼做這項修訂？當局提出的理由是美國大型投資銀行在歐洲落入競爭劣勢，因為它們未能滿足歐洲的某些監理要求。藉由創立「綜合受監督實體」（Consolidated Supervised Entities），這些經紀自營商將能比較平等地與歐洲類似公司競爭；所謂綜合受監督實體，基本上就是以聯準會的做法為基礎所創立的控股公司。2005 年 1 月 1 日，美林（Merrill Lynch）率先利用此一新規定，然後是高盛、貝爾斯登、雷曼兄弟，而摩根士丹利則是 2006 年會計年度開始時這麼做。[8] 如我們很快將看到，這個時序對理解有關 15c3-1 規則的敘事很重要。

這種規則修訂通常只是金融監理史上的微末枝節。但在 2008 年 8 月 8 日，也就是雷曼兄弟破產之前緊張的那個月，SEC 交易與市場部門前主任皮卡德（Lee Pickard）在《美國銀行家》（*American Banker*）發表一篇文章，提出一個令人震動的說法：SEC 2004 年的規則修訂使經紀自營商得以大幅提高槓桿，因此製造出金融危機發生的條件。[9] 這正是危機觀察者一直在尋找的確鑿證據。

皮卡德宣稱，在 SEC 修訂規則之前，「經紀自營商最多只能背負相當於淨資本 12 倍左右的債務，而因為各種原因，它們的實際槓桿倍數顯著低於這個上限。」在 SEC 修訂規則之後，貝爾斯登（2008 年 3 月已經垮掉）之類的經紀自營商可以利用複雜的數學模型計算它們的資本要求，而 SEC 顯然跟不上這種變化。皮卡德表示：

> 這種複雜的新計算方式要求 SEC 投入大量資源監督，而 SEC 顯然並非總是可以投入這種資源……在以前的標準下，貝爾斯登和其他大型經紀自營商如果不大幅增加它們

的資本，就不可能背負那麼重的債務。貝爾斯登和其他大型經紀自營商蒙受的損失並不是「傳聞」或「信心危機」造成的，而是因為它們淨資本不足，以及在背負債務方面並未受到有效的約束。[10]

簡而言之，皮卡德認為貝爾斯登會垮掉，有賴 SEC 2004 年修改規則。

這觀點十分有力。皮卡德的說法非常可信，而且他的資歷無懈可擊：他 1975 年參與制定原本的 15c3-1 規則。他的文章發表在 1835 年創刊、美國銀行業的主要刊物《美國銀行家》。而最重要的是，在雷曼兄弟破產之後，皮卡德願意接受記者訪問，不像許多其他政府官員。2008 年 9 月 18 日，《紐約太陽報》（*The New York Sun*）的薩托（Julie Satow）引述了皮卡德這段話：「他們創造了一種根本行不通的機制。你看結果就知道了：那五家經紀自營商有三家垮掉了。SEC 2004 年修改規則是出現這些損失的首要原因。」[11]

問題是這種說法根本就不對。2009 年 4 月 9 日，SEC 交易與市場部門主任（皮卡德做過的職位）斯利（Erik Sirri）在華府的全美經濟學者聯誼會（National Economists Club）發表演講，試著澄清這問題。[12] 斯利一開始便堅定表示：「首先是最重要的一點，SEC 2004 年並沒有撤銷任何槓桿限制。」原來計算淨資本要求的另一種數學方式自 1997 年起便適用於商業銀行，自 1998 年起適用於從事場外衍生商品交易的經紀自營商。SEC 修訂規則實際上將大型經紀自營商的淨資本最低要求從 25 萬美元提高至 50 億美元。最重要的是，那個 12 倍債務的限制根本沒有修改，但即使有修改，也不適用於那些大

型的經紀自營商。事實上，適用的規則要求這些公司維持相當於顧客借項（debit items）2% 的最低淨資本。

雖然斯利的評論並非 SEC 的正式政策聲明，SEC 交易與市場部門副主任麥基羅利（Michael Macchiaroli）在 2009 年 7 月 17 日致美國政府問責辦公室（GAO）的一封信中確認了斯利的說法；GAO 在那個月稍後向國會提交一份有關金融市場監理的報告，納入了那封信。[13]GAO 分析那些據稱受規則修訂影響的大型經紀自營商的年報，看不到槓桿飆升的情況。這些公司的槓桿倍數一直高於那個神話般的 12 倍。皮卡德最早提到貝爾斯登 33 倍的槓桿搞垮了公司，但如複製自 GAO 報告的圖 9.1 證實，早在 2004 年的規則修訂之前，高盛、美林和摩根士丹利的槓桿倍數就已經超過 30 倍。[14]

更令人驚訝的是，這些數字並非只有少數特權人士可以取得的機密資料，而是公開的資訊，可以輕易利用這些公司的年報和它們向 SEC 申報的資料計算出來。

這種錯誤的說法在媒體蔓延，2008 年 10 月 3 日上了《紐約時報》頭版，出現在拉巴頓（Stephen Labaton）的報導〈監理機關 2004 年修改規則使銀行得以大幅增加新債〉（Agency's '04 Rule Let Banks Pile Up New Debt）中。[15]這種誤解當時想必已經成為新聞界的主流觀念；拉巴頓完全沒有提到皮卡德是最早提出這觀點的人。拉巴頓寫道：「在隨後幾個月和幾年裡，這些公司全都利用這些比較寬鬆的規則。在貝爾斯登，槓桿倍數急升至 33 倍，也就是每 1 元的股東權益背後有 33 元的債務。其他公司的槓桿倍數也顯著上升。」

這種錯誤的說法聽起來極有道理：SEC 在監理上犯了大錯，最大的五家經紀自營商藉機大幅提高槓桿，後果顯而易見。貝爾斯登

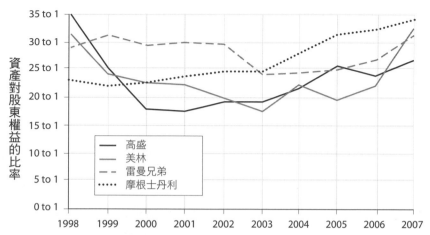

圖 9.1 四家經紀自營控股公司 1998 至 2007 年的總資產對股東權益比率。資料來源：GAO (2009, GAO-09-739)。

破產是因為其負債對股東權益的比率從原本安全、SEC 規定的上限水準 12 倍，大幅增加至 SEC 新規則下不顧後果的 33 倍。這就是殺人凶器，上面有指紋，它解開了貝爾斯登、美林和雷曼兄弟死亡之謎。這種解釋非常符合所有人的捷思法。反對解除金融管制的人利用這種敘事作為解除管制造成金融危機的證據。反對大政府的人利用這種敘事作為不當規管造成金融危機的證據。

　　這種錯誤的說法像病毒那樣，迅速從新聞界傳到學術界。受敬重的證券監理專家、哥倫比亞法學院的柯菲（John C. Coffee）在 2008 年 12 月 5 日刊於《紐約法律報》（*New York Law Journal*）的文章中重複了這種錯誤說法：「結果是可預料的：這五家大型投資銀行在成為綜合受監督實體之後，全都顯著提高了它們的負債對股東權益的比率。」[16]2009 年 1 月 3 日，在美國經濟學會（AEA）的舊金山年會上，SEC 前首席經濟學家伍德華（Susan Woodward）在一場有關當

下金融危機的小組討論中，指 SEC 2004 年修訂規則導致金融業者提高槓桿。[17]

普林斯頓的布林德（Alan Blinder）也參與了那場小組討論。2009 年 1 月 24 日，曾擔任聯準會副主席的布林德在《紐約時報》商業版發表文章，闡述他所看到的「走向金融危機路上的六個錯誤」。他寫道：「第二個錯誤出現在 2004 年，當時 SEC 容許證券公司大幅提高槓桿。在此之前，12 倍的槓桿是典型情況，隨後的典型槓桿水準是 33 倍左右。SEC 和那些證券公司的高層當時在想什麼？」[18]

這種說法的流傳範圍並非僅限於財經或學術媒體。榮獲諾貝爾獎的經濟學家史迪格里茲（Joseph Stiglitz）在 2009 年 1 月的《浮華世界》雜誌（*Vanity Fair*）發表文章，列出他認為導致金融危機的五個關鍵錯誤。他列出的第二個錯誤是：「證券交易委員會 2004 年 4 月在一個幾乎無人出席、當時不受注意的會議上，決定容許大型投資銀行提高它們的負債對資本比率（從 12 倍提高至 30 倍或更高），以便它們購入更多房貸擔保證券，在此過程中助長了房市泡沫。」[19]

這種說法甚至進入了歷史記錄。經濟學家萊因哈特（Carmen Reinhart）與羅格夫（Kenneth Rogoff）根據他們嚴謹的研究，出版了闡述八個世紀金融危機史的著作《這次不一樣》（*This Time Is Different*），獲得很高的評價，但該書不幸也採用了這個錯誤的說法：「當局的一些決定日後可能被視為巨大的監理錯誤，但事發時卻顯得無害，這包括解除對次級房貸市場的管制，以及證券交易委員會 2004 年決定容許投資銀行將它們的槓桿比率（也就是測量資本承受多大風險的比率）提高兩倍。」[20]

2011 年 1 月，也就是斯利在演講中糾正外界對 SEC 2004 年修改

規則的誤解將近兩年之後，總體經濟學家霍爾（Robert Hall）在麻省理工發表演講時，批評「所謂的解除管制」造成金融危機：

> 我認為監理方面最重大的失敗不難辨識。2004 年，SEC 取消了它對投資銀行的資本要求……雷曼兄弟之所以能做那些證實造成極大破壞的事，是因為它可以利用的槓桿不受限制。我們都知道，該公司背負了巨額債務，然後它就倒下了。資產價格只要跌一點點，雷曼兄弟必然破產，因為它的槓桿太高了。[21]

霍爾這些話搞錯了時序，因為我們知道，雷曼兄弟的負債對資產比率自 1990 年代末以來就一直很高。雖然 SEC 和 GAO 都糾正了外界的誤解（但《紐約時報》還沒更正其錯誤），我們可以看到，這種錯誤的說法仍然影響我們對 2008 年金融危機的想法。

SEC 淨資本規定的晦澀細節確實不是常識——即使在專業經濟學家和監理官員當中，這些細節也不是常識。我個人要感謝華爾街局內人和傑出投資人高德斐（Jacob Goldfield）以及芝加哥退休律師洛克納（Bob Lockner），因為他們提醒我注意這個例子，並且幫助我認識 SEC 淨資本規定的微妙之處。但是，有人宣稱美國主要經紀自營商的槓桿比率在沒有人注意的情況下升了兩倍，照理說應該使心思縝密和資訊靈通的人產生懷疑。但事實是幾乎沒有人懷疑。如果你覺得事情必然是這樣，為什麼要費心去查核呢？有人提醒我注意這個迷人的例子之後，我只花了 10 分鐘搜尋網路，就確定經紀自營商槓桿比率大升的說法是錯誤的。

這件事有兩方面特別值得注意。首先，錯誤的說法似乎源自皮卡德的評論，他 1973 至 1977 年間擔任 SEC 交易與市場部門主任（也就是斯利的職位），並且參與擬訂原本的 15c3-1 規則。錯誤說法的源頭通常無法查考，因為「謠言工廠」特別容易受突變和天擇的力量影響。但在這個例子中，我們可以找到禍首，也就是那個產生這種新突變並且使媒體受到減染的人。皮卡德的背景使他的說法顯得可信。如果是某個不知名的部落客提出相同的指控，這種說法很可能不會產生同樣的影響力。

第二，這種指控提出之後，一些優秀和受敬重的經濟學家、監理官員和政策制定者還沒查證「2004 年修改淨資本規定導致投資銀行提高槓桿」這說法是否成立，就已經據此提出政策建議。這有如發生了謀殺案，我們還沒釐清真相就宣判某人有罪。除了懲罰被冤枉的人之外，我們還縱放了真凶，而且不清楚真凶的動機和意圖。

紅色藥丸，抑或藍色藥丸？

為了處理這種錯誤的敘事，我們必須認識到，人類已經演化至利用敘事來解釋世界。我們仰賴敘事解釋世界，而這已經產生了改變世界的作用。作為一種理解世界的方式，敘事比本能好得多，無論我們的本能在演化過程中改善了多少。但是，我們根深柢固地偏好某些類型的敘事。我們看電影時，不是都想看到好人戰勝壞人嗎？如美國哲學家威廉·詹姆士（William James）一個世紀前指出，人們相信某些敘事正確，是因為這些敘事對他們有用。我們希望相信正義將戰勝邪惡、英雄將打敗壞人、結局是皆大歡喜（至少是好

人有好報），因為相信這些敘事可以在它們未必經常成真的世界裡，為我們提供心理安慰。

如果我們固有的偏見和捷思法使我們傾向相信不好的敘事，我們仰賴敘事的結果就會令我們失望。我說一種敘事「不好」，不是站在文學評論的立場；我的意思是這種敘事會導致我們作出錯誤的預測。這就回到大腦作為一種預測機器的概念。我們可以將敘事視為一種先進的模擬形式，以高度抽象的方式描述現象。一如天體物理學家仰賴模擬預測日蝕（這種現象不可能在實驗室裡產生），人腦也仰賴敘事。但是，如果有關星系形成的模擬產生的結果不符合天體物理數據，天體物理學家將替程式除錯，試著修好模擬所仰賴的模型；而如果種種努力都無效，他將徹底摒棄這種模擬。另一方面，人腦卻演化出這種奇怪的行為：我們傾向美化錯誤的預測或替錯誤找藉口，像第 4 章中葛詹尼加研究的左右腦分離的病人那樣，創造出極富想像力但不正確的說法。

仰賴不好敘事的人必須找到比較好的另一種敘事，才能成為比較好的預測者。這種方法有兩部分：首先是找到一種比較好的敘事，然後是採用它。好在我們手邊就有一種極好的方法可用來尋找更好的敘事，那就是科學方法。但是，科學方法並沒有一種必然有效的具體做法。田野生物學家很可能覺得總體經濟學家的方法很古怪，反之亦然——事實上，各門科學之間、神聖學術殿堂內部的鬥爭，很大程度上正是這種差異造成的。

不過，就科學探索的多數形式而言，科學方法可分四個階段。第一個階段是蒐集實證證據。（在經濟學中，這種工作特別困難；一直以來，經濟學研究若不是有資料太少的問題〔總體經濟學研究就

是這樣〕，就是有資料太多的困難〔金融經濟學研究就是這樣〕。）第二個階段是建構一種假說。假說其實就是解釋資料的候選敘事。第三個階段是利用假說作出預測，而第四、也就是最後一個階段是藉由實驗檢驗假說。

對科學方法來說，非常重要的一點是假說必須是可以明顯地證明是錯誤的，這一點與確定好敘事的其他方式不同（例如法庭審案）。而恰恰因為學術界本質上是競爭的，許多人將努力嘗試證明其他人提出的假說是錯誤的。如果某個假說面對這種持續的攻擊仍可以屹立不搖，一再獲得研究支持，繼續產生相當好的預測，我們就可以將假說的地位從候選敘事提升至理論——這是我們在科學方法之下最接近真相的時候。

我們想出一種好敘事之後，要採用它仍需要某程度的勇氣。在科幻電影《駭客任務》（*The Matrix*）中，尼歐（基努李維飾演）可以選擇吞下藍色藥丸、繼續活在虛妄的世界裡，也可以吞下紅色藥丸，醒過來面對真實的世界。如果面對這種抉擇，我們必須選擇吞下紅色藥丸，然後才有望真的不再受我們珍惜的信念束縛（當中有些是我們抱持了數十年的信念）。這並不容易。在不受外力影響的情況下，我們寧願選擇比較舒服的做法，保留我們原本的誤解和偏見。沒有人喜歡發現自己原來錯了。這正是種族、性別和性傾向方面的偏見很難改變的原因之一。我們不想吞下紅色藥丸，直到我們經歷了某種關鍵時刻，發現自己的信念與現實存在不可調解的矛盾。這正是量化派 2007 年 8 月面對的情況（參見第 8 章）。

我們可以避免這場危機嗎？

　　針對 2008 年的金融危機，科學方法能夠建構出準確有力的敘事。但是，即使是世上最好的敘事，如果沒有人願意聽，也是沒有用的。我們來想想這個思想實驗。如果我們事先就知道將會發生金融危機，例如 2004 年就知道，那會怎樣？如果我們因為某種原因（例如利用科幻小說中那種時光機，又或者因為仔細分析數據），遠在危機實際發生之前就洞察事態，我們可以做些什麼？我們是否可以阻止危機發生？

　　有些人可能發白日夢，認為這是發大財的好機會。畢竟約翰‧鮑爾森（John Paulson）不就是利用他的洞見，押注美國房市將崩跌，結果賺了數十億美元嗎？但鮑爾森是成功這麼做的極少數人之一，他們在這過程中每一步都必須對抗不友善的金融環境。鮑爾森與懷疑房市泡沫即將破滅的其他投資人不同，他有必要的資源、技能、人脈和好運氣，因此才可以完成看空房市的交易。

　　但如果我們不是想利用這場大災難獲利，而是想阻止它發生呢？不幸的是，這種努力的結果顯示，成功機率非常低。2005 年 1 月，耶魯經濟學家席勒（Robert Shiller）明確表達了他的看法。席勒當時是全球最重要的房價專家之一（現在仍是）。他與凱斯（Karl Case）創造的房價指數，是我們了解房價長期變化的最重要指標。席勒表示：「只看人口、建築成本或利率，是不可能解釋房價的。這些因素全都無法解釋約從 1998 年開始的『火箭升空』效應……房價表現改變反映大眾有關房產價值的觀念改變了，也顯示大家更關注投機性價格波動。這是出現泡沫的跡象，而泡沫內含導致它們最終

毀滅的因素。」[22]

　　這是 2005 年 1 月的事。席勒以權威專家的身分發言，而且提供數據支持他的假說。但儘管他提出了專家觀點，從他 2005 年 1 月公開發言到 2006 年 6 月房價觸頂，美國房價還是再漲了 15%。

　　或許災難將至的警鐘可以由政策制定者敲響？我們來看芝加哥大學經濟學家拉詹（Raghuram Rajan）參與富影響力的傑克森洞（Jackson Hole）經濟政策研討會的遭遇。該研討會每年 8 月由堪薩斯聯邦準備銀行主辦，每年都有特定的主題。2005 年的傑克森洞研討會是向葛林斯潘致敬，他即將卸下聯準會主席的職責，不再當指揮美國經濟的「大師」。拉詹並未被研討會的堂皇排場嚇倒，對著包括葛林斯潘在內的觀眾發表了他的報告，題目是具挑釁意味的〈金融發展是否已經令世界變得比較危險？〉（Has Financial Development Made the World Riskier?）他認為金融環境中的新發展已經改變了金融風險的性質。「雖然金融體系如今藉由更廣泛地分配風險，更好地利用了經濟體的風險承受能力，它也比以往承受了更多風險。此外，市場之間以及市場與機構之間的聯繫現在變得更顯著。雖然這有助金融體系將風險分散為許多小衝擊，但也導致金融體系可能承受巨大的系統性衝擊，例如資產價格的大幅波動或總體流動性的變化。」[23]

　　在全球金融危機爆發後，拉詹那次演講顯得極有先知之明。拉詹演講之後不到一千日，金融體系燒起了災難性的大火，決策當局必須一再緊急救火；誰會忘記那恐怖的幾個星期？但 2005 年出席傑克森洞研討會的傑出人士怎樣對待拉詹的演講呢？哈佛大學的桑默斯（Larry Summers）帶領演講之後的討論，劈頭第一句話就替拉詹貼上「被誤導」和「略為盧德分子」（slightly Luddite）的標籤。考慮

到學術界淡化批評的傳統，這有如對拉詹近距離開槍。拉詹後來說，他覺得自己「像一名早期的基督徒，不小心走進了一群半餓的獅子之中。」[24]2005 年時，桑默斯的評論反映了一種共識，這種共識使拉詹的分析最多只能被視為一種另類的少數觀點——至少在拉詹預言的「金融業可能災難性的崩盤」實際發生之前是這樣。

　　我自己針對對沖基金業的研究也能看到金融危機將臨的早期警訊。2000 年代初，我的學生和我開始研究對沖基金的報酬率和它們如何隨著時間的推移而改變。對沖基金的月報酬率非常平穩，平穩到你可以利用最新的月報酬率，某程度上準確地預測下一個月的報酬率。如果對沖基金是個股，這種情況顯然違反效率市場假說！要設計一種策略利用這種平穩的報酬率獲利，實在是太簡單了。但對沖基金是私人合夥事業，它們的獲利是無法藉由套利輕易奪走的。但我們還得思考這問題：對沖基金這些非常平穩的報酬是什麼造就的？

　　流動性不足應該是一個因素。住宅房產的報酬向來是非常可預測的，但不動產市場的流動性不足以讓投資人利用這種可預測性。另一方面，共同基金的流動性極高，但它們的報酬率沒有可輕易預測的形態。如果對沖基金的報酬率是可預測的，則這種情況有賴一個條件支持：利用這種可預測性獲利的成本太高，以致根本無利可圖。換句話說，相關資產必須難以買賣，也就是流動性不足。事實上，報酬率越是可預測、這種可預測性越持久，相關資產的流動性必然越低。因此，我們可以利用報酬率的可預測程度作為流動性不足程度的指標。流動性不足加上高槓桿，恰恰是金融界最危險的炸藥，造成了後果最嚴重的金融災難，例子包括長期資本管理（LTCM）、貝

爾斯登和雷曼兄弟破產。

我們再想想對沖基金的金融生態系統。我們已經看到,一種對沖基金策略如果有太多人奉行,報酬率就會降低。但正因為這樣,對沖基金會試著利用槓桿增加獲利。如果我們觀察金融生態系統,看到愈來愈多對沖基金奉行某種策略,而且它們的月報酬率非常平穩,那代表什麼?那代表這些對沖基金都在爭奪流動性非常低的某個大餅,利用愈來愈大的槓桿放大愈來愈微薄的報酬。這是災難一觸即發的一種金融環境。

2004 年 10 月,我之前的學生 Nicholas Chan、Mila Getmansky、Shane M. Haas 和我發表了我們測量對沖基金業這種系統風險的統計檢定結果。[25] 我們看到兩類對沖基金的風險顯著上升,它們是股票多空策略(後來在量化崩盤中受衝擊)和全球總體策略(2001 年初起針對國際總體經濟情勢進行押注的一種對沖基金)。尤其值得注意的是,我們看到系統風險從 2002 年中起飆升,可能是與美股的空頭走勢有關。那時候我們是否差點就必須面對一場金融危機?

我們是在美國國家經濟研究局(NBER)的會議上發表研究結果的;這次演講得到好評,跟我第一次在 NBER 會議上演講不同。參加會議的人主要是金融經濟學家和他們研究生,我們的研究結果本來大有可能僅在這些人當中受注意。但財經記者吉曼(Mark Gimein)看了發表在 NBER 會議網站上的那篇論文,然後寫了一篇文章,發表在 2005 年 9 月 4 日的週日版《紐約時報》上。[26] 吉曼文章的最後一段寫道:「羅聞全先生設想的恐怖情況,是高槓桿的對沖基金接連崩盤,拖垮了借錢給它們的大銀行或券商。」這種設想在當時顯得荒謬。但如今回顧,我們看到許多不同的對沖基金自 2006 年

起陸續崩盤，而貝爾斯登和雷曼兄弟就是經由它們的對沖基金蒙受第一波損失；由此看來，我當年的設想並不離譜。

　　那麼，私營部門是否曾及早發出警訊？如果曾有人合理地說明2005 年的前進方向將導致災難，銀行業者當中的開明自利一定可以戰勝不理性的行為，對吧？如果某家公司向董事會報告工作的風控長（chief risk officer）曾敲響警鐘，那又如何？

　　不幸的是，我們也知道這問題的答案，而這有賴麥唐納（Lawrence McDonald），他在那段時期是雷曼兄弟不良與可轉換債券交易副總裁。在與羅賓森（Patrick Robinson）合著的 2009 年著作《雷曼啟示錄》（*A Colossal Failure of Common Sense*）中，麥唐納闡述了2005 年擔任雷曼兄弟風控長的安東希克（Madelyn Antoncic）的遭遇。[27] 從安東希克的資歷看來，她正是在適當時候處理次貸危機的適當人選。安東希克的第一份工作是在聯準會從事經濟研究，而在加入雷曼兄弟之前，她曾擔任高盛和巴克萊資本的市場風險主管。安東希克在雷曼的表現，使她獲選為《風險》雜誌（*Risk*）2005 年的年度銀行風險控管經理人。

　　但是，雷曼兄弟的董事會顯然不願聽取安東希克的忠告。美國房市接近觸頂時，安東希克反對提高雷曼兄弟的負債上限，但她的意見被雷曼執行長傅德（Dick Fuld）和總裁桂格里（Joe Gregory）親自否決了。傅德和桂格里討論潛在交易的好處時，會請安東希克離開會議室，而走廊實在不是風控長發揮作用的好地方。一名雷曼內部人士甚至表示，在氣氛特別緊張的某次會議上，傅德曾叫安東希克「閉嘴」。[28] 2007 年，傅德和桂格里安排安東希克出任雷曼的「金融市場政策關係全球總監」——頭銜很氣派，但卻是一個對公司的

風險沒有什麼監督權力的閒職。一年之後，雷曼兄弟宣告破產，差點拖垮了整個美國金融體系。安東希克留了下來，負責處理雷曼的殘餘資產，盡可能使雷曼的許多債權人得到一點補償。

上述所有警告都未能及時說服世人。連約翰‧鮑爾森也發現，要說服其他人協助他針對房市泡沫將破滅押注數十億美元，是極其困難的事。為什麼我們無法令人聽取我們的意見？

這些例子不是個別情況。美國政府的金融危機調查委員會（Financial Crisis Inquiry Commission）發現，金融體系每一個層級都有人願意就即將發生的災難發出警告。[29] 或許在鄰居利用他們的新房貸去度個美好的假期時，你覺得房價將一直上漲的想法有點可疑。又或許你自己在好好度假時，突然對這一切產生強烈的懷疑……畢竟一件事如果好得不像是真的，它通常就不是真的。到底發生了什麼事？

適應性市場假說的解釋

2007年夏天市場緊張不安之際，花旗集團執行長普林斯（Chuck Prince）被問到花旗是否將因應利率上漲和美國房貸市場惡化而縮減放款。普林斯的答案很簡單：「只要音樂還沒停，你就必須起來跳舞。眼下我們仍在跳舞。」[30] 四個月後，普林斯退休了；之前不久，花旗集團公佈了意外差勁的第三季財報，因為該公司持有的房貸擔保證券價值大幅縮水。[31]

我說這件事不是要挖苦普林斯。他是銀行業影響力最大的執行長之一，當時是在陳述他的基本敘事。即使在最惡劣的市場環境

下，金融專業高手也將努力設法賺錢。而在普林斯看來，當時的市場環境還不是那麼差。「到某個時候，擾亂現狀的事件將產生巨大影響，以致流動性不但不進來，還將流走。我不認為我們現在已經到了這種地步。」

適應性市場假說告訴我們，在金融危機最基本的層面，貪婪壓倒了恐懼。金融體系中所有層面的人都忽略環境的變化，創造出敘事來說服自己相信貪婪是好事。有人警告危機將至，但對這種警告的抗拒比警告本身更有力，直到為時已晚。作家暨政治行動者辛克萊（Upton Sinclair）曾說：「如果某人的薪水有賴他不明白某些事，你很難使他明白。」要說服那些直接從市場賺錢的人相信一些他們不願相信的事，那就更困難了。市場伏隔核產生的集體衝動壓倒了杏仁核產生的恐懼反應，誘使其左腦替衝動的行為提出看似合理的辯解。整個市場顯然希望馬上吃掉眼前的糖果，而不是延宕滿足。這是整個經濟體層面的風險，也就是所謂的系統風險。

但為什麼我們沒有產生應有的恐懼？我們且回到 2005 年 8 月的傑克森洞研討會。桑默斯回應拉詹的演講時，拿金融體系與運輸系統比較：

久而久之，人們對他們仰賴的運輸安排的安全性幾乎完全滿意。許多大型經濟部門的組織方式，有賴飛機能飛、火車能走。依賴個別運輸樞紐（如芝加哥歐海爾機場）的程度顯著上升。最慘的事故變成是遠比以前嚴重的大災難。但我們幾乎都將肯定地說，經由這過程，發生了一些非常有益、壓倒性有益的事⋯⋯死於交通事故的人比以前大幅

減少了。[32]

這是完全正確的。金融創新確實帶給世人巨大的好處。但是，借用桑默斯的比擬，2008 年的金融危機有如美國最大的十個航空運輸樞紐同時癱瘓，其中兩個被無法解釋的飛機撞擊摧毀了。即使總死亡人數僅為美國每年汽車事故死亡人數（2015 年約為 38,000 人）的零頭，我們仍將認為這是整個國家的大災難，並將要求當局加強航空安全，同時大幅減少搭飛機，直到新政策和程序生效。雖然桑默斯所稱的「一般交通方式」（自己開車上公路）這一年發生的事故導致更多人死亡，我們不會因此得到什麼安慰。

為什麼我們的運輸系統似乎比我們的金融體系安全得多？如果以死亡人數衡量，事情當然並非如此：金融危機必須極其嚴重，才可能僅憑傷害經濟殺死成千上萬人。但如果著眼於潛力之損失，許多人因為無法充分發揮經濟生產力而造成的損失很快就變得非常巨大。日本房地產市場 1989 年崩盤之後，日本經濟持續萎靡，一些日本經濟學家先是談論「失落的十年」，近年則談起「失落的二十年」。金融危機對民眾生活的衝擊，可能像一場重大戰爭那麼嚴重。

正常與不正常的意外

在 1990 年代，一些「遠比以前嚴重的大災難」似乎與新金融產品增加有關，我對此印象深刻。這些金融災難包括德國金屬工業集團（Metallgesellschaft）1993 年能源對沖操作失利、加州橘郡 1994 年破產、寶僑（P&G）1995 年控告信孚銀行（Bankers Trust），雖然涉

及以十億美元計的損失，但現在已經不是那麼多人熟悉事件。我當時不知道的是，LTCM 的災難也即將來臨。當然，我們現在也有了量化崩盤和全球金融危機的例子。是否有個簡單和令人信服的理論可以解釋這些彼此非常不同的災難？

有些人將這些新金融災難歸咎於金融創新。例如（當時）複雜的金融衍生商品有時被認為造成德國金屬工業集團的對沖災難。次貸危機開始時，許多不熟悉金融業的經濟學家集中關注證券化操作，認為這種將大量房貸組合成房貸擔保證券和債務擔保證券的作業，是房市衰退殃及大型銀行的原因。但即使沒有「奇特」的金融工具，危機也可能發生。2007 年 8 月的量化崩盤事件之所以發生，顯然是因為許多對沖基金在股市中奉行非常相似的策略，而這些基金只是買賣所有人都可以買賣的一般股票。

這些災難都有一個共同點：以前互不相關的資產之間出現了新的關聯。建構共有的投資組合，或是將許多房貸組合成某種證券，在金融體系中創造出以前沒有的**緊密耦合**（tight coupling）情況。（「緊密耦合」是借用工程術語，稍後將解釋。）

這就要講到耶魯社會學家斐洛（Charles Perrow）在其 1984 年的著作《正常意外》（*Normal Accidents*）中率先提出的一個舊理論。[33] 斐洛令人信服地指出，在多種產業脈絡中，複雜與緊密耦合這兩個條件結合起來，就很容易發生災難。複雜是指一個系統由許多部分組成，它們之間的關係可能是高度非線性和難以理解的。緊密耦合是指系統要正常運作，每一個組成部分都必須表現完美——只要任何一部分失靈，整個系統就會停止運作。斐洛指出，複雜加上緊密耦合不但解釋了為什麼出現漏油、墜機、核反應爐爐心熔毀、化工

廠爆炸之類的意外，還解釋了為什麼我們應預期這種意外將不時發生。

我們不難看到，金融體系正是複雜和緊密耦合的——1980和1990年代的存貸危機、LTCM事件、雷曼兄弟破產和首選準備基金事件都是好例子。但是，在2010年標題明確的文章〈這次崩盤不是意外〉中，斐洛斷然表示他的理論不適用於2008年金融危機。[34] 他的理由在於人的行為：「雖然這些結構特徵是明顯的，我認為這個例子不符合這個理論，因為事件的起因不在於系統，而是在於關鍵行動者的行為，他們知道他們使他們的公司、客戶和社會面臨巨大的風險⋯⋯複雜和緊密耦合只是令欺騙變得更容易和後果變得更廣泛而已。」斐洛無疑有他的道理。金融業不乏惡劣行為，1990和2000年代金融業者的惡行更是鞏固了人們對於華爾街中人乃「宇宙主人」（Master of the Universe）的刻板印象；這種印象是湯姆・沃夫（Tom Wolfe）著名小說《虛榮的篝火》（*Bonfire of the Vanities*）普及的。[35] 我們將在下一章檢視這些惡劣行為。

但所有的意外，無論正常與否，根源不正是人的行為嗎？站在適應性市場假說的角度，我們可以明白金融界為什麼變得緊密耦合：因為在高度競爭的金融環境中，業者自然會調整適應以追求更高的效率和利潤。新耦合產生新風險，但意外會發生，是因為投資人在掌握新的遊戲規則之前，必然使用他們適應環境的舊方式。借用卡洛爾（Lewis Carroll）創造的故事，金融創新涉及投資人演化上持續的「紅王后競賽」：一如慢跑者走在逐漸加速的跑步機上，投資人必須盡力向前跑，才能停留在原地，而一段時間之後，踏錯一步就可能造成金融災難。跑步機上的意外，後果往往很嚴重。

這不是替詐欺、盜竊和其他不道德的違法行為開脫——這些行為在任何一個產業都是不可接受的，應設法防止和懲罰犯罪的人。但如果這麼做還不夠呢？如果即使體系內所有人的行為都合乎道德，做了他們應做的事，發生意外仍是正常現象，那又如何？

康達尼（Amir Khandani）、默頓（Robert C. Merton）和我提供了一個與金融危機有關的例子：在利率下跌、房價上漲、房貸融資和再融資費用低廉而且容易辦理（「沒有預付費用，沒有移轉費用，沒有問題」）的時期，所有人都受惠。[36] 利率、房價和房貸的這三種趨勢本身是完全無害的——事實上，它們通常被視為有利於經濟成長。**但它們如果同時發生，整體影響卻可能是致命的。**利率降低加上房貸更容易取得，製造出更多首次購屋者，而既有屋主則可以辦理房貸再融資——他們可能降低每月還款額，也可能利用升值的房子套取現金，或兩者同時進行。但一旦利率開始上升和房價開始下跌（這是必然會發生的事），借了浮動利率房貸的屋主將面臨困境：他們的房貸還款額上升了，房屋淨值（房子的市值減去房貸餘額）萎縮了，而因為房子在房價下跌時期比較難賣出，他們找不到輕鬆的解決方法。如果你利用保證金帳戶買進股票，股價下跌時你可以賣掉部分持股以降低槓桿，但屋主在房價下跌時，不可能賣掉一半的廚房或兩間浴室以便降低槓桿。即使經濟體中所有的利害關係人行事完全合乎道德和負責任，上述三種經濟趨勢的綜合作用——我們稱之為「再融資棘輪效應」（refinancing ratchet effect）——仍替整個體系遭受衝擊鋪好了路。

為什麼這場危機對美國金融體系產生那麼大的衝擊？站在適應性市場假說的角度，我們想到的一個直接答案是美國的金融機構適

應了「大穩定時代」（Great Moderation），也就是始於 1980 年代中、終於 2008 年金融危機，美國經濟波動性異常低的一段漫長日子（與上一章提到的「大調和時期」是不同的概念）。[37] 投資人、立法者、經理人和監理者適應了比較穩定的環境，忽略了較早時期使我們得以在比較動盪的年代壯大的適應方式。金融體系中的機構適應了穩定的金融環境，在新環境下被迫掙扎求存。

人的行為加上自由市場體制自然產生種種問題，金融危機是一個特例。這兩個要素少了任何一個，金融危機就不會發生。我們是動物界的好奇猴喬治（Curious George），但沒有戴黃帽的人來救我們。意外會發生並且成為常態，人的行為是終極原因。只要有一段很長的時間沒發生意外，我們就會低估了風險。這是適應（或適應不良）的一個例子。如果沒發生不好的事，日子久了我們就失去從那些經驗中吸取教訓的能力：「不在眼前，便告忘懷」。結果我們就喪失了恐懼感，一如第 3 章中那個杏仁核鈣化的女士。

這是與思想同速的演化的一個缺點。環境改變時，我們可能失靈的捷思法利用我們的舊適應方式因應意外事件。而如果事件實在異常（例如高盛公司在量化崩盤事件中看到的 25 個標準差波動，又或者 2007 年時投資人意識到完全沒有人知道債務擔保證券背後的資產有多大的比例是次級房貸），金融浩劫就很可能發生：市場完全停擺，資金湧向安全資產，此外還有反映暴民瘋狂的其他行為。

流動性萎縮徵兆

有關金融危機的各種敘事往往都會提到市場流動性急劇萎縮這

件事。銀行業恐慌、股市崩跌、次貸危機、2007 年 8 月的量化崩盤全都是流動性衰竭的例子。但流動性不容易測量（你無法在彭博終端機上找到直接的指標），我們可能忽略了流動性隨著時間的推移如何改變，因此無法適當地調整適應。康達尼和我在我們 2007 年 8 月的研究中再做了一次模擬，便非常清楚地看到了這一點。[38]

在上一章中，我闡述了我們如何根據股市上個交易日的表現，模擬一種每日均值回歸策略的交易績效。但是，最精密的量化型對沖基金做交易，不是看一天的市場表現，而是逐分鐘、逐秒鐘看，現在甚至是逐微秒看。康達尼和我因此決定利用標準普爾 1500 指數 2007 年 7 月 2 日至同年 9 月 30 日（也就是涵蓋量化崩盤事件的三個月）準確至約十分之一秒的全部交易資料，模擬比較高頻的均值回歸策略。這涉及處理總共 8.05 億筆交易，是利用「大數據」的一個好例子。

我們模擬相同的均值回歸策略，但這一次不是利用上交易日的報酬率決定買哪些股票和賣哪些股票，而是利用之前 60 分鐘的報酬率決定在當前 60 分鐘內買賣哪些股票。在這種比較高頻的交易中，我們的均值回歸策略是希望捕捉造市商的行為，他們對一檔股票將上漲還是下跌沒有特別看法，是靠提供流動性賺錢。在這個例子中，提供流動性意味著在其他人想賣出時買進，在其他人想買進時賣出，很像我們奉行的短線均值回歸策略。

我們算出一天的盈虧，再綜合這三個月的每日盈虧，算出我們的模擬報酬率。為了解交易頻率對盈虧的影響，我們也利用 30 分鐘、15 分鐘、10 分鐘和 5 分鐘的時段模擬我們的策略（在 2007 年，每隔 5 分鐘做交易已經算是高頻；以今天的標準衡量，這可能被視

為比較像長期投資）。

圖 9.2 概括了我們的模擬結果，呈現一種迷人的報酬形態。五條曲線顯示自 2007 年 7 月 2 日起，均值回歸策略採用不同交易頻率所取得的累計盈虧。60 分鐘的均值回歸策略僅取得微薄的累計獲利，其黑色曲線僅微微向上，意味著這三個月期間取得很小但正數的平均報酬率。隨著交易頻率提高，曲線向上的斜率愈來愈大，而 5 分鐘策略（虛線）的斜率是最大的，累計獲利遠遠超過其他交易頻率。你現在應該明白為什麼現今的高頻交易商一直努力提高交易速度。

但圖 9.2 也呈現了另一些情況。累計獲利的上升趨勢曾中斷：累計獲利一度下跌，數天後才恢復上升。累計獲利升勢中斷恰恰發生在 2007 年 8 月第二個星期，也就是量化崩盤那一週。但是，獲利下跌不是從 8 月 7 日週二開始，而是 8 月 6 日週一股市一開盤就開始。在我們的 5 分鐘反向策略中，那一天表現最差的個股是房貸保險公司瑞殿集團（Radian Group）。表現倒數第四的是如今已不存在的房貸放款公司 IndyMac Bancorp，倒數第六的是另一家房貸保險公司 MGIC Investment，倒數第七是住宅營建公司 Beazer Homes。次貸業者全國金融（Countrywide Financial）的表現排在倒數第 17 位。記住，我們的均值回歸策略並不是以與房地產市場有關的公司為目標。

根據圖 9.2 顯示的盈虧形態，我們可以就量化崩盤提出比上一章更具體的敘事。我們之前推測，因為房貸市場出現的嚴重虧損，金融機構開始結清各種投資部位，套取現金準備應付房貸相關證券觸發的保證金追繳令。這種套現行為開始後，資產價格的升跌方向變得恰恰不利於均值回歸策略。畢竟均值回歸策略結清部位就是買進

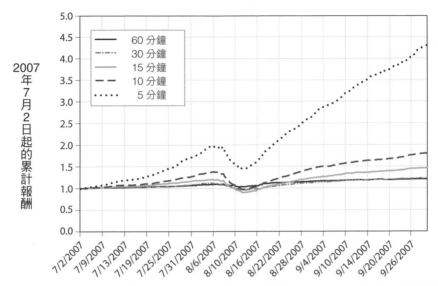

圖 9.2 k 分鐘均值回歸策略：2007 年 7 月 2 日至同年 9 月 28 日應用在標準普爾 1500 指數成份股上的累計報酬，k 為 5、10、15、30 和 60。不容許留部位到第二天，最早的部位是在每天早上 9:30 加 k 分鐘時建立，所有部位都在下午 4:00 結清。標準普爾 1500 指數成份股以上個月最後一天的情況為準。資料來源：Khandani and Lo (2011, figure 8)。

之前的贏家、賣出之前的輸家，涉及的交易與奉行這種策略恰恰相反。如果這種套現交易規模夠大、執行速度夠快，之前上漲的個股將繼續上漲，之前下跌的個股將繼續下跌——這種走勢剛好與均值回歸相反，而這意味著奉行均值回歸策略的投資組合全都將同時出現損失。

　　如圖 9.2 顯示，我們利用盤中交易數據所做的新模擬證實了這種效應，它很快便呈現在 5 分鐘均值回歸策略的盈虧上。8 月 6 日週一那天顯然有一些股票多空大型投資組合急著套現，而它們含有一些與次貸有關的個股：這波交易從股市一開盤就開始，當天美國東部時間下午 1:00 左右結束。週三的量化崩盤高潮看來是這波套現交易

的餘震：交易頻率較高的流動性提供者因為週一的虧損，週二撤離市場，市場波動因此加劇。這些造市商習慣了幾乎每天都一定賺錢，在經歷了多個月來首個虧損日之後，幾乎立即知道市場出現了異常情況。他們可以完全離開市場，直到第二週能恢復賺錢時再回來。如果只有一個造市商這麼做，問題不大，但如果大量造市商同時這麼做，市場將出現流動性供給嚴重不足的情況。就像蹺蹺板兩端分別坐了一個小孩和一個重得多的大人，如果大人忽然跳開，後果可能相當嚴重。

這些結果說明了金融生態系統中的一項重要變化。2001 年之前，在美國的交易所買賣的股票，價格的最小變動幅度是八分之一美元，也就是 0.125 美元；你會看到 40.250 或 40.875 美元的成交價，但永遠不會看到 40.270 美元的成交價。這種慣例是為了在數位技術普及之前的年代簡化計算，而它對流動性的影響非常有趣。交易所指定的造市商（也就是獲得交易所獨家授權與公眾持續買賣股票，賺取買賣價差作為報酬的交易商）每次完成一買一賣的交易，至少可以賺到 0.125 美元。這看起來不多，但這種獲利幾乎是沒有風險的，而且造市商持續買賣，一天下來利潤就相當可觀。

2001 年，SEC 命令所有的美國交易所轉用十進制報價，也就是股票價格的最小變動幅度變成 0.01 美元。這規則起初看來是合理的。藉由縮小買賣價差，交易費用可以減輕，投資人將可受惠。但代價由誰承受？顯然是由造市商承受，因為他們現在一買一賣只能賺到 0.01 美元，比之前少了 92%。

但改用十進制報價對造市商還有更壞的影響：他們的競爭者如對沖基金和高頻交易商如今可以比較輕易地在價格上壓倒他們。在

改用十進制報價之前，如果對沖基金要為市場上想買賣的人提供比造市商更好的價格（進而取代造市商成為想買賣者的交易對手），它提出的買進價格必須至少比造市商高 0.125 美元，賣出的價格則必須至少比造市商低 0.125 美元。採用十進制報價之後，對沖基金報出的價格，只需要比造市商優惠 0.01 美元。結果因為對沖基金和其他交易商以優惠 0.01 美元的價格積極搶交易，造市商的生意大受打擊。交易所改用十進制報價之後不久，就有不少經營造市業務的公司結束營業。

為什麼造市商會處於這種劣勢？他們不可以提供更優惠的價格與其他交易商競爭嗎？答案在於造市商的角色：他們承諾在任何情況下都買進公眾想賣的股票，賣出公眾想買的股票。這種承諾似乎完全無害，但它意味著造市商與真正掌握有關個股價值有用資訊的人交易時，必然處於劣勢。如果有一名投資人知道，某家藥廠的一款重要新藥因為最新科學研究結果，很可能無法通過美國食品藥物管理局（FDA）的審核，他將向造市商賣出該藥廠的股票。又例如若有投資人因為自己的研究，知道電池技術即將大幅進步，因此決定買進某電動車公司的股票，他將向造市商買進該股。在這兩個例子中，造市商都是交易中處境不利的一方。但因為造市商承諾滿足公眾的交易需求以賺取買賣價差，根據交易所的規定，他們必須參與這些交易。造市商因為參與這種交易而蒙受的損失，一般可以由大量的一般交易貢獻的買賣價差彌補有餘。

如果我們可以扮演造市商的角色，但不必一直參與交易，那不是很好嗎？這恰恰是對沖基金所做的事，近年則有高頻交易公司努力這麼做。在交易所改用十進制報價之後，他們一直在搶造市商的

飯碗，辦法是在想參與買賣時以略為優惠的價格搶走造市商的交
易，所奉行的策略開始虧損時就撤離市場。隨著這種交易商愈來愈
多、掌握的資本和產生的影響力愈來愈大，他們雖然提供流動性，
但可能令市場付出高昂的代價。這種新興物種的成員同時停止提供
流動性時，金融生態系統的穩定性便受威脅；2007 年 8 月第二週的
情況正是這樣。我們的模擬顯示，金融環境中看似輕微的變化，例
如交易所採用十進制報價，也可能造成生態系統中的重大變化。除
非我們以適應性市場框架研究這些事件，我們可能忽略了這些威
脅，直到為時已晚。

　　美國度過金融危機最壞的情況之後，多年來有人針對如何避免
未來發生類似的危機，提出了多種互有矛盾的見解。這些見解跨越
各種意識形態，從將銀行國有化（或許還應該將銀行業人士送進監
獄）到解除政府對貨幣的管制都有。

　　但是，隨著時間的推移，早期提議的迫切性已減弱，範圍也已
縮窄。「沃爾克規則」（Volcker Rule）的演變就是一個實例。前聯準
會主席沃爾克 2009 年提議禁止銀行從事自營交易、投資在對沖基金
或私募股權基金上，並限制銀行的整體負債。2010 年的《陶德法蘭
克華爾街改革與消費者保護法》納入了沃爾克規則，但該規則之執
行立即面臨政治和法律上的挑戰。每一次的挑戰都修改了沃爾克規
則的原意，每次修改都損害其效力。我撰寫本書時，法規經修訂的
最終版本已獲核准，但原本就存在的基金仍享有漫長的寬限期。隨
著每次選舉產生新的立法者，帶來新的政策和決策者，沒有人知道
沃爾克原本設想的規則最終能否實施。

　　過去幾年華府流傳一句話：「浪費危機實在可怕。」這句話相當

諷刺，反映了人類恐懼反應的現實情況。最近這場金融危機爆發後，我們必須在相關記憶徹底淡化之前，利用我們掌握的最好實證證據和分析，把握機會完成必要的立法工作。我們最好是能建立適當的回饋環路，以便系統可以自我糾正——採用適應性市場的概念，則是設法維持金融體系中恐懼與貪婪的適當平衡。在這過程中，我們將必須建立新的金融敘事，解釋為什麼我們應該戒除可以立即產生好處的某些活動。一如第 4 章中在峽谷裡被大石壓住手臂的羅斯頓，我們必須將焦點放在美好得多的未來上。為此我們必須了解金融病態的根源——金融界的惡劣行為。

第 10 章

金融界的惡行

許多人認為道德就是黃金律:「你想別人怎麼對你,你就怎
麼對人。」金融業似乎有自己的版本:「趁別人還沒這麼對
你,趕快這麼對人。」

金融為王

雖然我們對金融危機一點也不陌生，但 2008 年危機的規模、廣度和持續時間告訴我們，有些事情已經改變了。第 5 章圖 5.2 呈現的世界人口巨幅成長帶來了一些巨大的挑戰，包括金融穩定受威脅。這種威脅屬於人類演化的一個大主題，也就是技術進步本質上利害參半——既帶來好處，但也往往造成意想不到的後果，其中之一是我們愈來愈仰賴金融業。圖 10.1 呈現此一趨勢四方面的情況。

圖 10.1a 比較美國金融業與製造業的就業人口。金融與保險業總就業人口數十年來穩定成長，而製造業現在雇用的人數卻與 1940 年代相若。因為技術進步，尤其是自動化技術流行，製造業以同樣的人力就能貢獻大得多的經濟產值。圖 10.1b 比較金融業與製造業的人均附加價值（生產力的一個指標），證實情況確實如此。金融業與製造業的人均附加價值曲線都是向上傾斜，顯示生產力顯著成長。但圖 10.1b 也顯示，金融與保險業曲線向上傾斜的程度更甚於製造業：金融業平均每人貢獻的附加價值高於製造業，而且差距愈來愈大。

既然人均附加價值較高，金融與保險業專業人士的薪資應高於製造業專業人士，而圖 10.1c 和 10.1d 證實事實正是這樣——這兩個圖比較工程師與金融從業人員當中大學本科畢業生的平均年收入，也比較兩者當中本科以上畢業生的平均年收入。金融業顯然正變得愈來愈重要。

這並非必然是好事或壞事，但我們思考金融危機為何發生以及我們可以做些什麼時，必須記住這件事。金融業日益重要意味著我們必須開始更注意適應性市場假說重視的、金融生態系統中的三大

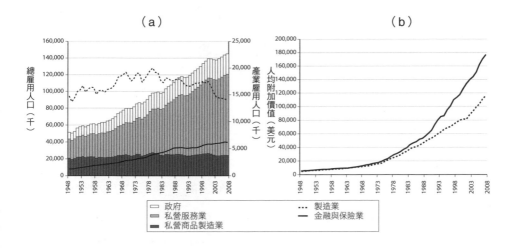

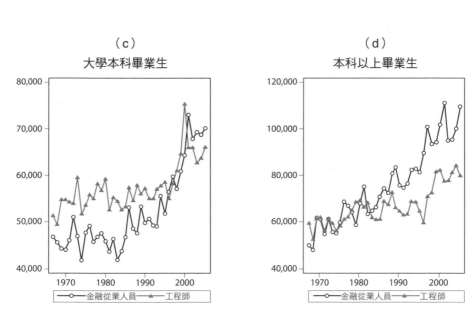

圖 10.1 證實金融業愈來愈重要的四個圖：（a）製造業與金融保險業總就業人口；（b）製造業與金融保險業的人均附加價值；（c, d）工程師與金融從業人員當中大學本科畢業生和本科以上畢業生的平均年收入（金額均以 2000 年的美元計算，並以抽樣權重加權）。資料來源：Philippon (2009, figure 7)。

要素：不同物種的行為、這些行為發生的環境，以及行為與環境長期而言如何互動和演變。我們先從行為談起，包括一些非常惡劣的行為。

比龐茲更厲害

你為了自己退休養老所需，願意冒多大的風險爭取某水準的金融報酬？圖 10.2 顯示 1 美元投資在四種金融資產上，在一段不明確的時間裡產生的累計報酬。（我不註明時間，是為了製造一些懸念。）如果你畢生的儲蓄只能投資在其中一種資產上，你會選哪一種？

這四種資產的風險與報酬都非常不同。資產 A 非常穩定，但它增值的速度相當慢。資產 B 的報酬顯著較佳，但它的起伏也顯著較多。資產 C 介於 B 與 D 之間，但其成長速度極其穩定。資產 D 的報酬最高，但波動也最大。

我問我的 MBA 學生會選哪一種資產，他們幾乎全都選 C，但也有少數人選 D（我想他們未來可能成為對沖基金經理人或自己創業）。資產 C 的特徵看來恰到好處：報酬不錯，而且波動性較低。那麼，這四種資產是什麼？它們的累計報酬是哪一段時間產生的？

那一段時間是 1990 年 12 月至 2008 年 10 月。資產 A 是美國國庫券，非常穩定，但報酬也非常微薄。比較波動的資產 B 是整個美國股市。資產 D 是輝瑞（Pfizer）藥廠的股票。資產 C 是你可能沒聽過的 Fairfield Sentry 基金。

Fairfield Sentry 基金是什麼？它是為馬多夫（Bernie Madoff）的

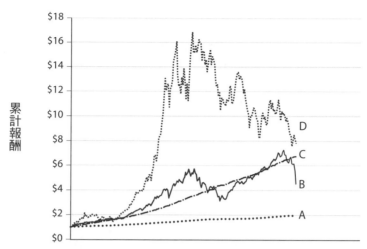

圖 10.2 投資 1 美元在四種金融資產上，在一段不明確的時間裡產生的累計報酬。資料來源：本書作者的計算。

龐氏騙局輸送資金的連結基金之一。馬多夫的龐氏騙局歷時數十年，騙了投資人以十億美元計的巨額財富。如果你對馬多夫可以騙那麼多人那麼久感到奇怪，想想你幾分鐘之前的選擇。如果你想知道隨後的發展，圖 10.3 顯示這四種資產隨後的表現。

2008 年 2 月 14 日，也就是在他的騙局被揭穿之前僅 10 個月，馬多夫飛到佛羅里達州棕櫚灘，慶祝他的導師、朋友和商業夥伴夏培洛（Carl Shapiro）95 歲生日。[1] 夏培洛與馬多夫親如父子，他以前是「成衣業的棉花大王」，後來成為慈善家。有傳言指在華爾街享有名氣的馬多夫幫助本已富有的夏培洛變得更富有。2008 年 12 月，馬多夫拿了夏培洛 2.5 億美元，知道這筆錢將完全消失，而夏培洛像慈父那樣對他。[2] 不到兩個星期之後，馬多夫被捕，那是 2008 年 12 月 11 日。

馬多夫為什麼可以行騙那麼久？他是電子化證券交易所納斯達克的前主席，是華爾街主要造市商馬多夫投資證券（Madoff Investment Securities）的主席。[3] 馬多夫還有一項副業：為有錢人和慈善基金提供財富管理服務。他一直享有極好的聲譽，而在他的事業以非常悲哀的方式結束之前，客戶非常滿意他的服務。

事實上，馬多夫所做的是所謂的「熟人詐騙」（affinity fraud），也就是故意騙那些覺得與他有私交的投資人。慈善基金是一個熱門目標。馬多夫宣稱他採用某種自創的投資策略，但他其實從 1990 年代初以來完全沒有買賣。他的財富管理事業以非常簡單的方式經營：首先向信任他的投資人取得資金，然後將錢留給他自己。他的基金表面上長期獲得非常穩定的報酬，但事後檢視，那種報酬率平穩到不可能是真的。這種穩定的報酬實際上是金融界的科幻產物。

馬多夫被捕後說他的基金是「巨大的龐氏騙局」，這種騙局需要新受害人的資金流入以滿足舊投資人的贖回要求。一如共同基金，馬多夫基金的投資人可以隨時要求取回資金，但馬多夫是拿新投資人的錢支付要求贖回的投資人。其他資金都消失了。這種騙局運作了超過 20 年。但在 2008 年 9 月的金融崩盤中，投資人開始贖回，要求馬多夫交出他拿不出來的 70 億美元，結果這個巨大的騙局數天內就拆穿了。

馬多夫可以欺騙朋友、導師和慈善組織數十年之久，這種行為從何而來？馬多夫是異數、是證明黃金律（將心比心、推己及人）存在的例外情況，還是跟我們一樣正常，不過是金融環境的一種演化產物？為了回答這問題，我們必須短暫回到神經科學，了解近年有關公平、倫理和道德起源的一些研究。我們對惡劣行為如何產生

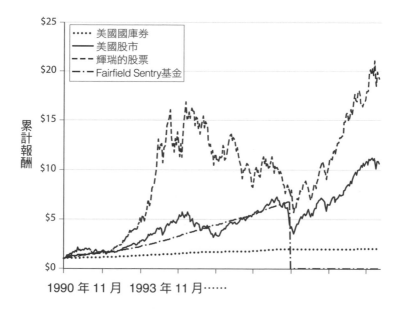

圖 10.3 投資 1 美元在四種資產上，1990 年 12 月至 2015 年 12 月的累計報酬；四種資產為美國國庫券、CRSP 市值加權股價指數、輝瑞的股票，以及為馬多夫的龐氏騙局輸送資金的 Fairfield Sentry 基金。資料來源：本書作者的計算。

和流傳有較深入的認識之後，它們與金融運作和適應性市場假說的關係將顯而易見。

最後通牒賽局

　　在上一章，我們看到 2008 年金融危機如何幾乎摧毀全球金融體系。這場危機意外重創美國金融業的聲譽，造成似乎永久的傷害。蓋洛普（Gallup）每年 8 月都做一項調查，了解美國人對各產業的觀感。現在我們或許很難想像，但在這場金融危機之前，多數美國人對銀行業有好感。2007 年 8 月的蓋洛普調查顯示，銀行業的民意分

數是 +32──這是對銀行業有好感的受訪者百分比（50%，高得令人難以置信）減去對銀行業反感的受訪者百分比（18%）的結果。這是非常高的評價，與美國人對食品雜貨業的評價相若。[4]

經歷了 2008 年金融危機之後，蓋洛普調查的結果變得非常不同。2009 年時，銀行業是美國民眾唾棄的產業，其民意分數變成了 –23，而且這種鄙視似乎已經從商業銀行蔓延至交易部門、投資銀行，以及尤其是對沖基金。我告訴非經濟學家我研究對沖基金時，得到的反應就像有一位客座教授被我帶到一家巴西牛排館吃晚餐時的反應；沒有人事先告訴我他是純素食者。

原因很簡單：金融業有時違反我們的道德感和公平觀念。道德不容易定義，但每一種文化傳統都發展出自身的道德感，其基礎是信任、公平、合作、相互、忠心、誠實、承擔和利他之類的概念。

許多人認為道德就是黃金律：「你想別人怎麼對你，你就怎麼對人。」金融業似乎有自己的版本：「趁別人還沒這麼對你，趕快這麼對人。」而我一名當創投資本家的朋友則提供了最新版本：「掌握黃金的人制定規則。」幾乎所有人內心都有一個道德羅盤，但這與經濟理性很難調和。經濟人沒有預設的道德或倫理規範。如果某種道德或倫理規範證實有利於爭取經濟利益，經濟人將會採用，但歸根究底，這只是基於開明自利的一個決定。

經濟理性與道德有何關係？我先從經濟學家的角度處理這問題。經濟學家喜歡從策略角度思考問題。在賽局理論中，通常會有一種與對手博奕的最佳策略。這當然是以對抗性思維看人的行為。奉行一種對抗性策略符合道德嗎？

我教某些課時，會請學生做「最後通牒賽局」（Ultimatum

Game）這個著名的思想實驗。[5] 這個賽局有兩名參與者，我們且稱他們為愛麗絲和鮑勃。愛麗絲從賽局主持人那裡拿到 100 美元（這就是我只做思想實驗的原因），但她必須提出一個她與鮑勃如何分享這 100 美元的方案。如果鮑勃接受愛麗絲的方案，兩人都將拿到方案指明的金額，但如果鮑勃拒絕愛麗絲的方案，則兩人都將拿不到任何錢。這個遊戲只玩一次，因此不會因為重複多次而導致訊息在參與者之間流傳，又或者參與者的聲譽成為影響結果的一個因素。

我的 MBA 學生在最後通牒賽局中扮演愛麗絲時，多數選擇平分那 100 美元，兩人各拿 50 美元。研究者發現，這是現代工業化世界中的典型結果。但當我反過來玩、由我扮演愛麗絲時，我提議只給鮑勃 1 美元，也就是我拿 99 美元而鮑勃拿 1 美元。那些以前不曾玩過這遊戲的學生絕大多數拒絕接受這方案。站在經濟學家的角度，這遊戲的關鍵不在於公平或不公平，而是在於拿到一些錢或什麼都拿不到；因此那些學生應該樂於接受 1 美元，因為否則就連 1 美元也拿不到。但是，那些學生還是拒絕接受。在世界各地其他已開發國家，實驗結果也是這樣。一旦愛麗絲提議分太多錢給自己（通常是 80% 左右），鮑勃就往往拒絕接受，以致兩人都拿不到任何錢。

對愛麗絲來說，經濟上理性的策略是盡可能分最少的錢給鮑勃，而對鮑勃來說，經濟上理性的策略是接受愛麗絲的任何建議——只要不是分不到任何錢。但人類的行事方式並非如此。演化的力量似乎使人腦天生具有公平觀念。如果我們認為提議不公平，我們就會拒絕，寧願什麼都拿不到也不接受在不公平方案下拿到一些好處。

桑菲（Alan Sanfey）、李林（James Rilling）和他們在普林斯頓的

團隊 2003 年利用第 3 章提到的 fMRI 神經成像技術研究最後通牒賽局，發現不公平的提議觸動大腦用來處理疼痛和厭惡感覺的前腦島，以及與規劃和執行功能有關、「理性」的背外側前額葉皮質。[6] 也就是說，我們面對一種不公平的財務狀況時，感性和理性的大腦都活躍了起來。

黑猩猩如果玩最後通牒賽局，會有何表現？乍看之下，黑猩猩要玩最後通牒賽局似乎太難了，但在 2013 年，喬治亞州立大學的普羅克托（Darby Proctor）、威廉森（Rebecca A. Williamson）和布洛斯南（Sarah F. Brosnan）與埃默里大學傳奇的靈長類動物學家德瓦爾（Frans de Waal）合作，想出一種微妙的方法克服黑猩猩難以理解金錢的問題。[7] 他們訓練黑猩猩，使牠們將不同的「代幣」與不同份量的食物（他們使用香蕉切片）聯繫起來，然後讓牠們選擇要什麼代幣。如果另一名參與者對如何分配完全沒有決定權（這是所謂的「獨裁者賽局」），黑猩猩自然選擇最自私的分配方式。但如果另一名參與者可以參與決定如何分配，黑猩猩通常會選擇比較公平的分配方式。

我們甚至開始發現，某些化學物質會調節大腦的慷慨程度。例如在包括智人在內的一些物種中，睪丸酮這種荷爾蒙往往與尋求支配地位的行為有關。因此，睪丸酮水準與妥協意願很可能有某程度的相關性。行為經濟學家、《都是基因惹的禍 ?!》（Mean Genes）作者柏翰（Terry Burnham）藉由安排男性玩最後通牒賽局，證實了這種直覺。柏翰發現，拒絕不公平分配方案的受試者，睪丸酮水準確實較高。[8] 雄性首領顯然不會輕易妥協。

另一種重要的荷爾蒙是催產素（oxytocin），有時被稱為「愛的

荷爾蒙」（與會成癮的止痛藥奧施康定〔OxyContin〕是不同的東西）。研究者先發現催產素在分娩過程中促使子宮收縮，然後發現這種荷爾蒙也會刺激哺乳期婦女的排乳反射。但催產素男女皆有，它有助人與人建立關係，不但是母親與孩子之間，也包括情人、朋友以至陌生人之間。催產素反應似乎是信任的神經生理基礎。

　　當然，神經學家和經濟學家必須釐清催產素是否會改變經濟行為。2007 年，札克（Paul J. Zak）、史丹頓（Angela Stanton）和艾瑪迪（Sheila Ahmadi）發現，在最後通牒賽局中，催產素提高了年輕男性的慷慨程度 80%。[9]（因為催產素可能導致女性流產，他們的研究排除了女性。）扮演愛麗絲的學生平均而言幾乎是選擇完全平分好處。催產素使他們變成近乎完美的分享者。另一方面，催產素對鮑勃願意接受怎樣的最差方案毫無影響。催產素不會令我們變得比較願意接受「不公平」的方案，即使拿到一點好處好過什麼都沒有。

道德神經科學？

　　這些發現，加上類似的研究結果，是我們建立道德神經科學的初期小進展。雖然個人之間和文化之間的道德法則可以有很大的差異，人類做道德判斷時，大腦似乎會利用一些天生的機制。我們運用我們的道德感時，大腦中互相競爭的系統會活躍起來：較高級的認知系統對上情緒反應系統；前者是演化來評估客觀效用的，後者則是演化來保住個人性命的。但 2001 年時，當時在普林斯頓的神經學家格林（Joshua D. Greene）及其同事發現了一個有關我們如何進行道德思考的非凡事實。他們利用 fMRI 神經成像技術，發現非個人

與個人道德困境會觸動我們大腦不同的部分。[10]

我們來看一個非個人道德困境，也就是道德哲學上著名的「電車難題」（trolley dilemma）。這問題的基本設定很簡單：你看到一輛失控的有軌電車即將撞到前方軌道上五個人，一旦撞上那五個人必死無疑。要救那五個人，唯一的辦法是你按下一個按鈕，讓電車轉到另一條軌道上，但電車將撞死轉入軌道上的一個人。你應該怎麼做？多數人，包括我的幾乎全部學生，都說雖然代價是殺死一個人，但可以救五個人還是比較好。格林及其同事向他們的受試者提出這種道德困境時，發現他們也得類似結論，而且大腦中背外側前額葉皮質的某些部分因為這個決定而活躍起來。我們知道，背外側前額葉皮質與比較高級的認知功能有關。

現在來想哲學家稱為「人行橋難題」（footbridge dilemma）、與電車難題密切相關的這種情況：一輛失控的有軌電車即將撞到前方軌道上五個人，一旦撞上那五個人必死無疑。你站在軌道上方的人行橋上，旁邊是一個陌生人。要救那五個人，唯一的辦法是你將身邊的陌生人推下橋擋住電車。

這個難題忽然變得切身得多。你是否將動手推一個完全不認識的人去死，以便拯救軌道上的五個人？多數人不會這麼做（我的多數學生也不會），雖然站在純理性的數學角度，前後兩個難題是一樣的。不同之處是在第二種情況下，你是親自動手殺了那個陌生人。在這種情況下，fMRI 研究顯示，受試者大腦受刺激的是與情緒反應有關、與背外側前額葉皮質衝突的另一部分。由此看來，我們似乎已經演化出一種機制，在我們覺得自己與道德困境有切身關係時，由感性的大腦凌駕效益至上的理性大腦。

　　但大腦如何判斷眼前的情況是不是一種個人道德困境，與自己有切身關係？格林認為這可以用「我傷害你」（ME HURT YOU）這三個簡單的詞概括。[11]「傷害」意味著所涉及的行動是一種具體、原始的傷害形式。用力打人的肚子是「傷害」，按下一個按鈕則不是。「你」意味著受害者是另一個具體的人，不是某個群體中面目模糊的某個成員或一個抽象的概念。最後，「我」意味著你就是造成傷害的直接行動者。你並不是與這個處境相隔甚遠，你是這個處境的作者而非編輯。

　　「我傷害你」這種敘事和因此產生的道德推理，很可能是在早期人類社會中高度社會性的結構中演化出來的。我們在直覺、原始的層面理解「我傷害你」。我的行動是否將直接造成這個人的人身傷害？他們的直接行動是否將造成我的人身傷害？「我傷害你」這種敘事對識別和消除社會威脅是必要的。在我們的大腦變得足夠精細、有能力處理比較抽象的道德困境之後，大腦仍利用「我傷害你」這種敘事處理個人道德困境。換句話說，我們的道德感底下的機制是一種演化適應。

　　這將我們帶回適應性市場假說。為什麼在 2008 年金融危機發生後不久，我們那麼多人認定現代金融業是不道德的，但在危機發生前卻那麼少人認為是這樣？答案很簡單，那就是「我傷害你」。連黑猩猩和還沒上學的兒童都明白什麼是不夠大方。只要金融業看來是大方慷慨的（水漲船高、人人受惠），我們就能原諒其過錯。但危機爆發後，金融業相同的「理性」行為不但顯得不夠大方，而且還直接傷害我們。房子被銀行沒收的威脅造成的精神傷害，可能遠比肚子被打了一拳嚴重。

我們的道德感是對以前環境的一種適應，是適應我們以前的歷史、以前的文化，以及我們以前的生物特徵。這些適應造就了合作與集體智慧，最終也促進了生殖成就。我們的道德規範可能隨著時代而改變，但一種基本的公平觀念數百萬年前就已經藉由演化深植於我們的大腦中。我們的現代金融環境卻只有數百年的歷史。對我們來說，金融上「理性」的事在非常基本的人性層面上或許是不公平的。是否有辦法可以調和這兩種對立的力量？

金融運作公平嗎？

2009 年，北卡州一名女士將她收藏的一組玉雕品帶到受歡迎的公共電視節目《古董巡迴秀》（*Antiques Roadshow*），由專家評估其價值；這些玉雕是這名女士的父親購買的，他 1930 和 1940 年代在中國當陸軍聯絡官。專家的鑑定結果令這名女士驚訝不已：這些玉雕是 18 世紀清朝乾隆年代的產品，保守估計價值介於 70 萬至 107 萬美元之間（見內文彩圖 164 頁圖 10.4）。

現在有時會發生這種事：在捐贈物拍賣中，一些藝術精品以實際價值的零頭賣了出去。我們可以利用這個例子測試自己的公平程度。假設愛麗絲以 500 美元向鮑勃購買了那組玉雕品，然後發現其價值高達 107 萬美元。愛麗絲自己留住這筆財富合乎道德嗎？她是否應該與鮑勃分享這筆財富？抑或她應該將這些玉雕退還給鮑勃？

我向我的 MBA 學生提出這個問題，許多學生認為愛麗絲或許應該補償鮑勃，不是將 107 萬美元都給他，而是給他可觀的金額，例如 1 萬美元。這些學生來麻省理工史隆管理學院讀 MBA，是希望爭

取最大的財務成就。即使如此，他們有關「我傷害你」的道德直覺仍因為這個虛構的難題而活躍了起來。愛麗絲與鮑勃有某種個人關係，她視他為一個具體的人，而她的行為直接影響他。我的學生自然希望可以藉由補償鮑勃可觀的金錢，減輕這種傷害。

　　然後我將這個難題設計得更困難。假設愛麗絲在開價之前，曾研究過那些玉雕的歷史，因此對它們的真正價值略有概念。愛麗絲是否有義務先向鮑勃透露她的研究結果？這改變了交易的性質。雖然基本交易仍相同，問題已經不屬於「我傷害你」那個類別。

　　現在來看一種反過來的情況。假設愛麗絲以 107 萬美元向鮑勃購買了那組乾隆年代的玉雕精品，但不久之後，因為考古學家剛發現一大批類似的玉雕品，那組玉雕的價值跌至 500 美元。鮑勃自己留住那 107 萬美元合乎道德嗎？雖然這似乎是第一個例子剛好反過來的情況，幾乎沒有人認為鮑勃應該補償愛麗絲，哪怕只是象徵性的補償。這是因為我們有關「我傷害你」的道德直覺在此不適用。愛麗絲所受的傷害似乎是她自己造成的，又或者是她運氣實在不好。

　　現在假設鮑勃認為那些玉雕的市價將崩跌，但他非常坦率地告訴愛麗絲，他無法確定那些玉雕有多稀有，而愛麗絲還是選擇購買。在此情況下，幾乎沒有人認為愛麗絲做這個決定應該得到補償。我們再把問題弄得複雜一點，假設鮑勃知道考古學家的新發現，但沒有告訴愛麗絲。在這種情況下，買者自慎原則適用嗎？

　　我們知道，如果賣方有故意的不實陳述，買者自慎原則就不適用。如果鮑勃故意將廉價仿製品當成貴重的古董出售，他可能因為詐欺而坐牢。但如果是鮑勃花了很多金錢和精力，掌握了有關玉雕供需的非公開資訊，然後不告訴愛麗絲以便爭取最高賣價，那又如

何？如果你開始覺得有點不安，那是因為你的道德直覺意識到你的感性大腦和你較高級的認知功能產生了衝突。

現在我們暫時將背景換成房地產。2010 年，加州傳道者康平（Harold Camping）預測《新約聖經》預言的「被提」（正直的人升上天堂）將發生在 2011 年 5 月 21 日。[12] 康平的許多追隨者因此賣掉財產並辭去工作，為升上天堂作準備，結果大失所望，因為 2011 年 5 月 21 日那天並無宗教事件發生。

假設張三是康平追隨者，他希望趕快賣掉他價值 50 萬美元的房子，利用這筆錢去提醒那些不相信康平的人。張三是非常積極的賣家，願意以 40 萬美元的價格賣房子給你，以便他開著他的小貨車，前往美國各地傳播福音。你以 40 萬美元的價格購買張三的房子是否合乎道德？在這宗雙邊交易中，你是否有義務「教育」你的交易對手？我們知道康平預測的「被提」並未發生，但站在張三的角度，他的房子 5 月 21 日之後就沒有用了，賣給不相信「被提」預測的人卻可以拿到 40 萬美元。你在 5 月 21 日之前購買張三的房子是否合乎道德？5 月 21 日之後，你是否有取消交易的道德義務？

這個例子與金融運作的關係其實不遠。許多投資人像虔誠的教徒那樣堅信某資產的價格將因為他們預測的某件事而大漲或大跌。在正常情況下，如果這種敘事出錯、預期中的「被提」並未按時發生，交易對手將毫不猶豫地賺了這些堅信者的錢。我們在張三的例子中可能感到良心不安，是因為我們的敘事令他變成一個具體的人。他有名有姓，有自己的動機，因此已經成為「我傷害你」當中的「你」。

我們現在來看金融環境下的例子。假設你是某家大型投資銀行

債務擔保證券（CDO）部門的主管。根據你部門自創的分析模型，你們發行的 CDO 很可能會違約，但潛在買家不認為是這樣，而且亟欲買進。作為這種證券的經紀自營商，你們將這些 CDO 賣給這些投資人合乎道德嗎？你是否有義務揭露你們的專屬模型？這些模型是數十名金融分析師花了無數個小時研發出來的，而你們公司雇用這些分析師耗費的成本以百萬美元計。揭露這些資訊將使競爭對手得以抄襲你們的經營模式。自營交易實際上是一種零和遊戲：你的獲利是另一些人的虧損。那麼，這種活動是否不道德？這當中沒有「水漲船高、人人受惠」這回事，只有「我贏、你輸」。最後，你們的「企業責任」始於哪裡、終於何處？我們的道德直覺對此有話可說嗎？

　　這些例子顯示，我們有關公平的道德直覺並未充分適應現代金融世界。事實上，根據適應性市場假說，如果我們這種道德直覺已經充分適應現代金融世界，那才教人驚訝。金融市場至今只有數千年的歷史，在人類演化史上真的只是一瞬間而已。為了彌補這種不足，我們利用與思想同速的演化創造出人類道德直覺的替代物，例如慣例、規則和法律，將它們應用在金融交易上。我們之所以有法律，是為了防止我們做了錯事但仍自我感覺良好——這在金融業特別重要，因為如第 3 章指出，金錢獲利對大腦伏隔核的刺激作用有如癮君子吸食古柯鹼，這種快感可能壓倒前額葉皮質的理性反應。面對潛在獲利的誘惑時，我們很容易創造出一種內部敘事，將「我傷害你」合理化。我們利用與思想同速的演化創造出另一層次的控管，以免我們的前額葉皮質被貪婪或恐懼凌駕。

　　雖然存在這種誘惑，絕大多數金融交易是可信賴的。金融體系

已經發展出信任的「良性循環」，毫秒間就能完成價值百萬美元計的交易。2010 年 6 月 25 日，紐約證交所成交量達 4,474,476,550 股——這是真正驚人的單日成交量。[13] 成交量可以這麼大，信任是關鍵，而且信任程度高到交易可以自動化。我們的基本金融交易是可信、可靠和可預料的。金融穩定有賴這種程度的信心和信任。

　　但是，信任程度很高的系統，全都可能出現濫用信任的情況。倚賴信任帶來系統風險。適應性市場假說告訴我們，市場參與者將會適應市場環境，但不是所有的適應都是良性的。例如生物學上有所謂的處女地流行病（virgin soil epidemic），指一個族群遇到一種以前不曾接觸、因此完全沒有能力抵抗的新疾病，例如 16 世紀的美洲原住民遇到歐洲人帶來的天花，便承受了慘重的人命損失。近年來，金融體系成為各種詐欺行為的獵食場，包括馬多夫醜聞中那種明目張膽的詐騙；故意的不實陳述，例如信孚銀行對寶僑（P&G）所做的（以及與 2008 年金融危機有關、至今官司未了的案件）；以及令人難以置信、可能是金融市場史上最大騙局的倫敦銀行同業拆款利率（LIBOR）操縱案。

　　但如果我們「信任，但也驗證」，那將如何？我們來看一種似曾相識的情況。一間機構從信任它的投資人那裡取得資金，宣稱利用這些資金做投資。它容許投資人隨時取回他們的資金，但實際上是利用新投資人的資金滿足投資人取回資金的要求。它表面上提供穩定的報酬，甚至可能宣傳它提供的報酬率。這種經營模式是可持續的，除非所有人同時要求取回全部資金——此時這間機構將無法經營下去。

　　這是龐氏騙局的另一個例子嗎？不是，這是銀行業的部份準備

制度（fractional reserve banking），是世界各地銀行的標準運作模式。銀行通常僅保留存款的一小部分以應付提款需求，餘者用來投資──傳統做法是放款給需要借錢的客戶。這當中是否有濫用信任的可能？當然有。美國早年有很多「野貓銀行」的故事──這種銀行的經營方式，比馬多夫的財富管理事業更不負責任。但隨著時間的推移，我們改變了部份準備制度（這又是與思想同速的演化），使它更適應我們的金融環境，包括制定「規則 D」的存款準備要求、由聯邦存款保險公司（FDIC）提供存款保險，以及由聯邦準備系統執行最後放款人政策。

如果一種制度像龐氏騙局那麼容易失靈和出現詐欺，我們仍可以將它改造成有用的東西，我們是否可以將金融體系改造成一個不但對投資人有用、還可以造福整個社會的系統？我們是否可以改造金融業，使它合乎我們的公平觀念？

金融業與哥頓蓋柯效應

思考金融業中的公平問題並不容易，部分問題在於文化。我們通常不會問一筆市場交易是否公平──只要是彼此合意的兩名成年人同意交易，這似乎就已經足夠公平。但經濟人的文化有時可能走極端，一如電影史上最著名的其中一句台詞「貪婪是好事」（Greed is good）所顯示。這句話源自 1987 年的電影《華爾街》（*Wall Street*），麥克・道格拉斯（Michael Douglas）在戲中扮演不道德但魅力非凡的金融業人士哥頓・蓋柯（Gordon Gekko）。他那句話在電影中的完整版本是：「各位先生女士，重點是：貪婪是好事；我說貪婪，是因為

找不到一個更好的詞。」道格拉斯的演出非常迷人,許多人可能希望典型的公司會議像電影所呈現的那麼戲劇性。數以百萬計的人看了《華爾街》。蓋柯這句「貪婪是好事」成了流行文化的一部分,而這部電影也成為一個「邪典現象」(cult phenomenon),尤其是在商學院校園裡。一名銀行業資深人士在《華爾街》流行的時候進入銀行業,他記得這部電影「促使多代的金融業人員模仿戲中角色;忽然間交易樓層非常流行吊褲帶、後梳油頭和〔蓋柯最喜歡的書〕《孫子兵法》。」[14]

不過,這現象真正驚人和諷刺之處,在於蓋柯不是《華爾街》要塑造的英雄人物。他在戲中其實是個壞人。如果「我傷害你」這種敘事構成人類的基本道德直覺,為什麼會有人因為看了這部電影而投身金融業?

答案在於文化。人類學家對文化的確切定義有不同意見,但他們全都同意文化是在人與人之間傳播和習得的,而不是與生俱來的。站在適應性市場假說的角度,這意味著文化也受演化支配,一如一種生物物種或心理敘事那樣,受同樣的變異、擇選和複製過程支配。事實上,我們可以視文化為非常大的一組互有關係的敘事,代代相傳,隨著人類的環境而改變。

蓋柯這個角色在奧利佛‧史東(Oliver Stone)這齣道德劇中雖然是壞人,但他具有我們的文化認為重要的一些特徵。蓋柯富有、技術高超、外表迷人,而且有權有勢。嚮往這些特徵的人可能會模仿蓋柯的行為,而現實中顯然有很多人這麼做,一如《華爾街》中名義上的英雄巴德‧福克斯(Bud Fox)那樣。因為電影製作人的高明技術,我們幾乎可以透過銀幕感受到蓋柯的存在。蓋柯是德國偉

大社會學家韋伯所講的魅力型權威，也就是具有某些難以捉摸的特質、導致許多人以他的榜樣的那種人。在適應的意義上，蓋柯這個角色（由道格拉斯飾演和奧利佛史東導演）就像一種高度傳染性的病毒，又或者一首動聽易記、在你腦中揮之不去的歌曲。他提出了一種令人信服的敘事。

　　早在《華爾街》這電影面世之前，社會心理學家曾研究文化在數種病態環境中的角色，得出一些令人震驚的結論：要引導普通人做一些非常殘忍和邪惡的事，原來不是很困難。心理學家米爾格蘭（Stanley Milgram）1961 年在耶魯大學做了有關服從權威的著名實驗。在實驗中，自願參與者只是因為穿著白色實驗袍的臨時權威人物口頭建議他們這麼做，就對一名人類受試者施以他們相信是高壓電擊的傷害（那名受試者其實是受雇的演員，適當時候會尖叫喊痛）。[15]那些口頭建議是預先設計的台詞，最強力的一句是：「你沒有其他選擇，你必須繼續這麼做。」如果自願參與者聽了這句話後仍拒絕施以電擊，實驗便終止。最後，40 個人有 26 人選擇對另一個人施以他們相信是危險、甚至可能致命的 450 伏特的電擊，雖然他們全都在口頭上表達了疑慮，而且許多人出現受壓的明顯生理特徵，甚至有三人看來是緊張到失控。自願參與者當中有一名商人「出現抽搐和結巴的現象，看來很快就瀕臨精神崩潰……但他繼續回應實驗工作人員的每一句話，服從到底。」

　　如果你不曾看過這些實驗的錄影片段，值得花時間看看。[16]但一次就夠了。我覺得這些影片令人非常不安，主要是因為一切顯得那麼平常。這些低解析度的黑白影片起初看來只是又一個乏味的心理實驗：有個受試者坐在一張桌子前按開關，還有一名實驗工作人

員拿著一個夾紙板站在旁邊。但我接著就看到那名受試者持續對另一房間裡的一個人施以他顯然認為是令人愈來愈痛苦的電擊（接受「電擊」的是一名受雇的演員，他會適時尖叫喊痛），我就覺得很可怕。我逐漸明白我看到的是什麼：眼前的一切有如納粹集中營中的暴行重演，事情的終點是受試者在實驗結束後的檢討中堅稱自己不想那麼做，曾嘗試停止，但被命令繼續做。我想我對文化的看法因此永遠改變了。

史丹佛大學心理學家金巴多（Philip Zimbardo）1971 年所做的史丹佛監獄實驗更加驚人。這個實驗在史丹佛大學心理系的地下室進行，原定做兩個星期。金巴多隨機安排自願參與者當獄卒和囚犯。[17]實驗開始後，「獄卒」幾乎立即以不人道的方式對待「囚犯」，口頭騷擾他們、強迫他們做運動、操縱他們的睡眠條件、操縱使用浴室的特權（有些浴室很骯髒），以及利用裸露羞辱「囚犯」。金巴多在實驗中扮演監獄長，實驗做了六天就決定終止，因為獲邀前來訪問受試者的馬斯拉赫（Christina Maslach）敦促他結束實驗（馬斯拉赫後來成為金巴多的妻子）。

金巴多將這種現象稱為「路西法效應」（Lucifer Effect）──路西法是指《聖經》中上帝寵愛的天使，後來變成了魔鬼撒旦。好人被放在不對的環境中，可以做出可怕的惡行。特別值得注意的是，米爾格蘭和金巴多實驗中的受試者做那些事，並不是受可觀的財務誘因影響（米爾格蘭付給受試者每小時 4 美元，外加 0.50 美元的車費，相當於今天的 36 美元左右；金巴多付給受試者一天 15 美元，相當於今天的 90 美元左右）。

想像一下這種情況：你從事金融業，穿西裝打領帶的董事總經

理或副總裁指示你做一些可能有問題的事（但遠遠不至於像對別人施以電擊那麼令人不安），而你有望因此得到非常豐厚的金錢獎勵，例如年底時可能獲得數百萬美元的獎金。考慮到路西法效應，我們不難明白環境與文化可以令原本有愛心和守道德的人對不疑有他的客戶做出應受譴責的事。這就是蓋柯效應（Gekko Effect）。

　　但文化只是故事的一部分。在一種文化中，並不是每一個人都認同該文化的所有價值觀。個體之間總是有差異，甚至在最僵固的文化中也是這樣。在此同時，我們天生的道德感性（moral sensibilities）也可能會有變化。因為人類的道德感有重要的神經生理基礎，個人天生的道德羅盤因為神經系統上的差異（例如大腦早期發展階段出現的小幅隨機差異）而各有不同，是很合理的事。甚至連基因組相同、教養也相同的同卵雙胞胎，也往往會有重要的差異，雖然他們的樣子看起來幾乎完全一樣。考慮到人類歷史上和史前時期文化環境的變化，這些差異繼續存在有適應上的意義，有助避免面臨系統風險時觀點過度單一。

　　社會心理學家海德特（Jonathan Haidt）最近指出五個天生的道德面向：關懷 vs. 傷害；公平 vs. 欺詐；忠誠 vs. 背叛；權威 vs. 顛覆；純潔 vs. 墮落。[18] 各人對這些面向的重視程度各有不同，例如有人可能覺得公平處事比服從權威重要，而另一些人則認為恰恰相反。海德特的研究仍未完成，但他提出的一些道德面向（例如公平 vs. 欺詐）在神經科學上或許已有解釋。此處的重要問題是變化與差異，而其重要性已一再獲得證實。

　　這些差異與文化如何互動？如果海德特提出的天生道德特徵與文化沒有互動，則我們從那些可以自由加入和退出的群體（例如不

同球隊的球迷俱樂部、大學選擇不同主修的學生、不同的政黨）抽取樣本，看到的成員特徵分佈應該與另一個可以自由進出的同類群體相同。但如果群體之間的成員特徵分佈有顯著差異，我們或許可以說這些特徵以某種方式影響個人選擇加入什麼群體。

海德特及其同事發現，這些天生的特徵在美國各政治黨派中並不是均勻分佈，而是呈現與政治信念有關的系統性形態。[19] 自認是自由主義者的美國人認為，關懷 vs. 傷害和公平 vs. 欺詐的問題與道德決定幾乎總是有關。海德特提出的另外三個道德面向（忠誠 vs. 背叛；權威 vs. 顛覆；純潔 vs. 墮落）對自由主義者的重要性低得多。但是，自認是保守派的美國人認為全部五個道德面向都同樣重要，雖然沒有一個面向的重要性比得上公平 vs. 欺詐或關懷 vs. 傷害對自由主義者的重要性。這些天生的特徵影響政治認同傾向，特徵不同的人傾向認同不同的黨派。

我們不需要很強的想像力，就能看到這些特徵如何影響職業選擇。認為公平是最高道德價值的人會希望選擇可以實踐這種價值觀的職業，例如公設辯護律師、弱勢兒童的老師或運動裁判。認為公平不重要的人則可能傾向選擇檢察官、高壓銷售或哥頓・蓋柯那種掠奪式金融工作。當然，在這些職業中，不是人人都認同那些價值觀，但抱持那些價值觀的人可能覺得那些職業比較適合自己，他們因此會成為這些職業中的主流。

適應性市場假說暗示，文化並非只是其成員的傾向產生的固有結果。這些成員在非常具體的脈絡下與環境互動。這些具體脈絡下的環境塑造出一種文化，這種文化進而塑造其環境。

監理文化

文化的適應性作用並非只是與商界有關。馬多夫騙局瓦解使我們難得看見監理機關的一些文化偏差，而這種偏差是金融界的一個重要特徵。

2008 年 12 月 11 日，也就是馬多夫的兒子向聯邦調查局舉報他們的父親翌日，美國證券交易委員會（SEC）正式控告馬多夫證券詐欺罪。正義似乎迅速彰顯。2009 年 3 月 12 日，馬多夫承認所有控罪。[20]2009 年 6 月 29 日，曼哈頓聯邦地區法院判馬多夫入獄 150 年；這是其罪行的最重刑罰。這似乎是監理機關執法一個沒有爭議的案例。

雖然正義似乎迅速彰顯，但 SEC 內部的調查處發現，SEC 一點也不迅速。調查處發現，SEC 多年來曾接獲六次質疑馬多夫對沖基金操作的舉報，最早一次是在 1992 年，而且有人曾向 SEC 提交 2001 年金融業界兩篇值得重視的文章，它們都質疑馬多夫的投資報酬率平穩得離奇。[21]

SEC 的文化如何處理這些質疑，是個引人入勝的案例。最早向 SEC 提交分析報告、質疑馬多夫投資績效的是獨立調查員馬科波洛斯（Harry Markopolos）。馬科波洛斯曾擔任城堡投資管理公司（Rampart Investment Management）的投資組合經理人，他發現自己必須做一些現實中不可能發生的假設，才有可能複製馬多夫的投資報酬。他多次向 SEC 報告自己的發現：2000 年向 SEC 的波士頓辦事處報告，但記錄顯示，該報告不曾送達 SEC 的東北地區辦事處；[22]2001 年，SEC 東北地區辦事處花了一天時間分析馬科波洛斯的報

告，決定不採取任何行動；[23]2005 年，詳情下述；2007 年，他寄給 SEC 一封重要的電子郵件，跟進之前的報告，而 SEC 調查處的報告指該郵件遭「漠視」；[24]2008 年 4 月，馬科波洛斯的報告因為電子郵件地址出錯而未能寄達。[25]

兩份類似的分析曾直接和間接引起 SEC 的注意。2003 年 5 月，一位不具名的對沖基金經理人聯繫 SEC 的法令遵循檢查與調查室（以下簡稱「法遵調查室」），提交他的分析。[26]2003 年 11 月，文藝復興科技（第 7 章提到的西蒙斯創辦的量化型對沖基金）管理高層注意到，馬多夫的投資報酬率「極不尋常」，「怎麼看都不合理。」[27]2004 年 4 月，SEC 東北地區辦事處一名法遵檢查員在一次例行檢查中，提醒上層注意文藝復興科技的發現。

SEC 的法遵調查室和東北地區辦事處曾各自獨立檢查馬多夫的財富管理業務一次。檢查員不知道另一部門曾做過檢查，直到馬多夫親自告訴他們。（法遵調查室並未使用 SEC 的追蹤系統更新檢查行動的狀態，但因為東北地區辦事處並未查詢該系統，所以是否更新資料變得無關緊要。）[28]法遵調查室將未有結論的調查文件交給東北地區辦事處，此後兩個部門不曾討論此案。[29]雖然東北地區辦事處的檢查員對馬多夫的業務仍有重要疑問，但東北地區辦事處在問題獲得解答之前就結束調查，原因是在該辦事處的組織文化下，檢查工作是有時間限制的。東北地區辦事處一名助理處長後來作證時表示：「現場檢查工作沒有絕對的規則，但是……檢查工作不可能無限期做下去，因為是否有問題，檢查員會有直覺。」[30]

馬科波洛斯 2005 年的舉報在 SEC 波士頓辦事處的大力支持下送達東北地區辦事處。[31]但是，因為之前針對馬多夫的檢查徒勞無功，

東北地區辦事處的檢查員對馬科波洛斯的舉報抱有偏見。[32] 馬科波洛斯推斷馬多夫是在經營龐氏騙局，但那些檢查員很快便認為這見解不可信。之前參與檢查馬多夫業務的調查官在調查開始時寫道，「沒有任何**實質**理由懷疑有人做壞事……我們懷疑的只是資訊揭露方面有問題」（報告原文強調「實質」一詞）。[33]SEC 調查處對此提出嚴厲批評：「因為之前的檢查沒有結果，雖然馬科波洛斯指控馬多夫是在經營龐氏騙局，但執法人員從不曾就此做過適當和徹底的調查。」[34]

我簡化陳述的這場馬多夫災難，只是導致 SEC 的內部文化受檢視的眾多事件之一。美國政府問責辦公室（GAO）2012 和 2013 年針對 SEC 做了一次大型研究，發現 SEC 的組織文化存在許多系統問題：

> 根據我們對 SEC 員工觀點的分析，以及 GAO、SEC 和第三方之前的研究，GAO 認為 SEC 的組織文化不是有益的，可能削弱 SEC 有效達成其使命的能力。組織的文化若是有益的，組織運作會比較有效，員工對組織的使命也會展現出更強的承擔。在描述 SEC 的組織文化時，許多 SEC 現職員工和前員工提到士氣低落、員工不信任管理層，以及 SEC 的組織區隔化（compartmentalized）、階層化和不願承受風險的本質。人事管理局（OPM）針對聯邦政府員工的一項調查顯示，在 22 個規模相若的聯邦政府機構中，SEC 在員工滿意度和投入程度方面排在第 19 位。GAO 以往追求成效的努力顯示，有效的人事管理系統對改變 SEC 的組織文

化至關緊要。[35]

SEC 的階層式文化顯然已經變得僵固，各部門各自為政，資訊未能有效地跨部門流通，管理層與員工之間也未能有效溝通。[36] 員工士氣低落，但管理層卻以為員工士氣不錯。[37]SEC 的文化本來就厭惡風險，而多年下來問題變得更嚴重。基層員工和高層主管多數明確表示，這是因為害怕爆出醜聞。一些員工匿名表示：「主管害怕結案或做決定，因為高層官員希望盡可能降低他們日後遭受批評的機會。」[38]

結果 GAO 提出改變 SEC 文化的七項具體建議，包括改善內部部門之間和 SEC 與其他機關的溝通（應該是希望避免類似馬多夫的案件未來再被忽視），以及改變人事管理方式，將工作表現與薪酬和升遷機會更好地聯繫起來。SEC 接受全部七項建議。而根據 SEC 自己的說法，它在這七方面均已取得重要進展。[39]

又是環境問題

SEC 對馬多夫騙局的反應顯示，如果警鈴響得夠大聲，即使是官僚的監理文化也是可以改變的。但適應性市場假說提醒我們，文化與環境有重要的互動，在某些情況下可能強化惡劣的行為。

金融業文化尤其如此。蘇黎世大學的科恩（Alain Cohn）、菲爾（Ernst Fehr）和馬雷夏爾（Michel André Maréchal）以一個驚人的實驗彰顯了金融業文化的影響。[40] 他們從一家大型跨國銀行找來 128 名受試者，要求他們完成一項簡單的擲硬幣活動，自行提報結果，

而勝出者可以獲得現金獎勵。這項實驗將測量他們的誠實程度。實驗開始前，受試者被分成兩組。第一組受試者被問七個有關他們的銀行工作的問題，第二組被問七個與銀行業無關的問題。研究者先問有關銀行工作的問題，是希望那些受試者將銀行業的文化標準應用在將進行的活動上。

科恩、菲爾和馬雷夏爾發現，第一組銀行員工的表現明顯比較不老實，而第二組的誠實程度則與非銀行業受試者相同。研究者只是利用幾個有關銀行工作的問題改變實驗的脈絡，就導致那些銀行員工改變行為，變得比較不誠實。三名研究者的結論是：「銀行業流行的商業文化削弱和損害誠實這個標準，而由此看來，採取措施重新建立一種誠實文化是非常重要的。」[41]

但請記住，這些是群體行為。天生的差異（或許可以不合時宜地稱為「個性」）決定個體在多大程度上受脈絡影響。同樣在瑞士，研究者吉布森（Rajna Gibson）、唐納（Carmen Tanner）和華格納（Alexander F. Wagner）已經證明，即使在誠實的行為被情境規範排斥的群體文化中，內心強烈偏好誠實的個體仍將抗拒不好的規範，甚至可能在情境改變之後，成為良好規範的核心。[42]

環境脈絡也能影響整個金融業文化。你是否有時覺得華爾街的醜聞和騙局是有週期的？如果是，你沒搞錯；近年兩個有關詐欺的實證研究支持這種看法。戴克（I. J. Alexander Dyck）、摩斯（Adair Morse）和津加萊斯（Luigi Zingales）檢視 1996 至 2004 年的證券集體訴訟案，藉此估計市值至少達 7.5 億美元的美國上市公司的詐欺次數。[43]企業詐欺有多普遍？他們發現，詐欺案隨著股市上漲而增加，而 2001 至 2002 年的網路泡沫破滅之後，詐欺案終於減少（見圖

10.5）。這種形態暗示，水漲船高使詐欺活動變成比較可接受的企業冒險行為，但潮退船沉的作用則相反。

像馬多夫那種龐氏騙局又如何？研究者迪森（Stephen Deason）、拉格帕爾（Shivaram Rajgopal）和魏邁爾（Gregory B. Waymire）發現，1988 至 2012 年間 SEC 起訴的龐氏騙局數目呈現非常相似的形態（見圖 10.6）。在 1990 年代末股市的多頭走勢中，龐氏騙局呈現增加的趨勢，2001 至 2002 年的網路泡沫破滅後有所減少，然後隨著股市恢復上漲又再增加。金融危機爆發、股市 2008 和 2009 年大跌之後，龐氏騙局的數目大跌。[44] 事實上，迪森、拉格帕爾和魏邁爾的估算顯示，標準普爾 500 指數季報酬率與 SEC 每季起訴的龐氏騙局數目的相關係數為 47.9%。

為什麼相對於經濟衰退期，經濟興旺時期龐氏騙局似乎活躍得多？為什麼不是反過來呢，因為人們不是自然希望在景氣不好時爭取較好的績效嗎？迪森、拉格帕爾和魏邁爾指出，股市下跌時，龐氏騙局比較難維持，而馬多夫的例子正是這樣。此外，市場泡沫破滅之後，SEC 的執法預算往往會增加，政界和公眾此時通常也希望當局加強執法。他們也證實，龐氏騙局比較可能發生的情況包括騙子與受害者有某種關係，例如有相同的宗教或族群背景，又或者受害者比較傾向信任他人（例如長者）；這提醒我們，文化因素可能被有心人惡意利用。

這兩項研究證實了你很可能已經知道的事：文化很大程度上是環境的產物，而隨著環境改變，文化也會改變。適應性市場假說告訴我們，隨著環境變遷促成各種適應方式，以思想的速度演變，文化的變化也就發生。因此，如果我們希望改變金融文化，我們首先

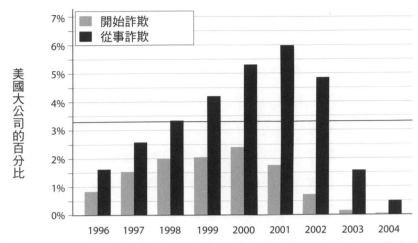

圖 10.5 戴克、摩斯和津加萊斯對 1996 至 2004 年間美國大公司開始詐欺和從事詐欺的百分比之估計。資料來源：Dyck, Morse, and Zingales (2013, figure 1)。

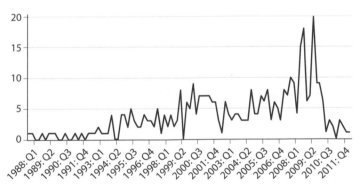

圖 10.6 SEC 1998 至 2012 年每季起訴的龐氏騙局數目。資料來源：Deason, Rajgopal, and Waymire (2015, figure 1)。

必須了解長期以來在各種情況下塑造金融文化、廣泛的脈絡和環境力量。我們將必須運用適應性框架的所有工具，借助心理學、演化論和神經科學的見解以及實證測量的量化方法，才能明白我們在實務上可以針對文化做些什麼。

摩爾定律 vs. 莫非定律

如果文化和行為是惡質金融表現的禍首，那麼在近年許多金融弊端中，技術可說是重要的共犯。過去十年參與金融市場的人，莫不親眼目睹新技術對投資造成的巨變。運算、電訊、資料儲存、委託單處理和交易執行，以及會計與投資組合管理軟體方面的進步，已經大大提升了整個交易過程的效率，並且降低了成本。這種金融技術的演化可以直接歸因於摩爾定律。

1965 年，也就是他與夥伴共同創辦英特爾公司（今為全球最大的晶片製造業者）的三年前，摩爾（Gordon Moore）在《電子雜誌》（*Electronics Magazine*）發表文章，提出他的觀察：一塊晶片上可容納的電晶體數目似乎每年倍增。摩爾據此推測運算潛力會以固定的速度成長：1965 年一塊晶片可容納 60 個電晶體，到 1975 年時將可容納 6 萬個。這預測在當時顯得荒唐，但 10 年後應驗了。摩爾後來將成長速度從每年倍增修訂為每兩年倍增，而這條摩爾定律驚人地準確預測了半導體產業過去 40 年的成長。

隨著運算的速度加快、成本降低而且顯著促進自動化技術的應用，金融機構得以大幅提高服務的規模和精細程度。自動化交易、演算法交易、網上交易、行動銀行服務、比特幣之類的加密貨幣、機器人理財顧問以至眾籌（crowdfunding）之所以可行，全都是拜摩爾定律所賜。

技術創新向來與金融創新密切相關：在這種共同演化過程中，一個領域中的適應影響另一個領域中的創新。新的燙金（stamping）和印刷技術用來防止硬幣的削剪（clipping）和偽造以及其他形式的

金融詐欺，直接促成現代的紙鈔和象徵鑄幣（token coinage）制度。電報技術面世引發整個美洲大陸的通訊革命，在 19 世紀的芝加哥催生了現代期貨市場。紙帶式收報機曾是華爾街的標誌超過一個世紀，改良這種機器是愛迪生（Thomas Edison）早期的財富來源。

技術與金融的共生現象加快了金融市場的步伐，已經達到純靠人力無法應付的地步。選擇權市場就是一個好例子。芝加哥選擇權交易所（CBOE）是全球第一個選擇權交易所，創立於布萊克、休斯與默頓 1973 年發表論文奠定選擇權定價基礎的前夕。[45] 但是，如果金融專業人士沒有工具可以輕鬆使用布萊克休斯／默頓選擇權定價公式，CBOE 的業務就不可能迅速成長。該公式涉及精確地運用指數和對數函數。如果你年過 50 歲，你可能還記得高中數學課本最後面的對數表。想像一下，你必須在 CBOE 交易大廳查這種表格。好在德州儀器公司 1975 年推出第一款可編程式的手持計算機 SR-52，而且可以處理布萊克休斯／默頓公式涉及的指數和對數函數（見內文彩圖 165 頁圖 10.7）。

SR-52 計算機賣 395 美元（相當於 2016 年的 1,767 美元），當年堪稱技術奇蹟。該計算機以電動槽捲入一條薄薄的磁帶，可儲存多達 224 次鍵擊的程式。（當然，現在連恆溫器的運算的能力都可能強過 SR-52。）SR-52 面世後不久，CBOE 創始人之一、精明的選擇權交易員谷泰格（Irwin Guttag）買了一部，叫他當時十幾歲的兒子約翰輸入布萊克休斯／默頓公式。[46] 一年之內，許多 CBOE 交易員都購置了自己的 SR-52。到了 1977 年，德州儀器推出新的可編程式計算機 TI-59，而且預設「證券分析模組」，可以自動使用布萊克休斯／默頓公式算出選擇權的價格。（休斯曾親自質問德州儀器未經授權

使用布萊克休斯／默頓公式，而對方表示，該公式是公有領域的資料。休斯並向德州儀器要一部計算機，該公司的答覆是他應該自己去買。）[47]

　　布萊克、休斯和默頓當年的論文引發學術界發表超過一千篇相關論文，至今仍未停止。[48] 他們的研究成果成為三個金融衍生商品市場的學術基礎：在交易所買賣的選擇權、場外交易的衍生商品和結構型產品，以及信用衍生商品市場。截至 2016 年 3 月，交易所買賣的選擇權未到期合約有 48 兆美元，而截至 2016 年下半年，外匯、利率、信用和其他場外交易衍生商品的名義值達 493 兆美元。[49] 在整個社會科學的現代史上，幾乎沒有研究成果在這麼短的時間內對理論和實踐產生如此巨大的影響。[50] 這可說是機緣巧合的結果：科學（布萊克休斯／默頓公式面世）、技術（CBOE 成立）和環境（因為 1970 年代中期的經濟動盪，人們需要以遠大於以前的規模減輕風險）因素結合起來，造就了這一切。

　　圖 10.8 突顯了這種機緣巧合的一個結果。該圖顯示選擇權結算公司（Options Clearing Corporation）提供的 1973 至 2014 年交易所掛牌的選擇權和期貨的年度日均交易量，同時以原始和對數刻度呈現。在對數刻度圖上，指數型成長會以直線呈現，而我們的數據正是這樣。簡單的計算即可得出摩爾定律的金融版：交易所買賣的衍生商品成交量每五年左右增加一倍。連 2008 年的金融危機也只能暫時打斷這種成長。

　　但是，技術變遷也往往造成意想不到的後果。19 世紀的工業革命大大提升了生活水準，但也造成嚴重的空氣與水污染。使用化學殺蟲劑提高了糧食產量，但在我們了解其特質之前，導致一些孕婦

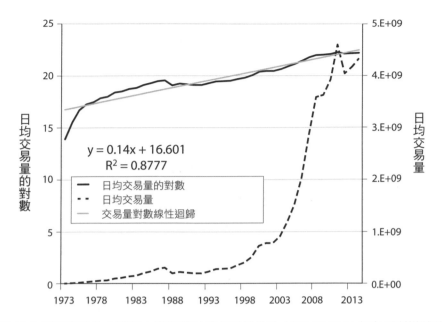

圖 10.8 摩爾定律的金融版：選擇權結算公司提供的 1973 至 2014 年交易所掛牌的選擇權和期貨的年度日均交易量，同時以原始和對數刻度呈現。以線性迴歸估算幾何成長率，可得出交易量每 (log 2)/0.14 = 4.95 年增加一倍。

產下畸形嬰兒。全球金融體系變得密切互聯，大幅降低了資本成本，使世界各地的企業和消費者可以利用的資本大增，但這些互聯關係也導致金融問題迅速蔓延，使 2008 年金融危機成為全球危機。簡而言之，摩爾定律必須應付莫非定律：「可能出錯的必將出錯。」而事情涉及電腦時，錯誤出現的速度通常更快、規模更大，而且更難處理。

2010 年 5 月 6 日發生的事就是一個好例子。當天北美中部時間下午 1:32，美國金融市場經歷了其歷史上最動盪的其中一段時間，歷時約 33 分鐘。道瓊工業指數出現歷來最大的單日盤中點數跌幅，一度在 5 分鐘內急跌 600 點。全球最大的其中一些公司出現不可思

議的成交價：埃森哲（Accenture）的股票以每股 1 美分的價格成交，
蘋果以每股 100,000 美元的價格成交。一如事情不知如何驟然開始，
這段異常時間約半小時後驟然結束，市場價格回到下午 1:32 之前的
正常水準，彷彿有某個權威宣佈：「我們現在回到股市的正常狀態。」
但是，在那半小時內，許多買賣以荒謬的價格成交，包括審慎的投
資人設定的停損單──因為股市驟跌觸動這些停損單，他們的投資
部位被結清了。主要交易所隨後集體同意，成交價偏離下午 1:32 之
前水準 60% 或以上的交易全部取消。對那些因為股價急跌觸動停損
單、部位被結清而損失了 59% 的投資人來說，交易所此舉沒有什麼
安慰作用──他們的投資組合價值無法回到正常狀態下的水準。這
件離奇的事令許多投資人和造市商非常難忘，而因為事情來得急也
去得快，它如今被稱為「閃崩」（Flash Crash）。

美國商品期貨交易委員會（CFTC）與 SEC 的聯合調查發現，
三個因素造成這場「完美」的金融風暴。第一個因素是一家共同基
金公司為了對沖它在股市的曝險，自動賣出 75,000 張標準普爾 500
指數期貨合約，[51] 而因為事情發生在極短的時間內，委託單嚴重失
衡，顯然超出了充當造市商的高頻交易商相當小的風險承受能力。[52]
第二個因素是這些交易商的反應：他們取消他們的委託單，暫時離
開市場。第三個因素是「無成交意願報價」（stub quotes）：造市商輸
入這些以 1 美分或 100,000 美元的價格買或賣證券的委託單，根本不
是有成交意願，只是為了滿足當局的要求，表示他們願意在所有情
況下履行造市責任（SEC 與美國金融業監管局隨後已廢除這種做
法）。真正的買賣報價消失之後，市場上就只剩下這些無成交意願的
報價，結果便出現埃森哲每股 1 美分和蘋果每股 100,000 美元的成交

價。

這是 CFTC 與 SEC 的聯合調查報告 2010 年 9 月 30 日公佈時，有關閃崩一事的說法。但後來說法有所改變。2015 年 4 月 21 日，美國司法部連同 CFTC 起訴英國人薩勞（Navinder Singh Sarao），指他試圖在芝加哥商業交易所（CME）操縱標準普爾 500 指數 E-Mini 期貨合約的價格，而此事的附帶後果之一就是閃崩。2016 年 11 月 9 日，薩勞承認一項電信詐欺罪和一項誘騙交易罪（spoofing；操縱價格的一種方式）。這名獨自行動的交易者是否就是閃崩的禍首，至今未有定論。

此事最值得注意之處，在於事發逾六年之後，雖然此次失序僅涉及數目有限的個股和市場參與者，而且歷時僅略多於半小時，但我們仍未能釐清事發原因。此後我們也經歷了其他市場的閃崩，包括美國公債（2014 年 10 月 14 日）、外匯（2015 年 3 月 18 日）和 ETF（2015 年 8 月 24 日）。如果再加上 BATS 和臉書首次公開發行（IPO）過程中的技術失靈問題（2012 年 3 月 23 日和 5 月 18 日）、騎士資本集團（Knight Capital Group）因為電子交易出錯損失 4.58 億美元，以及彭博終端機斷線兩個半小時（2015 年 4 月 17 日）導致數十億美元的公債發行延後這些事件，我們可以看到一種形態。以思想的速度進行的演化尚未完全適應以光速進行的交易。

市場不可能冷待金融技術——演算法交易和電子化市場的優勢太大了。我們應該做的是追求更好、更健全的技術——它們先進到幾乎不可能出錯，對人類操作者來說是隱形的。每一項成功的技術都經歷了這種成熟的過程：從旋轉撥號電話到 iPhone，從解剖刀到雷射手術，從白熱燈泡到發光二極體（LED），從紙本街道圖到

Google 地圖和 GPS，都是這樣。金融技術也不例外。

　　為了化解摩爾定律與莫非定律的衝突，我們需要金體體系的 2.0 版本，而這需要一種全新的思考方式和一套不同的工具。

複雜性殘忍之處

　　技術帶來的難題，是金融體系日益複雜這個更大趨勢的一部分。隨著金融體系變得愈來愈複雜，理解它也變得愈來愈困難，遑論管理它。我們試圖藉由施加一層又一層的規則來管理這個複雜的體系，實際上卻令這個體系變得更複雜，而且增添了不確定性。一如我在麻省理工的同事盧卡斯（Debbie Lucas）經常提醒我：「政府是系統風險的一個源頭。」[53] 在上一章，我們談到斐洛的正常意外理論：複雜和緊密耦合這兩個條件結合起來，系統就難免有失靈的時候。雖然斐洛認為他的理論不適用於 2008 年的金融危機，複雜無疑是引發這場危機的一個因素，而除非我們掌握克服問題的專門知識，我們將難以防止危機再發生。這意味著什麼？

　　我們說事物複雜，其實是以一種比較有禮貌的方式說我們「無知」。事物太複雜意味著我們不理解它。複雜系統的研究者經常以一些可以產生極複雜曲線圖的非線性數學關係為例：它們複雜到只要略為改變起點，就不可能預測幾個步驟之後的情況。這種複雜性的典型例子是「蝴蝶效應」：因為天氣是個複雜的系統，一隻蝴蝶在北京拍動翅膀，數週之後可能導致美國紐奧良受颶風吹襲。複雜的系統必然難以理解，因此也難以管理。

　　在適應性市場框架下，複雜意味著我們未能提出有關系統的好

敘事。解決方案顯而易見：我們必須變得更聰明。有時候我們可以藉由更深入理解系統的基本結構，降低複雜的程度。例如經過 2007年 8 月的事件之後，我們知道奉行統計套利策略的投資組合可能陷入流動性螺旋，因此也就可以為這種問題預做較好的準備。

但適應性市場框架也指出複雜性的第二個問題：專門知識可能造成分化和衝突。如果金融體系變得非常複雜，以致只有少數精英真正明白其功能和適當的維護方式，這種知識將導致我們分裂為知道與不知道的兩種人。當然，任何獨特的知識都會造成這種情況——我知道如何做外脆內軟的蔥餅，而你很可能不知道。但這知識可能不值得保密，而你不知道應該也不會太懊惱。

但假設我知道如何治好糖尿病而你不知道，又或者我知道如何藉由避開某些常見的食物來預防癌症而你不知道，又或者我知道如何替房貸擔保證券和信用違約交換合約定價而你不知道。在這些情況下，我掌握的知識賦予我某種權力和地位。複雜性使我們需要更好的敘事，而掌握這些敘事的人將成為複雜系統的專家、可能攸關性命的的關鍵知識的把關者。成為這種專家的困難程度（在醫治糖尿病的例子中，可能必須成為分子生物學的碩士或博士，而且具有生物科技和製藥方面長達 20 年的工作經驗）以及這種專門知識的社會價值，決定這種精英制度的分化力量有多大。

Ruixun Zhang、布倫南和我合作的一項研究發現，在二元選擇模型中，如果某些個體面臨某些共同的環境威脅而其他個體並非如此，群體將自然出現。[54] 換句話說，群體並非總是生物特徵的產物（例如男性 vs. 女性），有時也可能是環境的產物（例如喜歡研究生物學的人 vs. 不喜歡的人）。而雖然天擇仍以相同的方式對每一個個

體產生作用，某些環境衝擊（例如出現一些可能致命的疾病，而生物學知識足夠豐富的人可以治好這些病）將製造出不同的群體。正如俗語所言：「敵人的敵人是我的朋友。」

那麼，精英制度會有什麼問題，尤其是如果它是以有用的專門知識為基礎呢？事實上，我們經常仰賴第三方的專門知識：我們雇用水電師傅、看牙醫或入讀商學院，都是仰賴別人的專門知識。但這些群體不會造成任何系統問題，因為要成為這些方面的專家雖然不容易，但也並非不可能。只要夠努力和接受適當的訓練，你也可以成為我們的一份子；你我之間因此沒有不可逾越的壁壘。

但如果存在不可逾越的壁壘，而且那些知識攸關性命，問題就出現了。因為專家可以利用他們的知識控制其他人──我知道如何醫治糖尿病，但我不會告訴你，除非你服從我的命令。在這種情況下，知識真的就是權力，尤其是如果我可以不洩露我的專門知識就治好你的病──例如給你一種藥吃，而只有我知道如何製造這種藥。在某些情況下，權力高度集中的情況或許是可持續的，例如暴君掌權的某些極權政府。但在其他情況下，暴君最終會被推翻。而被統治者是否造反，決定因素包括不平等的程度，以及他們認為自己是否有機會加入統治集團（後一個因素更重要）。如果有權者與無權者的境況差別太大，而無權者覺得自己完全沒有希望成為有權者，那些被剝削權利的人就真的「除了身上的鐐銬，沒有什麼可失去」。

複雜性殘忍之處在於知識就是權力，而權力可能被濫用。或許濫權的程度並未嚴重到艾頓爵士（Lord Acton）所講的那樣：「權力往往導致腐敗，絕對的權力導致絕對的腐敗。」或許那只是基於深厚

專門知識的精英制度。但不掌握這些專門知識的人可能覺得那些專家傲慢、展現家長作風，甚至已成為獨裁的暴君。在此情況下，被排斥的非精英否定這種專門知識就是一種自然反應。這種反應理性嗎？不理性。但人性就是這樣。

在此同時，專門知識也已經變得政治化，尤其是經濟和金融方面的專門知識。這導致專家與大眾的關係變得更緊張。從政者的標準作業程序是尋找所見略同的專家，聘請他們當政策顧問。你可以想像病人以這種方式尋找心臟外科醫師嗎？將政治議程與科學知識混在一起，必定損害科學家與科學的可信度，使人們有更多理由否定專門知識。

我們已經開始看到一些證據顯示金融和其他領域的專門知識遭否定，例如雖然金融危機之後監理工作負擔加重但監理機關的預算遭削減，政府削減對基礎科學研究和大學的資助，某些政客和他們的支持者公然否定氣候變遷的科學研究結論，以及哪怕是最危險的流行病也難以籌措足夠的疫苗經費。雖然這些趨勢的根源和動機非常不同，但它們都含有反精英的民粹元素。除非我們可以扭轉這種趨勢，要理解和管理複雜的事物如金融體系，將會愈來愈困難。

好在有關如何修復金融體系，適應性市場假說提供了若干線索。

第 11 章

修復金融體系

站在適應性市場的角度，危機控管的一個基本原則是金融
體系比較像一個由生物構成的生態系統，而不是一個由無
生命的各部分組成的機械系統，而我們必須據此管理金融
體系。

有所防備

之前兩章審視了 2008 年的金融危機和金融體系的其他缺點，現在應該來想這個問題：我們可以為此做些什麼？眼前沒有簡單的解決方案，但適應性市場假說確實提供了一個系統性框架，有助我們辨識金融病態的根源和或許有效的補救方法。在這種假說下，我們承認人類的行為會調整適應各種環境，而不是呈現某種典型模式（例如經濟人模式）；如此一來，我們比較有可能提出準確的敘事來引導我們對危機的反應。本章提出幾個此類敘事，以及一些受此啟發的新工具。

預防未來的金融災難很可能涉及現在就承受顯著的金融代價。對此你可能不以為意，以為防災的代價將由別人承受，而你可以置身事外。但我想說的情況並非如此。想想羅斯頓的故事：他在藍約翰峽谷中為了脫困，切斷自己一隻手臂。你可以為了生存做這樣的事嗎？你可以為了避免在金融危機中死去，承受這種痛苦的犧牲嗎？這就是敘事的力量——為了預防危機，我們需要一種新敘事，清楚說明為什麼承受眼前的痛苦好過經歷未來的災難，尤其是說服那些認為自己可以置身事外的人。

適應性市場假說可以當作一種預測工具使用，幫助我們建立一種新敘事。只說「所有銀行業人士都邪惡」是不夠的。首先，事實並非如此。但即使事實如此，這種敘事仍不足以令人信服——換掉體系內所有銀行業人士，不能解決問題。我們必須找到一種方法，幫助我們想像各種決定在未來不同的情境下將產生怎樣的結果——換句話說，我們需要一種有關敘事的敘事。

英國文豪約翰遜（Samuel Johnson）曾說：「一個人知道自己兩個
星期後將被絞死，他的心神將奇妙地集中起來。」但如果我們可以在
災難尚未迫在眉睫時，就把我們前額葉皮質的力量集中起來，那不
是好得多嗎？我們必須能看到災難將臨，一如我們預見麻省收費公
路上的坑洞，而且我們必須有可靠的體制記憶（institutional
memory），在金融危機真的發生時知道如何處理。

我們可能永遠無法完全防止金融危機。自由市場體制加上人性
的作用，就會不時出現貪婪壓倒恐懼的情況。但我們可以設法使金
融體系變得比較可靠和強韌。我們可以視金融危機為一種連鎖反
應，一如雪崩或森林大火。所有連鎖反應都有一個觸發反應的起點：
大災難可能始於一顆小卵石從斜坡上滑下來。我們可以設法防止觸
發金融危機，也應該這麼做。但是，在任何一點火花就能引發一場
金融大火的環境中，預防策略不能僅關注如何防止起火，還必須有
方法防止火勢蔓延。我們不可能像立法禁止在森林點火那樣禁止金
融危機，但我們當然可以將縱火犯定罪和懲罰縱火狂。

生態系統管理

站在適應性市場的角度，危機控管的一個基本原則是金融體系
比較像一個由生物構成的生態系統，而不是一個由無生命的各部分
組成的機械系統，而我們必須據此管理金融體系。這與傳統的金融
監理方式截然不同，但也有少數監理界人士和演化生物學家已經得
出同一結論，雖然他們的路徑有所不同。這些人包括第 6 章提到的
法默（J. Doyne Farmer）、英國央行首席經濟學家霍爾丹（Andrew G.

Haldane）、普林斯頓大學生態學家萊文（Simon A. Levin）、牛津大學生態學家梅伊（Robert M. May），以及斯克里普斯海洋學研究所理論生物學家杉原（George Sugihara）。[1] 雖然人數很少，這群令人欽佩的學者已經在某程度上改變了監理界和學術界思考金融危機的方式。事實上，英國央行在測量系統風險和將相關指標納入貨幣政策方面發揮了領導作用，而作為英國央行貨幣分析與統計部的主管，霍爾丹對英國央行的研究計畫和政策方向有特別大的影響力。

我自己在這方面的想法，受萊文很大的影響。萊文是專業的演化生物學家和數理生態學家，建構生態系統模型的時間比我長得多。他的研究工作使他自然地尋求將研究結果應用在經濟和金融方面。我自己則剛好走了反向的路，從金融經濟學走向生態學。不過，我們首次見面並開始談我們的興趣時，發現我們談的是相同的現象，但用了不同的詞彙。這告訴我們，我們視金融體系為一個有機生態系統是走對了路；我們因此開始合作，將生態學應用在金融監理上。[2]

我們提出的第一個見解是我們必須視金融體系為一個系統，然後思考這些問題：在既有的資源和技術限制下，這個系統是否可持續？承受環境衝擊能否迅速復原？是否已經達到最高的運作效率？相對於只是制定規則對付惡劣行為，較好的做法是深入了解那些行為如何產生，並釐清環境的哪些方面必須改變以減少或杜絕那些行為。

事實上，生物系統提供了許多高效調節機制的例子，這些機制是數百萬年演化的產物。例如人類天生具有「恆溫」能力，也就是能將體溫自動維持在非常接近攝氏 37 度的水準。我們因為受冷而體

溫下降時，下視丘會偵測到這種變化，並促使我們的身體發抖以產生熱能；體溫變得太高時，下視丘會導致我們的身體出汗，利用蒸發的作用降低體溫。我們在數百萬年的演化中發展出這種能力，以便維持相對穩定的體溫，尤其是保護我們對溫度非常敏感的腦部。

許多這種生物調節機制以回饋環路為核心，這些回饋環路的功能是防止系統過度接近回不了頭的失控狀態。以人類體溫而言，人體核心溫度若跌至 35 度以下便是體溫過低；若跌至 27 度以下，通常就會因為心臟衰竭或呼吸衰竭而死亡。這就是我們有回饋環路的原因：少量的預防勝於大量的治療。

「回饋」（feedback）一詞源自音響系統，在這種脈絡下稱為「回授」：麥克風與揚聲器太接近，以致揚聲器的輸出成為麥克風的輸入，形成一種環路，最終產生非常尖銳刺耳的聲音。工程師將這種情況稱為一種「正回饋」（positive feedback），意思與多數人使用「正回饋」一詞所表達的恰恰相反。在工程意義上，正回饋是指變化將擴大至系統的極限，而「負回饋」則是指系統中的變化將被削弱至微不足道的程度。金融危機是一種正回饋，一如麥克風產生的刺耳聲音，是小變化擴大成軒然大波。為了防止這種小事擴大成災難的情況，我們需要整個系統產生更多負回饋，而回饋也必須能靈敏地因應環境的變化。

金融監理界已經非常明白此一需要。央行官員常說，他們的職責之一是「在派對進行到最嗨的時候拿走潘趣酒（punch）盆」，即使我們的集體伏隔核告訴我們，派對將無止境持續下去。問題是監理官員也是人，而如第 2 章指出，厭惡損失這種行為偏誤除了導致某些交易員變成流氓交易員外，也可能導致銀行監理官員等太久，

太晚才拿走潘趣酒盆。適應性市場框架視監理官員為金融生態系統的一部分，而因此自然產生的一個建議，是開發適應性監理方式——這種監理方式比較不會出現人類監理官員常見的行為偏誤。

適應性監理方式

一些監理機關已提出若干適應性監理構想，例子之一是逆週期資本緩衝（countercyclical capital buffers），也就資本要求因應經濟和信貸週期自動反向調整。芝加哥商業交易所（CME）的做法啟發了一個相關的建議，其精神與第 8 章談到的「T 規定」和波動性目標控管機制相似。

CME 是世上最大的有組織金融交易所之一，目前利用動態的（dynamic）保證金要求決定市場參與者在其帳戶必須至少維持多少資金，藉此保護交易所和市場參與者免受極大虧損造成的違約拖累。[3]CME 利用它自行開發的標準投資組合風險分析系統（SPAN）做這件事。SPAN 這個軟體系統 1988 年面世，如今開發到第四代，業界廣泛奉為標準。[4]SPAN 估算一個投資組合在多種情況下的最大損失（一般是估算 16 種情況，但這個數字可由用戶設定），然後決定適當的保證金要求。[5]布倫南（Tom Brennan）和我已經證明，SPAN 針對 CME 外匯期貨算出來的保證金要求，與以美元投資在歐元和其他貨幣上的報酬率近期波動性有相當高的相關性（見圖 11.1）。

SPAN 看來具有動態監理所需的許多特質。這種風險控管系統可以證明金融體系所需的適應性監理在概念上是可行的。SPAN 保

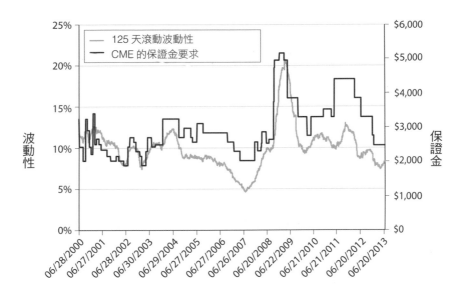

圖 11.1 以美元投資在歐元上的日報酬率波動性，以及 CME 對歐元期貨合約歷來的保證金要求。波動性是計算之前 125 天的情況，然後乘以 √ 250 算出年化值。CME 的保證金是針對投機客最初投資的要求。報出來的保證金是投資在期貨合約上的美元金額的百分比（本章正文有進一步的解釋）。資料來源：Brennan and Lo (2014, figure 3)。

護 CME 的結算所免受違約拖累。但是，SPAN 僅關注金融體系中的中介機構面臨的風險，保護參與公開買賣、高度流動的金融工具交易的個別結算所。SPAN 系統可以輕鬆觀察這些金融工具的波動性和價格過程的變化，在設定新的保證金要求時將這些資料納入考量。該系統與控管系統風險無關──它是一種適應性監理，但是在器官的層面運作，不是在整個生物的層面。

　　適應性金融監理需要類似 SPAN 系統的做法，但要應用在整個金融體系上，而且其政策不但必須是審慎的，還必須是總體審慎的（macroprudential）。CME 的系統可以將意想不到的危機當作外部事

件。但就系統風險而言,問題在內部:全球金融體系沒有「外部」可言。所有適應性監理都必須能處理金融系統風險的內生(endogenous)性質,包括監理本身產生的影響。**我們需要總體經濟層面的適應性控管。**

演化生物學也為金融監理提供許多其他教訓。事實上,生物機能很大一部分與調節有關。除了維持體溫穩定,身體還有許多其他調節機能,例如調節血壓、心跳、呼吸和骨骼生長之類。這些機制看起來與逆週期貨幣政策非常相似,但它們不是我們刻意為之,而是天擇日積月累的結果。事實上,在演化生物學中,一個物種或世系面對的一種結構問題有數種解決方案,是相對常見的事。此外,演化論為這些機制之所以出現提供了一種有力的解釋:這些機制造就的穩定性有利於生物的生存和繁衍。

目前萊文和我合作的一些研究利用源自生物調節的概念(例如回饋控制機制、免疫反應、生態系統管理技術),提出改善金融監理的建議。[6] 例如「大到不能倒」的金融機構是造成 2008 年金融危機的一個重要因素:容許保險巨頭美國國際集團(AIG)破產根本不可行,因此也就有聯準會拯救該公司之舉。生態學和經濟學分析均暗示,這些機構必然因為「大到不能倒」而在金融體系中享有某種優勢。不過,生態學有一個比較實際的理論可以解釋生物的大小為何重要。[7] 如生物學家邦納(John Bonner)指出,既有的生物尺寸並不妨礙進一步的演化發展,尺寸總是可以向上突破。[8] 除非受其他因素限制,這個領域的新進入者並無競爭對手。體積較大顯然真的可以在許多方面佔優勢。

但只要去一趟博物館,我們就記起地球陸地上曾出現的最大型

生物 6,500 萬年前滅絕了，此後不曾再出現。為什麼呢？顯然是因為環境改變了，變得不再有利於像貨櫃車那麼大的恐龍。與其簡單地禁止商業銀行和保險公司的規模超過某個水準，我們應該先釐清一個問題：在當前商業環境下，什麼是金融機構的理想規模？然後我們就可以設計一種比較有效和可持續的監理機制，用來控管這些重要機構的成長，例如調整公司規模的上限以因應商業環境和金融穩定面臨的潛在威脅。

但如果要選一個明確有助金融生態系統變得更穩定和健全的建議，那就是研擬更好的系統風險指標。管理學上有句名言：沒測量的東西無法管理。金融經濟學家要到 2008 年的金融危機之後，才認真嘗試測量系統風險。如果我們可以量化系統風險，則不但監理機關可以更有把握地適時拿走潘趣酒盆，投資人和金融機構也可以適時自我糾正。如果投資人 2006 年時知道信用違約交換市場有多集中，他們就可能不會那麼積極地利用這種衍生工具。那麼我們就來探索一些相關的措施和工具。

將法律當作軟體分析

若想有效地監督管理整個金融體系，我們必須更好地認識既有的整套金融法規。但要掌握整套金融法規似乎是不可能的。沒有一個人可以記得整套現代金融法規，即使是最高薪的律師或最出色的從政者也做不到。而考慮到金融業以驚人的速度成長，金融法規因此也經歷了類似的成長，我們沒有理由期望任何人做得到這件事。不過，技術手段提供了一種有趣的方案。

美國的法律制度是適應性監理的一個實例。該制度以可追溯至歐洲中世紀時期的習慣法（common law）原理為基礎，逐漸演變以回應社會需求和政治壓力。但是，這個制度不是為快速變遷的時代設計的。事實上，美國許多開國先賢認為法律緩慢和慎重地改變是有益的。美國聯邦法律法典化要到 1926 年才開始，晚得驚人，而聯邦成文法的組織至今仍然相當差。

如果我們視法律為一種軟體，視美國的法律為美利堅合眾國的作業系統，那又如何？畢竟法律一如軟體，是為一個系統提供指令：如果出現這種情況，那就這麼做，諸如此類。如果我們請一組軟體工程師分析整套美國聯邦法律，他們會看到數萬頁的「程式碼」，輔助說明做得很差，而且各部分之間有許多錯綜複雜的相互依賴關係。[9] 優良軟體設計原則是否可以用來改善我們編寫金融法規的方式？

為了回答這問題，我與數名優秀的電腦科學研究生和一名執業律師（Pablo Azar、Phil Hill、David Larochelle，以及 William Li）合作，利用衡量軟體素質的五組標準，分析整套美國法律的文本（見表 11.1）。

學者喜歡鑽研的技術細節，我在這裡不多談，但想講一下一個有關耦合、特別有趣的指標（表 11.1 中第四點）。我們已經在斐洛的正常意外理論（複雜加緊密耦合）中遇到這個概念，而軟體設計也有相同的問題，尤其是大型系統如微軟視窗、Linux kernel 和臉書。如果這些軟體系統的不同部分緊密耦合，則改變某一部分可能導致其他部分失靈，而因為這些系統非常大又十分複雜，要預料可能發生的所有失靈情況幾乎是不可能的。因為數以千計的工程師經

表 11.1

優良軟體設計原則和相應的建議指標

	原則	建議指標
1.	**簡潔**：好程式應該是需要多長就多長，但不應該超出必要的長度。	字數
2.	**凝聚**：程式中的模組必須能做好一件事，而不是做多件事但做不好。	語言複雜度
3.	**更改**：程式大幅或頻繁修改，可能意味著有瑕疵。	受影響的條款或細項的數目
4.	**耦合**：相對於含有不必要相互依賴關係的程式，模組化程式比較可靠和容易維護。	交叉參照的網絡核心與邊陲的大小對比
5.	**複雜性**：程式若涉及許多條件、案例和例外情況，會難以理解和容易出錯。	程式中條件句的數目（麥卡比複雜度）

資料來源：Li et al. (2015)

常對這些系統做某些修改，而且許多工程師是獨立工作，意外不但是正常的，幾乎還是必將發生的。這也是軟體業採用「物件導向程式設計」的原因：他們不寫一整個大型程式，而是將程式寫成許多個相對小型的獨立模組，每一個各有不同的功能。

　　為了將軟體的耦合程度視覺化，我們來畫一種圖：每一個模組由一個點代表，一個模組參照另一個模組時，我們就從前者畫一個箭頭到後者。結果是一個網絡圖，呈現程式不同部分的所有相互依賴關係，而該圖的密集或稀疏程度便反映軟體的耦合程度。如果這個圖顯得非常密集，那就代表系統中有許多相互依賴關係，而這是系統設計不佳的一個跡象；如果這個圖顯得稀疏，則代表多數模組是獨立的，修改一個模組導致另一個模組失靈的機率較低。

　　這個圖畫出來之後，我們就可以利用網絡分析中的「核心」（core）概念，區分程式的主體與邊陲（periphery）。一個網絡的核心

是滿足一個非常特別條件的最大的那組點：在這組點中，任何一點都可以經由一個或多個箭頭與所有其他的點連結起來。例如在圖11.2中，D、F、G、H就是這樣一組點：從任何一點出發，都可以到達另外三個點。我們顯然沒有路可以從D走去A，因此A不是核心的一部分。符合「強連通」（strong connectedness）條件的最大一組點是網絡最複雜的部分，因為核心中任何一點有變動，都可能影響核心中所有其他點。這就是軟體工程師希望盡可能縮小核心的原因。

我們利用這種方法測量美國法典各部分的複雜程度，網絡圖中的點代表被稱為「節」（sections）的個別模組。（美國法典共分50「類」〔titles〕，涵蓋「專利」和「銀行與銀行業」之類的大主題；每一類含有許多節，總數為三萬六千節。）兩點之間的線代表一節與另一節的交叉參照，紅點代表核心，藍點代表邊陲。在本書第165頁彩圖11.3顯示，美國法典某些部分的耦合程度極高。圖11.3a是2009年《綜合撥款法》（Omnibus Appropriations Act）的圖。這條法案主要是為若干互不相關的計畫撥款，其網絡圖相對簡單因此並不意外──我們看到一個非常小的核心，而邊陲的節多數是孤立的，極少有交叉參照。

但圖11.3b這個《陶德法蘭克華爾街改革法》的網絡圖就複雜得多。這條法案2010年7月21日通過，內容有2,319頁。它提出390項制定規則的要求，而截至法案通過六週年時，只有271項已有確定的規則。[10] 它複雜得驚人：核心非常大，而且有很多交叉參照。

但《陶德法蘭克法》的複雜程度又遠低於美國法典第12類「銀行與銀行業」，也就是規管整個銀行業的法律。其網絡圖是圖11.3c：核心極大，而且核心與邊陲的聯繫極多。我們不難看到，某

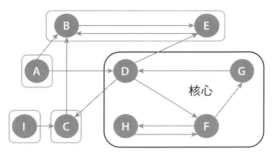

圖 11.2 網絡分析中的「核心」概念。資料來源：Li et al. (2015)。

部分的小幅變更可能在網絡中其他部分造成無法預測、意想不到的
後果。

　　這些網絡圖和我們開發出來測量監理複雜程度的其他工具，使
我們得以透視現行銀行業法規中的隱蔽結構。法律中核心的節規管
公司的權力、保險資金和控股公司，它們是我們組織管理絕大多數
金融資產的地方。法律中這些節對美國金融體系至為重要，因為它
們規管掌握金融資產的組織──我們全都知道，實際占有者的產權
十拿九穩。藉由利用較好的技術了解這些法規的複雜性，我們可以
設計一個比較好的系統，一個能適應日益複雜的金融世界的系統。

金融網絡圖

　　網絡圖另一個有用的功能是反映金融體系中問題蔓延的風險。
如果以點代表金融機構，那麼反映這些機構交易往來關係的網絡圖
或許可以告訴我們，一個機構的虧損可以如何經由意想不到的路徑
影響其他機構。這種圖在 2007 年 8 月之前應該非常有用。雖然可能
不足以阻止量化崩盤，但如果我們知道哪些機構風險最大，或許就

可以在財務上隔離它們，藉此限制問題蔓延的影響。一如流行病學家研究傳染病如何從源頭傳播出去，我們應該辨明金融危機可能利用的機構之間的聯繫。

我們是否有方法可以預先辨明這些聯繫？威尼斯大學和威尼斯高等學院（SSAV）的比利奧（Monica Billio）和佩利松（Loriana Pelizzon）、麻省大學的哥曼斯基（Mila Getmansky）和我提議預先辨明這些聯繫，作為金融系統風險預警系統的一部分。[11] 這當中的數學有點複雜，但原理很簡單。我們將金融機構分為銀行、經紀自營商、保險公司和對沖基金四大類，每一類找出最大的 25 家公司，檢視它們的月報酬率，然後分析每一家公司相對於另外 99 家的表現。這當中有將近一萬種潛在關係，但我們認為只有相對少數公司的月度表現之間會呈現具統計意義的重大相關性。金融衝擊出現時，將經由這些管道傳播。

我們的研究有驚人發現。金融市場相對平靜時，我們的分析結果平平無奇。但是，在金融危機前夕和期間，公司之間具統計意義的聯繫會倍增或增加近兩倍。威脅整個系統的金融危機即將爆發時，金融機構之間的互聯程度大大提高：對沖基金 LTCM 破產和次貸危機都是這樣。166 頁的彩圖 11.4 顯示 1994 至 1996 年和 2006 至 2008 年這兩段時期金融機構之間的互聯程度。

這些網絡圖可以用來測量金融體系複雜程度的變化，也可以用來預先識別互聯程度高到不能倒的關鍵金融機構（例如次貸危機中的 AIG）。網絡「核心」之類的概念也可以應用在這裡，而如果網絡圖更新得夠頻密，監理機關可以迅速判斷危機是否迫在眉睫，也能知道以什麼方式介入最合適。

　　這種做法可以更進一步——上述團隊正與 IMF 的格雷（Dale Gray）和默頓合作，繪製銀行、保險公司與主權國家之間的網絡圖。[12] 這是希望了解國家面對的總體經濟問題如何傳到金融體系，以及可能出現的反向現象。就銀行和保險公司而言，我們利用它們的股市報酬率來估計網絡中的聯繫，而就國家而言，我們利用主權債的信用違約交換利差作為國家財政健康的指標。本書第 167 頁的圖 11.5a 是 2016 年 6 月 24 日的網絡圖，顯示英國公投決定是否退出歐盟之前的情況；圖 11.5b 則是三天之後，也就是公投結果已證實英國將退出歐盟之後的情況。兩個圖有顯著的差別——網絡中的聯繫不但變得比較密集，還有一些金融機構和國家（並非只是英國）在英國確定將退出歐盟之後明顯變得比較突出。

　　當一切都互有關聯時，金融危機可以從任何地方開始，並影響所有人。但是，現行監理結構的設計無法很好地處理這種空前巨大的系統風險。美國每一個監理機關，無論是商品期貨交易委員會、聯邦存款保險公司、金融監理局、儲蓄機構監理局、證券交易委員會、聯邦準備理事會還是財政部，都有自己的一套法定目標和工具。次貸危機有個很明確的教訓：因應危機迅速協調這些監理機關是極其困難的事。這不是美國獨有的問題，但因應危機協調多個國家甚至更困難——因為金融體系的全球化性質，國際協調如今愈來愈重要。

　　另一方面，民間部門無法真正處理系統風險。首先，沒有一家金融機構能取得重要的系統資料，例如金融體系中所有利害關係人之間的全部交易對手關係（目前連監理機關也未能掌握這種資料，但它們正為此努力）。第二，個別金融機構沒有管理系統風險的經濟

動機，也未獲得授權做這件事。借用紐約大學金融經濟學家阿查亞
（Viral Acharya）和理查森（Matthew Richardson）的說法，一家金融
機構的風險對金融體系的影響，有如一個污染者對環境的影響，是
一種「負外部性」：他們的不良行為損害所有人的生活品質，並非僅
影響污染者或製造出風險的金融機構本身。[13] 經濟學上處理負外部
性的典型方法是對造成負外部性的人課稅，實質上將系統問題轉化
為污染者的問題。但因為金融機構可以顯著影響立法者，即使只是
針對系統風險小幅課稅，在政治上也可能很困難。

因此，金融體系目前欠缺監測和管理系統風險的必要回饋機
制。如我們所見，人腦有幾個系統評估風險，尤其是「恐懼的天賦」
和杏仁核；但有時金融體系受參與者過度恐懼的問題困擾，例如在
金融危機剛爆發之後便是這樣。**適應性市場觀念暗示，金融體系需
要另一種天賦：痛楚的天賦。**

危機調查

站在演化的角度，痛楚是好東西。痛楚的負回饋觸發即時反
應。我們的手碰到熱爐子會立即縮回來，免得被燙傷。痛楚經由我
們的杏仁核引發我們天生的恐懼學習反應，但我們未必會害怕熱爐
子──我們只是學會了不要再觸碰熱爐子。世上有人天生沒有能力
感受到痛楚，例如英國廣播公司（BBC）報導的皮特（Steven Pete）
就是這樣。皮特是美國華盛頓州一名有三個孩子的年輕父親，患有
先天性無痛症。[14] 先天性無痛症患者通常容易受傷和染病。他們小
時候可能咬斷自己的舌尖，又或者斷了骨頭也不知道，結果沒有得

到適當的治療。皮特在學走路的年紀因為經常受傷，被兒童保護局帶走，留在一間地區醫院觀察，但在那裡斷了腳，一天半之後才有人發現。作為一名成年人，皮特因為左膝曾多次受傷，可能必須截肢。為什麼會這樣？因為先天性無痛症患者無法產生避免受傷行為所需要的回饋，他們無法像一般人那樣接收到痛楚的警告。

　　許多法規因痛而生。我讀小學時知道 1911 年 3 月 25 日紐約曼哈頓的三角成衣工廠（Triangle Shirtwaist Factory）發生大火，146 名年輕成衣工人（129 名女性和 17 名男性）喪生，許多人因為從失火的工廠大樓高層跳下來而死去。隨後兩年紐約州通過了 60 條有關勞工安全的新法律，一些新組織如美國安全工程師協會（American Society of Safety Engineers）也相繼成立。如今所有商用大樓都必須遵守一些安全規定，例如必須裝設自動灑水和火警系統，使用人數不得超過某個上限，而且必須設有清楚標示的緊急出口，有人使用時會響起警報聲。因為痛，我們設法保護大家，即使要等一段時間。

　　但法規本身是不夠的。一切順利時，監理者可能完全感受不到痛，因此沒有執行一些可防止日後出現巨大痛苦的法規。此外，在嚴厲的監理環境下，企業將自我調整，設法規避而非遵守法規──這就是信用違約交換市場在 2008 年金融危機之前成長到那麼大的原因。某些情況下甚至可能出現「監理俘虜」（regulatory capture）的情況：企業逼迫監理機關創造對企業有利的環境。事實上，政府某些政策（例如為房貸提供擔保）就像一種麻醉劑，麻痺了金融業某些部分，使那些金融業者比較不容易因為感到痛而適當降低風險。房利美和房地美這兩家政府資助企業（GSE）每家花了當局約 1,000 億美元拯救，由此可見政府哪怕只是提供隱性擔保，也可能造成嚴重

的後果。這就是為什麼你看牙醫時接受麻醉之後，醫生會提醒你至少一個小時別吃東西──如果在麻醉劑的作用消退之前就吃東西，你可能咬掉了舌尖也不知道。

要鼓勵金融機構現在做一些痛苦的事以免未來面對災難，我們需要一種新敘事，其說服力必須媲美促使羅斯頓忍受極大痛楚、自我截肢的那種敘事。好在美國政府機構中就有一個負責提出這種敘事的好例子，那就是國家運輸安全委員會（NTSB）。

在傑克森洞的研討會上，桑默斯曾拿金融體系與運輸系統相比。在此脈絡下，我提議創立 NTSB 的金融版，負責分析所有金融事故，調查金融崩盤和差點就造成災難的事件，為我們提供改變當前行為所需要的敘事。我曾與 NTSB 員工費爾丁（Eric Fielding）和麻省理工前學生 Helen Yang 一起撰寫 NTSB 的案例研究，[15] 非常欽佩這個效能高超的機構，而且確信它有許多值得我們學習的地方。如果眼前就有效能極高的米其林輪胎可以用，為什麼還要重新發明輪子呢？

NTSB 是獨立的聯邦政府機構，職責是調查交通事故和提出改善安全的建議。它不屬於任何一個內閣部長級機關。1974 年，NTSB 脫離美國交通部，因為國會認為：「除非完全獨立於美國所有的其他部、局、委員會或機構之外，沒有聯邦機構可以有效履行這種（調查）職責。」

NTSB 沒有監理職權。我提議以 NTSB 作為金融業一種模範時，這一點令某些人驚訝，但沒有監理職權其實有其作用。因為沒有監理職權，NTSB 在監理方面沒有切身利益，可以自由地批評法規和監理機關。監理俘虜問題因此不大可能發生在 NTSB 身上──外界欠

缺「俘虜」NTSB 的機會和誘因。NTSB 的報告不會有投桃報李的問題（你這一次給我好評，我下次將報答你），它因此可以專注於釐清和分析事實的工作。NTSB 因此是個精悍高效的機構，有巨大的影響力。

NTSB 每天 24 小時都有員工候命，全年無休。交通事故發生後，NTSB 的「調查小組」（Go Team）數小時內到達現場。調查小組由每一個相關領域的專家組成，由一名經驗豐富的調查主任管理調查過程。NTSB 頻頻舉行媒體簡報會，會上強調有關調查的已知事實。NTSB 的基本理念是：重要的是事實，不是揣測。

這種集中管理所有相關訊息的政策有重大意義。NTSB 早就知道，媒體會報告交通事故（這是媒體的職責），而如果媒體不掌握確知的事實，就會報導各種傳聞。NTSB 與媒體保持密切聯繫，盡快將已確認的資料提供給媒體，可以降低大眾恐慌的可能，而且可以在調查過程中塑造一種比較有根據的敘事。這種溝通方式也可以非常有效地減輕第 10 章提到的複雜性和精英制問題。雖然釐清墜機的原因涉及非常複雜的工作，NTSB 能夠傳達一種可信的敘事，滿足所有利害關係人，而非只是滿足那些掌握專門知識的人。

例如 2009 年 1 月 15 日，全美航空 1549 號班機在機長薩倫伯格（Chesley Sullenberger）駕駛下，降落在哈德森河的水面上。因為紐約多年來遭受的恐怖攻擊，飛機被迫緊急降落在非常接近金融區之處，可能引起紐約居民的大恐慌。但當天下午，NTSB 就發出聲明，表示初步跡象顯示事故可能是因為飛機撞上鳥類，以致兩個引擎都熄火，而確切原因有待詳細的調查釐清。藉由這個正式聲明（清楚指出確切原因有待調查），NTSB 有效地安撫了關注事件的紐約居民

和所有旅客。

　　完整的調查往往需要一年或更長的時間，而調查工作分兩部分：蒐集和確認有關事故的所有事實，以及分析這些事實。因為 NTSB 是個只有四百名員工的小機構，它在調查工作上採用「參與制」，也就是邀請其他組織和外部人士協助追查事實。具有調查所需要的專門技能或知識的所有利害關係人，都會獲邀參與調查——例如 NTSB 若是調查航空事故，利害關係人包括航空公司、機師、空服員、行李處理人員，以及機械人員等等。但參與制有個重要的例外：從事法律或訴訟工作的外部人士不得參與調查。NTSB 必要時有權發出傳票，索取所需要的資料。參與調查的各方都可以取得 NTSB 蒐集的資料，但參與者若有不良行為，例如開記者會怪罪其他參與者，NTSB 可能停止提供資料。

　　利害關係人為什麼會接受這些規則？首先，他們希望參與調查，及時了解重要事實。第二，他們希望提出他們對事實的解釋，或是糾正其他人的錯誤，免得事情變得對自己不利。最後，NTSB 的事故報告不能作為民事求償訴訟的證據，利害關係人因此可以比較坦率地面對自己在事故中的角色。

　　所有事實都經由各方確認接受之後，調查進入第二階段。分析工作僅由 NTSB 內部員工負責，以便盡可能減少利益衝突。分析完成時，NTSB 將提出一種對事故起因的說法，並排除對立的說法。事故最終報告含有所有相關事實、對事故的分析，以及相關的政策建議。[16]

　　以下提供一個實例。1992 年 3 月 22 日，全美航空 405 號班機從紐約市拉瓜迪亞機場起飛，剛起飛就因為機翼上積冰而失速，雖然

它離開登機口之前曾用過除冰液。[17] 因為當時的空中交通情況，405號班機延後起飛，在冷雨中等待起飛時機翼上重新積冰。這架飛機一直未能獲得足夠的升力，左機翼在跑道地面上拖行超過 100 呎，撞到機場若干設備後脫離機身，而機身也停了下來，在法拉盛灣中半浮半沉、接近翻轉。機上 51 人有 27 人罹難。

接下來幾個月中，NTSB 全面調查了有關此次事故的事實。飛行記錄蒐集到最後一秒。機組人員的資料、對生還副機長的訪問、飛機的背景資料、天氣、機場的除冰程序——所有可能有關的細節都納入調查。NTSB 做了徹底的鑑識調查，結論是技術應用出錯導致這次事故：飛機在除冰之後等待太久，起飛前未再檢查積冰的情況。NTSB 接著完成正式的內部分析程序，1993 年 2 月 17 日公佈結論：

> 國家運輸安全委員會認為，此次事故之所以發生，很可能是因為航空業和聯邦航空局未能為機組人員提供適當的程序、要求和標準，以便他們在班機延誤時妥善處理機身可能積冰的問題；此外很可能也是因為飛機除冰後暴露在冷雨中 35 分鐘之後，機組人員沒有確定機翼上沒有積冰就決定起飛。機翼積冰導致飛機起飛後失速和失控。導致事故的另一個因素，是機組人員使用了不適當的程序而且協調不足，以致飛機以低於規定的空速起飛仰轉。[18]

這是個非凡的結論。NTSB 並不是將事故歸咎於除冰技術失靈或機師出錯，而是歸咎於整個民航系統。根據 NTSB 的專業判斷，此次事故的責任在於航空業和民航監理機關未能為機組人員提供有關

正確應用除冰技術的適當指引。機組人員對事故只有次要責任。

這就引出價值 7,000 億美元的問題：NTSB 模式可以有效應用在金融體系嗎？因為幾方面的原因，該模式應用在金融體系可能不會那麼有效。交通事故發生在某段明確的時間裡，而且範圍有限，NTSB 的調查小組因此有時間做深入的鑑識調查。相對之下，金融危機是持續演變發展的，而我們也無法輕易中斷金融市場的運作來做分析（雖然我們曾在某些極端情況下暫停市場的運作）。如量化崩盤的例子顯示，金融危機比交通事故複雜得多，而且沒有一定的形式；相對之下，交通事故通常只是簡單的因果事件。最後，沒有人從交通事故中得益。如 NTSB 安全專家馬庫斯（Jeff Marcus）所言：「因為事關避免賠上自己的性命，你可以相信人們會有誠實和道德的表現。」不幸的是，在金融業中，有些業者可以從其他業者的不幸中獲利，而且是厚利。道德風險在金融界毫不罕見。

不過，我認為 NTSB 的一些成功要素（與公眾溝通、蒐集資訊、獨立分析）有必要應用在金融體系。量化崩盤期間，我以前的一些學生打電話給我，希望獲得資訊和消除疑慮。如果除了彭博終端機和推特，還有正式的危機資訊「結算所」，我們可以防止多少金融災難（或減輕金融危機的衝擊）？我們可以及早消除多少錯誤的理論，例如證券交易委員會的 15c3-1 規則（淨資本規定）促成 2008 年金融危機那種說法？除此之外，我們可以如何創造必要的負回饋環路，在潛在的危機開始前就阻止它們？

如果金融體系要長期存在並壯大，它就必須適應新環境。我們將必須利用科學方法而非政治話語，以可驗證的方式準確描述金融因果鏈。我們將必須創造新的回饋環路來監測金融環境，就像人類

感受恐懼和痛楚的機制那樣。我們也將需要更好的體制記憶，以便我們（和所有未來世代）在金融體系邁向未來時，從它過往的歷史中吸取正確的教訓。但最重要的是，未來的金融體系將需要更有說服力的敘事——不但是科學上準確的，還必須與人類的價值觀更一致。

兼顧隱私與資訊透明需求

適應性監理有望成為一種系統性、總體審慎的金融監理方式。但是，財務隱私是個非常引人關注的問題。監理方式可以如何在不必系統性地採用私人財務資料的情況下有效地調整適應？金融業者多數仰賴不可註冊專利的業務流程賺錢——休斯（Myron Scholes）質疑德州儀器未經授權使用他的選擇權定價公式製造計算機時，便認識到此一事實。金融業因此必然採用「藉由隱匿保障安全」的做法，利用商業機密保護自己的智慧財產，就像可口可樂和肯德基那樣。對沖基金和金融業者的自營交易部門都在守法的前提下盡可能保密，甚至對它們的投資人也是這樣。但一般金融機構也必須限制有關其業務流程、經營方法和資料方面的揭露，即使只是為了保護顧客的穩私——如果你的銀行對帳單出現在維基解密（WikiLeaks）公開的資料中，你作何感想？因此，政府政策必須審慎處理金融業的資訊揭露要求。

金融機構可以如何提供適應性監理需要的資料而不覺得受威脅？方法之一是替金融機構與監理機關的互動保密。但這對公眾來說是不可接受的，而這是可以理解的，因為它未能幫助公眾了解他

們愈來愈渴望了解的金融系統風險。保密也使本已負擔過重的監理機關承受又一項沉重負擔。

好在因為摩爾定律下運算能力迅速成長，我們因此有一種很酷的方法解決這個難題，也就是利用密碼學（cryptography）。傳統密碼學研究如何編密碼和解密碼（特工從事的那種工作），但在摩爾定律下，密碼學已發展成一個更廣更深的研究領域，有大量的電腦科學家和純數學家投入。密碼學如今也研究資訊安全方面的數學方法，而這正是它對金融監理有用之處。

電腦科學文獻中有一種著名的技術名為「安全多方計算」（secure multiparty computation）：它是一種優雅的方法，可以用來分享特定類別的資料，同時保護所有參與者的隱私。以下是個簡單的例子。假設我們想算出某個房間裡許多會議參加者的平均年薪。我們可以如何完成這項敏感的計算，同時避免侵犯每一個與會者的隱私？

答案是採用掩護法。假設第一個人的年薪是 S_1，他加上自己隨意選擇、不告訴別人的數字 X_1，得出總數 Y_1（$Y_1 = S_1 + X_1$），然後將 Y_1 告訴第二個人。第二個人做同樣的計算，將自選和保密的隨機數 X_2 加上他的年薪 S_2，然後再加上 Y_1，得出 Y_2（$Y_2 = Y_1 + S_2 + X_2$）。他將 Y_2 告訴第三個人，而第三個人再將他自選和保密的隨機數和年薪加上去，再將結果告訴下一個人，依此類推。這過程持續到最後一個人，第 n 個人，由他加上自選和保密的隨機數和他的年薪，得出 $Y_n = S_1 + S_2 + \cdots + S_n + X_1 + X_2 + \cdots X_n$。每一個人都以一個自選的隨機數有效地掩護了自己的年薪。

然後我們將這個所有人的總數交給第一個人，要求減去他的隨

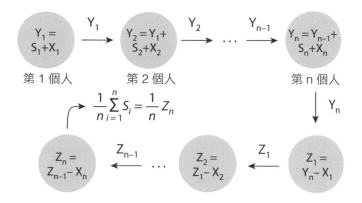

圖 11.6 安全多方計算的一個簡單例子，用來計算 n 個人的平均年薪，而所有人都不必向其他人透露自己的年薪。

機數 X_1，然後將結果交給第二個人。第二個人做同樣的事，減去他的隨機數 X_2，然後將結果交給第三個人，依此類推。最後到第 n 個人，他減去他的隨機數 X_n，結果就是所有人的年薪總數（S_1 ＋ S_2 ＋…＋ S_n），除以與會者人數 n，就是與會者的平均年薪。

　　圖 11.6 概括了這個簡單的計算方法。在整個過程中，沒有一個人必須透露自己的年薪，但最後我們可以算出所有人的平均年薪。這就是安全多方計算巧妙之處。

　　當然，兩名參與者如果串通起來，可以輕鬆算出另一個人的年薪。例如第 1 個人和第 3 個人比較第 2 個人減去其隨機數之前和之後的結果，就可以算出第 2 個人的隨機數，然後推算出他的年薪。但這只是這個例子的漏洞，不是安全多方計算方法的漏洞。我們可以利用一些簡單的方法設計防作弊的安全多方計算方法，使所有參與者可以在替自身資料保密的情況下分享某些類型的資料。阿貝（Emmanuel A. Abbe）、康達尼和我已經設計出一些安全多方計算方

法，可以替金融機構的資料保密，但監理機關又可以算出有用的整體風險指標。[19]

本書第 168 頁的圖 11.7 以一個實例說明這種技術：我們用這種方法計算美國銀行、JP 摩根和富國銀行的不動產放款總額。圖 11.7a 顯示三家銀行的原始時間序列資料（線圖）。這是一家銀行相當敏感的資料，僅在一段頗長時間之後才公開揭露。但如果我們關注的是系統風險，個別銀行的數字沒有總數（圖中紫色部分）那麼重要。我們因此專門為此設計了一種安全多方計算方法，將三家銀行的時間序列資料加密（圖 11.7b 中的線圖）。這些加密的資料看起來雜亂無章，但將它們加起來，得出的總數與圖 11.7a 完全相同。因此，各家金融機構可以在替自身資料保密的情況下，得知它們的放款總額。

我們利用安全多方計算方法，可以算出總體風險指標但又不洩露個別業者不想公開的資料。如此一來，監理機關和公眾就能了解一群金融機構的總體曝險，同時保護所有個別金融機構的隱私；這對適應性監理和公共政策都是好事。

但我們不會因為有這種技術就不需要法規或監理機關。例如除了定期的檢查，我們沒有辦法確保金融機構如實報告資料。不過，這些方法可以降低分享某些資料的經濟成本，甚至可以提供誘因，鼓勵民間部門自願這麼做。如果金融機構可以在保護自身商業機密的情況下共享資料，我們就能準確評估金融危機的威脅，而金融業者因此得到的好處不少於監理機關和公眾。這將是恢復公眾對金融體系的信任的一大步──不是很久之前，公眾還非常信任金融體系。

反蓋柯療法

我們迄今所講的工具和技術是處理金融環境的問題，以預警的形式提供回饋，或是提出新敘事以助預防金融危機。我們還未處理人類行為的問題。我們可以如何防止再出現馬多夫這種人，免得他們從熟人身上騙取以十億美元計的養老金？我們可以如何防止現實中的哥頓・蓋柯使年輕人確信貪婪總是好事？

心理學家金巴多講得非常簡潔：要抵抗所處情境的影響。[20] 金巴多做了史丹佛監獄實驗之後，致力研究好人可能如何因為周遭文化的影響而去做邪惡的事。金巴多提出十項關鍵行為，認為它們可以有效阻礙惡質文化傳播其價值觀，無論是在財務或其他方面。這十項行為包括願意承認錯誤；拒絕尊重不義的權威；能考慮未來而非只顧眼前；以及誠實、負責和獨立思考的個人價值觀。

有些讀者可能無法信服。畢竟要改變整個金融體系的文化有如騙過死神得永生，是不可能成功的。但我認為這種懷疑是錯誤的。天生的行為必然難以改變。但適應性市場假說告訴我們，文化是可以改變的，辦法是改變參與這種文化的人所處的環境。適應性市場假說提供了一個實用的框架，有助我們系統性地思考如何處理這個難題。

第一步是對我們的語言進行微妙但重要的調整。我們不再尋求「改變文化」（這目標顯得天真和無望），改為以「行為風險控管」（behavioral risk management）為目標。[21] 如第 2 章指出，特沃斯基和康納曼已證明框架效應很重要。[22] 雖然上述兩種說法實際上目標相同，但後一種說法顯得比較具體和可行，而且站在公司董事會的角

度是無可質疑的——最後一點很重要。

　　利用行為風險控管的框架，我們可以看到，人的行為在所有類型的企業惡行中都是一個因素。對公司董事來說，採取措施控管最可能損害公司經營地位的行為，必然是審慎精明的做法。克服這個語義上的問題之後，我們將很快發現，行為風險控管具有重大的實踐意義。我們可以利用所有大型金融機構採用的傳統風險控管規範，研擬行為風險控管的類似程序。

　　以下要講金融資產組合的典型風險控管流程（你可能對此毫無概念，就像你可能沒看過香腸的製造過程）。[23] 風險控管流程可用一個縮寫 SIMON 概括：Select（選擇）、Identify（辨明）、Measure（測量）、Optimize（優化）和 Notice（注意）。

1. 選出影響投資組合報酬的重要風險因素。
2. 辨明要優化的目標（以及相關限制）。
3. 測量投資組合報酬的統計運動定律。
4. 優化相關目標以產生最佳投資組合（受限於報酬動態和相關限制）。
5. 注意系統中的新變化，必要時重複上述步驟。

　　系統化的金融風險控管流程，一定要以某種方式執行 SIMON 的每一個要素。現在我們試著將這套原則應用在一家虛構的問題金融機構上。

　　首先，我們「選出」這家公司面臨的主要行為風險。例如這家公司不喜歡也不重視遵循法規的程序；管理高層不能容忍反對意見；公司為了達到成長和盈利目標，不惜在運作方式上走捷徑。這還只是最重要的三項風險……。

　　第二，我們「辨明」我們的目標。所有執行長都希望在公司留下印記，而這可以賦予有關公司價值觀、短期和長期目標、公司使命的正式聲明一些效力。

　　第三，我們「測量」內部行為的運動定律。企業使用的表現分析法一般測量員工為公司增加的價值，以及他們如何有效利用時間之類。海德特的五面向模型和美國聯邦人事管理局的整體滿意指數，則有可能測量員工是否令公司變成比較正直謹慎，比較能夠接受新想法，以及比較願意考慮未來而非只顧眼前。

　　第四，我們「優化」目標。在財務風險控管中，這意味著創造最好的薪酬結構和對沖工具。在行為風險控管中，這可能涉及創造誘因鼓勵員工配合遵循法規的程序和報告要求，調和他們的行為與公司的目標，又或者在行為風險集中的地方設置負責監督的職位。

　　最後和最重要的是，我們必須「注意」系統中的新變化，以確保行為風險控管程序達到我們期望的效果。

　　這當中最弱的環節是第三點：測量行為。我們在以量化方式認識人類行為方面才剛起步。金融界或許要等待多年才能迎來一場「量化心理」革命。在無法掌握可靠數據的情況下，行為風險控管基本上還只是一種難以實踐的理想。財務風險控管有巨大的分析基礎，包括價值百萬美元的軟體平台和即時數據供應商。至於行為風險控管，目前可以得到的支援還非常薄弱。心理狀況、社群網絡圖和工作滿意度調查目前是由人力資源部負責，不是風險委員會或公司董事會。無論如何，科學努力總是以測量為起點。

　　量化的行為風險模型有待建立，而適應性市場假說暗示，我們在此期間可以做一件事：建立一種對企業生態系統的綜合看法。我

們將組織中各人的薪酬結構記錄下來，就能對行為風險的性質有很多認識。例如在一家金融機構，如果風控長的獎金完全取決於公司的盈利表現，與公司的穩定性無關，那麼風控長最關注的就未必是風險。這與 SIMON 原則中的「測量」直接有關。

行為風險的量化模型會是怎樣的？它最終將基於有力的實證數據（不涉及經濟人假設），根據可觀測的一般和特殊因素，預測個體與群體行為。例如未來我們或許可以利用下面的數學公式計算一名金融業高層主管的風險胃納：

$$風險胃納_i = \beta_{i1}（獎賞）+ \beta_{i2}（潛在損失）+ \beta_{i3}（事業風險）+ \beta_{i4}（競爭壓力）+ \beta_{i5}（同儕壓力）+ \beta_{i6}（自我形象）+ \beta_{i7}（監理環境）+ \epsilon_i$$

公式中的係數反映每一個因素對這名主管的風險胃納有多重要，但這些因素隨時間、環境和制度而變化。

如果我們能替每一名重要主管建立這樣一個行為風險模型，我們就能以量化方式界定一種金融「文化」：一群人各個因素的係數相當接近，就構成一種文化。例如過度冒險、公然漠視規則與法律的文化可能是這樣的：整個部門的人，風險胃納極受「獎賞」和「競爭壓力」影響，「潛在損失」和「監理環境」的作用則微不足道。

如果我們能以實證方法建立這樣的行為風險模型，我們就能開始認識個體層面上的蓋柯效應，並設法處理這種問題。目前這種構想可能像科幻多過像科學，但這種研究已經展開。2009 年，也就是金融危機餘波盪漾之際，荷蘭央行在一份題為〈道德文化的七個要

素〉的備忘錄中提出監督銀行的一種新方式：

> 本文件說明本行處理行為與文化問題的策略。它說明相關
> 背景，解釋將道德行為與文化納入監理為何重要，說明這
> 麼做的法律框架，並解釋金融機構內部和本行監理工作的
> 現況。藉由闡述合乎道德的文化和健全行為的要素，本文
> 件描述了本行制定監理工作計畫和 2010 至 2014 年行動計
> 畫時希望奉行的監理模式。[24]

荷蘭央行創立「文化、組織與品格專家中心」，聘請一些組織心
理學家和變革專家，要求他們向荷蘭的銀行蒐集一些實證數據，而
這些數據恰恰是建立上述的行為風險模型所需要的。此外，該行也
展開幾個內部研究項目，針對企業文化開發新的銀行監理方法。[25]
在 2014 年公佈、概括 2014 至 18 年監理策略的最新文件中，荷蘭央
行表示：「監理工作的前瞻性增強了。金融機構的商業模式、企業文
化和決策程序（對它們的長期穩健性有重大影響），如今是監理工作
不可或缺的一部分。」[26]

相對於美國，荷蘭監理機關與金融機構的關係向來比較融洽。
美國在金融監理方面是否也可能出現類似荷蘭的發展？紐約聯邦準
備銀行的研究部門最近在實證工作方面邁出了重要的第一步：它調
查了聯準會針對大型金融機構的監理活動並公佈結果，說明這些活
動日常是如何安排人員、組織和執行的。[27] 這個調查使美國的銀行
監理工作變得空前透明，不熟悉相關政策和程序的許多利害關係人
因此得到透視金融體系的又一個機會。調查報告的作者非常明白這

種需求，他們表示：「了解審慎監理如何運作，是決定如何測量其作用和效力的關鍵先決條件。」

我們暫且講回 SIMON 原則。我們辨明和測量我們想在金融體系中實現的目標和看到的行為之後，如何優化它們？多數經濟學家和私營業者傾向利用經濟誘因（你不應對此感到意外），而這可能是最直接的做法。不過，行為風險控管還有其他手段可用。我們最好是能改變環境，以便人們調整配合新目標。或許可行的環境變化包括改變公司治理、利用社群網絡和同儕審查，以及公開表揚或批評。

例如若某個組織的文化將冒險等同權力與威望，我們可以考慮以下三種措施。第一種是改變公司治理，新增一層制衡。我們可以任命一名風控長，而他將直接向公司董事會報告工作，只能由董事會經表決免職。風控長如果認定公司的風險高得不可接受，而且執行長並未真誠回應風控長降低風險的要求，風控長有權暫時解除執行長的職權，也有責任這麼做。

第二種措施比較激進：薪酬超過某個水準（例如年薪超過 100 萬美元）的所有員工都對公司面對的所有訴訟負起共同及個別責任。如此一來，這些高薪員工將大幅加強監督公司的行為，從而使公司比較不容易出現不當和魯莽行為。公司只要避免支付太高的薪酬，就能維持它在法律上的有限責任地位。

最後是波士頓學院的凱恩（Edward J. Kane）提議的更極端措施：企業主管若未能履行對公眾的誠信義務，個人必須負刑事責任。[28] 果真如此，這無疑將改變一些非常重要的金融機構的企業文化。當然，這也將大幅降低公司願意承受的風險（股東未必樂見），對整個金融體系也可能產生一種阻嚇作用。

優化一個組織的行為目標，與經濟人的利潤極大化作業截然不同。這工作涉及平衡各種激勵與治理機制，必須符合公司的核心價值觀和使命。這當中將有妥協、制衡，甚至可能刻意設計互有衝突的目標以產生必要的負回饋。因此，很可能不會有任何一個人完全滿意這些安排。但結果會像賽蒙（Herbert Simon）所講的那樣：雖然不完美，但應該是夠好、能令人滿意的。

監理機關也需要這種行為風險控管。如上一章所述，美國證券交易委員會（SEC）多年來多次錯過揭穿馬多夫騙局的機會，部分原因在於它太擔心出錯。這是後果極嚴重的風險趨避行為。SEC近年的改革創造了一種機會：量化指標（例如聯邦人事管理局的調查結果）或許可以與有關詐欺和不當行為形態的實證資料結合起來，造就較為適應性的監理方式。例如股市上漲時，當局應考慮針對風險最高的熟人圈子，加強檢查潛在的龐氏騙局。這些模型也有助監理機關辨明那些最可能違反重要法規的金融機構（因為行為風險模型顯示它們具有這種高風險文化），然後針對這些業者展開檢查。

適應性市場假說預測，金融監理機關與金融機構強烈傾向互相適應對方的行為。監理者很容易受他們監管的公司的不當文化影響，就像公共衛生人員容易感染他們對抗的疾病那樣。有時這會演變成徹底的監理俘虜，也就是受監理者實質上變成了監理者。在另一些情況下，後果只是監理機關錯誤認定業界很健康。為了維持有效的監理，監理者必須長期不受企業文化的價值觀影響，同時維持對這些文化的深入認識。這種事說時容易做時難，但監理者或許可以從這一點做起：將相同的行為風險模型應用在自己身上，在自己嚴重墮落之前辨明潛在的問題。

　　金融文化並非只能是一種固定的約束，也可以是一種深思熟慮的選擇。拜行為與社會科學、大數據和人力資源管理方面的進步所賜，我們在監理史上首次掌握了建構行為風險模型的知識手段。新興的行為風險控管學科提供了一種測量和管理企業文化的方法。

　　借用神學家尼布爾（Reinhold Niebuhr）著名的寧靜禱文，行為風險控管經理人必須尋求平靜的心去接受文化中無法改變的部分，尋求勇氣和方法去改變文化中可以改變也應該改變的部分，以及尋求必要的行為風險模型和鑑識調查能力去分辨文化中哪些部分可變、哪些不可變。我們需要的只是做這些事的意志。

第 12 章

金融界的前人未至之境

德國政治家俾斯麥曾說，政治是「創造可能的藝術」。順著
這種思路，金融運作就是「創造可能的促進者」。

星艦迷航記的啟發

1964 年，一名前洛杉磯警察向電視製作公司德西露製片（Desilu Productions）提出一個 16 頁紙的計畫，當時該公司的老闆是喜劇演員露西兒‧鮑爾（Lucille Ball）。德西露製作總監索洛（Herbert Solow）對該計畫非常著迷：他在好萊塢不曾見過如此狂野、大膽和滿懷理想的推銷者。他迅速與這名前警察簽了三年合約。索洛說服當時任職於全國廣播公司（NBC）、很快將成為電視製片界傳奇人物的廷克（Grant Tinker）為 NBC 製作一小時的試播節目。但結果遭 NBC 管理層否定，他們認為該節目對一般觀眾來說「太需要用腦」了。但非常奇怪的是，他們要求再製作一次試播，而據說這是因為鮑爾的堅持。這次試播成功了，而這齣電視劇播了三季，影響巨大。

你可能已經知道，我講的就是《星艦迷航記》（Star Trek）。[1] 這名成為好萊塢製作人的前警察是金‧羅登貝瑞（Gene Roddenberry），他的故事靈感部分源自他在洛杉磯當警察、二戰期間當轟炸機機師，以及在中東當長程客機機師的經驗。但羅登貝瑞想創造的遠非只是簡單的歷險故事，雖然他有時必須以「篷車英雄傳太空版」來宣傳他的電視劇。現在很少人記得老派的西部片《篷車英雄傳》（Wagon Train）──事實上，我們幾乎都忘了西部片電視劇這個類型。但我們不但記得《星艦迷航記》，我們現在也還看《星艦迷航記》，而更重要的是，我們現在仍思索《星艦迷航記》。

《星艦迷航記》當年在收視上不是很成功。一如老電視台年代許多富想像力的節目，NBC 的人不確定該如何處理它。但在許多其他電視節目被遺忘之後，公眾仍認得《星艦迷航記》，因為它大膽地重

新想像未來。在故事發生的時代，已經沒有貧窮，疾病罕見，種族不重要，冷戰的政治衝突已經成為史書上的古老故事，科技解決了太陽底下的幾乎所有問題，而太空旅行已成為平常事。企業號機組人員有黑人白人亞洲人，有男有女，有俄羅斯人和美國人，有人類也有外星人。地球處於和平狀態（雖然也有好戰的外星種族克林貢人），科技使所有人變得富有，超乎 1967 年時人類的想像。事實上，在《星艦迷航記》設想的未來，因為問題太少，編劇必須創造出具有神奇能力的外星人來製造衝突。

《星艦迷航記》啟發了多個世代的年輕觀眾，包括我。它促使無數人尋求在科學、技術和工程，以及電影、電視和其他戲劇藝術領域發展自己的事業。美國第一位黑人女性太空人潔米森（Mae Jemison）加入太空總署，是受妮雪兒・尼柯斯（Nichelle Nichols）在《星艦迷航記》飾演通訊官烏瑚拉影響。因為《星艦迷航記》對文化環境影響巨大，我們難以想像少了它的現代生活。《星艦迷航記》的一些小細節提前數十年預料到日常生活中將使用的科技產品：《星艦迷航記》中有通訊器，我們現在有手機；《星艦迷航記》中有三度儀（tricorder），我們現在有智慧型手機和 Fitbit 智慧手環——雖然它們目前還沒聰明到可以診斷疾病。史巴克先生可以問企業號問題，而電腦會發出聲音回答他（負責配音的是羅登貝瑞的妻子巴瑞特〔Majel Barrett〕）；現在我們有 Siri、Cortana 和 Alexa 這些個人語言助理，它們可以回答我們的問題。現在我們在家裡可以坐在人體工學椅上，利用我們的寬螢幕電視了解世界大事，手上拿一個觸控式平板滑來滑去，就像寇克艦長那樣。我們好像只缺光子魚雷。

《星艦迷航記》完全沒觸及的現代生活的一面是金融。我是很晚

才意識到這一點，因為我小時候對金融完全沒興趣。但看過最近一部《星艦迷航記》電影後，我開始思考未來金融運作的模樣。如果適應性市場假說證實並非只是一種假說，我們可以如何利用這些知識？我對此有興趣並非僅出於學術上的原因。雖然我沒有預知未來的水晶球，不確定氣候變遷、傳染病或小行星撞擊地球將如何威脅人類的生存，又或者我們將有神奇的創新技術可以克服這些問題，我知道有一件事是確定的：金融運作將以某種方式發揮關鍵作用。既然如此，我們不是應該現在就開始做準備嗎？

　　《星艦迷航記》告訴我一件事：有時候你必須先相信某些事是有可能的，它們才會真的發生。我們需要樂觀的想像和眼光才能到達前人未至之境，而這包括重新想像金融體系。因此，在本書最後這一章，我希望重新想像金融的未來和未來的金融。

「電腦，管理我的投資組合！」

　　在他的重要文章〈我們孫輩的經濟前景〉（Economic Possibilities for our Grandchildren）中，凱因斯寫道：「將有愈來愈多人屬於不再需要擔心經濟匱乏問題的階級和群體。」[2]凱因斯和我都相信，像《星艦迷航記》那種人人「悠閒富足的時代」已不再遙不可及。凱因斯那篇文章寫於 1930 年，當時世界正處於大蕭條的深淵，也就是經濟史上的大災難時期，但凱因斯的眼光可以超越全球金融災難，看到美好的前景。凱因斯當時預測這種美好的情況還需要一百年或更久才會出現，但現在它離我們已近在咫尺。

　　但真正打動我的不是上面那句話。凱因斯在文章最後面寫道：

「如果經濟學家能設法予人謙遜稱職的印象，就像牙醫那樣，那就太好了！」這是個值得追求的目標，也正是金融運作迫切需要實現的目標。我們將需要「謙遜稱職」的方法來管理世界的財富，尤其是因為全球的新中產階層將尋求為自己投資。

　　金融業有些工具像牙醫那樣謙遜稱職，指數基金就是一個例子。傳統的市值加權靜態式指數基金仍然可以非常有效地服務一般投資人，雖然效率市場假說不完整（想想伯格的「費用很要緊假說」）。但有些投資人繼續尋求佔得某種優勢，希望能在貝他的海洋中找到阿爾法。在此過程中，他們投資在採用特別策略的基金上；這些策略可能難以理解、不對外人透露，有時甚至完全保密，例如對沖基金。雖然投資人或許可以賺到錢，但這與謙遜稱職的牙醫模式截然不同。如果牙醫因為專業上的職責，療法必須完全保密，你會願意將牙齒交給他處理嗎？

　　第 8 章闡述的動態指數是邁向這種金融業牙醫模式的必要第一步。這些新指數嚴格來說不是被動的，但它們是完全自動運作的，不涉及人類的酌情介入。利用動態指數應該不需要特別的技能——事實上，一如智慧型手機，任何投資人都應該有能力使用這種指數。

　　動態指數或許可以替一般投資人揭開投資策略的神秘面紗。投資人只需要按幾個鍵，就能具體看到某種動態指數長期而言相對於其他投資策略和大盤的表現。目前市場上某些基金可視為動態指數基金。例如生命週期基金（life-cycle funds）會根據預設的公式，自動適時調整投資組合的股債比例。這些基金越是接近其目標日期（通常是投資人預定的退休日期），投資組合的資產配置將變得越保守。

但我們不難想像為特定目的設計比較複雜的動態指數。我們甚至可以想像一個動態指數組合，每一個指數執行特定的自動化投資策略，就像智慧型手機上的應用程式組合那樣。動態指數所執行的或許可以包括著名的投資風格和對沖基金策略，投資組合中設定個股權重的各種方法，以及預設日期的目標之類。

但動態指數可以做到的遠非僅此而已。一如約翰‧伯格的指數基金以空前的方式將金融界民主化，動態指數可以延續這個過程。最精細的動態指數策略將會考慮你獨特的財務目標、你受到的限制、你現在的境況和預期中未來的境況，以及你的各種個人特質，例如你的健康狀態和心理特徵。如果你 29 歲、單身、健康、沒有負債、儲蓄 1 萬美元、是科技界創業者，你的投資組合應該與 75 歲、已退休、已婚、有三名兒女和兩名孫子、儲蓄 50 萬美元、患有第四期結腸癌的人截然不同。想像一下，你可以像寇克艦長那樣，對你的智慧型手機說一聲：「電腦，管理我的投資組合！」然後電腦就會根據你的獨特需求和目標，建構出你專用的動態指數。

現在想像一下，監測你生理狀態的 Fitbit 智慧手環或蘋果手錶連接一個名為「華倫」（Warren）的投資組合管理程式。華倫這個系統有許多券商和他們的客戶參與其中，程式利用他們提供的數百萬名投資人的財務和生理數據，可以判斷你是否因為股市下挫而恐慌，有助你在市場下跌期間管控風險和自己的情緒。例如倘若在標準普爾 500 指數下跌了 10% 之後，券商建議你賣掉所有持股，華倫可能會說：「你確定要這麼做嗎？情況和你相似、但過去 20 年的報酬率排在前 10% 的投資人，通常不會在這種市場環境下賣掉全部持股。是否只賣掉三分之一而非 100%？」而如果你不理華倫，還是賣掉

了全部股票，華倫可能在一或兩個月後，在認為你的生理狀態合適的情況下，提醒你或許應該重新買進股票。

是不是像科幻小說的情節？目前是。不過，我們現在已具備創造這些產品和服務的技術與知識（甚至連華倫這種程式也能創造出來），因此這只是時間和金錢的問題。金融科技（fintech）正迅速改變個人投資和消費金融世界的面貌，大有希望延續伯格和先鋒集團近半個世紀前開啟的過程。因為動態指數在某種意義上是一種軟體，它們甚至可能像其他類型的軟體那樣，將經歷戲劇性的成本大跌和能力大增的過程。而一如最初的指數基金在投資生態系統中造成巨大的演化變革，隨著具有更多見解的更多人將他們的知識帶到市場裡，進而降低團體盲思的可能，動態指數基金也有造成類似變革的潛力。

前聯準會主席沃爾克 2009 年表示，銀行過去 20 年唯一有用的創新是自動櫃員機（ATM）。我非常不同意這見解，但完全明白 ATM 對金融業的顧客非常有用。想像一下，投資組合管理可以像使用 ATM 那麼簡便和可靠。我們不會因此就不需要主動式投資管理服務，一如 ATM 普及至今並未完全取代銀行裡的真人櫃員。這種產品將是可靠和普及的，而且並不神秘——某程度上將有助金融投資服務變得像牙醫服務那麼謙遜稱職。

治療癌症

全球資本市場的力量非常巨大。金融市場將世界各地數十萬名專業人士的集體智慧集中起來，在我們稱為全球經濟的這個更大的

集體智慧網絡中形成一台人類超級電腦（human supercomputer）。如我們已經看到，因為合理的演化原因，這台超級電腦並非絕對可靠，但它仍然極其強大。如果我們可以利用這台超級電腦來處理人類面對的一些最大的難題，那將如何？**我來做一個大膽的預測：若能採用適當的財務結構，我們利用全球金融市場，將可以在未來二十年內解決人類最棘手的一些問題，例如癌症、貧窮和能源危機。**我們先來談治療癌症。

癌症是已開發國家面臨的最迫切健康問題之一。在美國，每年超過 150 萬人被診斷出罹患癌症。[3] 每年約 60 萬名美國人死於癌症，目前五年存活率僅為 67%。癌症也造成經濟損失：美國國家衛生院（NIH）估計，美國每年為癌症付出的代價超過 2,000 億美元——一半是醫護費，一半是病人早逝造成的損失。這相當於美國 GDP 逾 1%，代價有如每年打一場小型戰爭。過去幾年我有數名親友因為癌症逝世，許多讀者可能也是這樣。

好在科學家和臨床醫師在治療各種癌症方面，幾乎每週都有突破。數年前，確診第四期黑色素瘤有如被判了死刑，但這種癌症如今已有相當有效的療法，在某些情況下甚至可以完全治好——美國前總統卡特就是最近的一個例子。沒錯，我是說「完全治好」，而十年前多數腫瘤科醫師是不敢這麼說的，但我們確實終於到了有望克服癌症的階段。

不過，生物醫學研究和藥物開發這領域似乎出現了嚴重問題。[4] 就在若干致命疾病的治療快要出現真正突破之際，美國削減了支持生物醫學研究的公共經費，而這些研究對建立支持整個藥物開發業的科學基礎至為重要。圖 12.1 呈現近年的此一趨勢：2003 至 2015

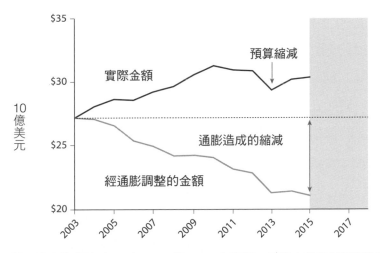

圖 12.1 美國國家衛生院（NIH）2003 至 2015 年預算，實際金額和經通膨調整的金額。資料來源：美國實驗生物學聯會（faseb.org）。

年間，NIH（生物醫學研究全球最大的一個資金來源）的預算實質萎縮約 22%。萎縮有一部分是因為 2013 年 3 月 1 日開始的預算縮減（budget sequestration），包括 NIH 在內的所有聯邦機構的預算都全面縮減。但即使在預算縮減之前，NIH 的預算就已呈現下跌趨勢。

　　民間部門每年也投入數百億美元在生物醫學上，但這種資金投入的性質大不一樣。投資人要求自己投入的資本提供一定的報酬率，因此不會投資在基礎科學研究上，因為除非可以註冊專利或具有商業價值，基礎研究產生的新知識無法提供資本報酬。許多基礎研究成果，例如華生與克里克發現 DNA 的雙螺旋結構，或人類基因組定序，都無法註冊專利，但它們極有價值，可以促成大量可註冊專利的應用。因此，民間部門在生物醫學上的投資時增時減，視投資者如何評估相關項目的風險與報酬而定。

在 1990 年代末，生物科技公司炙手可熱，某些公司甚至比當時大受追捧的網路公司更熱門。但在 2002 至 2012 年間，生技新創企業和相關的創業投資表現不濟，資金因為尋求更好的出路而撤離這個領域。例如在 2002 年，生技創投業者在「首輪」投資（公司首次獲得外部的機構投資人投資）投入 7 億美元；到了 2012 年，這數字已下跌逾三分之一至 4.44 億美元。[5]2002 年，美國有 440 家活躍的生技創投公司，但到了 2012 年，這數字已下跌三分之二至 141 家。[6]

自 2013 年起，融資情況持續改善，尤其是那些比較成熟、已經可以藉由發行新股上市籌資的生技公司。但即使是這些公司，因為股市週期直接影響公司發行新股上市的能力，而股市週期不可預測，這些公司難以仰賴發行新股籌集必要的資本。生技公司在最初的研發階段與發行新股上市之間仍有資金缺口，這被稱為融資上的「死亡幽谷」。

這個資金缺口尤其令人沮喪之處，在於生技研究成果似乎源源不絕。生技研究在其前線似乎進展迅速。一個粗略指標是提出申請的生技研究專利數目：2011 年有 3,056 項，2015 年有 4,257 項。[7]另一個指標是 NIH 的 GenBank 資料庫匯編的基因 DNA 序列數目。[8]1982 年公開的 DNA 序列共有 606 個，可以印成一本小書。到了 2016 年 2 月，DNA 序列已超過 1.9 億個，而這個巨大的基因資料庫每 21 個月就擴大一倍──GenBank 正被其後繼者「全基因組隨機定序」（Whole Genome Shotgun）計畫超越。我們有關這些基因如何轉化為人類特徵和生物功能的知識不斷增加：如今我們不但可以辨明造成某些致命疾病的基因，還可以像改錯字那樣修正這些基因。

但是，融資的死亡幽谷，以及生技創投和股市的週期性質，使

資金投入跟不上生物醫學知識的這種驚人成長。因此，新的研究成果如今愈來愈難轉化為有用的療法，滿足我們最迫切的醫療需求。為什麼會這樣？

　　這些融資困難有若干原因，但最重要的一個是藥物開發如今愈來愈困難，雖然我們愈來愈清楚人類的疾病是怎麼來的。事實上，正是因為我們愈來愈聰明，藥物開發才愈來愈困難，而且財務風險愈來愈高。這一點很反直覺，尤其是在聰明通常意味著低風險高獲利的投資界——想想巴菲特、西蒙斯和大衛・蕭。但生物醫學世界並非如此。

　　以下是一個例子。科學家近年發現，某些藥物單獨使用效果不彰，但一起使用卻極其有效。這種組合式療法的一個著名例子是高效能抗愛滋病毒療法（HAART），也就是所謂的「雞尾酒療法」。這種療法結合五種抗逆轉錄病毒藥物，已經將愛滋病從一種致命疾病變成一種可控制的慢性病。雞尾酒療法 2010 年估計救了全球約 70 萬人。[9] 既然我們知道組合式療法可能非常有效，明智的做法似乎是針對我們希望治好的疾病，試驗各種藥物組合。事實上，某些生物醫學專家已經指出，我們其實已不再需要任何新藥：利用既有藥物的某種組合，應該就能治好幾乎所有類型的疾病。

　　我們來算一下。目前我們約有 2,800 種經核准的藥物。如果以兩種藥為一組，要找出能有效醫治某種病的組合，我們需要考慮多少個獨特的組合？答案是 3,918,600 個。如果也考慮三種藥一組的可能，我們將必須檢視 36 億個組合；如果加上四種藥和五種藥一組的可能，則必須考慮 1.4 千兆個組合。而因為科學和倫理的原因，每一個組合都需要做歷時約十年的獨立臨床試驗，每一項試驗耗費數億

美元，需要數百至數千名病人參與，而且成功機率偏低。這就是為什麼藥物開發正變得愈來愈困難，雖然我們愈來愈聰明。而隨著藥物開發變得更困難，財務風險也上升了。

假設我向你提出這樣的投資機會：現在籌集 2 億美元做一項投資，十年後才有可能收到現金報酬，而十年後得到正數報酬的機率是 5%，損失全部資本的機率是 95%。你會投資嗎？我問過的人都客氣但堅定地拒絕了，甚至沒問如果成功（只有 5% 的可能）可以得到怎麼的報酬。他們通常說，因為失敗機率高達 95%，這項投資的其他資料也就不必知道了。就是沒興趣！

但是，在實驗室裡開發出一種典型的抗癌藥、完成人體臨床試驗並最終取得美國食品藥物管理局（FDA）核准，涉及的投資正是大概如上所述。這個過程歷時 10 至 15 年，一款藥物的直接現金支出就高達 2 億美元，而抗癌藥歷來的成功機率只有 6% 左右。[10]因此，開發一種成功的藥物（通常涉及研究多種藥物和做許多不同的試驗）的平均成本已膨脹至驚人的 26 億美元。[11]

我向我的 MBA 學生提出這個例子時，偶爾會有一名好奇的學生問我：成功的抗癌藥可以產生怎樣的報酬？如果藥廠有幸開發出獲 FDA 核准的抗癌藥，平均而言每年可獲利約 20 億美元，歷時十年（藥物專利的有效期是 20 年，但頭十年通常花在臨床試驗和爭取 FDA 核准上）。這相當於第十年時，在通過 FDA 審核時一次得到 123 億美元。[12]圖 12.2 概括了這些投資參數，並顯示起初投入資本和最終獲利的時間軸。這本質上如同玩輪盤：有 5% 的機會獲得 51% 的年化報酬率，95% 的機會得到 100% 的報酬率。對重視馬可維茲／夏普理論的投資組合優化者來說，這項投資的預期報酬率為

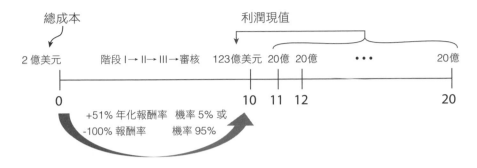

圖 12.2 一個抗癌藥開發計畫假設的成本、利潤和機率。資料來源：Fernandez, Stein, and Lo (2012)。

11.9%，年化標準差為 423.5%。你覺得如何？

我問過的人多數不會改變立場：「謝謝，我還是不想投資。」因為風險非常高，這種投資就是不夠吸引人。

這些數據解釋了為什麼支持生物醫學基礎研究的資金那麼少，因為這種研究的科學不確定性最高，財務風險最大。風險較大意味著投資較少。創投資本比較傾向追逐「低垂的果實」，因此流向社群媒體、電子商務和金融科技等領域。如果可以投資數百萬美元在一個應用程式上，等待兩年，然後以 2,500 萬美元的價格賣給臉書或 Google，為什麼要投入數千萬以至數億美元，等待十年，然後還很可能失敗收場呢？

這些數據正實際影響生物醫學創新與病人。我母親罹患肺癌時，一位朋友介紹我認識一家非常成功的生技公司，它正在開發肺癌的新療法。我有幸與該公司的科學長會面，他聽說我是一名金融經濟學家，就把財務長也帶來。會面期間，我問了一個我自覺幼稚的問題：「你們的資金來源對你們的科學研究計畫是否有影響？」

那名科學長轉向他的財務長，悲傷地搖搖頭，然後回過頭來對我說：「影響！我們的資金來源主宰我們的科學研究計畫。」

如今作為一名經濟學家，我想我明白箇中道理：研發耗費金錢，而投資人必須獲得合理的報酬率。但作為一名癌症病人的兒子，我對那答案絕對是憤怒不已。利率、股市波動和聯準會的政策，與非小細胞肺癌應該用血管生成抑制劑還是免疫療法醫治有什麼關係？毫無關係。但資金來源主宰科學研究計畫。

我不是腫瘤學家，但事情不是應該反過來嗎？不是應該由科學主宰資金來源嗎？問題在於投資人不喜歡風險，但最創新的療法有時是風險最高的。如果你奮力一搏，希望打出全壘打，你被三振出局的可能性遠大於嘗試一壘安打或二壘安打。

因此，我們目前面對這種情況：藥物開發愈來愈難成功，財務風險愈來愈大，支持早期研究的資金愈來愈少。我們可以怎麼做？嗯，如果我們可以藉由財務工程操作，改變藥物開發的風險與報酬特徵，那將如何？我們常對其他投資做這種事。以下是實際做法。

假設我們不是一次投資一個項目，而是一次同時投資 150 個項目。我知道這主意似乎很瘋狂。首先，你將需要 300 億美元（150×2 億美元）。你將從哪裡拿到這麼多錢？作為一名經濟學家，我的答案很簡單：假設我們有 300 億美元。（稍後我將解釋這個假設。）比較麻煩的問題是：如果你因為成功機率只有 5% 而連一個項目都不想投資，為什麼會想一次投資 150 個項目？

關鍵在於分散投資。雖然每一個項目的成功機率只有 5%，你的投資組合裡項目越多，當中至少有一個成功的機率就越大。如果有 14 個項目，至少一個成功的機率就超過 50%。因為分散投資的作

用，150 個獨立項目至少有三個成功的機率高達驚人的 98%。如果有三個項目成功，這個投資組合的價值至少將是 123 億美元的三倍，也就是約 370 億美元。這可說是抗癌藥開發的鍊金術。

現在我們有了明確的成功願景，那麼第一個問題如何解決？我們去哪裡找 300 億美元投資在 150 個抗癌藥項目上？在 2015 年，美國投資在生物科技上的創投資本總額為 76 億美元——生技創投業者根本沒有足夠的資本可以支持我們的抗癌藥大計。[13]

答案是利用債市。如果我們有 98% 的機率在十年後得到至少 370 億美元，以現在的利率，我們需要的 300 億美元有超過一半可以靠發行長期債券籌集，而那 150 個項目將是這些債券的擔保品。換句話說，如果這些債券違約，那些藥物開發項目的所有權將落入債券持有人手上。（債券持有人不會損失全部資本，因為這 150 個項目即使不成功，產生的智慧財產權應該還是有一定的價值。）以現在的利率，超過 270 億美元可以藉由發行 A 級長期債券籌得。[14] 如果我們利用財務工程的所有其他工具（證券化、債務擔保證券、信用違約交換和其他類型的金融衍生商品），我們甚至可以做得更好。

你現在可能在想：這真的是個好主意嗎？畢竟我們在第 10 章回顧 2008 年金融危機時，不正是談到那些金融創新手段嗎？我必須承認，我的抗癌藥融資靈感，正是因為研究那場金融危機而產生的。2008 年金融危機之所以發生，不是因為那些手段無效，反而正是因為它們太有效了。巴菲特說那些衍生工具是「金融界的大規模毀滅性武器」，是有一定道理的。證券化、信用違約交換和其他金融衍生商品是愛因斯坦公式 $E=mc^2$ 的金融版本。全球金融市場含有巨大的金融能量，如果以不受控制和不負責任的方式引爆，我們就會經歷

泡沫、崩盤和多年的後遺症。但事情有兩面：如果我們以審慎和負責任的方式利用這些工具，我們將因為促進創新和經濟成長而得到近乎無限的好處。

為什麼不可以利用財務工程手段策劃一場抗癌藥開發熱潮呢？這個市場的規模僅為美國房屋市場的千分之一，因此幾乎不可能對整個經濟體造成系統風險──雖然我們當然應該考慮潛在的系統性影響並設法控管。抗癌療法開發有很好的歷史統計數據，與經濟週期沒有很高的相關性，其證券化過程因此不會對經濟景氣的起伏那麼敏感（相對於房貸證券化而言）。最後，以人類福祉衡量，追求治好癌症似乎比提高房屋自有率更有價值。

我們已經看到金融創新在房市造成的極端惡劣後果，現在我來描述一種可能發生的極好情況。假設我們創立一個規模以十億美元計的「治好癌症」巨型基金，由全球最優秀的生物醫學專家和醫療投資人負責管理。假設這個基金投資在許多風險很高但有望救命的癌症療法上──我講的是真的治好癌症病人，不是讓他們多受苦兩三個月。再假設這個基金靠發行「抗癌債券」籌資，而所有人都可以投資，就像美國政府為了替二戰籌措軍費而發行的「戰時公債」那樣。美國有超過8,500萬人購買了那些戰時公債，而到1946年時，美國政府靠這些債券籌資超過1,850億美元，相當於今天的2.3兆美元──真是驚人的巨資。

我們可用相同的方法替抗癌戰爭融資。如果我們這麼做，你會投資嗎？我問過的人幾乎全都馬上說「會」，反應與他們對單一抗癌藥開發投資的態度截然不同。想像一下，企業退休基金、各種基金會和捐贈基金也都參與投資。保險公司在壽險和年金業務方面承受

一種名為「長壽風險」的特殊風險，簡單來說就是如果客戶比預期長壽，保險公司就會有損失。保險公司可以拿出它們巨額資金的一部分投資在抗癌基金上，藉此對沖它們在業務上面對的長壽風險。此外，因為抗癌具有跨黨派吸引力，國會應該也將願意共襄盛舉。

　　這個規模以十億美元計的治好癌症巨型基金真的可行嗎？我認為是。當然，我們用來說明這種基金最重要特徵的簡單例子忽略了現實中的一些困難，而我當然不具備管理這種基金所需的生物醫學或製藥專長。但我非常幸運，遇到了一些合作者，他們作為一個團隊具有管理這種基金需要的專長。我們已經研擬了一些比較具體的提案，說明如何利用新的融資結構和商業模式支持生物醫學方面的各種努力，包括醫治癌症、罕見疾病如肌萎縮性側索硬化症（漸凍人症）和裘馨氏肌肉萎縮症，以至一些最難治的疾病如阿茲海默症（這種病已有超過十年沒有新藥獲得核准）。在許多例子中，我們證明了只要以適當方式融資，這些巨型基金的投資人可以賺到誘人的報酬率。為了鼓勵其他利害關係人試驗這些融資結構，我們已向大眾公開我們的電腦軟體，提供無限期的開放源碼使用和修改授權，以便所有人利用自己的假設試算結果。[15]

　　我們的研究有一個共同主題：我們希望將高風險項目集中在一個投資組合裡，以便降低風險和提高成功機率。因為藥物獲准上市就能賺得厚利，只要有一兩個項目成功，就足以彌補失敗的項目有餘，尤其是如果新藥真的有效的話。藉由降低風險和提高報酬，我們可以使這種投資機會更吸引廣泛的投資人。這就是為什麼我們即使利用生技業通常不用的手段如證券化，仍然可以籌集到巨額資本。利用適當的財務手段，我們可以改造這種投資，使我們的杏仁

核覺得它們一點也不可怕，而我們的多巴胺受體則認為它們非常吸引。

投資人是否有能力為治好癌症基金提供足夠的資金？我們已經知道，單靠創投業者是不夠的，而債務融資正是在這裡大派用場。2015 年美國債市的規模達 40 兆美元──我們的治好癌症巨型基金只是債市總額的零頭。2016 年 7 月時，美國的共同基金規模為 16 兆美元，貨幣市場基金則有 2.7 兆美元。加州公務員退休基金經常投資在所有類型的固定收益證券上，它 2016 年 8 月時管理的資產有 3,050 億美元。

但我們沒有理由僅仰賴本國的資金來源：我們可以尋求海外資金投入，因為金融和抗癌都是國際性的。挪威的主權財富基金 2016 年 6 月時管理 8,550 億美元的資產，目前全歐洲超過 2% 的股票在它手上。沒有人真的知道中國的主權財富基金有多少錢，但估計也有數千億美元，而中國因為人口龐大而且迅速老化，開發癌症療法攸關該國的巨大利益。只要採用正確的融資結構，抗癌巨型基金可以利用的資金足夠有餘。

我們的治好癌症基金無疑是個具挑戰性的計畫，原因至少有兩個。第一個是它規模巨大。管理一個由許多複雜的研發項目構成的投資組合，將需要新的管理和治理結構。想想美國其他耗費巨資的科技項目，例如阿波羅登月計畫和曼哈頓計畫（二戰期間美國研製原子彈的計畫），莫不需要努力動員國家的許多資源。投資組合經理人也將必須確保基金在規模擴大的過程中，維持研發項目的多樣性。相對於投資在 150 種根本不同的癌症療法上，基金若投資在 150 種非常相似的癌症療法上，系統風險將嚴重得多。因此，生物醫學

或金融界相關領域目前或許未有足夠的人才可以支持如此大規模的研發努力。

另一種挑戰是倫理上的。抗癌債券必然是複雜的。為了降低這個市場崩盤的可能性，這些債券的風險與報酬必須向潛在投資人清楚說明。（如果次貸市場的所有參與者都清楚了解真正的風險，次貸危機還會發生嗎？）重視治好癌症這個社會目標的經理人將發現，他們與投資人的獲利動機有衝突；重視獲利這個財務目標的經理人將發現，他們與整個計畫的最終醫學目標有衝突。隨著基金獲得更多資金注入，濫用資金的可能性將增加——從個別藥物開發計畫的層面到管理基金的最高層，都可能出現各種作弊行為。

這些困難是可以克服的，但不會是僅靠經濟誘因。我們將必須在面對一次又一次的挫折時，仍相信可以達成治好癌症的最終目標。每一個研發項目都只有很小的成功機率，有時我們難免感到沮喪。在我們適應一再失敗的過程中，貪婪和恐懼的力量可能壓倒個別的人。但如果我們能夠建立適當的生態系統和研擬出適當的敘事，我們將能治好癌症。

消除貧窮

羅登貝瑞創造的星艦迷航世界最有趣的其中一點是沒有貧窮問題，至少在星際聯邦是這樣（誰知道克林貢人和羅慕倫人如何對待他們的窮人？）。這不是因為羅登貝瑞畏懼處理重要的社會問題——吸毒成癮、種族主義和宗教狂熱都是《星艦迷航記》曾探討的重要問題。但在《星艦迷航記》中，貧窮已成歷史陳跡，因為未來的社

會已找到方法滿足所有人的基本需求，可能是靠食物複製機之類的技術，或二鋰水晶提供的似乎無限的能源。這種設想是否不可置信？尤其是考慮到技術創新使我們得以在過去一個世紀中增加人口近四倍（圖 5.2）？

不久之前，世界分為三個集團：第一世界是歐洲和北美的富裕民主國家，加上日本；第二世界是共產國家，包括前蘇聯和中華人民共和國，它們的政府直接控制大部分經濟活動；第三世界是差異很大的一些國家，它們只有貧窮這個基本共同點。雖然也有一些小地方成就非凡（例如新加坡和香港），世界當年看來將永遠分裂為三大塊：富裕國家；受嚴格控制的貧窮國家；以及非常貧窮的國家。

柏林圍牆倒下之後，世界經歷了巨大的正面轉變。世界不再是貧富截然二分，我們已進入全球中產年代。以 20 世紀的標準衡量，如今世上多數人至少是中產。我們經歷了人類史上空前的財富成長。中國、印度和近年的非洲國家，是這波驚人經濟擴張的主要受惠者，但美國也受惠——不僅是獲得較便宜的商品，還因為新的勞動力市場、文化接觸增加和全球戰爭的威脅逐漸減輕而受惠。一如薩克斯（Jeffrey Sachs）所相信，貧窮可能真的即將成為歷史陳跡。[16]

這是全球未來共享繁榮的一個驚人開端。但這個理想境界仍未實現，而且沒有人知道下一場全球經濟危機何時爆發。我們現在的世界資源充足，不應該有人真正貧窮。世界銀行的赤貧定義為每天生活費低於 1.25 美元，也就是一年低於 456 美元。根據這定義，目前全球赤貧人口仍有 10 億，也就是平均每七人有一人赤貧。目前全球 GDP 一年約為 76 兆美元，人口約為 70 億，也就是全球人均年經濟產出為 10,900 美元，遠高於世界銀行界定的赤貧者一年支出上限

456 美元。人均 GDP 一萬美元出頭大概就是美國 1940 年的情況，而我們不覺得當時美國人貧窮。全球總收入如果平分給所有人，本書讀者多數會顯著變窮，但也會有數十億人變得比較富有。

當然，長期而言，這種訴諸極端再分配手段的社會主義極少有好結果。但腥牙血爪的純資本主義也不會比較好。當年外國砲艦「打開」中國門戶之後，又或者東印度公司控制印度期間，當地人均所得並未成長。在當年的剛果自由邦，自由市場產生的誘因製造出非洲史上最駭人聽聞的一些暴行，使這個位居非洲中心的地方經濟破產多個世代。回顧 20 世紀，我們不應對那麼多國家長期奉行革命社會主義感到驚訝。他們只是希望分到自己公平的一份。

我們可以如何創造一個人人享有經濟機會、沒有人會死於匱乏的世界？我們可以如何確保柯利爾（Paul Collier）所講的「底層十億人」每天有超過 1.25 美元可以生活？[17] 事實上，這種想法太小器了——我們應該問：我們可以如何幫助這些人致富？

想想水與冰的差別。水冷到冰點未必會馬上結冰。液態與固態之間還有能量障壁必須克服。這個障壁在學術上稱為熔化潛熱：水會迅速變冷，但到了冰點就停住，直到周遭環境吸收了水的全部熔化潛熱，水才變成冰。我們甚至有辦法將水溫降至冰點以下，同時保持液體狀態。但在這時候會發生神奇的事：你將極小的冰粒丟進這些超冷的水中，它們將幾乎立即變成固體。

經濟成長的速度，有時就像超冷的水遇到微冰粒那樣。一個社會不需要普通人一生那麼長的時間就能脫胎換骨：從農民變成流行明星，從牧民變成核子物理學家。幾乎沒有經濟學家預料到當前這波經濟進步，它是全球政治環境解凍和技術創新大爆發造就的。下

一步是將全球的貧窮和中產階層提升至富裕狀態，而這一步可能將比較艱難。

但無論解決方案是什麼，我認為它將涉及金融創新，也就是將利用適應性新方式重新分配全球資本，致力改善地方的境況。我們甚至大概知道未來必須做些什麼。[18] 未來的金融運作將必須保護經濟免受「荷蘭病」打擊——荷蘭病是一個經濟體因為發現某種天然資源而繁榮起來，但經濟活動變得單調；當地貨幣升值之後，其生產的商品在國際市場失去競爭力。[19] 未來的金融運作也將必須冷卻「熱錢」湧入的影響；熱錢流竄是投資人為了追求最佳報酬而將資金在國際間移轉的結果。此外，建立可靠的金融基礎也將是重要的工作。在許多國家，建立強健和安全的銀行系統就可以大大改善當地人的生活。高儲蓄率對累積資本支持經濟成長至為重要。這些新消費者也將需要多數現代美國人視為理所當然的一些基本金融服務，例如保險、退休養老基金，以及貸款。這些服務將有助保障這些新消費者的安全，使他們能夠在經濟變遷中規劃未來。

我為什麼那麼相信這一切可在我們的有生之年實現？愈來愈多研究指出，貧窮的人承受顯著的壓力，以致他們的生理壓力反應使他們做出不智的財務決定（還記得第 3 章的心理生理研究中最差交易員的特徵嗎？）。[20] 這種反應看來是普遍現象，無論是撒哈拉以南非洲地區絕對貧窮的人，還是瑞典、澳洲和美國等地相對貧窮的人都是這樣。經濟上落後於人的壓力和日常生活的憂慮會造成生理上的傷害——無論是勉強維生的農民擔心雨水太多或太少，還是做低薪零售工作的媽媽在領到下次薪水之前，為了買一條土司麵包而拚命湊零錢，都屬於這種情況。因為小時候看到媽媽為了養三個孩子

而飽受經濟憂慮造成的身心之苦，我可以證實身處這種艱困環境的人常受不理性的力量支配。

但這種研究也有樂觀的一面。普林斯頓大學心理學家豪斯佛（Johannes Haushofer）就已證實，無條件獲得金錢就能降低壓力造成的生理影響。[21] 豪斯佛與夏皮羅（Jeremy Shapiro）利用在肯亞農村家庭做的隨機對照實驗，發現意外得到一筆現金可以大幅減輕當事人的生理壓力。與「戰或逃」反應密切相關的壓力荷爾蒙（皮質醇）水準降低了，而當事人報告的焦慮和憂鬱程度也減輕了，幸福感則有所提升。同一個研究也顯示，壓力減輕使當事人得以比較準確地處理財務風險和延後財務獲利，而不是任由恐懼反應主宰他們的財務行為。只要錢夠用，當事人就可以擺脫因為受壓而做錯決定的惡性循環，進入個人成長的良性循環。

這令我想起《星艦迷航記》中極有先見之明的〈雲端人〉（The Cloud Minders）這一集。該集的背景是 Ardana 星球，其多數居民被稱為穴居人（Troglytes），住在星球表面上，在礦井裡工作，而少數精英統治階級則住在雲端城市 Stratos。雲端人真的高高在上，他們認為穴居人是個具攻擊性、粗野和低等的物種。穴居人與雲端人爆發激烈的階級戰爭（穴居人發動恐怖攻擊，雲端人展開殘酷的報復），直到企業號機組人員發現，礦井裡的一種氣體損害礦工的智能，刺激他們的攻擊傾向。原來只需要一個過濾這種氣體的簡單面罩，穴居人就能與雲端人平等。解決人類的貧窮問題，是否也有可能這麼簡單？

我們必須開始替貧窮除罪，看清污名底下的貧窮根源——這主張或許予人天真的感覺，但若非如此，我們將無法取得顯著進展。

想像一下，我們開始不再認為貧窮是懶惰或低能的結果，而是可能發生在任何人身上的不幸遭遇造成的──例如任何人感染某種嚴重疾病，都可能變成窮人。如果我們這麼想，或許就會開始以比較有效的措施打破貧窮的惡性循環，包括利用創新技術減輕壓力、支援父母養育小孩、管好消費金融，以及幫助個人做更好的決定。消除貧窮的第一步，是承認貧窮並非必然現象。

一種新敘事

未來總是不確定的。美國大哲學家尤吉・貝拉（Yogi Berra）曾說：「未來不會是過去那樣子。」但告訴我們如何區分風險與不確定性的則是美國經濟學家奈特（Frank Knight）。風險是可以測量和量化的，不確定性則是未知的未知數。現代金融經濟學的偉大成就之一是對抗不確定性，將未知的未知數轉化為已知和熟悉的數量，馴服不確定性並駕馭風險以配合我們的需要。適應性市場假說告訴我們，隨著我們將不確定性轉化為風險，投資人將調整適應，而資本將跟隨。

在當了三十年的金融經濟學家之後，我確信只要有適當的財務結構，幾乎一切都有可能。想像一下，我們可以成立許多個巨型基金，全力支持一些意義重大的事情──除了治好癌症這種艱巨任務之外，還包括技術上有望解決、具重要社會意義的事情，例如治好一些罕見疾病，開發新能源，減輕氣候變遷的影響，或者替心臟病、糖尿病、阿茲海默症和癡呆症尋找新療法。這是否顯得太理想、太像《星艦迷航記》的故事？但事情不應該是這樣。我們有足

夠的資金，也有可能設計出適當的財務結構，使這些研究計畫為投資人提供誘人的報酬。

財務工程對長遠目標尤其重要。世上有一些私人基金會可追溯至文藝復興時期，經歷了征服、暴政、種族屠殺和世界大戰，仍運作至今。如果能設計適當的財務結構，我們應該有辦法支持值得追求的目標多個世紀之久。

想想氣候變遷問題。這個難題在我們或下一代的有生之年都很可能無法解決。金融運作可以如何協助解決這問題？事實上，金融概念已經密切參與相關的政治討論。政策專家討論課徵碳稅與總量管制加配額交易制度（cap-and-trade system）的優缺點時，明確談到如何利用金融市場的力量尋找碳排放的最佳價格。他們爭論氣候變遷的經濟影響有多大時，利用某個折現率計算淨現值，而爭論其實主要在於何謂正確的折現率。一個世紀後的一條人命值多少錢？你對這問題的看法，決定你對世界應該如何處理氣候變遷的看法。金融對相關爭論非常重要。

如果我們短期內無法擬定解決氣候變遷問題的政治方案，金融運作也可以幫助我們替創新的技術解決方案融資。這些技術方案涉及全球規模的超大型項目，例如將大氣中的二氧化碳液化，然後封存在地底深處——這是所謂的地球工程（geoengineering）。有些項目將需要可觀的研發努力才能執行。例如有一種細菌可以消化甲烷，而甲烷是大氣中最強力的溫室氣體之一。[22] 我們是否可以在高層大氣噴灑這種細菌，讓它們消滅溫室效應的一大源頭？如果其他方法都無效，我們應該可以發射衛星遮住地球某些地方——甚至有可能收集太陽能並傳回地球，為我們的電網提供能量，取代大部分化石

燃料。（這很可能不符合經濟效益，但它是極端情況下的措施。）

　　這些問題都無法輕易解決。社會面對空前巨大的挑戰，是因為低垂的果實都被我們摘取了。「人口爆炸」問題已經解決，某些國家如今甚至擔心人口萎縮。令人心碎的嬰兒夭折問題，以及最致命的兒童疾病，我們都找到了解決方法。多數兒童如今都能學會識字。多數人已不再貧窮。當然，這也意味著剩下來的問題真的很難解決，而這些問題將決定人類這個物種的前途。我們可以認真思考這問題，彰顯了我們數百萬年間演化出來的認知能力——但是，作為一種生物，我們沒有任何特徵預示人類在未來可以繼續生存壯大。

　　我們似乎正處於人類演化上的一個轉折點。我們現在有辦法拯救自己，或許還可以殖民其他星球，但也可能自我毀滅。羅登貝瑞提供了一個理想世界的願景：人類可以安坐在舒服的椅子上，穿梭往返於各個星球，想要一杯熱茶一開口就能得到。但我們也可以輕易想像悲慘的世界：人類被機器人屠殺的「魔鬼終結者」世界，核廢墟和環境大災難的世界，人類夢魘中的各種景象。但也有一種乏味得多的悲慘世界：政治失能和思想僵固導致我們遲遲不努力處理重要問題，將它們留給子孫後代解決，直到未來某個時候，人類面臨太多迫切的問題，必須做一些非常艱難的抉擇。

　　巨大的社會難題要求我們空前有效地合作和運用集體智慧。金融運作是幫助我們運用集體智慧歷來最高效的手段。這種效率並非因為哥頓‧蓋柯所講的「貪婪是好事」。適應性市場假說告訴我們，僅憑獲利動機不足以解釋市場在組織人類行為上的成就。我們受恐懼與貪婪驅使，但驅使我們的還有公平感，以及可能最重要的想像力。

德國政治家俾斯麥曾說，政治是「創造可能的藝術」（the art of the possible）。順著這種思路，金融運作就是「創造可能的促進者」（the facilitator of the possible）。藉由金融運作，我們可以改變我們的政治運作力所能及的範圍，令以前不可能的事變成可實現。如果羅斯頓因為能夠設想美好的未來，使他得到巨大的意志力去克服他在藍約翰峽谷中的磨難，或許我們也可以利用適當的願景做同樣的事。

從政者通常並不比其他人勇敢。他們必須有一個動人的願景，才可以向選民提出令人信服的說辭。如果我們希望從政者更有效地發揮作用，我們必須向他們傳達這個動人的願景。這正是領導的精髓：創造願景，然後利用它激勵其他人。

智人比所有其他物種更有能力形成期望和對願景作出反應——如果投資人預期你將能開發出有效的癌症療法，如果他們認同你的願景，他們將非常樂意提供資金。利用適當的期望、適當的金融操作和適當的願景，我們可以創造驚人的成就。

我想成為羅德士那樣的人

最後我想提供一個非常動人的例子說明這種願景。雖然這故事與金融毫無關係，它永久改變了我對於金融運作可以產生什麼作用的想法。[23] 故事的主角是我的麻省理工同事羅德士（Harvey Lodish），他是傑出的分子生物學家，也是著名的懷海德生物醫學研究所的創始人之一。我聽了羅德士的故事之後，當場決定要成為像他那樣的人。請聽我解釋。

1983 年，羅德士與人合創一家小型的生技新創企業，專注研究

如何醫治高雪氏症（Gaucher disease）。這是一種罕見的遺傳疾病，美國每兩萬名新生兒只有一個受影響。這種病是一種非常特別的突變造成的──病人因為 DNA 出錯，身體無法產生一種分解油脂的重要酵素。因為缺乏這種酵素，那些油脂累積在白血球、肝臟、脾臟和骨髓。這種病會使肝臟和脾臟異常增大；會太早毀滅血球，導致貧血和容易瘀傷；也會破壞骨骼結構，導致嚴重的關節疼痛和骨質疏鬆。在 1983 年，對許多高雪氏症患者來說，這是一種令人嚴重衰弱和往往致命的疾病。但這種病如今已不再可怕。

羅德士先是利用他的專長，提議利用取自人類胎盤的酵素醫治高雪氏症。這種酵素當時極其寶貴，需要 22,000 個胎盤才能治好一名高雪氏症患者。羅德士及其生技公司的洞見是這種酵素需要有特別的糖附在其表面上（作用有如機場的行李標籤），才能被適當類型的細胞取用。他們開發出來的新藥 Ceradase 非常有效，1991 年獲得 FDA 核准。但是，因為極其昂貴（一名病人每年的藥費超過 10 萬美元），這種藥雖然成功，但也引起爭議。

Ceradase 那麼貴是因為它以人類胎盤為原料，而人類胎盤是一種稀罕的商品。但羅德士是分子生物學家，早年研究人類細胞如何以 DNA 為原始碼製造葡萄糖腦苷脂酶之類的酵素。他認為應該可以找出 DNA 中確切負責製造葡萄糖腦苷脂酶的那部分，然後利用重組技術製造便宜得多的葡萄糖腦苷脂酶。結果真的可以，而且比他所想的容易得多 ── 他發現另一名高雪氏症研究者博伊特勒（Ernest Beutler）已經成功複製了那個基因，而且爽快地無限授權他使用。因此產生的雪瑞素（Cerezyme）1994 年推出。這種藥此後拯救了成千上萬人。你可能已經聽過羅德士那家小型新創企業，它就是健贊

藥廠（Genzyme），2011年被賽諾菲（Sanofi）以約200億美元收購。

　　但我不是因此想成為羅德士那樣的人。我的這種想法是因為2002年發生的事。那一年羅德士的女兒生了她第一個孩子，取名安德魯，是羅德士的第一個孫子。安德魯這男孩出生時就帶有造成高雪氏症的基因突變。這是怎樣的巧合？

　　帶有這種突變不代表會馬上得病，但安德魯十歲後開始出現症狀。不過，他現在過著完全正常和健康的生活，因為他祖父在他出生前多年就研發出醫治這種病的藥。很酷，對吧？

　　我曾問羅德士，他1983年與人合創健贊藥廠時，是否想過這個關鍵行動有天將救了他孫子的命？這顯然是個令人激動的話題，羅德士和我都必須努力保持冷靜，而他承認，他完全沒想過他早年的研究對他自己有如此神奇的作用。當年他只想利用他掌握的知識幫助有需要的病人。這是種善因得善果。

　　這正是為什麼我想成為羅德士那樣的人。我從不曾有救人性命的榮幸──我的兩個兒子，或我未來的孫子，或我母親，我都沒有能力救他們的命。因為我不是醫生，我的博士學位也不是研究細胞生物學。我甚至不是研究醫療的經濟學家。

　　但我終於認識到，我可以成為羅德士那樣的人。例如我投資在某個巨型基金上，而該基金支持的某個項目開發出有效醫治我孫子所患疾病的方法，無論那是癌症、阿茲海默症，或高雪氏症那種罕見疾病。在類似癌症這種攸關生死的問題上考慮投資報酬，可能顯得極度冷酷和可惡──因為我母親死於癌症，我明白這種感受。但如果我們不考慮投資報酬，我們將無法籌集足夠的資金來處理這些造成極大痛苦的問題，遑論處理貧窮、氣候變遷和流行病之類的社

會問題。我們不應容許金融主宰我們的目標,我們的目標應該主宰金融運作方式。

　　我確信未來的金融運作將有能力處理社會的所有迫切問題。人類的智慧將駕馭我們的集體恐懼和貪婪去解決我們的全球問題。畢竟只有極度虔誠的效率市場假說信徒才會假定市場目前已達至最好的資本配置,完全不需要政策干預。適應性市場假說告訴我們,我們可以改善一個市場、一種方法或一整個金融體系,調整它以配合我們的需求和因應環境的挑戰。金融體系因為某些特徵而容易受瘋狂的暴民支配,但也正因為這些特徵,金融體系可以極有效地集合和運用群眾的智慧。

　　如果我們不容許金融運作淪為一種零和遊戲,這種事就不會發生。我們可以做好事得好報,而如果我們攜手合作,我們現在就能這麼做。我可以成為羅德士那樣的人,你也可以。

致謝

　　這本書寫了非常久。在我與原文版普林斯頓大學出版社的合約上，交稿日期是 2008 年 4 月 15 日。當然，大家都知道，那一年發生了一些事。

　　2008 年金融危機是對效率市場假說和經濟人概念的正面攻擊；因此，延後本書的出版計畫，以便研究這場危機並研擬測量和管理系統風險的方法，似乎是個好主意。但工作計畫衍生新的工作計畫，一個接一個，忽然間八年就過去了。諷刺的是，多年來我沒怎麼批判效率市場假說，反而在某些政策辯論中擁護它，因為政策制定者往往太輕易地將 2008 年金融危機歸咎於不理性的表現和監理人員與央行官員錯誤相信市場效率。這些辯論（以及這段期間我在行為演化模型和系統風險測量方面的研究）使我更清楚認識到，適應性市場假說有助調解行為財務學與傳統財務學之間日益擴大的分歧。因此我希望這本書有如一瓶好酒，是延宕滿足的一個好例子。可惜我不是很懂品酒，因此無從知道八年是否太久，以致留下來的酒被軟木塞的霉味污染或已變質。無論如何，非常感謝出版社耐心等待。

　　因為歷時這麼久，我在學術上累積的人情債必然增加，想感謝

的人也更多。此外,這本書也是我個人的一個里程碑,因為它將我過去三十年的多數研究成果聯繫起來。因此,我要藉這個機會感謝一些人對我事業的幫助。這篇謝辭因此特別長,我在此先向各位說聲抱歉。此外,我要加一個平常的聲明(不是出於法律上的考量,而是要指出事實,另外也是出於學術禮儀):我在此感謝的人未必認同本書的觀點。學術自由就是這樣,即使是同事、合作者和朋友之間,也確實會有不同的見解。

在普林斯頓大學出版社,Peter Dougherty 一直支持我,鼓勵我,而且不時提供慧見。雖然身為出版社總監,他還是撥出時間閱讀書稿,並提供了一些精闢的建議,大大改善了這本書。我在普林斯頓出版最多書,Peter 是主要原因。我也感謝前普林斯頓經濟類著作編輯 Seth Ditchik 簽下這本書,並不時督促我,然後耐心等待,看「9月完成」是指今年還是明年。我也感謝 Jayna Cummings、Jill Harris、Ian Jackman、Fred Kameny、Crystal Myler 和 Carlos Yu 的編輯和研究支援。

在通往適應性市場假說的漫長旅程中,許多人曾與我合作研究,幫助我在它還沒有名字之前逐漸塑造出這個假說。這些合作者包 括 Emmanuel Abbe、Pablo Azar、Monica Billio、Tom Brennan、Nicholas Chan、Ely Dahan、Doyne Farmer、Eric Fielding、Mark Flood、Gartheeban Ganeshapillai、Mila Getmansky、Dale Gray、John Guttag、Shane Haas、Jasmina Hasanhodzic、Joe Haubrich、Alex Healy、Phil Hill、Jim Hutchinson、Katy Kaminski、Amir Khandani、Adlar Kim、Andrei Kirilenko、David Larochelle、Peter Lee、Simon Levin、William Li、Craig MacKinlay、Igor Makarov、Harry

Mamaysky、Shauna Mei、Bob Merton、Mark Mueller、Loriana Pelizzon、Pankaj Patel、Tommy Poggio、Dmitry Repin、Emanuele Viola、Jiang Wang、Helen Yang，以及 Ruixun Zhang。

　　我還是學生時，有幸遇到一些優秀的教師、導師和同學，第一位是我小學三年級的老師 Barbara Ficalora（見第 4 章）。我很幸運，在 Bronx High School of Science 上過 Vincent Galasso、Milton Kopelman 和 Henrietta Mazen 的課，在那裡首次接觸科學方法，而且遇到一些絕頂聰明的人，包括 Jacob Goldfield、Suzanne Hsu、David Laster、Rennie Mirollo、Jon Roberts、Steve Wexler 和 Danny Yeh。

　　我在耶魯大學的第一年經由魅力非凡的 Saul Levmore 開始接觸經濟學，而 Pradeep Dubey、Shizuo Kakutani、Herb Scarf 和 Martin Shubik 令人興奮的課使我認識到，數學可以對經濟學有巨大貢獻。但我決定成為經濟學家，是因為 Sharon Oster 教的中級個體經濟學。她的課引人入勝，而我當她的研究助理，她當我的論文導師，對我開展我的經濟學事業極有幫助。我對監理和政策產生興趣也是受她影響。她對研究、教學、政策和輔導學生的熱情如今仍激勵我努力仿效。

　　在研究所，我有幸遇到 Andy Abel，先是上他教的總體經濟學，然後是當他的研究助理和接受他的論文指導。因為 Andy 在投資理論方面影響深遠的研究，我開始認識到總體經濟學與金融之間的深層關係。我找不到比 Andy 更好的論文導師。我也有幸跨校到麻省理工上 Jerry Hausman 教的計量經濟學。我首次接觸到連續時間計量經濟學是當他的研究助理。我還記得我與 Jerry 在哈佛科學中心地下室坐在一起替 Fortran 程式除錯，該程式是用來估算具吸收壁（absorbing barrier）的布朗運動的參數；那是我非常美好的回憶。在此期間，許

多其他教職員和學生提供的建議、指導和啟發惠我良多，他們包括 Dick Caves、Diane Coyle、Ben Friedman、Dale Jorgenson、Nobu Kiyotaki、Whitney Newey、Pat Newport、已故的 David Pickard、Tom Sargent、Mike Spence、Phil Vasan 和 Mark Watson——隨著時間的推移，我才認識到他們對我產生了多大的影響。

但在這段期間，我在學術上欠 Bob Merton 最大的人情；我在金融學術上的事業是拜他所賜。Bob 的金融理論課（15.415 Finance Theory）是我研究生階段的轉捩點。上了他的金融理論入門課兩個星期之後，我就決定成為一名金融學教授。在他非常巧妙的手上，金融學變成既是科學也是工程學，而他研究、教學和實踐的獨特方式成為我和許多學生努力仿效的榜樣。我從 Bob 的教學和研究中獲益良多，而且他在哈佛商學院期間常邀我吃午飯，經常鼓勵我，也提供了許多寶貴的建議。我不敢想像自己有天能成為麻省理工金融學圈子的一員和 Bob 的同事。

事實上，因為許多原因，麻省理工對我來說是個非常特別的地方。這裡的金融學教職員首屈一指，我的金融經濟學造詣能大有進步，有賴目前和以前的同事，尤其是 Paul Asquith、John Cox、John Heaton、Chi-fu Huang、Leonid Kogan、Jonathan Lewellyn、Debbie Lucas、Franco Modigliani、Stew Myers、Jun Pan、Anna Pavlova、Steve Ross、Antoinette Schoar、Dimitri Vayanos、Jean-Luc Vila 和 Jiang Wang。

但在這裡 28 年期間，我也認識了史隆管理學院和其他學院的許多麻省理工同事，對他們非常歡迎一名金融經濟學者參與他們的研討會和研究計畫既感到意外，也十分感激。我尤其感謝 Deborah Ancona、Dimitris Bertsimas、Ernie Berndt、Bob Berwick、Munther

Dahleh、Rob Freund、Ann Graybiel、Jon Gruber、John Guttag、Jerry Hausman、Bengt Holmstrom、Nancy Kanwisher、Jay Keyser、S. P. Kothari、Bob Langer、Don Lessard、John Little、Harvey Lodish、Silvio Micali、已故的 Franco Modigliani、Joel Moses、Whitney Newey、Al Oppenheim、Jim Orlin、Bob Pindyck、Tommy Poggio、Jim Poterba、Bill Pounds、Drazen Prelec、Roberto Rigobon、Ed Roberts、Nancy Rose、Daniela Rus、已故的 Paul Samuelson、Dick Schmalensee、Phil Sharp、David Staelin、Tom Stoker、Dan Stroock、Gerry Sussman、Peter Szolovits、Josh Tenenbaum、John Tsitsiklis、Roy Welsch、Patrick Winston 和 Victor Zhu。與這麼多優秀的同事相遇和共事是非常難忘的學習經驗，啟發我的不僅是他們的研究，還有他們的職業與個人事跡。我特別感激麻省理工以下單位提供交流合作機會：電腦科學與人工智慧實驗室；電機工程與電腦科學系；數據、系統與社會研究所；作業研究中心；以及懷海德生物醫學研究所。我覺得自己有如一名喜歡吃糖的小孩身處全球最大的糖果工廠。

任職於其他大學的一些學術界同仁對我形成適應性市場觀點極有幫助，他們包括 Tom Brennan、Terry Burnham、John Campbell、Phil Dybvig、Gene Fama、Doyne Farmer、Lars Hansen、David Hirshleifer、Blake LeBaron、Simon Levin、Rosemary Luo、Craig MacKinlay、Martin Nowak、Steve Pinker、Allen Orr、Arthur Robson、Dick Roll、Myron Scholes 和 Bill Sharpe。

我也感謝我有幸教導和合作過的許多麻省理工學生。我的數名博士生因為和我合作研究，對本書的一些觀點有貢獻，書中已一一提到，但即使是與本書沒有直接關係的學生，也因為刺激我思考和

提供意見而幫助了我。如今學者通常不喜歡教課，希望保留更多時間做研究，但因為麻省理工的學生素質特別好，我和多數同事都認為教學是我們研究工作不可或缺的一部分。我們的學生像我們的同事多過像學生（連本科生也是這樣），而我們的 MBA、MFin 和 EMBA 學生，以及史隆訪問學者對金融業某些方面的認識往往比我更豐富，對課堂討論和我個人進修大有貢獻。我特別感謝選修我教的「金融市場動態與人類行為」（15.481 Financial Market Dynamics and Human Behavior）的三班學生，以及我傑出的教學助理 Dimitrios Bisias 和 Shomesh Chaudhuri。這個課程完全是談適應性市場假說，而本書的早期手稿就是在班上傳閱（謝謝 Bob Merton 建議我教這門課，也感謝 S. P. Kothari、Paul Asquith 和史隆金融組的課程與教學委員會核准這門課）。

麻省理工史隆管理學院大力支持我的研究，包括院長辦公室和麻省理工金融工程實驗室（LFE）。我特別感激現任院長 Dave Schmittlein 對金融組的支持，無論是現在還是在我當金融組主任期間。我也感謝各方對 LFE 的支持，包括提供數據和資金，以及在若干案例中提供我們迫切需要的產業知識。特別感謝 LFE 的項目協調人 Jayna Cummings——說她管理 LFE 是大大低估了她的貢獻。我們的研究產出和品質與她高超的行政技能和對實驗室的奉獻精神直接有關，而如果不是有她，本書將需要更長時間才能完成。我也想感謝 LFE 前任項目協調人 Svetlana Sussman。她是 LFE 成立後第一位項目協調人，早年促進了實驗室的成長，而且對待實驗室所有成員親如家人。我們全都非常懷念她。

因為引導我得出適應性市場假說的研究深受金融業運作方式影

響，我想感謝一些助我了解金融界的加拉巴哥群島的業界人士。民間部門人士包括 Armen Avanessians、Brandon Becker、Allister Bernard、Jerry ChaThin、Doug Dachille、Arnout Eikeboom、Gifford Fong、Jacob Goldfield、Kathy Goldreich、Peter Hancock、the late Charles Harris、Greg Hayt、Alex Healy、Larry Hilibrand、Mark Kritzman、David Laster、Peter Lee、Marty Leibowitz、Judy Lewent、Steve List、Philippe Lüdi、Saman Majd、Pete Martin、Paul Mende、David Modest、Victor Niederhoffer、John Perry、Jon Roberts、Eric Rosenfeld、David Shaw、Jim Simons、Rob Sinnott、Roger Stein、Andre Stern、Cheng Chih Sung、Donald Sussman、Phil Vasan、Duncan Wilkinson、Jake Xia 和 Xiru Zhang。公共部門人士包括 Tobias Adrian、Lew Alexander、Dick Berner、Bill Dudley、Eric Fielding、Tim Geithner、Andy Haldane、Chris Hart、Bev Hirtle、Tom Kalil、Rick Ketchum、Laura Kodres、Don Kohn、Nellie Liang、Antoine Martin、Hamid Mehran、José Viñals 和 Steve Wallma。

　　最後要感謝我的家人在這本書的漫長醞釀期內對我的支持和鼓勵。我的哥哥 Martin 和姐姐 Cecilia 很早就為我樹立了很高的標準，在我需要他們時總是在我身邊（有時在我不需要時也是這樣，就像一些有架勢的哥哥姐姐）。他們的另一半 Bill Wentzel 和段崇智（Rocky Tuan）帶給我們家很多的愛、安定、善意和幽默。當然還有我母親 Julia Yao——如果有「龍媽」這種人，她就是。她在 1960 和 1970 年代一個人在紐約養大三個孩子，為他們犧牲奉獻一切。有天應該寫一本書講她神奇的一生，而這故事無疑將比適應性市場動人得多。我希望這本書以及我現在和未來的研究，有助紀念這位可敬

的女士。最後和最重要的是感謝我太太 Nancy 和我們兩個兒子 Derek 與 Wesley。他們每天都提醒我為什麼人類這個物種可以生存這麼久,而他們也是我對人類的前景非常樂觀的原因。本書獻給他們。

羅聞全
麻省威斯頓鎮
2017 年 2 月 7 日

註釋

引言

1. 參見 de Becker (1997, 27–28)。

2. Lo (2004; 2005; 2012a).

3. 該獎的正式名稱為「瑞典中央銀行紀念諾貝爾經濟學獎」。

4. Surowiecki (2004).

5. 先鋒集團的源起引人入勝，詳情可參考 https://about.vanguard.com/who-we-are/。

6. Blinder and Reis (2005, 3).

7. Andrews (2008).

8. 例如 Vorzimmer (1969) 便寫道：「毫無疑問，達爾文閱讀馬爾薩斯的著作，是其演化論發展過程中的關鍵轉折點。馬爾薩斯不但提供了達爾文欠缺的關鍵要素，還使其他同樣必要的要素落到達爾文思想中的適當位置。」也參見 Hirshleifer (1977)。

9. Berkshire Hathaway (2002). 順帶一提，過去二十年間，巴菲特的公司波克夏哈薩威自由地運用這些武器。

第一章

1. *New York Times* (1986).

2. Wilford (1986).

3. Sanger (1986).

4. Presidential Commission on the Space Shuttle Challenger Accident (1986, chapter 4). 1986 年 6 月 6 日，羅傑斯委員會提交報告，內含以下摘要：「本委員會與參與調查的各單位之共識，乃是挑戰者號太空梭爆炸，是右側固態火箭推進器底層兩部分之間的接口失靈導致。具體而言，問題出在接口的密封墊毀壞，以致未能防止

在火箭推進器的燃料燃燒期間，熱氣經由接口洩出。本委員會蒐集的證據顯示，事故與太空梭的其他部分無關。」

5. 莫頓賽奧科的工程師早在 1985 年便已發現 O 形環的問題。事實上，其中一名工程師博斯佐利（Roger Boisjoly）甚至在 1985 年 10 月的美國汽車工程師協會會議上，請求與會者協助解決該問題。此外，在 1985 年 7 月 31 日，也就是挑戰者號災難發生前六個月，博斯佐利曾寄一份內部備忘錄（Boisjoly 1985）給莫頓賽奧科工程副總裁倫德（R. K. Lund），當中寫道：「我寫這封信，是希望確保管理層充分了解到，站在工程的角度，目前固態火箭推進器接口的 O 形環腐蝕問題極其嚴重……後果將是最嚴重的大災難，將造成人命損失……我真的非常擔心，如果我們不立即採取行動，安排一個團隊以解決 O 形環問題為第一要務，我們將面臨發射失敗、損失發射台所有設備的危險。」

在挑戰者號 1 月 28 日發射前一天傍晚的電話會議上，莫頓賽奧科若干工程師，包括博斯佐利，提出天氣寒冷的問題，主張延後發射，但建議遭莫頓賽奧科和太空總署的高層否決。自 1986 年以來，學者針對導致這場悲劇的決策程序和管理結構，完成了多項研究，而太空總署、莫頓賽奧科和其他一些組織已因此改變了它們的作業程序。博斯佐利因為多次提醒莫頓賽奧科和太空總署高層注意問題，1988 年榮獲美國科學促進會的科學自由與責任獎。

6. Maloney and Mulherin (2003).

7. 同上，table 1。

8. Surowiecki (2004).

9. Aristotle (1944), Politics, 1259a.

10. Lo and Hasanhodzic (2010).

11. Hald (1990, chapter 4).

12. 軼這個不尋常的名詞源自 18 世紀的一種賭博策略：賭客在虧損之後加倍押注，以期賺回之前的損失（這無疑不是明智的做法，但因為我們將在第 3 章和第 4 章討論的原因，賭客往往難以抗拒採用這種策略的誘惑）。

13. 例如參見 Bass (1985)，以及 Mezrich (2002) 虛構化的敘述。

14. Einstein (1905).

15. 龐加萊評價其博士生巴舍利耶非常不正統的論文時，強調科學與金融經濟學的奇怪關聯（Mandelbrot [1982, 395]）：
本論文的作者得出高斯定律（the law of Gauss）的方式極具原創性，而更有趣的是，同樣的推論略為修改，或許就能延伸至誤差理論。他闡述這過程的一章乍看可能顯得奇怪，因為他以「機率的輻射」（Radiation of Probability）作為該章的標

題。事實上，作者訴諸與熱傳導分析理論的比較。我們想一下就知道，兩者真有相似之處，他的比較是正當的。傅立葉有關熱傳導的推論幾乎完全不必修改就能應用在這問題上，雖然這問題與熱傳導截然不同。作者並未針對論文的這一部分進一步發揮，是很可惜的。

16. 萊維後來承認他對巴舍利耶的研究成果理解有誤，為自己提出負面推薦信向巴舍利耶道歉。

17. Samuelson (1941; 1947; 1948) and Samuelson and Nordhaus (2010).

18. Samuelson (1973, 6). 在 1973 年一篇討論金融投機的數學基礎的文章中，薩繆爾森向巴舍利耶致以崇高的敬意：

因為傑出的法國幾何學家幾乎總是不朽的，巴舍利耶或許還活著，在巴黎明智地利用選擇權套利，補充他的教授退休金。不過，過去 20 年間我廣泛講解他的理論，並未引出有關這問題的任何資料。他將他的論文獻給龐加萊，而我對龐加萊對該論文有多大的貢獻毫無所知。最後，從巴舍利耶引用的文獻看來，他的思想似乎是單軌的。但這是多麼了不起的一條軌道！有人輕蔑地說他是不嚴謹的隨機過程研究先驅，促進了比較嚴謹的數學家如 Kolmogorov 在該領域的研究；這對巴舍利耶很不公道。論嚴謹程度，他的方法不輸給他那個年代頂尖的科學研究，而他的創造力是傑出的。在巴舍利耶提出他的理論五年之後，愛因斯坦獨立提出布朗運動的基礎理論，因此得到他應得的尊敬。但多年前，我比較兩份文獻，得出這樣的看法（我並未回頭檢視）：巴舍利耶的方法在每一方面都遠優於愛因斯坦的方法。因此，有關機率擴散的 Einstein-Fokker-Planck Fourier 方程式，以及如今已成標準的反射像方法之微妙應用，其實都已經出現在巴舍利耶的論文中。

19. Kendall (1953).

20. Samuelson (1965, 42) 這麼說：「誰說天氣本身不能呈現出序列相關性？」

21. Samuelson (1965).

22. 薩繆爾森因為對價格的力學和運動學（無論是否考慮不確定性）一直有興趣，後來他和他的學生投入一些成果豐碩的研究項目，最終包括布萊克休斯和默頓的選擇權定價模型；該模型是現代金融工程的基石。參見 Black and Scholes (1973) 和 Merton (1973)。

23. 法瑪因為高中時期在美式足球、棒球和跑步方面表現出色，1992 年獲納入其高中母校 Malden Catholic High School 的名人堂。

24. Fama (1963; 1965a).

25. Fama (1965b).

26. Fama (1970).

27. 例如參見 Lo (1997) 中的研究。

31. Fama, Fisher, Jensen, and Roll (1969).

32. Jensen (1978).

33. 效率市場假說使人聯想到不確定性在量子力學中的角色。若量子力學成立,海森堡的測不準原理使我們對一粒電子的位置和動能可以知道多少受到限制;若經濟自利的力量有效,效率市場假說使我們對未來的價格變化可以知道多少受到限制。

34. Smith (1776 [2005], 236).

35. Benner (1876).

36. Haas and Ezekiel (1926).

37. Kaldor (1934).

38. Ezekiel (1938).

39. Breimyer (1959), Harlow (1960).

40. Muth (1961).

41. 事實上,穆斯(同上,第 318 頁)利用與薩繆爾森和法瑪相似的論點,但也將它們應用在非金融市場上:「如果理論的預測遠優於企業的預期,『局內人』(insider)將有機會利用相關知識獲利,例如藉由炒賣庫存(如果有可能的話)、經營企業或為企業提供價格預測服務。倘若企業的整體預期與理論的預測相同,獲利機會將不復存在。」

42. 龐斯個人通訊,2011 年 4 月 21 日。

43. Simon (1991, 249).

44. Lucas (1972).

45. Finn E. Kydland 和 Edward C. Prescott 因為他們的動態總體經濟學理論研究,2004 年獲得諾貝爾獎;Thomas J. Sargent 和 Christopher A. Sims 因為開發出精細的方法,利用總經歷史數據估算理性預期模型,2011 年榮獲諾貝爾獎。

46. Klamer (1983, 38).

47. Rhode and Strumpf (2004).

48. *New York Times* (1924).

49. Forsythe et al. (1992).

50. Dahan, Kim, Lo, Poggio, and Chan (2011).

第二章

1. Dabbs et al. (1990).

2. 這故事數十年間大有可能經過潤色和改編，已達到當代傳奇的地位，成為學術界傳說永久的一部分。它有如傳家寶，由一個世代的學者傳給下一代，一方面是對高傲教授的告誡，另一方面是表達對摩根貝沙銳智的傾慕敬佩。對摩根貝沙機智的懷念可參考 Gumbel (2004) 和 Ryerson (2004)。

3. 更精確地說，隨機漫步增量的變異數在增量的時距中是線性的。詳見 Lo and MacKinlay (1988)。

4. 當然，多數投資的預期報酬也會隨投資期延長而增加，而這足以誘使許多人成為長期投資人。我們在第 8 章探索對沖基金的奇異世界時將再談到這問題，但我們暫且聚焦於變異數。

5. Z 分數 7.51，p 值為 2.9564×10^{-14}。這結果是根據在我們的樣本期內，在紐約證交所、美國證交所和 NASDAQ 買賣的所有股票的等值權重（equally-weighted）指數算出。如果我們採用該指數的市值加權（value-weighted）版本，結果相對沒那麼戲劇性，但仍具說服力：隨機漫步假說成立的機率略低於百分之一。

6. 為慶祝創立百週年，牛津大學出版社從其 180 份期刊中選出 100 篇影響力最大的論文集結出版，而我們否定隨機漫步論的論文入選了。

7. 事實上，蘭德的英文名 RAND 是「Research ANd Development」（研發）的縮寫。

8. Wells (2001) 記錄了艾斯柏格非凡的人生。

9. Ellsberg (1961). 薩維奇公理是指著名統計學家薩維奇（也就是將巴舍利耶的論文介紹給薩繆爾森的那個薩維奇）在其開創性著作《統計學的基礎》（*The Foundations of Statistics*）中提出的數學框架，其用途是量化和管理風險，為人們廣泛接受。

10. Knight (1921).

11. Kahneman and Tversky (1984).

12. Clark (2008).

13. Société Générale (2008).

14. Huizinga and Laevan (2010) and Brown and Dinç (2011).

15. Espinosa-Vega, Kahn, Matta, and Solé (2011).

16. 有關銀行監理官員的具體實際作為，可參考 Eisenbach et al. (2015) 的精彩敘述。

17. Grant, Hake, and Hornseth (1951).

18. 例如參見 Deneubourg, Aron, Goss, and Pasteels (1987)；Pasteels, Deneubourg, and Goss (1987)；Kirman (1993), Hölldobler and Wilson (1990)；Harder and Real (1987)；Thuijsman, Peleg, Amitai, and Shmida (1995)；Keasar, Rashkovich, Cohen, and Shmida (2002)；Bitterman, Wodinsky, and Candland (1958)；Behrend and Bitterman (1961)；

Graf, Bullock, and Bitterman (1964)；Young (1981)；和 Woolverton and Rowlett (1998)。

19. 感謝 Steve Ross 提供這個有關機率對應的迷人例子。Ross 將這例子歸功於特沃斯基，但特沃斯基在我們確認細節之前就去世了。

20. Bakalar (2010).

21. 數學上而言，這個錦標賽可由一個倒轉的二元樹表示，由 64 支球隊進行六輪的單淘汰賽。

22. McCrea and Hirt (2009).

23. Tversky and Kahneman (1971).

24. Tversky and Kahneman (1974).

25. 答案是 23 人。

26. 具體算法參見 http://www.npr.org/templates/story/story.php?storyId=4542341。

27. Gilovich, Vallone, and Tversky (1985).

28. Bocskocsky, Ezekowitz, and Stein (2014).

29. Kahneman and Tversky (1979).

30. 例如參見 Alexander (1961)、Osborne (1962)、Larson (1960)、Cootner (1962)、Steiger (1964)、Niederhoffer and Osborne (1966) 和 Schwartz and Whitcomb (1977)。事實上，Alexander (1961) 和 Schwartz and Whitcomb (1977) 均利用變異數比率檢驗隨機漫步假說，而雖然他們並未利用我們的研究產生的那種嚴謹的統計推論，忽略他們的貢獻是我們的錯誤。我們唯一的藉口是我們的同儕也都沒注意到這些研究，因為在我們的論文發表前後都沒有人提醒我們注意。

31. Niederhoffer (1997).

32. 同上，第 270 頁。

第三章

1. Keynes (1936, 161).

2. 凱因斯這個詞是借用自啟蒙哲學家休謨（David Hume）的著作《人類理解研究》（*An Enquiry Concerning Human Understanding*）。

3. 相對之下，老式的腦電波儀可以記錄大腦表層毫秒間的腦電活動，比 fMRI 快一千倍。

4. 這種類比有點不公平，因為在 fMRI 研究中，我們可以控制受試者的活動。如果我們要求紐約市金融業以外的所有人休假，我們很可能會看到曼哈頓下城的用電量特別大──在地理學上，這算是相當準確的地區功能辨識。

5. Klüver and Bucy (1937). 克魯爾和布西症候群（Klüver-Bucy syndrome）後來也在人

類身上發現，但非常罕見。

6. Kapp et al. (1979).

7. LeDoux (1996).

8. Jeppesen Sanderson 的 *Guided Flight Discovery: Private Pilot* (2007, 3–38) 是業界標準課本之一，它列出結束失速狀態的三個關鍵步驟，第一步是：「降低攻角。你必須把操縱桿向前壓，但需要的力道可能因飛機的類型而異。力道太弱可能不足以恢復升力；力道太強可能使機翼承受 negative load，妨礙結束失速狀態。」

9. Adolphs et al. (1994).

10. Bechara et al. (1995).

11. Feinstein et al. (2011).

12. Slovic (1999).

13. Lichtenstein et al. (1978).

14. National Transportation Safety Board (2000).

15. Hahn (1997).

16. Eisenberger, Lieberman, and Williams (2003).

17. O'Connor et al. (2008).

18. Takahashi et al. (2009).

19. Olds and Milner (1954).

20. Sacks (1974).

21. Carlsson et al. (1957).

22. Breiter et al. (2001).

23. 實驗設計者提到：「獲利大於虧損的設計是考慮到受試者的一個明確傾向：如果獲利與虧損金額相同，他們比較重視虧損的風險。」這見解直接源自康納曼和特沃斯基的研究。

24. Kuhnen and Knutson (2005).

25. Wicker et al. (2003), Wright et al. (2004).

26. Sanfey et al. (2003).

27. Schüll (2012).

28. Clark et al. (2009).

29. Lo and Repin (2002).

30. Lo, Repin, and Steenbarger (2005).

31. Montague and Berns (2002).

32. McClure et al. (2004).

33. Kable and Glimcher (2007).

34. Smith et al. (2010).

35. Bartra et al. (2013).

36. Pessiglione and Lebreton (2015).

37. Knutson and Bossaerts (2007).

第四章

1. Damasio (1994, 34–37), Eslinger and Damasio (1985).

2. Damasio (1994, 41–45), Saver and Damasio (1991), Damasio, Tranel, and Damasio (1991; 1998).

3. 例如參見 Damasio (1994) 和 Rolls (1990; 1994; 1999)。認知神經科學和經濟學近年的研究顯示，決策過程中的理性與情緒有重要關係（Grossberg and Gutowski 1987, Damasio 1994, Elster 1998, Lo 1999, Lo and Repin 2002, Loewenstein 2000, and Peters and Slovic 2000）；也就是說，兩者很可能不是對立的，而是互補的。例如人們普遍認為情緒在理性的財務決策過程中沒有作用，但 Lo and Repin (2002) 提出初步證據，證明和自主神經系統有關的生理變量與市場事件高度相關，連經驗非常豐富的專業證券交易員也不例外。這兩名學者認為情緒反應在即時處理財務風險的過程中是一個重要因素，而專業交易員的一項重要技能是在特定市場狀況下，自覺或不自覺地以特定方式引導情緒。

4. 參見 Rolls (1999) 第 10 章第 3 節。

5. 參見 de Becker (1997) section 1.2 和 Zajonc (1980; 1984)。

6. 參見 Baumeister, Heatherton, and Tice (1994)。

7. 參見 Damasio (1994, 141–143 and figure 7.3)。

8. Bechara et al. (1994).

9. Damasio (1994, 212–217).

10. Kamstra, Kramer, and Levi (2003).

11. Lo and Repin (2002) and Lo, Repin, and Steenbarger (2005).

12. Coates and Herbert (2008).

13. Di Pellegrino et al. (1992).

14. Rizzolatti and Fabbri-Destro (2010).

15. Baron-Cohen (1989).

16. Perner and Wimmer (1985).

17. Kinderman, Dunbar, and Bentall (1998).

18. 參見 Kasparov and Greengard (2007, 50–51)，但卡斯帕洛夫也曾表示，他與「保加利亞鬥士」Vesilin Topalov 某次對弈時，不知如何曾提前 15 步預見勝果。

19. Wolford, Miller, and Gazzaniga (2000).

20. Miller and Valsangkar-Smyth (2005).

21. Gazzaniga (2008, 294) and Gazzaniga and LeDoux (1978).

22. Gazzaniga (2013).

23. 若想理解羅斯頓必須經歷的痛楚，可以看攀山部落客 Shane Burrows 這段簡短的概括（http://climb-utah.com/Roost/bluejohn2.htm；注意：敏感的讀者最好別看）：「羅斯頓打算用他那把多功能工具刀上的小刀，從肘部下方切斷他的右臂。他知道他的小刀不夠鋒利，無法切斷骨頭。他因此以右臂對巨石用力，自己折斷骨頭，以便他能用小刀切斷手臂。他先折斷連接肘部與手掌的橈骨，數分鐘內再折斷前臂靠外面的尺骨。然後他替右臂綁上止血帶，接著用小刀將右臂從肘部下方切斷。整個過程需要一個小時左右。」對這些駭人細節有興趣的讀者，可以參考羅斯頓更生動具體的描述（Ralston 2004, 281–285）。

24. Schoenemann et al. (2005) and Smaers et al. (2011).

25. Ralston (2004, 248).

26. Mischel et al. (1972).

27. Casey et al. (2011).

28. Desrochers, Amemori, and Graybiel (2015).

29. Ophir, Nass, and Wagner (2009).

30. Liston et al. (2009).

31. Rosenthal and Fode (1963).

32. Rosenthal (1994).

33. Rosenthal and Jacobson (1968).

34. Hawkins and Blakeslee (2004, 104).

35. 順帶一提，因為可觀測宇宙裡的原子總數相對較少，你在一張明信片的背面就能寫下該數字。

36. McCulloch and Pitts (1943).

37. Le et al. (2012).

38. Minsky (1986).

39. 同上，第 308 頁。

40. Winston (2012).

41. 此一事實當然無損愛因斯坦的卓越成就。愛因斯坦之前的許多物理學家利用同樣

的知識基礎，但無法像愛因斯坦那樣創造出類似敘事。

第五章

1. Rathmann (1994).

2. Chen and Li (2001).

3. Darwin (1859).

4. 道金斯（Richard Dawkins）可能是當代最具說服力的演化論闡述者，他是牛津大學優秀的演化生物學家，著有暢銷書《自私的基因》（*The Selfish Gene*）和《盲眼鐘錶匠》（*The Blind Watchmaker*）。多年來他回應了針對演化論的所有嚴肅批評。因此，我在這裡不打算複述他那些具說服力的駁斥，但希望提醒有興趣的讀者參考他的傑作。

5. Cook (2003), Cook et al. (2012).

6. Mayr (2004, 31).

7. Eddington (1928, 72).

8. Dawkins (1986, 46–49).

9. Bersaglieri et al. (2004).

10. Hume (2006).

11. Tattersall (1998, 110–124).

12. 同上，第 126–134 頁。

13. McDougall (2005).

14. Tattersall (1998, 176–177).

15. Burbano et al. (2010), Green et al. (2010).

16. Reich et al. (2010).

17. Wilcox et al. (1988).

18. Haines (2008).

19. 以下討論大部分要感謝 Georg Striedter 的著作（2005; 2006）。

20. Tattersall (1998, 136–140).

21. Falk (1990).

22. Leonard and Robertson (1994).

23. Talbot (2012).

24. Tattersall (2010).

25. West-Eberhard (2003, 51–55).

26. Herodotus 2.2, (1987, 131–132).

27. 例如參見 Rymer (1993)。

28. Pinker (1991; 1994).

29. Rolls (1999; 2013).

30. Rawson (1979).

31. Caspi et al. (2003).

32. Barnea et al. (2010).

33. Krützen et al. (2005).

34. 世界人口數據取自美國統計局的國際資料庫。西元前 10,000 年至 1950 年的世界人口估計，美國統計局提供了數個來源的數據，當中有些提供較低和較高估計；我計算這些估計數的平均值，替有數據的每一年得出單一估計值。至於 1951 至 2011 年，美國統計局每年均提供單一估計值。詳情參見 https://www.census.gov/population/international/data/idb/informationGateway.php

35. Hawkins and Blakeslee (2004, 99).

36. Danziger, Levav, and Avnaim-Pesso (2011a).

37. Tierney (2011).

38. Weinshall-Margel and Shapard (2011).

39. Danziger, Levav, and Avnaim-Pesso (2011b).

40. Maynard Smith (1975).

41. Hamilton (1964a; 1964b).

42. Trivers (1971).

43. Trivers (1972).

44. Maynard Smith (1982).

45. Wilson (1994, 319–320).

46. Wilson (1994, 322–323).

47. Wilson (1994, 328).

48. Buck v. Bell, 274 U.S. 200, at 207.

49. Wilson (1994, 336–347).

50. Sociobiology Study Group (1975).

51. Wilson (1994, 340).

52. Trivers (2002, 161).

53. Cosmides and Tooby (1987, 303).

54. Tooby and Cosmides (2005, 16–19).

55. Pinker (1994).

56. Lai et al. (2001).

57. Hurlbert and Ling (2007).

第六章

1. 參見 Grossman and Stiglitz (1980)。

2. Simon (1997).

3. Simon (1955).

4. Simon (1991, 241–242). 賽蒙放棄西洋棋比賽之前，取得相當不錯的等級分 1853。

5. Simon (1955n4).

6. 這些衣物可以提供的服裝組合之數目，是將各種物件的數目相乘：$10 \times 10 \times 6 \times 21 \times 4 \times 10 \times 4 = 2{,}016{,}100$。注意，計算時上衣和領帶的數目分別是 6 件和 21 件，而不是 5 件和 20 件，因為我可以選擇不穿上衣或不打領帶。想像一下，如果是在可以不穿衣服的度假村，這問題將複雜多少！

7. Simon (1953).

8. Simon (1991, 249).

9. Crowther-Heyck (2005, 161).

10. Schlaepfer et al. (2002).

11. 這個模型的數學版本參見 Brennan and Lo (2011; 2012)。

12. 參見 Brennan and Lo (2012)。

13. Simon (1969).

14. 亦稱大數法則。

15. Peltzman (1975).

16. Sobel and Nesbit (2007).

17. Marshall (2009, 78).

18. Samuelson (1998, 1376).

19. Samuelson (1947, 21).

20. Debreu (1991, 2).

21. 賽局理論（von Neumann and Morgenstern 1944, Nash 1951）；一般均衡理論（Debreu 1959）；不確定性的經濟學（Arrow 1964）；長期經濟成長理論（Solow 1956）；投資組合理論和資本資產定價模型（Markowitz 1952, Sharpe 1964, Tobin 1958）；選擇權定價理論（Black and Scholes 1973, Merton 1973）；總體經濟計量模型（Tinbergen 1956, Klein 1970）；可計算一般均衡模型（Scarf 1973）；理性預期論（Muth 1961, Lucas 1972）。

22. Samuelson (1947, 3).

23. 雖然學者已研究了超過三個世紀，到 2013 年時，物理學家仍發現描述三個互相產生重力的物體之運動的新方式（Šuvakov and Dmitrašinovi 2013）。

24. Wilson (1998).

25. Veblen (1898).

26. Fisher (1930).

27. Haldane (1924).

28. Wilson (1975), Nowak, Tarnita, and Wilson (2010).

29. Gigerenzer (2015), Gigerenzer and Gaissmaier (2011).

30. Alchian (1950).

31. Hirshleifer (1977).

32. Robson (1996a, b; 2001a, b) and Robson and Samuelson (2007; 2009).

33. 社會生物學的經濟延伸參見 Becker (1976), Hirshleifer (1977) 和 Tullock (1979)；演化賽局理論參見 Maynard Smith (1982; 1984) 和 Weibull (1995)；經濟轉變的演化解釋參見 Nelson and Winter (1982) 和 Andersen (1994)；經濟體作為複雜的適應系統參見 Anderson, Arrow, and Pines (1988)；後代數量不確定對當前消費形態的影響參見 Arrow and Levin (2009)；新古典與行為經濟學的演化綜合參見 Burnham (2013)。有關經濟學與生物學交集的研究，更多例子可在 Hodgson (1995) 中找到；日增的相關文獻出現在 *Journal of Evolutionary Economics* 和 *Electronic Journal of Evolutionary Modeling and Economic Dynamics* 之類的期刊中。

34. 例如 DeLong et al. (1991) 和 Blume and Easley (1992) 探討理性與不理性交易者的長期存活問題，證明不理性的表現可以長期存在；Waldman (1994) 證明天擇和有性生殖往往可以產生不理想或「次好」的行為；Luo (1995; 1998; 1999; 2001; 2003) 探討天擇對期貨市場和貨幣作為一種交易媒介的涵義；Arthur et al. (1997) 開創的 agent-based modeling 也有一些文獻，這種 modeling 利用基於簡單捷思法的軟體模擬行為者之間的互動，非常仰賴演化動力學；Hirshleifer and Luo (2001) 探討過度自信的交易者在競爭的證券市場中的長期前景；Kogan et al. (2006) 證明不理性的交易者即使在他們的財富變得微不足道時，仍然可以影響市場價格；Lensberg and Schenk-Hoppé (2007) 推斷出奉行 Kelly criterion 的投資策略的漸近（asymptotic）特性；Hens et al. (2011) 針對價值溢酬（value premium）之謎提出一種演化解釋。

35. Lo and Zhang (2017).

36. Arthur et al. (1997).

37. Farmer (2002), Farmer and Skouras (2013).

38. Beinhocker (2006).

39. Schumpeter (1942).

40. Nelson and Winter (1982).

41. Hayek and Bartley (1988, 23–25).

42. Soros (1987).

第七章

1.　Mallaby (2010, 160–161).

2.　同上，第 167 頁。

3.　Grossman and Stiglitz (1980).

4.　有關達爾文雀和牠們的演化，我向好奇的讀者推薦三本密切相關的傑作：Peter R. Grant 和 B. Rosemary Grant 的 *How and Why Species Multiply: The Radiation of Darwin's Finches*；Peter R. Grant 的 *Ecology and Evolution of Darwin's Finches*；以及 Jonathan Weiner 講述 Grant 夫婦在加拉巴哥群島的研究、贏得普立茲獎的 *The Beak of the Finch: A Story of Evolution in Our Time*。

5.　Sulloway (1982).

6.　Darwin (1845).

7.　Sato et al. (1999).

8.　Currier (2006).

9.　Mallaby (2010, 16–22).

10. Jones (1949).

11. Mallaby (2010, 22–28).

12. 同上，411n32。

13. Loomis (1966).

14. SEC (1969).

15. Loomis (1970).

16. Thackray (1977).

17. Mallaby (2010, 422n3).

18. 同上，第 112 頁。

19. Buffett (1984).

20. Patterson (2009, 41–42).

21. 同上，第 42–43 頁。

22. 資料來源為 2012 年 8 月 8 日與大衛‧蕭的電話訪問。下面蕭的話全都源自這個

訪問。

23. 有關交易分析和處理系統，參見 Eichenwald (1991)。

24. Patterson (2009, 44) 根據塔塔利亞的回憶，提供了一種可能不可靠的有關蕭離開摩根士丹利的說法。

25. 公開資訊。

26. Coppersmith (1994).

27. Lowenstein (2000, 26–27).

28. 同上，第 59 頁。

29. President's Working Group (1999, 12–13).

30. Paine (1966).

31. GAO (1999, 7).

32. Lowenstein (2000, 211).

33. President's Working Group (1999, 10–12).

34. GAO (2000, 5–14).

35. 同上，表 3。

36. Philips (2013).

37. Jensen (2007).

第八章

1. Sharpe (1964). CAPM 是差不多同時由 John Lintner (1965)、Jan Mossin (1966) 和 Jack Treynor (1961; 1962) 研究出來，但 Treynor 從不曾發表他的研究結果。CAPM 因此經常被稱為 Sharpe-Lintner CAPM。我們的解說最接近夏普的版本。

2. Siegel (2014).

3. 「大調和」也指大蕭條爆發後美國為了調控金融活動而推行的經濟和監理改革，包括規管整個金融體系的許多美國法律，例如 1932 年的《葛拉斯史提格爾法》、1933 年的《銀行法》、1933 年的《證券法》、1934 年的《證券交易法》、1940 年的《投資公司法》，以及 1940 年的《投資顧問法》。「大調和」不應與「大穩定」（Great Moderation）混淆，後者是 Stock and Watson (2002) 創造的名詞，指 1987–2007 年美國經濟週期相對穩定的時期。這兩個概念顯然是相關的。

4. 具體而言，它顯示的是 CRSP 市值加權報酬指數的 1,250 天幾何複合年化報酬率。

5. Black (1972).

6. Hasanhodzic and Lo (2011).

7. Bogle (1997).

8. Merton (1989; 1995a, b) and Merton and Bodie (2005).

9. Lo and Patel (2008).

10. Hasanhodzic and Lo (2007).

11. Lo (2004; 2005; 2012a).

12. 假設指數報酬率呈對數常態分佈，年化平均值為 10%。

13. 補充一些技術細節：我將這個演算法應用在 1925 至 2014 年間 CRSP 市值加權指數的報酬率上，利用落後一天的 21 天滾動視窗波動性，並以 16.9% 作為年化波動性目標水準（這剛好是 CRSP 市值加權指數報酬率在這整段時間的波動性）。我以 125 天滾動視窗作為比較，以證明波動性控管對較長期的波動性也有作用。更多細節可參考 Lo (2016)。

14. E-Mini 標準普爾 500 指數期貨的合約價值是指數值乘以 50，例如指數若在 2,000 點，期貨合約的價值就是 10 萬美元。該合約的買賣價差通常是 1 個跳動點，也就是一張合約 12.50 美元；因此，單向費用約為這數字的一半，也就是 0.625 個基點。E-Mini 標準普爾 500 指數期貨交易的其他費用（佣金，美國全國期貨協會和交易所的收費之類）介於每張合約 1.87 至 2.46 美元之間，視交易執行方式而定，平均為 0.221 個基點。因此，在 2015 年 3 月 30 日，買或賣一張合約的總費用略低於 1 個基點。

15. Black and Pérold (1992).

16. Black (1976).

17. Niederhoffer (1997, chapter 15).

18. Niederhoffer and Zeckhauser (1983).

19. Leibowitz (2005).

20. 例如參見 Zeckhauser and Niederhoffer (1983)、Blume and Easley (1992)、Luo (1995)、Niederhoffer (1997)、Hirshleifer and Luo (2001)、Farmer (2002)，以及 Kogan, Ross, Wang, and Westerfield (2006)。

21. Bass (1985; 2000).

22. Farmer and Lo (1999).

23. 在隨後一篇論文中，法默及其同事利用一個比較程式化的模型，證明隨著市場欠缺效率的程度減輕，欠缺效率的情況消失的速度將放慢；因此，市場達致高效運作所需要的時間，可能比他原先暗示的更久。詳情參見 Cherkashin, Farmer, and Lloyd (2009)。

24. DeLong et al. (1991), Blume and Easley (1992), Waldman (1994), Luo (1995; 1998; 1999; 2001; 2003), Hirshleifer and Luo (2001), and Kogan, Ross, Wang, and Wester- field

(2006).

25. Zweig (2015).

26. Khandani and Lo (2007).

27. Lo and MacKinlay (1990).

28. Thal Larsen (2007).

29. Dowd, Cotter, Humphrey, and Woods (2011, table 2).

30. Getmansky, Lee, and Lo (2015).

31. https://www.youtube.com/watch?v=oIKbWTdKfHs.

第九章

1. Krugman (2005).

2. Case-Shiller 實質房價指數從 1996 年 7 月的 113.73 升至 2006 年 6 月的 194.63。參見 http://www.econ.yale.edu/~shiller/data/Fig3-1.xls。

3. Sorkin et al. (2008).

4. Case-Shiller 實質房價指數 2015 年 6 月時為 155.87。參見 http://www.econ.yale.edu/~shiller/data/Fig3-1.xls。

5. Greenspan and Kennedy (2005), Greenspan and Kennedy (2008).

6. Lo (2012b).

7. Murphy (2012).

8. 資料來源為美林截至 2004 年 12 月 31 日會計年度的 10-K 表格第 16 頁；高盛截至 2005 年 5 月 27 日會計季度的 10-Q 表格第 33 頁；貝爾斯登截至 2005 年 11 月 30 日會計年度的 10-K 表格第 17 頁；雷曼兄弟截至 2005 年 11 月 30 日會計年度的 10-K 表格第 65–66 頁；摩根士丹利截至 2005 年 11 月 30 日會計年度的 10-K 表格第 11 頁。感謝 Bob Lockner 提供資料。

9. Pickard (2008). 感謝 Jacob Goldfield 提醒我注意這個例子。

10. 同上。

11. Satow (2008).

12. Sirri (2009).

13. GAO (2009).

14. 同上，第 41 頁，figure 6。

15. Labaton (2008).

16. Coffee (2008).

17. Woodward (2009).

18. Blinder (2009).

19. Stiglitz (2009).

20. Reinhart and Rogoff (2009, 213–214).

21. MIT150 Symposium, January 27, 2011, Cambridge, MA: https://www.youtube.com/watch?v=vAKwujWKs-U&feature=youtu.be, 43:30 to 44:30.

22. Shiller (2005).

23. Rajan (2005).

24. Rajan (2010, 3).

25. Chan et al. (2006).

26. Gimein (2005).

27. McDonald and Robinson (2009).

28. 同上,第 268–269 頁。

29. Financial Crisis Inquiry Commission (2011, 3–22).

30. Nakamoto and Wighton (2007).

31. Dash and Thomas (2007).

32. Knight (2005).

33. Perrow (1984).

34. Perrow (2010).

35. Wolfe (1987).

36. Khandani, Lo, and Merton (2013).

37. Stock and Watson (2003).

38. Khandani and Lo (2011).

第十章

1. Henriques (2011).

2. Seal (2009).

3. Henriques and Kouwe (2008).

4. 產業評價數據見 http://www.gallup.com/poll/12748/business-industry-sector-ratings.aspx。

5. Güth et al. (1982).

6. Sanfey et al. (2003).

7. Proctor et al. (2013).

8. Burnham (2007).

9. Zak et al. (2007).

10. Greene et al. (2001).

11. Greene et al. (2004).

12. Berton (2010).

13. 紐約證交所的資料，見 http://www.nyxdata.com/nysedata/asp/factbook/viewer_edition. asp?mode=table&key=3294&category=3。

14. Guerrera (2010).

15. Milgram (1963).

16. 例如這一段：https://www.youtube.com/watch?v=Kzd6Ew3TraA。

17. Haney, Banks, and Zimbardo (1973a; 1973b).

18. Haidt (2007). 海德特後來新增第六個面向：自由 vs. 壓迫。

19. Graham et al. (2009).

20. SEC Office of Investigations (2009, 1).

21. 同上，第 21–22 頁；Ocrant (2001)；Arvedlund (2001)。

22. SEC Office of Investigations (2009, 61–67).

23. 同上，第 67–74 頁。

24. 同上，第 61, 354 頁

25. 同上，第 361–363 頁。

26. 同上，第 77–80 頁。

27. 同上，第 145–149 頁。

28. 同上，第 195–197 頁。

29. 同上，第 136–138 頁。

30. 同上，第 223 頁。

31. 同上，第 240–244 頁。

32. 同上，第 255–259 頁。

33. 同上，第 266–268 頁。

34. 同上，第 368 頁。

35. GAO (2013).

36. 同上，第 33–38 頁。

37. 同上，第 11 頁。

38. 同上，第 16–17 頁。

39. SEC (2014, 132). 這些變革似乎已產生作用。聯邦人事管理局的整體滿意指數（以 GAO 報告引述的同一調查為基礎）顯示，SEC 的分數從 2012 年的 59 升至 2014

年的 65（Office of Personnel Management, 2014）。相對之下，2014 年工作滿意度最高的政府機構是太空總署（指數值為 74），最低的是國土安全部（指數值為 48），而政府的整體指數值為 59。

40. Cohn, Fehr, and Maréchal (2014).

41. 同上，第 86 頁。

42. Gibson, Tanner, and Wagner (2016).

43. Dyck, Morse, and Zingales (2013).

44. Deason, Rajgopal, and Waymire (2015).

45. Black and Scholes (1973), Merton (1973).

46. 資料來源為本書作者與 John V. Guttag 的私人通訊。他是 Irwin Guttag 的兒子，當年替 SR-52 編程式的人，後來成為電腦科學家，曾擔任麻省理工電機工程與電腦科學系主任，現為麻省理工電機工程與電腦科學講座教授。

47. Scholes (2006).

48. Lim et al. (2006).

49. Bank for International Settlements (2016, table D1 at http://stats.bis.org/statx/srs/table/d1 and table D5.1 at http://stats.bis.org/statx/srs/table/d5.1).

50. Kirilenko and Lo (2013).

51. 具體而言是賣出標準普爾 500 指數 2010 年 6 月的 E-Mini 期貨合約。

52. CFTC/SEC (2010).

53. Lucas (2014).

54. Zhang, Brennan, and Lo (2014).

第十一章

1. May, Levin, and Sugihara (2008), Haldane and May (2011), Levin and Lo (2016).

2. Levin and Lo (2016).

3. Brennan and Lo (2014).

4. CME Group (2015).

5. CME Group (2010).

6. Levin and Lo (2015).

7. Chave and Levin (2003).

8. Bonner (2006, 62–65).

9. Li et al. (2015).

10. Davis Polk (2015, 2).

11. Billio et al. (2012).

12. Merton et al. (2013) and Billio et al. (2016).

13. Acharya et al. (2009).

14. BBC News Magazine (2012).

15. Fielding et al. (2011).

16. NTSB 針對其調查過程的正式概括說明參見 http://www.ntsb.gov/investigations/
    process.html。

17. NTSB (1993).

18. 同上，第 vi 頁。

19. Abbe, Khandani, and Lo (2012).

20. Zimbardo (2007, 451–456).

21. 感謝 Hamid Mehran 建議這說法。

22. Tversky and Kahneman (1981).

23. Lo (1999).

24. De Nederlandsche Bank (2009).

25. 有關荷蘭央行目前在銀行文化監理方面的努力，詳情參見 Nuijts and de Haan
    (2013)。

26. De Nederlandsche Bank (2014).

27. Eisenbach et al. (2015).

28. Kane (2015).

第十二章

1. 參見 Pearson and Davies (2014)。

2. Keynes (1963).

3. American Cancer Society (2016).

4. 相關問題和本節提出的一些潛在財務方案，詳情可參考 Fernandez, Stein, and Lo
   (2012)、Fagnan, Fernandez, Lo, and Stein (2013)、Lo and Pisano (2016)，以 及
   Montazerhodjat, Weinstock, and Lo (2016)。

5. National Aggregate Data, PricewaterhouseCoopers/National Venture Capital Association
   MoneyTree ™ Report, Data: Thomson Reuters, https://www.pwcmoneytree. com/.

6. Dibner, Trull, and Howell (2003), Huggett (2015).

7. Huggett and Paisner (2016).

8. 資料可在美國國家生技資訊中心的網站找到：http://www.ncbi.nlm.nih.gov/genbank/

statistics。

9. Fauci and Folkers (2012).

10. Thomas (2012).

11. DiMasi, Grabowski, and Hansen (2016).

12. 這數字是連續十年每年 20 億美元的淨現值，假設資本成本為 10%──這是製藥業通常採用的資本成本數值。

13. National Venture Capital Association (2016, figure 3.14).

14. 2016 年 11 月 24 日，美銀美林美國 A 級公司債指數的有效殖利率（effective yield）為 3.07%，以該殖利率發行面值 370 億美元的 10 年期零息債券，現在可以拿到 272 億美元。根據 Moody's Investor Services (2008, exhibit 28)，10 年期 A 級債券的累積違約率為 1.095%；因為 10 年後無法得到 370 億美元的機率為 2%，A 級評等保守地捕捉了這些抗癌債券的違約風險。

15. 參見 http://cancerx.mit.edu。

16. Sachs (2005).

17. Collier (2007).

18. Sachs (2005, 244–265).

19. Collier (2007, 38–52).

20. Haushofer and Fehr (2014).

21. Haushofer and Shapiro (2013).

22. 這種細菌是 Methylobacter tundripaludum。

23. Fearer (2014), Dockser Marcus (2014).

參考書目

Abbe, Emmanuel A., Amir E. Khandani, and Andrew W. Lo. 2012. "PrivacyPreserving Methods for Sharing Financial Risk Exposures." *American Economic Review* 102, no. 3: 65–70.

Acharya, Viral V., Lasse Pedersen, Thomas Philippon, and Matthew Richardson. 2009. "Regulating Systemic Risk." In *Restoring Financial Stability: How to Repair a Failed System*, edited by Viral V. Acharya and Matthew Richardson, 283–303. Hoboken, NJ: John Wiley & Sons.

Adolphs, Ralph, Daniel Tranel, Hanna Damasio, and Antonio R. Damasio. 1994. "Im paired Recognition of Emotion in Facial Expressions Following Bilateral Damage to the Human Amygdala." *Nature* 372: 669–672.

Alchian, Armen. 1950. "Uncertainty, Evolution and Economic Theory." *Journal of Po litical Economy* 58: 211–221.

Alexander, Sidney S. 1961. "Price Movements in Speculative Markets: Trends or Ran dom Walks." *Industrial Management Review* 2: 7–26.

American Cancer Society. 2016. *Cancer Facts and Figures 2016*. Atlanta, GA: Ameri can Cancer Society.

Andersen, Espen S. 1994. *Evolutionary Economics: PostSchumpeterian Contribu tions*. London, UK: Pinter.

Anderson, Philip W., Kenneth J. Arrow, and David Pines, eds. 1988. *The Economy as an Evolving Complex System*. Reading, MA: AddisonWesley.

Andrews, Edmund L. 2008. "Greenspan Concedes Error on Regulation." *New York Times*, October 23.

Aristotle. 1944. *Aristotle in 23 Volumes*. Vol. 21. Translated by Harris Rackham. Cam bridge,

MA: Harvard University Press.

Arrow, Kenneth J. 1964. "The Role of Securities in the Optimal Allocation of Risk bearing." *Review of Economic Studies* 31: 91–96.

Arrow, Kenneth J, and Simon A. Levin. 2009. "Intergenerational Resource Transfers with Random Offspring Numbers." *Proceedings of the National Academy of Sci ences* 106: 13702–13706.

Arthur, W. Brian, John H. Holland, Blake LeBaron, Richard Palmer, and Paul Tayler. 1997. "Asset Pricing under Endogenous Expectations in an Artificial Stock Market." In *The Economy as an Evolving Complex System II*, edited by Arthur, W. Brian, Steven N. Durlauf, and David A. Lane, 15–44. Reading, PA: AddisonWesley.

Bakalar, Nicholas. 2010. "In N.C.A.A. Pools, Picking Underdogs Is Overrated." *New York Times*, March 14.

Barnea, Amir, Henrik Cronqvist, and Stephan Siegel. 2010. "Nature or Nurture: What Determines Investor Behavior?" *Journal of Financial Economics* 98: 583–604.

BaronCohen, Simon. 1989. "The Autistic Child's Theory of Mind: A Case of Specific Developmental Delay." *Journal of Child Psychology and Psychiatry* 30: 285–297.

Bartra, Oscar, Joseph T. McGuire, and Joseph W. Kable. 2013. "The Valuation System: A CoordinateBased MetaAnalysis of BOLD fMRI Experiments Examining Neu ral Correlates of Subjective Value." *NeuroImage* 76: 412–427.

Bass, Thomas A. 1985. *The Eudaemonic Pie*. Boston: Houghton Mifflin.

──. 2000. *The Predictors*. New York: Henry Holt.

Baumeister, Roy F., Todd F. Heatherton, and Dianne M. Tice. 1994. *Losing Control: How and Why People Fail at SelfRegulation*. San Diego: Academic Press.

BBC News Magazine. 2012. "Congenital Analgesia: The Agony of Feeling No Pain." July 16. http://www.bbc.co.uk/news/magazine18713585.

Bechara, Antoine, Antonio R. Damasio, Hanna Damasio, and Steven W. Anderson. 1994. "Insensitivity to Future Consequences Following Damage to Human Prefron tal Cortex." *Cognition* 50: 7–15.

Bechara, Antoine, Daniel Tranel, Hanna Damasio, Ralph Adolphs, Charles Rockland, and Antonio R. Damasio. 1995. "Double Dissociation of Conditioning and Declar ative Knowledge Relative to the Amygdala and Hippocampus in Humans." *Science* 269: 1115–1118.

Behrend, Erika R., and M. E. Bitterman. 1961. "ProbabilityMatching in the Fish." *American*

Journal of Psychology 74: 542–551.

Beinhocker, Eric D. 2006. *The Origin of Wealth: Evolution, Complexity and the Radical Remaking of Economics*. Boston, MA: Harvard Business School Press.

Benner, Samuel. 1876. *Benner's Prophecies of Future Ups and Downs in Prices: What Years to Make Money on PigIron, Hogs, Corn, and Provisions*. Cincinnati: Published by the author.

Berkshire Hathaway. 2002. Annual Report.

Bersaglieri, Todd, Pardis C. Sabeti, Nick Patterson, Trisha Vanderploeg, Steve F. Schaffner, Jared A. Drake, Matthew Rhodes, David E. Reich, and Joel N. Hirschhorn. 2004. "Genetic Signatures of Strong Recent Positive Selection at the Lactase Gene." *American Journal of Human Genetics* 74: 1111–1120.

Berton, Justin. 2010. "Biblical Scholar's Date for Rapture: May 21, 2011." *SFGate.com*, January 1. http://www.sfgate.com/bayarea/article/Biblicalscholarsdatefor raptureMay21–20113204226.php.

Billio, Monica, Mila Getmansky, Dale Gray, Andrew W. Lo, Robert C. Merton, and Loriana Pelizzon. 2016. "GrangerCausality Networks of Sovereign Risk." Working paper, MIT Laboratory for Financial Engineering.

Billio, Monica, Mila Getmansky, Andrew W. Lo, and Loriana Pelizzon. 2012. "Econo metric Measures of Connectedness and Systemic Risk in the Finance and Insurance Sectors." *Journal of Financial Economics*, 104: 535–559.

Bitterman, M. E., Jerome Wodinsky, and Douglas K. Candland. 1958. "Some Com parative Psychology." *American Journal of Psychology* 71: 94–110.

Black, Fischer. 1972. "Capital Market Equilibrium with Restricted Borrowing." *Jour nal of Business* 45: 444–455.

——. 1976. "Studies of Stock Price Volatility Changes." *Proceedings of the 1976 Meeting of the American Statistical Association (Business and Economics Section)*, 177–181. Alexandria, VA: ASA.

Black, Fischer, and André F. Pérold. 1992. "Theory of Constant Proportion Portfolio Insurance." *Journal of Economic Dynamics and Control* 16: 403–426.

Black, Fischer, and Myron Scholes. 1973. "Pricing of Options and Corporate Liabili ties." *Journal of Political Economy* 81: 637–654.

Blinder, Alan S. 2009. "Six Errors on the Path to the Financial Crisis." *New York Times*, January 24.

Blinder, Alan S., and Ricardo Reis. 2005. "Understanding the Greenspan Standard." In *The*

Greenspan Era: Lessons for the Future: A Symposium, 11–96. Kansas City, MO: Federal Reserve Bank of Kansas City.

Blume, Larry, and David Easley. 1992. "Evolution and Market Behavior." *Journal of Economic Theory* 58: 9–40.

Bocskocsky, Andrew, John Ezekowitz, and Carolyn Stein. 2014. "Heat Check: New Evidence on the Hot Hand in Basketball." Available at SSRN: http://ssrn.com/abstract=2481494.

Bogle, John C. 1997. "The First Index Mutual Fund: A History of Vanguard Index Trust and the Vanguard Index Strategy." Electronic copy available at http://www.van guard.com/bogle_site/bogle_lib.html#1997.

Boisjoly, Roger M. 1985. Interoffice memo to R. K. Lund, Morton Thiokol, July 15. Re cords of Temporary Committees, Commissions, and Boards, 1893–2008, Record Group 220. National Archives at College Park, College Park, Maryland. Online ver sion available through Online Public Access (National Archives Identifier 596263) at www.archives.gov.

Bonner, John Tyler. 2006. *Why Size Matters: From Bacteria to Blue Whales.* Princeton: Princeton University Press.

Breimyer, Harold F. 1959. "Emerging Phenomenon: A Cycle in Hogs." *Journal of Farm Economics* 41: 760–768.

Breiter, Hans C., Itzhak Aharon, Daniel Kahneman, Anders Dale, and Peter Shizgal. 2001. "Functional Imaging of Neural Responses to Expectancy and Experience of Monetary Gains and Losses." *Neuron* 30: 619–639.

Brennan, Thomas J., and Andrew W. Lo. 2011. "The Origin of Behavior." *Quarterly Journal of Finance* 1: 55–108.

Brennan, Thomas J., and Andrew W. Lo. 2012 "An Evolutionary Model of Bounded Rationality and Intelligence." *PLoS ONE* 7, no. 11: e50310.

——. 2014. "Dynamic Loss Probabilities and Implications for Financial Regulation." *Yale Journal on Regulation* 31: 667–694.

Brown, Craig O., and I. Serdar Dinç. 2011. "Too Many To Fail? Evidence of Regulatory Forbearance When the Banking Sector Is Weak." *Review of Financial Studies* 24: 1378–1405.

Buffett, Warren. 1984. "The Superinvestors of GrahamandDoddsville." *Hermes* (fall): 4–15.

Burbano, Hernán A., Emily Hodges, Richard E. Green, Adrian W. Briggs, Johannes Krause, Matthias Meyer, Jeffrey M. Good, Tomislav Maricic, Philip L. F. Johnson, Zhenyu Xuan, Michelle Rooks, Arindam Bhattacharjee, Leonardo Brizuela, FrankW. Albert, Marco de la

Rasilla, Javier Fortea, Antonio Rosas, Michael Lachmann, Gregory J. Hannon, and Svante Pääbo. 2010. "Targeted Investigation of the Nean dertal Genome by ArrayBased Sequence Capture." *Science* 328: 723–725.

Burnham, Terence C. 2007. "HighTestosterone Men Reject Low Ultimatum Game Of fers." *Proceedings of the Royal Society B: Biological Sciences* 274: 2327–2330.

——. 2013. "Toward a NeoDarwinian Synthesis of Neoclassical and Behavioral Eco nomics." *Journal of Economic Behavior and Organization* 90: S113–S127.

Carlsson, Arvid, Margit Lindqvist, and Tor Magnusson. 1957. "3,4Dihydroxy phenylalanine and 5Hydroxytryptophan As Reserpine Antagonists." *Nature* 180: 1200.

Casey, B. J., Leah H. Somerville, Ian H. Gotlib, Ozlem Ayduk, Nicholas T. Franklin, Mary K. Askren, John Jonides, Marc G. Berman, Nicole L. Wilson, Theresa Teslovich, Gary Glover, Vivian Zayas, Walter Mischel, and Yuichi Shoda. 2011. "Behavioral and neural correlates of delay of gratification 40 years later." *Proceedings of the Na tional Academy of Sciences* 108: 14998–15003.

Caspi, Avshalom, Karen Sugden, Terrie E. Moffitt, Alan Taylor, Ian W. Craig, HonaLee Harrington, Joseph McClay, Jonathan Mill, Judy Martin, Antony Braithwaite, and Richie Poulton. 2003. "Influence of Life Stress on Depression: Moderation by a Poly morphism in the 5HTT Gene." *Science* 301: 386–389.

Chan, Nicholas, Mila Getmansky, Shane M. Haas, and Andrew W. Lo. 2006. "Systemic Risk and Hedge Funds." In *The Risks of Financial Institutions*, edited by Mark Carey and Rene M. Stulz, 235–338. Chicago: University of Chicago Press.

Chave, Jérôme, and Simon Levin. 2003." Scale and Scaling in Ecological and Economic Systems." *Environmental and Resource Economics* 26: 527–557.

Chen, FengChi, and WenHsiung Li. 2001. "Genomic Divergences between Hu mans and Other Hominoids and the Effective Population Size of the Common Ancestor of Humans and Chimpanzees." *American Journal of Human Genetics* 68: 444–456.

Cherkashin, Dmitriy, J. Doyne Farmer, and Seth Lloyd. 2009. "The Reality Game."*Journal of Economic Dynamics and Control* 33: 1091–1105.

Clark, Luke, Andrew J. Lawrence, Frances AstleyJones, and Nicola Gray. 2009. "Gam bling NearMisses Enhance Motivation to Gamble and Recruit WinRelated Brain Circuitry." *Neuron* 61: 481–490.

Clark, Nicola. 2008. "Bank Outlines How Trader Hid His Activities." *New York Times*, January 28.

CME Group. 2010. "CME SPAN: Standard Portfolio Analysis of Risk." Available at http:// www.cmegroup.com/clearing/files/spanmethodology.pdf.

──. 2015. Risk Management Overview. Available at http://www.cmegroup.com/clear ing/ riskmanagement.

Coates, John M., and Joe Herbert. 2008. "Endogenous Steroids and Financial Risk Tak ing on a London Trading Floor." *Proceedings of the National Academy of Sciences* 105: 6167–6172.

Coffee, John C. 2008. "Analyzing the Credit Crisis: Was the SEC Missing in Action?"*New York Law Journal*, December 5.

Cohn, Alain, Ernst Fehr, and Michel André Maréchal. 2014. "Business Culture and Dishonesty in the Banking Industry." *Nature* 516: 86–89.

Collier, Paul. 2007. *The Bottom Billion: Why the Poorest Countries Are Failing and What Can Be Done*. New York: Oxford University Press.

Commodity Futures Trading Commission/Securities and Exchange Commission (CFTC/ SEC). 2010. *Preliminary Findings Regarding the Market Events of May 6, 2010*. Report of the Staffs of the CFTC and SEC to the Joint Advisory Committee on Emerging Regulatory Issues. May 18. http://www.sec.gov/seccftcprelimreport.pdf. Cook, Laurence M. 2003, "The Rise and Fall of the Carbonaria Form of the Peppered Moth." *Quarterly Review of Biology* 78: 399–417.

Cook, Laurence M., B. S. Grant, I. J. Saccheri, and J. Mallet. 2012. "Selective Bird Pre dation on the Peppered Moth: The Last Experiment of Michael Majerus." *Biology Letters*, published ahead of print February 8, 2012. doi:10.1098/rsbl.2011.1136.

Cootner, Paul H. 1962. "Stock Prices: Random vs. Systematic Changes." *Industrial Management Review* 3: 24–45.

Coppersmith, Don. 1994. "The Data Encryption Standard (DES) and Its Strength against Attacks." *IBM Journal of Research and Development* 38: 243–250.

Cosmides, Leda, and John Tooby. 1987. "From Evolution to Behavior: Evolutionary Psychology as the Missing Link," in *The Latest on the Best: Essays on Evolution and Optimality*, edited by John Dupre, 227–306. Cambridge, MA: MIT Press.

CrowtherHeyck, Hunter. 2005. *Herbert A. Simon: The Bounds of Reason in Modern America*. Baltimore: Johns Hopkins University Press.

Currier, Chet. 2006. "Hedge Funds Are Older Than You Think, Buffett Says." *OC Reg ister*, October 6. http://www.ocregister.com/articles/buffett3150sayshedge.html.

Dabbs, James M. Jr., Denise de La Rue, and Paula M. Williams. 1990. "Testosterone and

Occupational Choice: Actors, Ministers, and Other Men." *Journal of Personal ity and Social Psychology* 59: 1261–1265.

Dahan, Ely, Adlar J. Kim, Andrew W. Lo, Tomaso Poggio, and Nicholas Chan. 2011. "Se curities Trading of Concepts (STOC)." *Journal of Marketing Research* 48: 497–517.

Damasio, Antonio R. 1994. *Descartes' Error: Emotion, Reason, and the Human Brain*. New York: Putnam.

Damasio, Antonio R., Daniel Tranel, and Hanna Damasio. 1991. "Somatic Markers and the Guidance of Behaviour: Theory and Preliminary Testing." In *Frontal Lobe Function and Dysfunction*, edited by Harvey S. Levin, Howard M. Eisenberg, and Arthur Lester Benton, 217–229. New York: Oxford University Press.

——. 1998. "Somatic Markers and the Guidance of Behavior." In *Human Emotions: A Reader*, edited by Jennifer M. Jenkins, Keith Oatley, and Nancy L. Stein, 122–135. Oxford: Blackwell.

Danziger, Shai, Jonathan Levav, and Liora AvnaimPesso. 2011a. "Extraneous Factors in Judicial Decisions." *Proceedings of the National Academy of Sciences* 108: 6889–6892.

——. 2011b. "Reply to WeinshallMargel and Shapard: Extraneous Factors in Judicial De cisions Persist." *Proceedings of the National Academy of Science* 108, no. 42: E834.

Darwin, Charles. 1845. *Journal of Researches into the Natural History and Geology of the Countries Visited during the Voyage of H.M.S. Beagle Round the World, Under the Command of Capt. Fitz Roy, R.N.* London: John Murray.

——. 1859. *On the Origin of Species by Means of Natural Selection, or the Preservation of Favoured Races in the Struggle for Life.* London: John Murray.

Dash, Eric, and Landon Thomas Jr. 2007. "Citigroup Chief Is Set to Exit Amid Losses." *New York Times*, November 3.

Davis Polk. 2015. Dodd Frank Progress Report: Fourth Quarter 2015. New York: Davis Polk. http://prod.davispolk.com/sites/default/files/Q4_2015_DoddFrank_Prog ress_Report.pdf.

Dawkins, Richard. 1986. *The Blind Watchmaker*. New York: W. W. Norton.

——. 1989. *The Selfish Gene*. Oxford: Oxford University Press.

Deason, Stephen, Shivaram Rajgopal, and Gregory Waymire. 2015. "Who Gets Swin dled in Ponzi Schemes?" Unpublished working paper, Goizeta Business School, Emory University, Atlanta, GA.

De Becker, Gavin. 1997. *The Gift of Fear: Survival Signals that Protect Us from Violence*. Boston: Little Brown.

Debreu, Gérard. 1959. *The Theory of Value: An Axiomatic Analysis of Economic Equi librium*. New York: John Wiley & Sons.

──. 1991. "The Mathematization of Economic Theory." *American Economic Review* 81: 1–7.

Delong, J. Bradford, Andrei Shleifer, Lawrence Summers, and Robert J. Waldmann. 1991. "The Survival of Noise Traders in Financial Markets." *Journal of Business* 64: 1–19.

De Nederlandsche Bank (DNB). 2009. "The Seven Elements of an Ethical Culture." http://www.dnb.nl/en/binaries/The%20Seven%20Elements%20of%20an%20Ethi cal%20 Culture_tcm47–233197.pdf.

───. 2014. *Supervisory Strategy 2014–2018*. Amsterdam: De Nederlandsche Bank.

Deneubourg, JeanLouis, Serge Aron, Simon Goss, and Jacques Marie Pasteels. 1987. "Error, Communication, and Learning in Ant Societies." *European Journal of Op erational Research* 30: 168–172.

Desrochers, Theresa, Kenichi Amemori, and Ann M Graybiel. 2015. "Habit Learn ing by Naive Macaques Is Marked by Response Sharpening of Striatal *Neuron*s Representing the Cost and Outcome of Acquired Action Sequences." Neuron 87: 853–868.

Dibner, Mark D., Melanie Trull, and Michael Howell. 2003. "U.S. Venture Capital for Biotechnology." *Nature Biotechnology* 21: 613–617.

DiMasi, Joseph, Henry G. Grabowski, and Ronald W. Hansen. 2016. "Innovation in the Pharmaceutical Industry: New Estimates of R&D Costs." *Journal of Health Eco nomics* 47, no. C: 20–33.

Di Pellegrino, Giuseppe, Luciano Fadiga, Leonardo Fogassi, Vittorio Gallese, and Giacomo Rizzolatti. 1992. "Understanding Motor Events: A Neurophysiological Study." *Experimental Brain Research* 91: 176–180.

Dockser Marcus, Amy. 2014. "When Parents Start Companies to Cure Their Chil dren." *Wall Street Journal.* December 26. Available at http://www.wsj.com/articles/whenparentsstartco mpaniestocuretheirchildren1419639500.

Dowd, Kevin, John Cotter, Chris Humphrey, and Margaret Woods. 2011. "How Un lucky Is 25Sigma?" Available at http://arxiv.org/abs/1103.5672.

Dyck, Alexander, Adair Morse, and Luigi Zingales. 2013. "How Pervasive Is Corpo rate Fraud?" Available at SSRN http://ssrn.com/abstract=2222608.

Eddington, Arthur. 1928. *The Nature of the Physical World: The Gifford Lectures*. New York: Macmillan.

Eichenwald, Kurt. 1991. "All About/Wall Street Technology; Wall Street's Cutbacks Sidestep

Fat Budgets for HighTech Trading." New York Times, April 7.

Einstein, Albert. 1905. "Über die von der molekularkinetischen Theorie der Wärme geforderte Bewegung von in ruhenden Flüssigkeiten suspendierten Teilchen." *An nalen der Physik* 17: 549–560.

Eisenbach, Thomas, Andrew Haughwout, Beverly Hirtle, Anna Kovner, David Lucca, and Matthew Plosser. 2015. "Supervising Large, Complex Financial Institutions: What Do Supervisors Do?" Federal Reserve Bank of New York Staff Report No. 729. http://www.ny.frb.org/research/staff_reports/sr729.pdf.

Eisenberger, Naomi I., Matthew D. Lieberman, and Kipling D. Williams. 2003. "Does Rejection Hurt? An fMRI Study of Social Exclusion." *Science* 302: 290–292.

Ellsberg, Daniel. 1961. "Risk, Ambiguity, and the Savage Axioms." *Quarterly Journal of Economics* 75: 643–669.

Elster, Jon. 1998. "Emotions and Economic Theory." *Journal of Economic Literature* 36: 47–74.

Eslinger, Paul J., and Antonio R. Damasio. 1985. "Severe Disturbance of Higher Cog nition after Bilateral Frontal Lobe Ablation: Patient EVR." *Neurology* 35: 1731–1741.

EspinosaVega, Marco A., Charles Kahn, Rafael Matta, and Juan Solé. 2011. "Systemic Risk and Optimal Regulatory Architecture." International Monetary Fund Working Paper WP/11/193.

Ezekiel, Mordecai. 1938. "The Cobweb Theorem." *Quarterly Journal of Economics* 52: 255–280.

Fagnan, David, Jose Maria Fernandez, Andrew W. Lo, and Roger M. Stein. 2013. "Can Financial Engineering Cure Cancer?" *American Economic Review* 103: 406–411.

Falk, Dean. 1990. "Brain Evolution in Homo: The "Radiator" Theory." *Behavioral and Brain Sciences* 13: 333–344.

Fama, Eugene. 1963. "Mandelbrot and the Stable Paretian Hypothesis." *Journal of Busi ness* 36: 420–29.

——. 1965a. "The Behavior of Stock Market Prices." *Journal of Business* 38: 34–105.

——. 1965b. "Random Walks in Stock Market Prices." *Financial Analysts Journal* 21: 55–59.

——. 1970. "Efficient Capital Markets: A Review of Theory and Empirical Work." *Jour nal of Finance* 25: 383–417.

Fama, Eugene, Lawrence Fisher, Michael Jensen, and Richard Roll. 1969. "The Ad justment of Stock Prices to New Information." *International Economic Review* 10: 1–21.

Farmer, J. Doyne. 2002. "Market Force, Ecology, and Evolution." *Industrial and Cor porate*

Change 11: 895–953.

Farmer, J. Doyne, and Andrew W. Lo. 1999. "Frontiers of Finance: Evolution and Efficient Markets." *Proceedings of the National Academy of Sciences* 96: 9991–9992.

Farmer, J. Doyne, and Spyros Skouras. 2013. "An Ecological Perspective on the Future of Computer Trading." *Quantitative Finance* 13: 325–346.

Fauci, Anthony S., and Gregory K. Folkers. 2012. "Toward an AIDSFree Generation." *Journal of the American Medical Association* 308: 343–344.

Fearer, Matthew. 2014. "An Improbable Circle of Life." *Paradigm: Life Sciences at Whitehead Institute For Biomedical Research* (Spring): 8–13. Available at http:// wi.mit.edu/files/wi/ pdf/726/spring2014.pdf.

Feinstein, Justin S., Ralph Adolphs, Antonio Damasio, and Daniel Tranel. 2011. "The Human Amygdala and the Induction and Experience of Fear." *Current Biology* 21: 34–38.

Fernandez, JoseMaria, Roger M. Stein, and Andrew W. Lo. 2012. "Commercializing Biomedical Research through Securitization Techniques." *Nature Biotechnology* 30: 964–975.

Fielding, Eric, Andrew W. Lo, and Jian Helen Yang. 2011. "The National Transporta tion Safety Board: A Model for Systemic Risk Management." *Journal of Investment Management* 9: 17–49.

Financial Crisis Inquiry Commission. 2011. *The Financial Crisis Inquiry Report: Final Report of the National Commission on the Causes of the Financial and Economic Cri sis in the United States.* Washington, DC: Government Printing Office.

Fisher, Ronald Aylmer. 1930. *The Genetical Theory of Natural Selection.* Oxford: Clar endon Press.

Forsythe, Robert, Forrest Nelson, George R. Neumann, and Jack Wright. 1992. "Anat omy of an Experimental Political Stock Market." *American Economic Review* 82: 1142–1161.

Gazzaniga, Michael S. 2008. *Human: The Science behind What Makes Us Unique.* New York: Ecco.

——. 2013. "Shifting Gears: Seeking New Approaches for Mind/Brain Mechanisms." *Annual Review of Psychology* 64:1–20.

Gazzaniga, Michael S., and Joseph E. LeDoux. 1978. *The Integrated Mind.* New York: Plenum Press.

Getmansky, Mila, Peter A. Lee, Andrew W. Lo. 2015. "Hedge Funds: A Dynamic In dustry in Transition." *Annual Review of Financial Economics* 7, no. 1: 483–577.

Gibson, Rajna, Carmen Tanner, and Alexander F. Wagner. 2016. "How Effective are Social Norm Interventions? Evidence from a Laboratory Experiment on Manage rial Honesty." Available at SSRN: http://ssrn.com/abstract= 2557480.

Gigerenzer, Gerd. 2015. *Simply Rational: Decision Making in the Real World*. New York: Oxford University Press.

Gigerenzer, Gerd, and Wolfgang Gaissmaier. 2011. "Heuristic Decision Making." An *nual Review of Psychology* 62: 451–482.

Gilovich, Thomas, Robert Vallone, and Amos Tversky. 1985. "The Hot Hand in Bas ketball: On the Misperception of Random Sequences." *Cognitive Psychology* 17: 295–314.

Gimein, Mark. 2005. "Is a Hedge Fund Shakeout Coming Soon? This Insider Thinks So." *New York Times*, September 4.

Government Accountability Office (GAO). 1999. "LongTerm Capital Management: Regulators Need to Focus Greater Attention on Systemic Risk." GAO/GGD00–3.

——. 2000. "Auditing and Financial Management: Responses to Questions Concerning LongTerm Capital Management and Related Events." GAO/GGD00–67R.

——. 2009. "Financial Markets Regulation: Financial Crisis Highlights Need to Im prove Oversight of Leverage at Financial Institutions and across System." GAO–09–739.

——. 2013. "Securities and Exchange Commission: Improving Personnel Management Is Critical for Agency's Effectiveness." GAO13–621. July.

Graf, Virgil, D. H. Bullock, and M. E. Bitterman. 1964. "Further Experiments on ProbabilityMatching in the Pigeon." *Journal of the Experimental Analysis of Behav ior* 7: 151–157.

Graham, Jesse, Jonathan Haidt, and Brian A. Nosek. 2009. "Liberals and Conservatives Use Different Sets of Moral Foundations." *Journal of Personality and Social Psychol ogy* 96, 1029–1046.

Grant, David A., Harold W. Hake, and John P. Hornseth. 1951. "Acquisition and Ex tinction of a Verbal Conditioned Response with Differing Percentages of Reinforce ment." *Journal of Experimental Psychology* 42: 1–5.

Grant, Peter R. 1999. *Ecology and Evolution of Darwin's Finches*. Princeton, NJ: Princ eton University Press.

Grant, Peter R., and B. Rosemary Grant. 2008. *How and Why Species Multiply: The Radiation of Darwin's Finches*. Princeton, NJ: Princeton University Press.

Green, Richard E., Johannes Krause, Adrian W. Briggs, Tomislav Maricic, Udo Stenzel, Martin

Kircher, Nick Patterson, Heng Li, Weiwei Zhai, Markus HsiYang Fritz, Nancy F. Hansen, Eric Y. Durand, AnnaSapfo Malaspinas, Jeffrey D. Jen sen, Tomas MarquesBonet, Can Alkan, Kay Prüfer, Matthias Meyer, Hernán A. Burbano, Jeffrey M. Good, Rigo Schultz, Ayinuer AximuPetri, Anne Butthof, Barbara Höber, Barbara Höffner, Madlen Siegemund, Antje Weihmann, Chad Nusbaum, Eric S. Lander, Carsten Russ, Nathaniel Novod, Jason Affourtit, Mi chael Egholm, Christine Verna, Pavao Rudan, Dejana Brajkovic, Željko Kucan, Ivan Gušic, Vladimir B. Doronichev, Liubov V. Golovanova, Carles LaluezaFox, Marco de la Rasilla, Javier Fortea, Antonio Rosas, Ralf W. Schmitz, Philip L. F. Johnson, Evan E. Eichler, Daniel Falush, Ewan Birney, James C. Mullikin, Mont gomery Slatkin, Rasmus Nielsen, Janet Kelso, Michael Lachmann, David Reich, and Svante Pääbo. 2010. "A Draft Sequence of the Neandertal Genome." *Science* 328: 710–722.

Greene, Joshua D., Leigh E. Nystrom, Andrew D. Engell, John M. Darley, and Jona than D. Cohen. 2004. "The Neural Bases of Cognitive Conflict and Control in Moral Judgment." *Neuron* 44: 389–400.

Greene, Joshua D., R. Brian Sommerville, Leigh E. Nystrom, John M. Darley, and Jon athan D. Cohen. 2001. "An fMRI Investigation of Emotional Engagement in Moral Judgment." *Science* 293: 2105–2108.

Greenspan, Alan, and James Kennedy. 2005. "Estimates of Home Mortgage Origina tions, Repayments, and Debt on OnetoFourFamily Residences." Federal Reserve Board, Finance and Economics Discussion Series Working Paper 2005–41.

——. 2008. "Sources and Uses of Equity Extracted From Homes." *Oxford Review of Economic Policy* 24: 120–144.

Grossberg, Stephen, and William E. Gutowski. 1987. "Neural Dynamics of Decision Making Under Risk: Affective Balance and CognitiveEmotional Interactions." *Psy chological Review* 94: 300–318.

Grossman, Sanford J., and Joseph Stiglitz. 1980. "On the Impossibility of Information ally Efficient Markets." *American Economic Review* 70: 393–408.

Guerrera, Francesco. 2010. "How 'Wall Street' Changed Wall Street." *Financial Times*, September 24.

Gumbel, Andrew. 2004. "Obituaries: Professor Sidney Morgenbesser." *The Indepen dent*, August 6.

Güth, Werner, Rolf Schmittberger, and Bernd Schwarze. 1982. "An Experimental Analysis of Ultimatum Bargaining." *Journal of Economic Behavior and Organiza tion* 3: 367–388.

Haas, G. C., and Mordecai Ezekiel. 1926. *Factors Affecting the Price of Hogs*. Washing ton, DC: U.S. Dept. of Agriculture.

Hahn, Robert W. 1997. "The Economics of Airline Safety and Security: An Analysis of the White House Commission's Recommendations." *Harvard Journal of Law and Public Policy* 20: 791–828.

Haidt, Jonathan. 2007. "The New Synthesis in Moral Psychology." *Science* 316: 998–1002.

Haines, Michael. 2008. "Fertility and Mortality in the United States." EH.Net Encyclo pedia, edited by Robert Whaples. http://eh.net/encyclopedia/fertilityandmortality intheunitedstates/, accessed January 17, 2017.

Hald, Anders. 1990. *A History of Probability and Statistics and Their Applications be fore 1750*. New York: John Wiley & Sons.

Haldane, Andrew G., and Robert M. May. 2011. "Systemic Risk in Banking Eco systems." *Nature* 469: 351–355.

Haldane, J.B.S. 1924. "A Mathematical Theory of Natural and Artificial Selection." *Transactions of the Cambridge Philosophical Society* 23: 19–41.

Hamilton, William D. 1964a. "The Genetical Evolution of Social Behavior I." *Journal of Theoretical Biology* 7: 1–16.

——. 1964b. "The Genetical Evolution of Social Behavior II." *Journal of Theoretical Bi ology* 7: 17–52.

Haney, Craig, Curtis Banks, and Philip Zimbardo. 1973a. "Interpersonal Dynam ics in a Simulated Prison." *International Journal of Criminology and Penology* 1: 69–97.

——. 1973b. "Study of Prisoners and Guards in a Simulated Prison." *Naval Research Reviews* 9: 1–17.

Harder, Lawrence D., and Leslie A. Real. 1987. "Why Are Bumble Bees Risk Averse?" *Ecology* 68: 1104–1108.

Harlow, Arthur A. 1960. "The Hog Cycle and the Cobweb Theorem." *Journal of Farm Economics* 42: 842–853.

Hasanhodzic, Jasmina, and Andrew W. Lo. 2007. "Can HedgeFund Returns Be Rep licated? The Linear Case." *Journal of Investment Management* 5: 5–45.

——. 2011. "Black's Leverage Effect is Not Due to Leverage." Available at SSRN: http:// ssrn.com/abstract=1762363.

Haushofer, Johannes, and Ernst Fehr. 2014. "On the Psychology of Poverty." *Science* 344: 862–867.

Haushofer, Johannes, and Jeremy Shapiro. 2013. "Household Response to Income Changes: Evidence from an Unconditional Cash Transfer Program in Kenya." Working paper. Available at https://www.princeton.edu/~joha/publications/Haus hofer_Shapiro_UCT_2013.pdf.

Hawkins, Jeff, and Sandra Blakeslee. 2004. *On Intelligence*. New York: Times Books. Hayek, Friedrich A. von, and William Warren Bartley. 1988. The Fatal *Conceit: The Er rors of Socialism*. Chicago: University of Chicago Press.

Henriques, Diana B. 2011. *The Wizard of Lies: Bernie Madoff and the Death of Trust*. New York: Henry Holt.

Henriques, Diana B., and Zachery Kouwe. 2008. "Prominent Trader Accused of De frauding Clients." *New York Times*, December 11.

Hens, Thorsten, Terje Lensberg, Klaus Reiner SchenkHoppe, and Peter Wöhrmann. 2011. "An Evolutionary Explanation of the Value Premium Puzzle." *Journal of Evo lutionary Economics* 21: 803–815.

Herodotus. 1987. *The History*. Translated by David Grene. Chicago: University of Chi cago Press.

Hirshleifer, David, and Guo Ying Luo. 2001. "On the Survival of Overconfident Trad ers in a Competitive Securities Market." *Journal of Financial Markets* 4: 73–84.

Hirshleifer, Jack. 1977. "Economics from a Biological Viewpoint." *Journal of Law and Economics* 20: 1–52.

Hodgson, Geoffrey, ed. 1995. *Economics and Biology*. Cheltenham, UK: Edward Elgar.

Hölldobler, Bert, and Edward O. Wilson. 1990. *The Ants*. Cambridge, MA: Belknap Press.

Huggett, Brady. 2015. "Biotech's Wellspring—A Survey of the Health of the Private Sector in 2014." *Nature Biotechnology* 33: 470–477.

Huggett, Brady, and Kathryn Paisner. 2016. "Research Biotech Patenting 2015." *Nature Biotechnology* 34: 801–802.

Huizinga, Harry, and Luc Laeven. 2010. "Bank Valuation and Regulatory Forbearance during a Financial Crisis." European Banking Center Discussion Paper No. 2009–17. Available at SSRN: http://ssrn.com/abstract=1434359.

Hume, Julian Pender. 2006. "The History of the Dodo *Raphus cucullatus* and the Pen guin of Mauritius." *Historical Biology* 18: 69–93.

Hurlbert, Anya C., and Yazhu Ling. 2007. "Biological Components of Sex Differences in Color Preference." *Current Biology* 17: R623–R625.

Ibbotson, Roger. 2016. 2016 SBBI Yearbook. New York: John Wiley & Sons.

Jensen, Michael. 1978. "Some Anomalous Evidence Regarding Market Efficiency." *Journal of Financial Economics* 6: 95–101.

Jensen, Robert. 2007. "The Digital Provide: Information (Technology), Market Perfor mance, and Welfare in the South Indian Fisheries Sector." *Quarterly Journal of Eco nomics* 72: 879–924.

Jeppesen Sanderson. 2007. *Guided Flight Discovery: Private Pilot.* Englewood, CO: Jeppesen Sanderson.

Jones, Alfred Winslow. 1949. "Fashions in Forecasting." Fortune (March): 88–91, 180, 182, 184, 186.

Kable, Joseph W., and Paul W. Glimcher. 2007. "The Neural Correlates of Subjective Value during Intertemporal Choice." *Nature Neuroscience* 10: 1625–1633.

Kahneman, Daniel, and Amos Tversky. 1979. "Prospect Theory: An Analysis of Deci sion under Risk." *Econometrica* 47: 263–292.

——. 1984. "Choices, Values and Frames." *American Psychologist* 39: 341–350.

Kaldor, Nicholas. 1934. "A Classificatory Note on the Determinateness of Equilib rium." *Review of Economic Studies* 1: 122–136.

Kamstra, Mark J., Lisa A. Kramer, and Maurice D. Levi. 2003. "Winter Blues: Seasonal Affective Disorder (SAD) and Stock Market Returns." *American Economic Review* 93: 324–343.

Kane, E. J. 2015. "A Theory of How and Why CentralBank Culture Supports Predatory RiskTaking at Megabanks." Available at SSRN: http://ssrn.com/abstract=2594923. Kapp, Bruce S., Robert C. Frysinger, Michela Gallagher, and James R. Haselton. 1979. "Amygdala Central Nucleus Lesions: Effect on Heart Rate Conditioning in the Rab bit." *Physiology and Behavior* 23: 1109–1117.

Kasparov, G. K., and Mig Greengard. 2007. *How Life Imitates Chess: Making the Right Moves, from the Board to the Boardroom.* New York: Bloomsbury USA.

Keasar, Tamar, Ella Rashkovich, Dan Cohen, and Avi Shmida. 2002. "Bees in Two Armed Bandit Situations: Foraging Choices and Possible Decision Mechanisms." *Behavioral Ecology* 13: 757–765.

Kendall, Maurice G. 1953. "The Analysis of Economic TimeSeries, Part I: Prices." *Journal of the Royal Statistical Society, Ser. A.* 96: 11–25.

Keynes, John Maynard. 1936. *The General Theory of Employment, Interest and Money.* London:

Macmillan.

——. 1963. "Economic Possibilities for our Grandchildren." In *Essays in Persuasion*, 358–373. New York: W. W. Norton.

Khandani, Amir, and Andrew W. Lo. 2007. "What Happened to the Quants in August 2007?" *Journal of Investment Management* 5: 5–54.

——. 2011. "What Happened to the Quants in August 2007? Evidence from Factors and Transactions Data." *Journal of Financial Markets* 14: 1–46.

Khandani, Amir E., Andrew W. Lo, and Robert C. Merton. 2013. "Systemic Risk and the Refinancing Ratchet Effect." *Journal of Financial Economics* 108: 29–45.

Kinderman, Peter, Robin Dunbar, and Richard P. Bentall. 1998. "Theory of Mind Def icits and Causal Attributions." *British Journal of Psychology* 89: 191–204.

Kirilenko, Andrei A., and Andrew W. Lo. 2013. "Moore's Law versus Murphy's Law: Algorithmic Trading and Its Discontents." *Journal of Economic Perspectives* 27: 51–72.

Kirman, Alan. 1993. "Ants, Rationality, and Recruitment." *Quarterly Journal of Eco nomics* 108: 137–156.

Klamer, Arjo. 1983. *Conversations with Economists: New Classical Economists and Op ponents Speak Out on the Current Controversy in Macroeconomics*. Lanham, MD: Rowman & Littlefield.

Klein, Lawrence Robert. 1970. *An Essay on the Theory of Economic Prediction*. Chicago: Markham.

Klüver, Heinrich, and Paul Bucy. 1937. " 'Psychic Blindness' and Other Symptoms Fol lowing Bilateral Temporal Lobotomy in Rhesus Monkeys." *American Journal of Physiology* 119: 352–523.

Knight, Frank H. 1921. *Risk, Uncertainty, and Profit*. Boston: Houghton Mifflin. Knight, Malcolm D., chair. 2005. "General Discussion: Has Financial Development Made the World Riskier?" In *The Greenspan Era: Lessons for the Future: A Sympo sium*, 387–397. Kansas City, MO: Federal Reserve Bank of Kansas City.

Knutson, Brian, and Peter Bossaerts. 2007. "Neural Antecedents of Financial Deci sions." *Journal of Neuroscience* 27: 8174–8177.

Kogan, Leonid, Stephen Ross, Jiang Wang, and Mark Westerfield. 2006. "The Price Im pact Survival and Survival of Irrational Traders." *Journal of Finance* 61: 195–229.

Krugman, Paul. 2005. "Safe as Houses." *New York Times*, August 12.

Krützen, Michael, Janet Mann, Michael R. Heithaus, Richard C. Connor, Lars Bejder, and

William B. Sherwin. 2005. "Cultural Transmission of Tool Use in Bottlenose Dolphins." *Proceedings of the National Academy of Sciences* 102: 8939–8943.

Kuhnen, Camelia M., and Brian Knutson. 2005. "The Neural Basis of Financial Risk Taking." *Neuron* 47: 763–770.

Labaton, Stephen. 2008. "Agency's '04 Rule Let Banks Pile up New Debt." *New York Times*, October 3.

Lai, Cecilia S. L., Simon E. Fisher, Jane A. Hurst, Faraneh VarghaKhadem, and An thony P. Monaco. 2001. "A ForkheadDomain Gene Is Mutated in a Severe Speech and Language Disorder." *Nature* 413: 519–523.

Larson, Arnold B. 1960. "Measurement of a Random Process in Futures Prices." *Food Research Institute* 1: 313–324.

Le, Quoc V., Rajat Monga, Matthieu Devin, Greg Corrado, Kai Chen, Marc'Aurelio Ranzato, Jeff Dean, and Andrew Y. Ng. 2012. "Building HighLevel Features Using Large Scale Unsupervised Learning." arXiv:1112.6209 [cs.LG].

LeDoux, Joseph E. 1996. *The Emotional Brain: The Mysterious Underpinnings of Emo tional Life*. New York: Simon and Schuster.

Leibowitz, Martin L. 2005. "Alpha Hunters and Beta Grazers." *Financial Analysts Jour nal* 61: 32–39.

Lensberg, Terje, and Klaus Reiner SchenkHoppé. 2007. "On the Evolution of Invest ment Strategies and the Kelly Rule–A Darwinian Approach." *Review of Finance* 11: 25–50.

Leonard, William R., and Marcia L. Robertson. 1994. "Evolutionary Perspectives on Human Nutrition: The Influence of Brain and Body Size on Diet and Metabolism." *American Journal of Human Biology* 6: 77–88.

Levin, Simon A., and Andrew W. Lo. 2015. "A New Approach to Financial Regulation." *Proceedings of the National Academy of Sciences* 112: 12543–12544.

Li, William, Pablo Azar, David Larochelle, Phil Hill, and Andrew W. Lo. 2015. "Law Is Code: A Software Engineering Approach to Analyzing the United States Code." *Journal of Business and Technology Law* 10: 297.

Lichtenstein, Sarah, Paul Slovic, Baruch Fischhoff, Mark Layman, and Barbara Combs. 1978. "Judged Frequency of Lethal Events." *Journal of Experimental Psychology: Human Learning and Memory* 4: 551–578.

Lim, Terence, Andrew W. Lo, Robert C. Merton, Myron S. Scholes, and Martin B. Haugh. 2006. *The Derivatives Sourcebook*. Boston: Now Publishers.

Lintner, John. 1965. "The Valuation of Risk Assets and the Selection of Risky Invest ments in Stock Portfolios and Capital Budgets." *Review of Economics and Statistics* 47: 13–37.

Liston, Conor, Bruce S. McEwen, and B. J. Casey. 2009. "Psychosocial Stress Reversibly Disrupts Prefrontal Processing and Attentional Control." *Proceedings of the Na tional Academy of Sciences* 106: 912–917.

Lo, Andrew W. 1997. *Market Efficiency: Stock Market Behaviour in Theory and Prac tice.* Cheltenham, UK: Edward Elgar.

──. 1999. "The Three P's of Total Risk Management." *Financial Analysts Journal* 55: 13–26.

──. 2004. "The Adaptive Markets Hypothesis: Market Efficiency from an Evolution ary Perspective." *Journal of Portfolio Management* 30: 15–29.

──. 2005. "Reconciling Efficient Markets with Behavioral Finance: The Adaptive Markets Hypothesis." *Journal of Investment Consulting* 7: 21–44.

──. 2012a. "Adaptive Markets and the New World Order." *Financial Analysts Journal* 68: 18–29.

──. 2012b. "Reading About the Financial Crisis: A 21Book Review." *Journal of Eco nomic Literature* 50: 151–178.

──. 2016. "What Is an Index?" *Journal of Portfolio Management* 42: 21–36.

Lo, Andrew W., and Jasmina Hasanhodzic. 2010. *The Evolution of Technical Analysis: Financial Prediction from Babylonian Tablets to Bloomberg Terminals.* Hoboken, NJ: John Wiley & Sons.

Lo, Andrew W., and A. Craig MacKinlay. 1988. "Stock Market Prices Do Not Follow Random Walks: Evidence from a Simple Specification Test." *Review of Financial Studies* 1: 41–66.

──. 1990. "When Are Contrarian Profits Due to Stock Market Overreaction?" *Review of Financial Studies* 3: 175–206.

Lo, Andrew W., and Pankaj Patel. 2008. "130/30: The New LongOnly." *Journal of Port folio Management* 34: 12–38.

Lo, Andrew W., and Gary P. Pisano. 2015. "Lessons From Hollywood: A New Ap proach to Funding Innovation." *Sloan Management Review* 57: 47–57.

Lo, Andrew W., and Dmitry V. Repin. 2002. "The Psychophysiology of RealTime Fi nancial Risk Processing." *Journal of Cognitive Neuroscience* 14: 323–339.

Lo, Andrew W., Dmitry V. Repin, and Brett N. Steenbarger. 2005. "Fear and Greed in Financial Markets: An Online Clinical Study." *American Economic Review* 95: 352–359.

Lo, Andrew W., and Ruixun Zhang. 2017. *Biological Economics.* Cheltenham, UK: Ed ward

Elgar.

Loewenstein, George. 2000. "Emotions in Economic Theory and Economic Behavior." *American Economic Review* 90: 426–432.

Loomis, Carol J. 1966. "The Jones Nobody Keeps Up With." *Fortune* (April): 237–242.

——. 1970. "Hard Times Come to Hedge Funds." Fortune (June): 100–103, 136–140.

Lowenstein, Roger. 2000. *When Genius Failed: The Rise and Fall of LongTerm Capital Management*. New York: Random House.

Lucas, Deborah. 2014. "Evaluating the Government as a Source of Systemic Risk." *Jour nal of Financial Perspectives* 2: 45–58.

Lucas, Robert E. 1972. "Expectations and the Neutrality of Money." *Journal of Eco nomic Theory* 4: 103–124.

Luo, Guo Ying. 1995. "Evolution and Market Competition." *Journal of Economic The ory* 67: 223–250.

——. 1998. "Market Efficiency and Natural Selection in a Commodity Futures Market." *Review of Financial Studies* 11: 647–674.

——. 1999. "The Evolution of Money as a Medium of Exchange." *Journal of Economic Dynamics and Control* 23: 415–458.

——. 2001. "Natural Selection and Market Efficiency in a Futures Market with Random Shocks." *Journal of Futures Markets* 21: 489–516.

——. 2003. "Evolution, Efficiency, and Noise Traders in a OneSided Auction." *Journal of Financial Markets* 6: 163–197.

Mallaby, Sebastian. 2010. *More Money than God: Hedge Funds and the Making of a New Elite*. New York: Penguin Books.

Maloney, Michael T., and J. Harold Mulherin. 2003. "The Complexity of Price Discov ery in an Efficient Market: The Stock Market Reaction to the *Challenger* Crash." *Journal of Corporate Finance* 9: 453–479.

Mandelbrot, Benoit B. 1982. *The Fractal Geometry of Nature*. San Francisco: W. H. Freeman.

Markowitz, Harry. 1952. "Portfolio Selection." *Journal of Finance* 7: 77–91.

Marshall, Alfred. 2009. *Principles of Economics: Unabridged Eighth Edition*. New York: Cosimo.

May, Robert M., Simon A. Levin, and George Sugihara. 2008. "Ecology for Bankers." *Nature* 451: 893–895.

Maynard Smith, John. 1975. "Survival by Suicide." *New Scientist* 67:496–497.

——. 1982. *Evolution and the Theory of Games*. Cambridge: Cambridge University Press.

──. 1984. "Game Theory and the Evolution of Behaviour." *Behavioral and Brain Sci ences* 7: 95–125.

Mayr, Ernst. 2004. *What Makes Biology Unique? Considerations on the Autonomy of a Scientific Discipline*. New York: Cambridge University Press.

McClure, Samuel M., David I. Laibson, George Loewenstein, and Jonathan D. Cohen. 2004. "Separate Neural Systems Value Immediate and Delayed Monetary Rewards." *Science* 306: 503–507.

McCrea, Sean M., and Edward R. Hirt. 2009. "Match Madness: Probability Matching in Prediction of the NCAA Basketball Tournament." *Journal of Applied Social Psy chology* 39: 2809–2839.

McCulloch, Warren, and Walter Pitts. 1943. "A Logical Calculus of the Ideas Imma nent in Nervous Activity." *Bulletin of Mathematical Biophysics* 7: 115–133.

McDonald, Lawrence G., and Patrick Robinson. 2009. *A Colossal Failure of Common Sense: The Inside Story of the Collapse of Lehman Brothers*. New York: Three Rivers Press.

McDougall, Ian, Francis H. Brown, and John G. Fleagle. 2005. "Stratigraphic Place ment and Age of Modern Humans from Kibish, Ethiopia." *Nature* 433: 733–736.

Merton, Robert C. 1973. "Theory of Rational Option Pricing." *Bell Journal of Econom ics and Management Science* 4: 141–183.

──. 1989. "On the Application of the ContinuousTime Theory of Finance to Financial Intermediation and Insurance." *Geneva Papers on Risk and Insurance* 14: 225–262.

──. 1995a. "Financial Innovation and the Management and Regulation of Financial Institutions." *Journal of Banking and Finance* 19: 461–481.

──. 1995b. "A Functional Perspective of Financial Intermediation." *Financial Management* 24: 23–41.

Merton, Robert C., Monica Billio, Mila Getmansky, Dale Gray, Andrew W. Lo, and Loriana Pelizzon. 2013. "On a New Approach for Analyzing and Managing Macro financial Risks." *Financial Analysts Journal* 69: 22–33.

Merton, Robert C., and Zvi Bodie. 2005. "Design of Financial Systems: Towards a Synthesis of Function and Structure." *Journal of Investment Management* 3: 1–23.

Mezrich, Ben. 2002. *Bringing Down the House: The Inside Story of Six MIT Students Who Took Vegas For Millions*. New York: Free Press.

Milgram, Stanley. 1963. "Behavioral Study of Obedience." *Journal of Abnormal and Social Psychology* 67, no. 4, 371–378.

Miller, Michael B., and Monica ValsangkarSmyth. 2005. "Probability Matching in the Right Hemisphere." *Brain and Cognition* 57: 165–167.

Minsky, Marvin Lee. 1986. *The Society of Mind.* New York: Simon and Schuster.

Mischel, Walter, Ebbe B. Ebbesen, and Antonette Raskoff Zeiss. 1972. "Cognitive and Attentional Mechanisms in Delay of Gratification." *Journal of Personality and So cial Psychology* 21: 204–218.

MIT 150 Symposia. 2011. "Economics and Finance: From Theory to Practice to Policy." January 27, 2nd morning session. https://www.youtube.com/watch?v=vAKwujWKs U&feature=youtu.be.

Montague, P. Read, and Gregory S. Berns. 2002. "Neural Economics and the Biologi cal Substrates of Valuation." *Neuron* 36: 265–284.

Montazerhodjat, Vahid, David M. Weinstock, and Andrew W. Lo. 2016. "Buying Cures versus Renting Health: Financing Health Care with Consumer Loans." *Science Translational Medicine* 8: 327ps6.

Mossin, Jan. 1966. "Equilibrium in a Capital Asset Market." *Econometrica* 34: 768–783.

Murphy, Kevin J. 2012. "Pay, Politics, and the Financial Crisis." In *Rethinking Finance: New Perspectives on the Crisis*, edited by Alan S. Blinder, Andrew W. Lo, and Rob ert Solow, forthcoming. New York: Russell Sage Foundation.

Muth, John F. 1961. "Rational Expectations and the Theory of Price Movements." *Econometrica* 29: 315–335.

Nakamoto, Michiyo, and David Wighton. 2007. "Citigroup Chief Stays Bullish on Buy outs." *Financial Times*, July 9.

Nash, John. 1951. "NonCooperative Games." *Annals of Mathematics* 54, no. 2: 286–295.

National Transportation Safety Board (NTSB). 1993. "Takeoff Stall in Icing Conditions USAIR Flight 405, Fokker F28, N485US, LaGuardia Airport, Flushing, New York, March 22, 1992." NTSB/AAR93/02.

——. 2000. "InFlight Breakup Over The Atlantic Ocean Trans World Airlines Flight 800 Near East Moriches, New York, July 17, 1996." NTSB/AAR00/03.

National Venture Capital Association. 2016. *Yearbook*. New York: Thomson Reuters. Nelson, Richard R., and Sidney G. Winter. 1982. *An Evolutionary Theory of Economic Change.* Cambridge, MA: Belknap Press of Harvard University Press. *New York Times*. 1924. "Polls and Forecasts." November 7.

——. 1986. "The Shuttle Explosion; Transcript of NASA News Conference on the Shuttle

Disaster." January 29.

Niederhoffer, Victor. 1997. *The Education of a Speculator.* New York: John Wiley & Sons.

Niederhoffer, Victor, and M.F.M. Osborne. 1966. "Market Making and Reversal on the Stock Exchange." *Journal of the American Statistical Association* 61: 897–916.

Nowak, Martin A., Corina E. Tarnita, and Edward O. Wilson. 2010. "The Evolution of Eusociality." *Nature* 466: 1057–1062.

Nuijts, Wijnand, and Jakob de Haan. 2013. "DNB Supervision of Conduct and Cul ture." In *Financial Supervision in the 21st Century,* edited by A. Joanne Kellermann, Jakob de Haan, and Femke de Vries. 151–164. Berlin: SpringerVerlag.

O'Connor, MaryFrances, David K. Wellisch, Annette L. Stanton, Naomi I. Eisen berger, Michael R. Irwin, and Matthew D. Lieberman. 2008. "Craving Love? En during Grief Activates Brain's Reward Center." *NeuroImage* 42: 969–972.

Office of Personnel Management. 2014. *2014 Federal Employee Viewpoint Survey: Agency Ratings.* Accessed March 18, 2015. http://www.fedview.opm.gov/2014FILES/Global_ Satisfaction_Index_Score_Trends_2014.xls.

Olds, James, and Paul Milner. 1954. "Positive Reinforcement Produced by Electrical Stimulation of Septal Area and Other Regions of Rat Brain." *Journal of Compara tive Physiology and Psychology* 47: 419–427.

Ophir, Eyal, Clifford Nass, and Anthony D. Wagner. 2009. "Cognitive Control in Media Multitaskers." *Proceedings of the National Academy of Sciences* 106: 15583–15587.

Osborne, M.F.M. 1962. "Periodic Structure in the Brownian Motion of Stock Prices." *Operations Research* 10: 345–379.

Paine, Robert T. 1966. "Food Web Complexity and Species Diversity." *American Nat uralist* 100: 65–75.

Pasteels, Jacques Marie, JeanLouis Deneubourg, and Simon Goss. 1987. "Self Organization Mechanisms in Ant Societies. I: Trail Recruitment to Newly Discov ered Food Sources." In *From Individual to Collective Behavior in Social Insects: Les Treilles Workshop* (Experientia Supplementum, Vol. 54), edited by Jacques Marie Pasteels and JeanLouis Deneubourg Basel: Bïrkhauser.

Patterson, Scott. 2009. *The Quants: How a Small Band of Math Wizards Took Over Wall St. and Nearly Destroyed It.* New York: Crown.

Pearson, Roberta E., and Máire Messenger Davies. 2014. *Star Trek and American Tele vision.* Berkeley: University of California Press.

Peltzman, Sam. 1975. "The Effects of Automobile Safety Regulation." *Journal of Politi cal Economy* 83: 677–726.

Perner, Josef, and Heinz Wimmer. 1985. " 'John thinks that Mary thinks that . . .' At tribution of SecondOrder Beliefs by 5 to 10yearold Children." *Journal of Experi mental Child Psychology* 39: 437–471.

Perrow, Charles. 1984. *Normal Accidents: Living with HighRisk Technologies.* New York: Basic Books.

——. 2010. "The Meltdown Was Not an Accident." In *Markets on Trial: The Economic Sociology of the U.S. Financial Crisis: Part A (Research in the Sociology of Organiza tions)*, edited by Michael Lounsbury, Paul M. Hirsch, Vol. 30, 309–330. Bingley, UK: Emerald Group.

Pessiglione, Mathias, and Maël Lebreton. 2015. "From the Reward Circuit to the Valu ation System: How the Brain Motivates Behavior." In *Handbook of Biobehavioral Approaches to SelfRegulation*, edited by G.H.E. Gendolla et al., 157–173. New York: Springer Science+Business Media.

Peters, Ellen, and Paul Slovic. 2000. "The Springs of Action: Affective and Analytical Information Processing in Choice." *Personality and Social Psychology Bulletin* 26: 1465–1475.

Philippon, Thomas, and Ariell Reshef. 2009. "Wages and Human Capital in the U.S. Financial Industry: 1909–2006." NBER Working Paper No. 14644. Available at: http://www.nber.org/papers/w14644.

Philips, Matthew. 2013. "How the Robots Lost: HighFrequency Trading's Rise and Fall." Bloomberg.com. June 23. http://www.bloomberg.com/news/articles/20130606/howtherob otslosthighfrequencytradingsriseandfall.

Pickard, Lee A. 2008. "Viewpoint: SEC's Old Capital Approach Was Tried—and True." *American Banker*, August 8.

Pinker, Steven. 1991. "Rules of Language." *Science* 253: 530–535.

——. 1994. *The Language Instinct: How the Mind Creates Language.* New York: William Morrow.

Presidential Commission on the Space Shuttle Challenger Accident. 1986. *Report to the President.* http://history.nasa.gov/rogersrep/genindex.htm.

President's Working Group on Financial Markets. 1999. *Hedge Funds, Leverage, and the Lessons of LongTerm Capital Management.* http://www.treasury.gov/resourcecenter/finmkts/Documents/hedgfund.pdf.

Proctor, Darby, Rebecca A. Williamson, Frans B. M. de Waal, and Sarah F. Brosnan. 2013. "Chimpanzees Play the Ultimatum Game." *Proceedings of the National Acad emy of Sciences* 110: 2070–2075.

Rajan, Raghuram. 2005. "Has Financial Development Made the World Riskier?" In *The Greenspan Era: Lessons for the Future: A Symposium*, 313–369. Kansas City, MO: Federal Reserve Bank of Kansas City.

——. 2010. *Fault Lines: How Hidden Fractures Still Threaten the World Economy*. Princ eton, NJ: Princeton University Press.

Ralston, Aron. 2004. *Between a Rock and a Hard Place*. New York: Atria Books. Rathmann, Peggy. 1994. *Good Night, Gorilla*. New York: Putnam.

Rawson, Rosemary. 1979. "Two Ohio Strangers Find They're Twins at 39—and a Dream to Psychologists." *People Magazine*, May 7. Accessed March 5, 2014. http://www.people.com/people/archive/article/0,,20073583,00.html.

Reich, David, Richard E. Green, Martin Kircher, Johannes Krause, Nick Patterson, Eric Y. Durand, Bence Viola, Adrian W. Briggs, Udo Stenzel, Philip L. F. Johnson, Tomislav Maricic, Jeffrey M. Good, Tomas MarquesBonet, Can Alkan, Qiaomei Fu, Swapan Mallick, Heng Li, Matthias Meyer, Evan E. Eichler, Mark Stoneking, Michael Richards, Sahra Talamo, Michael V. Shunkov, Anatoli P. Derevianko, Jean Jacques Hublin, Janet Kelso, Montgomery Slatkin, and Svante Pääbo. 2010. "Genetic History of an Archaic Hominin Group from Denisova Cave in Siberia." *Nature* 468: 1053–1060.

Reinhart, Carmen M., and Kenneth S. Rogoff. 2009. *This Time Is Different: Eight Cen turies of Financial Folly*. Princeton, NJ: Princeton University Press.

Rhode, Paul W., and Koleman Strumpf. 2004. "Historical Presidential Betting Mar kets." *Journal of Economic Perspectives* 18: 127–142.

Rizzolatti, Giacomo, and Maddalena FabbriDestro. 2010, "Mirror Neurons: From Discovery to Autism." *Experimental Brain Research* 200: 223–237.

Robson, Arthur J. 1996a. "A Biological Basis for Expected and NonExpected Utility." *Journal of Economic Theory* 68: 397–424.

——. 1996b. "The Evolution of Attitudes to Risk: Lottery Tickets and Relative Wealth." *Games and Economic Behavior* 14: 190–207.

——. 2001a. "The Biological Basis of Economic Behavior." *Journal of Economic Litera ture* 39: 11–33.

——. 2001b. "Why Would Nature Give Individuals Utility Functions?" *Journal of Po litical*

Economy 109: 900–914.

Robson, Arthur J, and Lawrence Samuelson. 2007. "The Evolution of Intertemporal Incentives." American Economic Review 97: 492–495.

——. 2009. "The Evolution of Time Preference with Aggregate Uncertainty." *American Economic Review* 99: 925–1953.

Rolls, Edmund T. 1990. "A Theory of Emotion, and Its Application to Understanding the Neural Basis of Emotion." *Cognition and Emotion* 4: 161–190.

——. 1994. "A Theory of Emotion and Consciousness, and Its Application to Under standing the Neural Basis of Emotion." In *The Cognitive Neurosciences*, edited by Michael Gazzaniga, 1091–1106. Cambridge, MA: MIT Press.

——. 1999. *The Brain and Emotion*. Oxford: Oxford University Press.

——. 2013. *Emotion and Decision Making Explained*. Oxford: Oxford University Press.

Rosenthal, Robert. 1994. "Interpersonal Expectancy Effects: A 30Year Perspective." *Current Directions in Psychological Science* 3: 176–179.

Rosenthal, Robert, and Kermit L. Fode. 1963. "The Effect of Experimenter Bias on the Performance of the Albino Rat." *Behavioral Science* 8, 183–189.

Rosenthal, Robert, and Lenore Jacobson. 1968. *Pygmalion in the Classroom: Teacher Expectation and Pupils' Intellectual Development*. New York: Holt, Rinehart and Winston.

Ryerson, James. 2004. "Sidewalk Socrates: Sidney Morgenbesser, B. 1921." *New York Times*, December 26.

Rymer, Russ. 1993. *Genie: An Abused Child's Flight from Silence*. New York: HarperCollins.

Sachs, Jeffrey D. 2005. *The End of Poverty: Economic Possibilities for Our Time*. New York: Penguin Books.

Sacks, Oliver W. 1974. *Awakenings*. Garden City, NY: Doubleday.

Samuelson, Paul A. 1941. *"Foundations of Economic Analysis."* Ph.D. diss., Harvard University.

——. 1947. Foundations of Economic Analysis. Cambridge: Harvard University Press.

——. 1948. *Economics*. New York: McGrawHill Book Co.

——. 1965. "Proof That Properly Anticipated Prices Fluctuate Randomly." *Industrial Management Review* 6: 41–49.

——. 1973. "Mathematics of Speculative Price." *SIAM Review* 15: 1–42.

——. 1998. "How *Foundations* Came to Be." *Journal of Economic Literature* 36: 1375–1386.

Samuelson, Paul A., and William D. Nordhaus. 2010. *Economics*. Boston: McGrawHill Irwin.

Sanfey, Alan G., James K. Rilling, Jessica A. Aronson, Leigh E. Nystrom, and Jonathan D.

Cohen. 2003. "The Neural Basis of Economic DecisionMaking in the Ultima tum Game." *Science* 300: 1755–1758.

Sanger, David E. 1986. "Fiery End of Challenger Described in New Detail by NASA Officials." *New York Times,* February 15.

Sato, Akie, Colm O'hUigin, Felipe Figuero, Peter R. Grant, B. Rosemary Grant, Herbert Tichy, and Jan Klein. 1999. "Phylogeny of Darwin's Finches as Revealed by mtDNA Sequences." *Proceedings of the National Academy of Sciences* 96: 5101–5106.

Satow, Julie. 2008. "ExSEC Official Blames Agency for BlowUp of BrokerDealers." *New York Sun,* September 18.

Saver, Jeffrey L., and Antonio R. Damasio. 1991. "Preserved Access and Processing of Social Knowledge in a Patient with Acquired Sociopathy Due to Ventromedial Frontal Damage." *Neuropsychologia* 29: 1241–1249.

Scarf, Herbert. 1973. *The Computation of Economic Equilibria*. New Haven, CT: Yale University Press.

Schlaepfer, Martin A., Michael C. Runge, and Paul W. Sherman. 2002. "Ecological and Evolutionary Traps." *Trends in Ecology and Evolution* 17: 474–480.

Schoenemann, P. Thomas, Michael J. Sheehan, and L. Daniel Glotzer. 2005. "Prefron tal White Matter Is Disproportionately Larger in Humans than in Other Primates." *Nature Neuroscience* 8: 242–252.

Scholes, Myron S. 2006. "Derivatives in a Dynamic Environment." In *The Deriva tives Sourcebook*, edited by Terence Lim, Andrew W. Lo, Robert C. Merton, Myron S. Scholes, and Martin B. Haugh. Boston: Now Publishers.

Schüll, Natasha Dow. 2012. *Addiction by Design: Machine Gambling in Las Vegas*. Princeton, NJ: Princeton University Press.

Schumpeter, Joseph A. 1942. *Capitalism, Socialism, and Democracy*. New York: Harper & Brothers.

Schwartz, Robert A., and David K. Whitcomb. 1977. "The TimeVariance Relationship: Evidence on Autocorrelation in Common Stock Returns." *Journal of Finance* 32: 41–55.

Seal, David. 2009. "Madoff's World." *Vanity Fair*. March 4. http://www.vanityfair.com/news/2009/04/bernardmadofffriendsfamilyprofile

Securities and Exchange Commission (SEC). 1969. *35th Annual Report for the Fiscal Year Ended June 30th, 1969*. Washington, DC: Government Printing Office.

──. Office of Investigations. 2009. *Investigation of Failure of the SEC to Uncover Ber nard*

Madoff's Ponzi Scheme. Public version. Report OIG509. August 31. Washing ton, DC: Government Printing Office.

——. 2014. *Agency Financial Report: Fiscal Year 2014.* Washington, DC: Securities and Exchange Commission.

Sharpe, William F. 1964. "Capital Asset Prices—A Theory of Market Equilibrium Under Conditions of Risk." *Journal of Finance* 19: 425–442.

Shiller, Robert J. 2005. " 'Irrational Exuberance'—Again." *Money Magazine*, January 25. Accessed July 25, 2013. http://money.cnn.com/2005/01/13/real_estate/realestate_shiller1_0502/.

Siegel, Jeremy J. 2014. *Stocks for the Long Run: The Definitive Guide to Financial Mar ket Returns and LongTerm Investment Strategies.* New York: McGrawHill.

Simon, Herbert A. 1953. "A Behavioral Theory of Rational Choice." The RAND Cor poration, P365.

——. 1955. "A Behavioral Theory of Rational Choice." *Quarterly Journal of Economics* 69: 99–118.

——. 1969. *The Sciences of the Artificial.* Cambridge, MA: MIT.

——. 1991. *Models of My Life.* New York: Basic Books.

——. 1997. *Administrative Behavior.* New York: Simon and Schuster.

Sirri, Erik R. 2009. "Securities Markets and Regulatory Reform." Speech delivered to the National Economists Club, April 9. http://www.sec.gov/news/speech/2009/spch040909ers.htm.

Slovic, Paul. 1999. "Trust, Emotion, Sex, Politics, and Science: Surveying the Risk Assessment Battlefield." *Risk Analysis* 19: 689–701.

Smaers, Jeroen B., James Steele, Charleen R. Case, Alex Cowper, Katrin Amunts, and Karl Zilles. 2011. "Primate Prefrontal Cortex Evolution: Human Brains Are the Extreme of a Lateralized Ape Trend." *Brain, Behavior, and Evolution* 77: 67–78.

Smith, Adam. 2005. *An Inquiry into the Nature and Causes of the Wealth of Nations.* Chicago: University of Chicago Press.

Smith, David V., Benjamin Y. Hayden, TrongKha Truong, Allen W. Song, Michael L. Platt, and Scott A. Huettel. 2010. "Distinct Value Signals in Anterior and Posterior Ventromedial Prefrontal Cortex." *Journal of Neuroscience* 30: 2490–2495.

Sobel, Russell S., and Todd M. Nesbit. 2007. "Automobile Safety Regulation and the Incentive to Drive Recklessly: Evidence from NASCAR." *Southern Economic Jour nal* 74: 71–84.

Société Générale. 2008. "General Inspection Department. Mission Green: Summary Report." May 20. English translation. Archived copy available at: https://www.societe generale.com/sites/default/files/12%20May%202008%20The%20report%20by%20 the%20General%20Inspection%20of%20Societe%20Generale.pdf

Sociobiology Study Group. 1975. "Against 'Sociobiology,' A letter from Stephen Jay Gould, Richard Lewontin and members of the Sociobiology Study Group outlining criticisms of, and objections to, E. O. Wilson's Sociobiology: The New Synthesis." *New York Review of Books* 22: November 13.

Solow, Robert M. 1956. "A Contribution to the Theory of Economic Growth." *Quar terly Journal of Economics* 70: 65–94.

Sorkin, Andrew Ross, Diana B. Henriques, Edmund L. Andrews, and Joe Nocera. 2008. "As Credit Crisis Spiraled, Alarm Led to Action." *New York Times*, Octo ber 2.

Soros, George. 1987. *The Alchemy of Finance: Reading the Mind of the Market.* New York: Simon and Schuster.

Steiger, William L. 1964. "A Test of Nonrandomness in Stock Price Changes." In *The Random Character of Stock Market Prices*, edited by Paul Cootner. Cambridge, MA: MIT Press.

Stiglitz, Joseph E. 2009. "Capitalist Fools." *Vanity Fair*, January.

Stock, James H., and Mark W. Watson. 2003. "Has the Business Cycle Changed and Why?" In *NBER Macroeconomics Annual 2002*, edited by Mark Gertler and Ken neth Rogoff, 159–230. Cambridge, MA: MIT Press.

Striedter, Georg F. 2005. *Principles of Brain Evolution.* Sunderland, MA: Sinauer Associates.

──. 2006. "Précis of *Principles of Brain Evolution.*" *Behavioral and Brain Sciences* 29: 1–36.

Sulloway, Frank. 1982. "Darwin and His Finches: The Evolution of a Legend." *Journal of the History of Biology* 15: 1–53.

Surowiecki, James. 2004. *The Wisdom of Crowds.* New York: Random House. Šuvakov, Milovan, and Veljko Dmitrašinovi . 2013. "Three Classes of Newtonian

ThreeBody Planar Periodic Orbits." *Physical Review Letters* 110: 114301. Takahashi, Hidehiko, Motoichiro Kato, Masato Matsuura, Dean Mobbs, Tetsuya Su hara, and Yoshiro Okubo. 2009. "When Your Gain Is My Pain and Your Pain Is My Gain: Neural Correlates of Envy and Schadenfreude." *Science* 323: 937–939.

Talbot, David. 2012. "Given Tablets but No Teachers, Ethiopian Children Teach Themselves." *MIT Technology Review*, October 29. http://www.technologyreview .com/news/506466/giv entabletsbutnoteachersethiopianchildrenteach themselves/.

Tattersall, Ian. 1998. *Becoming Human.* New York: Harcourt Brace.

——. 2010. "Human Evolution and Cognition." *Theory in Biosciences* 129: 193–201. Thackray, John. 1977. "Whatever Happened to the Hedge Funds?" *Institutional Inves tor* (May): 71–74.

Thal Larsen, Peter. 2007. "Goldman Pays the Price of Being Big." *Financial Times*, August 14.

Thomas, David. 2012. "Oncology Clinical Trials—Secrets of Success." *BIOTechNOW*, February 24. http://www.biotechnow.org/businessandinvestments/2012/02/on cologyclinic altrialssecretsofsuccess.

Thuijsman, Frank, Bezalel Peleg, Mor Amitai, and Avi Shmida. 1995. "Automata, Matching and Foraging Behavior of Bees." *Journal of Theoretical Biology* 175: 305–316.

Tierney, John. 2011. "Do You Suffer From Decision Fatigue?" *New York Times*, Au gust 17.

Tinbergen, Jan. 1956. *Economic Policy: Principles and Design.* Amsterdam: North Holland.

Tobin, James. 1958. "Liquidity Preference as Behavior towards Risk." *Review of Eco nomic Studies* 25: 65–86.

Tooby, John, and Leda Cosmides. 2005. "Conceptual Foundations of Evolutionary Psy chology." In *The Handbook of Evolutionary Psychology*, edited by David M. Buss, 5–67. Hoboken, NJ: John Wiley & Sons.

Treynor, Jack L. 1961. "Market Value, Time, and Risk." Unpublished manuscript dated August 8, 1961, No. 95–209.

——. 1962. "Toward a Theory of Market Value of Risky Assets." Unpublished manuscript.

Trivers, Robert L. 1971. "The Evolution of Reciprocal Altruism." *Quarterly Review of Biology* 46: 35–57.

——. 1972. "Parental Investment and Sexual Selection." In *Sexual Selection and the De scent of Man 1871–1971*, edited by Bernard G. Campbell, 136–179. Chicago, IL: Aldine.

——. 2002. *Natural Selection and Social Theory: Selected Papers of Robert L. Trivers.* Oxford: University Press.

Tullock, Gordon. 1979. "Sociobiology and Economics." *Atlantic Economic Journal* 7: 1–10.

Tversky, Amos, and Daniel Kahneman. 1971. "Belief in the Law of Small Numbers." *Psychological Bulletin* 76: 105–110.

——. 1974. "Judgment under Uncertainty: Heuristics and Biases." *Science* 185: 1124–1131.

——. 1981. "The Framing of Decisions and the Psychology of Choice." *Science* 211: 453–458.

Veblen, Thorstein. 1898. "Why Is Economics Not an Evolutionary Science?" *Quarterly Journal of Economics* 12: 373–397.

Von Neumann, John, and Oskar Morgenstern. 1944. *Theory of Games and Economic Behavior.* Princeton, NJ: Princeton University Press.

Vorzimmer, Peter. 1969. "Darwin, Malthus, and the Theory of Natural Selection." *Jour nal of the History of Ideas* 30: 527–542.

Waldman, Michael. 1994. "Systematic Errors and the Theory of Natural Selection." *American Economic Review* 84: 482–497.

Weibull, Jörgen W. 1995. *Evolutionary Game Theory.* Cambridge, MA: MIT Press. Weiner, Jonathan. 1994. *The Beak of the Finch: A Story of Evolution in Our Time.* New York: Alfred A. Knopf.

WeinshallMargel, Keren, and John Shapard. 2011. "Overlooked Factors in the Analy sis of Parole Decisions." *Proceedings of the National Academy of Science* 108, no. 42: E833.

Wells, Tom. 2001. *Wild Man: The Life and Times of Daniel Ellsberg.* New York: Palgrave.

WestEberhard, Mary Jane. 2003. *Developmental Plasticity and Evolution.* New York: Oxford University Press.

Wicker, Bruno, Christian Keysers, Jane Plailly, JeanPierre Royet, Vittorio Gallese, and Giacomo Rizzolatti. 2003. "Both of Us Disgusted in My Insula: The Common Neu ral Basis of Seeing and Feeling Disgust." *Neuron* 40: 655–664.

Wilcox, Allen J., Clarice R. Weinberg, John F. O'Connor, Donna D. Baird, John P. Schlatterer, Robert E. Canfield, E. Glenn Armstrong, and Bruce C. Nisula. 1988. "In cidence of Early Loss of Pregnancy." *New England Journal of Medicine* 319: 189–194. Wilford, John Noble. 1986. "The Shuttle Inquiry; NASA's Inquiry Begins: Status Is Not Disclosed." *New York Times*, January 31.

Wilson, Edward O. 1975. *Sociobiology: The New Synthesis.* Cambridge, MA: Harvard University Press.

——. 1994. *Naturalist.* Washington, DC: Island Press/Shearwater Books.

——. 1998. *Consilience.* New York: Alfred A. Knopf.

Winston, Patrick Henry. 2012. "The Right Way." *Advances in Cognitive Systems* 1: 23–36. Wolfe, Tom. 1987. *The Bonfire of the Vanities.* New York: Farrar, Straus and Giroux. Wolford, George, Michael B. Miller, and Michael Gazzaniga. 2000. "The Left Hemisphere's Role in Hypothesis Formation." *Journal of Neuroscience* 20: RC64. Woodward. Susan. 2009. "The Subprime Crisis of 2008: A Brief Background and a Question." ASSA Session on Recent Financial Crises, January 3.

Woolverton, William L., and James K. Rowlett. 1998. "Choice Maintained by Cocaine or

Food in Monkeys: Effects of Varying Probability of Reinforcement." *Psychophar macology* 138: 102–106.

Wright, Paul, Guojun He, Nathan A. Shapira, Wayne K. Goodman, and Yijun Liu. 2004. "Disgust and the Insula: fMRI Responses to Pictures of Mutilation and Con tamination." *NeuroReport* 15: 2347–2341.

Young, John S. 1981. "DiscreteTrial Choice in Pigeons: Effects of Reinforcer Magni tude." *Journal of the Experimental Analysis of Behavior* 35: 23–29.

Zajonc, R. B. 1980. "Feeling and Thinking: Preferences Need No Inferences." *Ameri can Psychologist* 35: 151–175.

———. 1984. "On the Primacy of Affect." *American Psychologist* 39: 117–123.

Zak, Paul J., Angela A. Stanton, and Sheila Ahmad. 2007. "Oxytocin Increases Gener osity in Humans." *PLoS ONE* 2: e1128.

Zeckhauser, Richard, and Victor Niederhoffer. 1983. "How Rational Are the Partici pants in Financial Markets?" Presentation at American Economic Association, San Francisco, December 28.

Zhang, Ruixun, Thomas J. Brennan, and Andrew W. Lo. 2014. "Group Selection as Behavioral Adaptation to Systematic Risk." *PLoS ONE* 9, no. 10: e110848. doi:10.1371/journal. pone.0110848.

Zimbardo, Philip G. 2007. *The Lucifer Effect: Understanding How Good People Turn Evil.* New York: Random House.

Zweig, Jason. 2015. "The Day Wall Street Changed." *Wall Street Journal*, April 30. http:// blogs.wsj.com/moneybeat/2015/04/30/thedaythatchangedwallstreetforever/.

適應
金融演化新思維

Adaptive Markets
Financial Evolution at the Speed of Thought

Andrew W. Lo

大寫出版
知道的書 Catch On　書號 HC0088

著　　　者｜羅聞全 Andrew W. Lo
譯　　　者｜許瑞宋
行 銷 企 畫｜王綏晨、邱紹溢、陳詩婷、曾曉玲、曾志傑
大 寫 出 版｜鄭俊平
發 行 人｜蘇拾平

發　　　行｜大雁文化事業股份有限公司
台北市復興北路 333 號 11 樓之 4
電話（02）27182001 傳真（02）27181258
讀者服務信箱 E-mail: andbooks@andbooks.com.tw
大雁出版基地官網 www.andbooks.com.tw

初版一刷｜ 2020 年 04 月
初版二刷｜ 2021 年 10 月
定　　　價｜ 700 元
ISBN 978-957-9689-43-4
版權所有・翻印必究

國家圖書館出版品預行編目（CIP）資料

適應：金融演化新思維／羅聞全（Andrew W. Lo）著
｜許瑞宋 譯｜初版｜臺北市：大寫出版：大雁文化發
行，2020.4
592面；16*22公分（知道的書Catch on ; HC0088）
譯自：Adaptive markets : financial evolution at the speed
of thought
ISBN 978-957-9689-43-4（平裝）

1.金融市場 2.投資

561.7   108017811